# 傲雪一枝梅

## ——改革开放卅五年的学术思考

王河 著

暨南大學出版社
JINAN UNIVERSITY PRESS
中国·广州

**图书在版编目（CIP）数据**

傲雪一枝梅：改革开放卅五年的学术思考/王河著．—广州：暨南大学出版社，2013.12
ISBN 978－7－5668－0880－6

Ⅰ.①傲…　Ⅱ.①王…　Ⅲ.①改革开放—中国—文集　Ⅳ.①D61－53

中国版本图书馆CIP数据核字(2013)第294252号

出版发行：暨南大学出版社

地　址：中国广州暨南大学
电　话：总编室（8620）85221601
营销部（8620）85225284　85228291　85228292（邮购）
传　真：（8620）85221583（办公室）　85223774（营销部）
邮　编：510630
网　址：http：//www.jnupress.com　http：//press.jnu.edu.cn

排　版：广州市天河星辰文化发展部照排中心
印　刷：湛江日报社印刷厂

开　本：787mm×1092mm　1/16
印　张：19.75
字　数：468千
版　次：2013年12月第1版
印　次：2013年12月第1次

定　价：42.00元

# 劫后余生志不坠，顽强拼搏多贡献*

## ——著名经济法学家王河教授访问记

## （代序）

1992 年 9 月下旬，一个天高气爽的日子，我在贵州军区招待所采访了应邀前来参加十三省、市、自治区经济法学术研讨会的著名经济法学家王河先生。会议组织者告诉我，他是暨南大学教授，港澳台研究中心主任、研究员，中国军事经济学院、华侨大学教授。他在研讨会上所作的题为《中国企业转换经营机制的战略决择》的学术报告，受到与会者的广泛好评。

王河教授教学科研的成果累累：先后承担国家、部、省、市科研项目 10 个，主要有："中国技术市场经营管理研究""中国集团企业群体集约经营管理"（以上是国家自然科学基金项目）；"中国特色的企业集团研究""外向型企业集团经营战略"（以上是国家社会科学基金项目）；"中国特色的计划与市场相结合的法律机制"（中国法学会八五重点项目）；"科技活动中的合法与违法界限"（国家科委项目）以及省、市"七五""八五"重点项目。他在国内外已发表论文 564 篇，出版专著 28 部，其中在美国、日本、香港、澳门发表论文 20 余篇。在各级优秀论著评奖中，他获一、二、三等奖共 28 次；有 116 篇论文受到报刊、学术界的高度评价。前不久，他的论文《中国涉外企业按国际惯例管理的现状和改进对策》受到美国《华盛顿大学学报》的高度评价。他还担任了不少学术职务：中国横向经济研究会常务理事、中国高校知识产权研究会学术委员、广东分会会长、中国法学会香港法研究分会理事、中国技术经济研究会理事等。

为什么王河教授能有这样丰硕的学术成果？记者带着这个问题进行了采访。

### 一、实践的需要就是他研究的课题

王河教授说，他在科研选题中采取了抓两头、抓热门、抓难题的办法。所谓抓两头，一头是指了解上情，通过学术团体和报刊的选题，参加学术会议，了解中央和各地经济和科技体制改革与法制建设的动态；另一头是指吃透下情，通过自己的典型调查，了解企业管理中的法制问题。这两头缺一不可。要选择抢手的热门话题，既不凑热闹，也要抓冷点，这可能就是难点和焦点；论题不宜太大，要由小见大，抓深度；不管是基础理论研

---

* 原载《贵州法学》1993 年第 2 期。转载《社会科学家》1993 年第 3 期。

究，还是运用科学研究，都要坚持实用性，才会有生命力。例如，20 世纪 80 年代中期，企业集团如雨后春笋在我国崛起，是个热门话题，多数人照搬日本企业集团的经验，有些人则按照欧美集团公司的模式来设计我国的企业集团。而王河教授根据他们在 12 个省市的调查，了解到我国企业集团的发展现状，深感外国的经验可以借鉴，但不能照搬，一定要从我国的国情出发来研究我国企业集团的发展战略。因此，他将中国特色的企业集团作为专著和系列文章的出发点，在全国企业集团研讨会上所作题为“论构造符合我国国情的企业集团”的发言，受到企业家们的高度重视与赞扬。当有关的 4 篇论文在《光明日报》《社会科学家》《社会科学》《法学杂志》先后发表后，引起学术界的关注。《世界经济导报》《经济学文摘》等报刊予以评价或转载。

## 二、脚踏实地　刻苦勤奋

王河教授治学态度严谨，一步一个脚印，勤奋刻苦。他狠抓了四个环节：一是充分占有资料。他订阅 30 多种报刊；每周去一次大图书馆翻阅多种报刊；根据选题计划和近期写文章的需要，通过复印、剪报、摘录索引卡片积累大量材料，并按题归档、编号，便于查阅。二是深入搞好调查研究，特别是节假日做好专题调查。他担任三家公司的法律顾问，更易于了解实际情况，在帮助公司催索货款中，发现拖欠货款现象是普遍而严重的，便抓紧写了两篇论文，在《法制日报》《经济参考》等发表后，引起关注，对解决实际问题起了一定的推动作用。三是独立思考，虚心求教，不随声附和。20 世纪 80 年代前期，我国经济法教材中，流传德国学者莱特于 1906 年在《世界经济年鉴》中首次使用“经济法”一词。为探讨学科的起源，王河教授专门拜访了应邀来我国访问的两位西德教授，都说德国没有莱特此人，只知道赫德曼于 1916 年在《经济学典》上开始使用“经济法”这个概念。为查证此说，他在国内多家大图书馆查询无果，仅在中山图书馆所藏的《经济大辞典》中找到了佐证，但他未轻率采信，又函请美国加利福尼亚大学的法学博士查阅了 1905—1920 年英文版《世界经济年鉴》，复经他自己细阅德国经济史，终于证实了赫德曼是经济法科学概念的创始人。通过撰写有关文章，纠正了我国学术界长期以来以讹传讹的错误。四是注意文章的撰写和修改。他强调写文章前要拟好提纲，安排好结构。写好后，不要急于抄成投稿，而是要冷静思考找差距，反复修改，直至自己满意为止。

## 三、科研促进教学　教学深化科研

王河教授反对“填鸭式”的教学方法。他说，经济法学是一门应用法学。理论性也较强，教学中既要讲解经济法学的基础知识，更应培养学生运用经济法制的实际工作能力。他长期坚持科研，对经济法制原理、企业管理法制、经济协作法制、经济监督法制、经济诉讼都做过系统的研究，并提出了不少新的观点。这些都给他的教学工作带来了新的活力，他坚持理论联系实际，从实用出发，用科研的新成果来促进和更新教学，不断革新教学内容和教学方法，并编出实用性很强的教材，深受研究生、干部学员和实际部门的欢迎。他在教学中还采用启发式、讨论式、提问与反问式、图表、幻灯、录像、深入辅导、案例分析、旁听审判、模拟法庭等多种方法，培养学生观察、分析、处理问题的实际工作能力，把教学搞得很活。《中国法制报》曾对此作过报道，认为“模拟法庭教学不仅直观，而且生动活泼，收效显著”。

## 四、敢于探索新问题、勇于提出新观点

王河教授认为，学术研究应从学术界已经达到的水平向前前进一步，即便是微小的一步，也要有所前进。要想解放思想，必须在论据确凿的基础上，提出新的观点。风险是有的，但要勇于承担。1981 年起，他先后发表了《论中国式的经济立法体系》《经济法是一门独立的重要法律部门》《创建中国经济法学》等论文，对经济法学的一系列基本理论问题提出了自己的见解。当时，不少专家学者撰文不赞成他的观点。他发表论文反驳，坚持自己的观点。后来，他的观点被学术界公认是正确的。党的十三大报告中强调了要建立中国经济立法体系。王河教授的上述观点经受了时间和实践的考验，被证明是正确的。

1984 年夏，他在《天津社会科学》发表的《论城乡个体经济的法律地位》一文中，提出个体经济的性质是社会主义经济的观点，无异在全国放了一把火，《经济学周报》《经济问题探索》整版地发文同他商榷。一些友人为他担心，有的好心人劝他写文章作检讨。但他采取了坚持真理的态度，通过争鸣和实践，学术界越来越多的人赞同了他的观点。在采访中，王河教授多次提到解放思想，坚持真理。正是基于这种精神，此后他在私人企业的法律地位、企业破产制度、厂长负责制与职工民主管理、租赁经营的法律措施、承包经营的法律调整、股份制势在必行、冲破三不变、发展集团所有制、中国特色的企业集团、探索知识产权的新领域等论著中提出不少新颖的观点。王河教授还把系统工程方法论运用到经济法制领域中来，撰文《试论经济法制系统工程》和《论经济调节系统工程》，系统地论述了经济立法、经济执法、经济守法和经济督法之间的相互关系及其协调发展的重要性。在《上海社会科学》发表后，引起了学术界的强烈反响，几家报刊评介，认为是经济法学领域研究的新突破。中国经济法研究会、北京大学、广州市黄埔经济技术开发区经过一年的试制，建立了我国经济法制系统工程——电脑信息库。

## 五、时间是靠挤出来的

记者问王河教授：“你出了这么多成果，哪来的时间？”他回答说：“的确，我是很忙的。每学期，每周都是 8 至 12 节课，担任 3 家公司的法律顾问，每周都要去值班，还有不少兼职，至于各种各样的人找上门来咨询的就更多了，我都积极热情服务，忙得有乐趣。但是，我的科研始终没有放松过，10 多年来一直抓得很紧。”他还引用鲁迅先生的话：“时间就是生命，节省时间等于延长生命”，“浪费时间是一桩大罪过”。为了合理安排时间，他每年、每学期都制订科学研究计划，并在实践中不断修改。为了保证计划的切实执行，采取长计划、短安排的方法，每季、每月、每周都有安排，每天干什么，做多少，也有个打算，每天要保证写二千至四千字，有时有特殊情况，第二天就要设法把它补上。节日、假日、夜晚，他都加倍发挥其作用，即使出差开会，也要带上“作业”，尽量利用时间。他在承担省“七五”重点项目“横向经济联合的法律保障”和软科学课题“科技活动中的合法行为与违法行为的界限及其对策的研究”后，项目尚未批下来，就借

钱去全国12个省市调查，在充分占有材料分析研究的基础上，半年的时间就提前完成了软科学课题，撰写一篇调查报告，完成6篇论文，草拟出《广东省科技人员兼职管理暂行规定》，合作编写了40万字的《科技人员法律实用手册》，按照合同提前超额完成了项目任务，获得省科委领导的好评。

## 六、磨难不坠青云志　勤奋拼搏为理想

王河教授生于1934年，江苏镇江人。1959年上海社会科学院法律系本科毕业，先后在平凉农学院、苏州医学院、江苏教育学院、杭州大学、暨南大学任教。工作之初，分配他担任政治经济学教员，虽然学的是法律而转了行，但他对政治经济学还是产生了浓厚的兴趣。人生往往无坦途。正当王河风华正茂、展翅奋飞的时候，生活的航船突然遇到了猛烈的风暴。文化大革命来了，厄运终于降临到他的头上。由于他写的东西多，被说成想成名成家，是修正主义的苗子、白专道路的典型。于是，他的6大箱资料和一些论文被抄袭一空，片页不留。他担任兼职记者采访两派夺权的记录，被诬告为攻击无产阶级司令部，被打成反革命，并被关进监狱。当时，同狱的一名流窜犯为了获释，在撕毁一张毛主席像后硬说是王河干的。为此，王河被判处死刑。幸亏他的姐姐赴京上访，得到周总理的关怀，瘦弱的王河才死里逃生。“四人帮”垮台后，王河蒙受的不白之冤得到了昭雪，光明又回到了他的心房。然而，那逝去的黑暗的一幕引发了他深深的思索：自己是学法律的，为什么却在“文革”中差点丢了命？为什么“四人帮”一伙竟然公开以人治代替法治？学过法律的他，决心为健全社会主义的法制而做出自己的努力。他毅然做出抉择——把自己学过的法律与政治经济学结合起来，为创建中国的经济法学而拼搏，为健全我国社会主义经济法制建设而奋斗。

磨难不坠青云志，非经磨难怎识人，一身洁骨满身志，顽强拼搏为理想。坎坷的经历使王河明确了人生的真谛：幸福的意义在于拼搏，生命的价值在于贡献，贡献的动力来自共产主义理想。他已年近花甲，为了把损失的时间夺回来，他把对党的无限忠诚全部倾注到工作之中，每天都超负荷运转，顽强拼搏，争取多出成果，多作贡献。

最后，王河教授表示感谢研究会和贵州省法学会对他的热情邀请，感谢贵州民族学院法律系、贵州省政法管理干部学院邀请他会后分别进行学术交流。他祝愿贵州法学界在深化改革开放，建立与完善社会主义市场经济体制，发展经济，进一步加强社会主义民主和法制建设中，作出更大的贡献。

本刊记者

# 目　录

## 第十章　利益均衡机制是解决复杂社会关系的密码



## 附录

# 第一章

# 运用法制思维和法制方式解剖

# 中国经济法理论在现代市场经济体制下的新发展探索*

中国当代经济法源于十一届三中全会以后，我国经济法、经济法学及经济法制的研究经历了四个发展阶段：

第一阶段：十一届三中全会后至《中华人民共和国民法通则》颁布前；随着现代化建设的发展，党中央十分强调加强社会主义法制，提出了健全社会主义民主与法制的任务，随着经济体制改革的深化，我国的经济立法进入了一个新的发展阶段，陆续制定了一系列重要的经济法规，随着经济法制的加强，经济法和经济法学研究空前活跃，论著如雨后春笋，百花争艳。

第二阶段：《中华人民共和国民法通则》确定的民法调整对象是平等主体之间的财产关系和人身关系，引起了我国学术界有关经济法与民法相互关系的争论，主要围绕着经济法和民法的调整对象如何划分而展开，有八种学派，即大民法说、大经济法说、两分法说、合二而一说、纵横说、宏微观说、意志经济关系说、经济管理说。

第三阶段：我国有关经济法与民法相互平等的争论，曾一度妨碍经济立法和经济执法工作顺利进行，以致在法学界产生一种务实倾向，人们只注重研究改革开放中迫切需要解决的具体经济法制中的实际问题，而把有关调整经济关系的理论探讨暂时搁置起来，经济法学研究暂时处于不景气状态。

第四阶段：党的十四大明确提出，我国经济体制改革的目标是建立和完善社会主义市场经济体制。近年来探讨在市场经济的法律调整中经济法与民商法各自的地位和作用，探讨适应现代市场经济的新经济法，取得了可喜的进展，提出了以下十种学说：①经济协调关系说；②干预经济关系说；③宏观调整经济关系说；④协调管理关系说；⑤国家经济管理关系说；⑥行政经济关系说；⑦经营协作关系说；⑧市场经济关系说；⑨国家主体经济关系说；⑩经济管理与市场运行关系说。此外，还对经济法的性质、价值取向、经济法体系、涉外经济法等问题，进行了颇具建设性的探索。

当前我国的经济体制正向现代市场经济转轨变型。市场经济的运行，导致了一种新型的经济关系——市场经济关系的产生，市场经济关系要求有相适应的法律部门加以调整。市场经济是以法律为规范的经济，没有法律的保障和法制的同步建设，现代市场经济体制就不可能有效地确立和完备，为适应这一客观需要，必须加强经济法制、经济法、经济法学的新情况、新问题的研究，这是我国法学界特别是经济法学界面临的一个重大新课题。

---

* 国家社会科学基金重点研究项目

经济法基础理论是经济法学这门学科赖以建立、发展的基础和前提，其重要性有如经济法学大厦之基石，故历来为研究经济法学者所重视。但由于社会经济条件的变化和对经济法学认识角度的不同，所以经济法基础理论是经济法学争论最多的领域，其中很多问题仍具讼纷纭，尚无定论，亟待深入探索。与民商法等传统法律部门的研究不同，我们不可能从罗马法或拿破仑民法典里找到许多有直接参考价值的内容，为经济法学研究提供借鉴。前面苏联东欧国家法学家们在计划经济体制下建立起来的经济法学体系（如“纵横统一说”），已伴随着一种经济体制的终结而结束。因此，经济法学的研究就具有更大的难度和挑战。这就需要我们一方面吸收和借鉴现代市场经济国家在经济法制方面的经济；另一方面立足我国现代市场经济建设的实际情况，特别是把握其规律性和特殊性，借鉴经济学、社会学和其他法学学科的成果及方法，构建具有中国特色的经济法学体系。为此，在探索现代市场经济体制下的经济法基础新理论，对于指导、促使强化市场经济法制建设，保障在我国建立社会主义市场经济新体制，具有十分重要的理论和实践意义。

## 一、探求现代市场经济的新经济法定位的共识标准

当代世界各国都采用经济法并重视经济法制，但是，不同性质的国家的法学家对经济法的概念具有不同的观点。其原因在于，任何一个国家的经济法和其他的法律一样，是建立在自身的经济基础之上的上层建筑的重要组成部分。由于各个国家的经济基础是不相同的，从而导致了与经济基础相适应的经济法学观点的差异。就是同一个国家的法学家，由于法学观点和认识角度的不同，对经济法的理解也存在着很大的差别，求得观点的一致是不可能的，从实际情况出发，会有一两种观点在一定时期内被大多数人接受，成为占据学术论坛的主导观点，这是符合学科发展规律的。

问题是出于被多数人接受的观点的科学性，即在现代市场经济体制下，给经济法定位的客观标准：

### （一）客观基础性

这是当代经济法产生与发展的客观基础。综合现代各国经济法产生的原因，主要有：①缓解经济危机；②战争准备与战后恢复；③抑制“契约自由”的滥用与经济力量的过分集中；④管理、促进国民经济的发展。现代经济法是国家调控经济的产物，现代资本主义各国形成了从规划国民经济、社会经济活动、管制外经外贸、反对垄断、制止不正当竞争等法律制度体系。当代经济法，是商品经济高度发展形成的日益复杂的市场经济关系，需要国家运用权力对市场经济进行调节、管理，主要是以对市场主体的调控和宏观经济管理为特征的。

### （二）适应性

从经济法产生与发展的规律来看，不管是古代经济法、近代经济法，还是现代经济法、当代经济法，其经济法理论和经济法制的实践，都必须适应当时国家占主导地位经济理论、经济政策和实行的经济体制。随着重商主义经济理论的出现，当时的国家就采取保护重商的经济政策，并加强了重商的经济立法，从而形成了资本主义初期的经济体制；随

着亚当·斯密的经济理论的出现，当时国家就采取自由放任的经济政策，并充分发挥民法的作用，从而形成了自由资本主义经济体制；随着凯恩斯的经济理论的出现，当时国家就采取干预经济的政策并加强了反垄断立法，发展并巩固了资本主义经济体制；随着供给学说经济理论的出现，当时国家就采取国家干预与市场调节相结合的经济政策，并加强与此相适应的经济法制，导致发展了垄断资本主义的经济体制。

从中国当代经济法产生与发展的规律来看也是如此，我国市场经济理论的演变与发展，是围绕着计划与市场相互关系为中心展开的，大致经历了四个阶段：第一阶段，是实行排斥市场的计划经济论，从新中国成立初期到20世纪70年代后期，占主导地位的理论是消灭商品货币关系，奉行市场无用论和统一计划论，实践中则建立高度集中的计划经济体制，经济运行机制主要是靠指令性计划管理和直接的行政控制，因而忽视了经济法制。经济法当时还没有产生的客观基础。第二阶段，是计划与市场的主辅论，十一届三中全会明确了商品经济的历史地位，重视价值规律的作用。随着计划与市场的主辅结合理论的确立，提出建立计划调节为主、市场调节相结合的体制，从而加强了经济法制。经济法、经济法学就开始在我国兴起。第三阶段，是计划与市场统一论。党的十三大对计划与市场关系作了新的阐述。建立计划商品经济体制，首次提出“国家调节市场，市场引导企业”新的经济运行机制，从而强化了经济法制、经济法、经济法学在我国蓬勃发展。第四阶段，随着计划与市场都是调节手段理论的确立，党的十四大确定了我国经济体制改革的目标模式，是建立社会主义市场经济新体制、现代市场经济理论所需要的市场经济政策。更需要建立与现代市场经济体制相适应的经济法制、经济法和经济法学。

### （三）质的规定性

经济法是否是独立法律部门，就取决于它所调整的对象的特殊性，也就是恩格斯在《自然辩证法》中所说的质的规定性。这就是说，研究经济法一定要把握好经济法的质的规定性，才能处理好它同相邻法律部门之间的关系。从经济法产生与发展的客观规律来看，经济法产生的动因有缓解经济危机、战争准备与战后恢复、抑制“契约自由”的滥用与经济力量的过分集中，都是个别性带有权宜之计，只有促进、管理国民经济带有普遍性与长期性，现代经济法是国家调控经济的产物。当代经济法是以国家运用权力对市场经济进行调节、管理为特征的。作为最直接反映经济基础的经济法，它必须适应当时国家占主导地位的经济理论、经济政策和实行的经济体制。综上分析可知，经济法是国家干预、调控、管理经济的重要工具，这就是经济法的本质属性。我国经济法，是实现社会主义国家经济职能的经济管理基本法，是国家对市场经济实行干预、调控、管理、监督的重要工具，是运用法律手段保障国家对市场经济管理的行为最优化，以促进市场经济的高效、有序运行。

### （四）表述的科学性

所谓表述的科学性就是给经济法下定义并给调整对象定位时，一定要从经济法产生与发展的客观规律出发，把握好经济法的质的规定性。由于法律科学具有法律术语的严谨性，用语要确切、法律术语要规范、语句要通顺、表述要简单扼要，形象概括有力。当前在经济法学研究中有一种倾向，就是在关系上做文章，在文字上兜圈子。然而所谓在关系上做文章，就是从不同的角度提出调整多种关系，什么国家主体关系、国家经济管理关系、政府干预经济关系、行政隶属经济关系、宏观调控经济关系、管理协调关系、经济协调关系、经营协作关系、市场经济关系、市场运行关系、人的行为和人际关系等。究竟哪种关系，体现经济法的质的规定性，适应现代市场经济体制要求，那就值得研究了。然而所谓在文字上的兜圈子，那就表述更多了，什么调整、调节、调控、协调，什么限制、抑制、规制、控制、统制，什么扶持、扶植、扶助、鼓励，什么干预、取缔、打击，什么计划、组织、管理、监督等。有的还提出干预的含义要比管理的含义广义得多，管理仅仅是干预的一种方式。其实所谓国民经济管理，就是国家对社会生产部门、流通部门和其他非生产部门进行领导、计划、组织、干预、指挥和监督的活动。所谓微观管理，就是对企业的生产经营活动进行计划、组织、指挥、协调、干预、控制的过程。可见，干预确是管理的一种方式。

在经济法学研究中之所以会出现这种倾向，主要是思维方式的一维的单向性和表象性造成的。由于自觉或不自觉地采取形而上学的思维方式，就站在不同的角度，片面地追求自圆其说，不是紧紧扣住经济法的质的规定性，探求调整对象的共同点，而是寻求各自的不同点。尽管会形成名目繁多的关系说，但不能为人家所接受的科学表述，也就不能成为占据学术论坛的主导学说。这种形而上学的思维方式，是不利于经济法学研究开创新局面的。为此，在经济法学研究过程中，一定要认真学习和掌握唯物辩证法，坚持思维的多维的复向性、全面性、开放性和创造性，才能使经济法学研究有所突破、有所创新、有所提高！

### （五）国际接轨性

探求现代市场经济的新经济法定位的客观标准，必须借鉴英、美、德、日实行市场经济法制和经济法理论的有益经验。因为现代市场经济是开放型经济，是国际性经济，我国经济法需要同国际惯例相衔接。在转型时期，不仅要善于借鉴和吸取发展中国家的经济立法成果和经济法理论，而且要善于直接移植国外某些适合我国的法律条文，使其在实践中加以充实、完善，把我国经济体制改革和经济法制建设的成功经验和创新做法与国际惯例和通行做法结合起来，使国内市场经济的运行与世界市场经济运行的一般法制相对接。这样，才能建立起与国际现代市场经济法制接轨的具有中国特色的新经济法学。

## 二、现代市场经济体制下的新经济法调整对象的科学界定

上述是现代市场经济的新经济法定位的五个方面的客观标准，如能为经济法学界所认同，那么我们就可以为现代市场经济的新经济法概念下定义，科学界定调整对象的适度范围。

在现代市场经济体制下，我国经济法是国家调整市场经济管理关系的法律规范总称。这个定义具有以下特点：

（1）确认经济法概念的根本标志，首先是它的调整对象，其次是经济法的主体。在定义中已经表明经济法调整对象是市场经济管理关系，反映了调整对象的本质属性，表明了经济法的主体主要是作为特殊主体的国家和经济管理机关、企业、事业等社会组织。定义

也表明了规范的类别，是调整国民经济宏观调控和市场经济管理中所发生的经济关系的法律规范。从这个经济法概念的表述结构看，它是科学的，是符合马克思主义法学原理的；从当代各国经济法的本质属性来看，主要是对市场主体的法控和宏观经济管理为特征的。确定我国经济法是国家调整市场经济管理关系，既反映了它产生和发展的客观基础，又能同国际惯例相接轨。

（2）这个概念是适应了社会主义市场经济新体制内在的本质要求的。实行宏观调控，就是实现“国家调节市场，市场引导企业”的间接管理目标模式，这是宏观经济管理的中心任务。所谓调控，是指协调、调节、控制、干预等多种手段的综合，就是国家调控市场机制配置资源，以法制管理与企业充分自主决策的竞争活力相结合。因此，国家是宏观经济调控的主导环节，市场是宏观调控与市场经济运行的关键环节，企业是宏观调控的微观基础环节，通过市场运行机制，使微观经济活动与宏观经济目标相衔接，从而使整个国民经济在法制轨道上持续、稳定、协调、有序发展。

（3）定义所表明的经济调整对象，是限制在一定范围内的经济关系，即国家调整市场经济管理活动中的经济关系，并没有包括我国全部的经济关系。即使是微观经济关系，也限制在企业经营管理的一定范围之内。因此，它符合我国经济法与民商法、行政法等法律部门并行不悖的原则，有利于正确处理相邻近的法律部门的关系，有利于健全我国社会主义市场经济法律体系。

（4）定义表明了我国经济法是社会主义市场法律体系中的一个独立的基本法律部门，市场经济在一定意义上可以说是法制经济。法制经济的最根本要求是，企业组织和个人的行为、市场的运行和政府的管理都必须在法律规定的范围内进行依法行事，并学会运用法律手段管理经济。因此，必须重视和加强法律建设。社会主义市场经济体制的建立和完善，必须有完备的法制来规范和保障。从现在起到 20 世纪末，随着社会主义市场经济体制框架的建立，适应社会主义市场经济的法律框架也逐渐形成。当前应把经济立法放在重要位置，用法律引导、推进和保障社会主义市场经济的健康发展。继续制定和完善规范市场主体和市场行为、维护市场秩序、改善和加强宏观调整、建立和健全社会保障制度，促进对外开放等方面的法律，才能建立一个完善统一的社会主义市场经济法律体系。可见，随着社会主义市场经济法律体系的建立，经济法作为一个独立的基本法律部门，在社会主义市场经济法律体系中的地位越来越重要，是一个最热门、最有发展前景的重要法律部门。

经济法的调整对象是研究经济法作为一个独立的基本法律部门的起点，我们对经济法调整对象的界定，是与经济法的定义相一致的，是调整一定范围内的经济关系，即是国家调整市场经济管理关系，这是对经济法调整对象和范围的整体概括。主要包括以下三个方面：

### （一）国民经济宏观调控中的经济关系

宏观调控是现代市场经济的重要构成要素，是我国建立社会主义市场经济新体制的关键。所以，长期以来宏观调控一直是我国的一项重要国策。所谓宏观调控，是指国家从经济运行的全局出发，按预定目标对国民经济活动进行调节和控制，是宏观经济管理的主要内容，是国家经济职能的具体体现和实现形式。宏观调控，是同生产社会化和经济主体多元化相联系的。社会化大生产的发展，一方面要求各经济主体在经济活动中自主决策，以适应社会需求的多样化和经济生活的复杂变化；另一方面，又要求从宏观上协调各产业之间的关系和各经济主体的利益，并对社会发展有重大影响的活动实行集中决策和管理，宏观调控根源于社会化大生产这一物质基础的客观要求，是与社会制度没有必然联系的。在世界范围内，市场经济有若干不同的具体模式，但都离不开宏观调控，所不同的只是宏观调控的范围程度和方式上存在差别。

建立社会主义市场经济新体制，必须具有健全的宏观调控体系。市场调节实质上是利益机制的自动调节，这种调节能使社会资源流向需要的、效益高的部门，从而导致优化配置，但同时又有自发性，导致资源浪费。特别市场调节的直接对象是微观经济主体（企业），各类企业是分散的，经营决策总是从自身利益出发，因而很难适应社会总量的平衡和总体结构合理。为了减少市场调节的自发性和盲目性，矫正市场调节的微观性和短期性，必须实行宏观调控。另一方面，宏观调控是宏观经济管理的中心任务。宏观经济管理的过程，是由信息、预测、决策、计划、干预、控制等环节构成。信息是宏观经济管理的基础，预测是决策和计划的前提，决策是管理的核心，计划是管理的依据，干预是管理的手段，控制是有效管理的保证。可以说，宏观经济管理的最终目的就是把微观经济活动纳入宏观经济发展目标的法制轨道，保证国民经济沿着既定目标持续、协调、有序发展。

政府的宏观调控行为，必须以一定的准则为基础，形成一个有序的过程，这些基本原则主要是：①政企分离的调控原则；②以市场为基础、以价值规律为依据的调控原则；③多种调控方式和调控手段（行政手段、经济方法、法律办法）配套运用，立足于以间接调控为主的原则；④市场经济运行法制原则。

政府的宏观调控行为是一种有目的的活动。因而在做出调控决策之前，必须确定其所要达到的目标。从总体上说，主要有三个方面：①社会总供求在总量和结构两方面的动态均衡目标；②市场的有序运动和规范化管理；③政府调控市场必须以提高经济效率和效益作为出发点和归宿。

政府宏观调控的基本模式和措施：对非竞争性部门实行直接调控；对不完全竞争性部门实行间接调控；对完全竞争性部门实行市场调节；对外经部门实行市场主体调节。要搞好宏观调控，必须建立和强化三个体系：

一是建立宏观调控的组织体系。首先，建立有权威的、统一的宏观经济调控中心。国民经济是一个整体，政府的宏观调控是面对全社会的，而宏观调控的各种杠杆又分别掌握在政府各职能部门手中，由国家计委、中央银行、财政部等部门以及各级地方政府行使。因此，要建立统一的经济调控中心，实行杠杆联动，使各部门的经济活动统一协调。宏观调控中心决策是以全国人大通过并批准的国家计划和财政预算为依据的，这个中心的决策是中央政府层次的决策。其次，建立宏观调控的组织网络。宏观调控中心的决策、指令，需要通过有关职能部门的地方政府构成的组织体系贯彻和实施。由于调控的内容和手段不同，贯彻和实施的组织形式也有不同情况和调控渠道。第一种，按照垂直体系分层调控。第二种，通过政府行政层次分级调控。第三种，划分各级政府的事权范围分别调控。第四种，在国家统一决策和计划指导下，各专业部门实行行业管理和分类调控。再次，合理划分中央与地方经济管理权限，发挥中央和地方两个积极性。宏观经济调控权，包括货币的发行，基准利率的确定，汇率的调节和重要税种、税率的调整等，必须集中在中央。但必须赋予各省、自治区和直辖市必要的权力，使其能够按照法律、法规和宏观政策，制定地区性的法规、政策和规划，通过地方税收和预算，调节本地区的经济活动。

二是建立宏观调控的杠杆体系。首先，金融是实施宏观调控的主要手段。金融调控是通过银行进行的。为了加强银行在宏观调控中的作用，中央银行应独立执行货币政策，保持币值稳定，监督各类金融机构，维护金融秩序。其次，财政要在合理划分中央与地方事权基础上实行分税制，建立中央税收和地方税收体系，改进和规范复式预算制度，严格控制财政赤字。再次，计划是实施宏观调控的重要手段。国家计划要以市场为基础，总体上应当是指导性计划。计划的任务，是合理确定国民经济和社会发展战略、宏观调控目标和产业政策，搞好经济预测，规划重大经济结构、生产力布局、国土整治和重点建设。计划的重点应放在中长期计划上，计划的特点要具有客观性、战略性和政策性。

三是建立宏观调控的法律机制。宏观调控必须法制化，即实现调控手段法律化、调控立法规律化、调控内容合法化、调控行为规范化。应尽快制定《宏观调控基本法》《国民经济稳定增长法》《投资法》《预算法》《中央银行法》以及宏观调控监督立法，使政府的宏观调控严格地在法律规定范围内进行，以保障宏观调控在法制的轨道上正确实施。

### （二）调整市场经济管理活动中的经济关系

任何一个国家的市场都应当是一个在法制管理下的有序化的市场。市场秩序的混乱，必然致使整个经济秩序最终导致政治秩序的混乱。为此，世界各国无不利用强有力的法律手段来维护良好的国内市场和国际市场的秩序。

市场是商品交换的场所，是商品交换关系的总和，也是商品经济的基本范畴。市场经济是以市场为资源的主要配置者，以市场为激励经济活动的主要调节者的经济运行模式，是对商品经济发展到高级阶段的特定经济体制的概括。市场经济作为一种经济体制，只是一种资源配置的手段和经济运行的机制。现代市场经济具有以下特征：①经济活动市场化；②生产要素商品化；③企业经营自主化；④经济关系契约化；⑤经营活动法制化；⑥利益主体多元化；⑦宏观调控间接化；⑧社会保障制度化。

市场经济管理是对市场经济活动进行组织、管理、调控、监督、查处和服务的全过程。由于管理具有二重性，决定了市场经济管理也具有二重性，社会主义国家对市场经济的管理，一方面是对社会化大生产基础上的商品市场总体运行的组织与管理，要遵循自然规律，维护市场秩序，保证公平交易，开展正常竞争，实现商品的畅通，处理好人与自然的关系和各种市场经济关系，促进社会生产力的发展，这是市场经济管理的社会属性，也是一切国家管理市场的共性。另一方面是对生产资料公有制基础上的人与人之间经济关系的协调与管理，要遵循社会主义特有的规律，处理好国家、企业、个人之间的关系，既保护消费者的合法权益，又保护国家利益，体现人民共同富裕的目标，是服务和造福于社会全体成员的社会主义性质的市场管理，这是社会主义市场经济管理的特殊性质。

随着现代化市场经济的发展和社会主义市场经济体制的建立，市场经济管理在国家宏观间接调控和市场管理中的地位与作用将会越来越重要，其主要作用表现在：①为了保障各种市场经济主体在法制轨道上平等竞争，需要从法律上确定各种市场主体的法律地位；②规定市场参与主体应遵守的行为规范，运用法律规定对违反客观经济规律的行为进行制裁；③确定市场经济管理体制和职能；④保障商品流通的法制秩序。

市场不仅是商品交换关系的总和，也是包括各种商品市场和要素市场，并且由各种市场交易参加者和管理者构成的体系，它们之间的关系是错综复杂的。在这个由市场的主体和客体构成的体系中，不仅各个市场交易的参加者之间频繁发生商品和要素的交易关系，而且这些交易参加者还要接受交易管理者的组织引导、调控、监督，从而在参加者和管理者之间产生管理和被管理关系。市场经济法制管理，就是要处理、解决好市场交换关系和市场管理关系：

一是市场交易参加者相互之间的经济关系。这是平等主体之间发生的经济关系。市场交易参加者，既包括生产者、经营者和消费者，也包括出让者、转让者、受让者、出租者、转租者、承租者以及居间者，它们可以是经济组织，也可以是公民，在国家特定的情况下，也可以成为市场交易参加者。它们之间发生的经济关系，既包括商品交换关系，也包括资金融通、技术转让、劳动使用等关系。

二是市场管理者与交易参加者之间的管理经济关系，这是管理者与被管理者之间发生的宏观间接管理关系。市场管理者主要是政府各级各类经济管理机关，包括计划、财政、金融、物价、税务、劳动、土地、房屋、科技、工商、物资、标准计量、卫生、商业、检验、统计、审计等部门。社会组织、行业协会、企业管理协会、消费者协会、私营企业协会、个体劳动者协会等，也有一定的管理协调职能。管理者与参加者之间发生的这些管理关系是多方面的，主要有以下四种：

（1）市场主体管理关系。市场主体由市场管理者、生产者、经营者及消费者构成，政府综合经济管理机关对市场实施管理，实质上是政府的市场行为，有以下几种：①“所有者”行为。对市场主体征税或收费。②管理者行为。依法对市场主体资格的审定。如颁发营业执照，核定企业注册资金，认定企业者身份等。通过工商、税务、物价，卫生、计量等检查执行机构，及时检查和核实市场主体是否存在违法、违纪现象。③组织者行为。政府不仅要对市场进行管理，还要积极组织市场，使市场主体及时获得信息，开发新项目或新产品，开办各类市场，使各类市场客体依法合理流动、优化配置。④买者和卖者行为。政府在整个市场运行中还常常扮演买者与卖者角色出入市场，并引导、控制市场，维持市场正常秩序。⑤调控者行为。主要通过财政政策、货币政策、产业政策、收入分配政策、外贸政策、价格政策等经济变量，对市场运行结构进行调整。如市场出现过剩时，政府可采取紧缩的货币政策和宽松的财政政策，压缩市场对投资品的需求，增加消费品的有效需求。

（2）市场行为管理关系。市场行为是复杂多变的，一般有生产、经营、销售行为，联营合资行为，投资行为，银行贷款、企业债券、股票发行行为，产权交易行为，签订经济、科技合同行为，正当与不正当竞争行为，垄断行为等。政府综合经济管理机关只有加强对市场行为进行管理，才能维护市场经济秩序。

（3）市场体系管理关系。市场体系应包括生产资料市场、消费品市场、金融市场、劳务市场、房地产市场、技术市场、信息市场、人才市场、服务市场等。强化市场体系的管理，是发展和完善市场体系的客观需要。

（4）市场中介组织管理关系，市场中介组织有律师事务所、会计师事务所、审计事务所、公证机构、仲裁机构、咨询服务机构、资产评估机构、商会行业协会等，加强对市场中介组织的行业自律和规范化管理，也是市场管理的重要方面。

### （三）调整市场主体——企业经营管理过程中的经济关系

有种观点认为，经济法只是调整宏观经济关系，对微观经济关系是不涉及的。其实，宏观调控就是国家运用市场机制来引导企业行为，使微观活动与宏观目标相衔接。企业作为商品生产和经营的基本单位，构成国民经济的细胞，它的活动必须以市场的存在为前提；而市场调节供求、配置资源，又要以企业的经营活动作为载体。市场的发育和壮大，又是诸多企业作为商品生产者和经营者交换关系的产物。可见，企业是市场的主体，也是市场经济的微观基础。如果经济法不调整企业经营管理中的经济关系，那么，经济法的宏观经济调控就成为没有微观基础的空中楼阁，显然这种观点是片面、形而上学的。

其实，当代发达资本主义国家现代市场经济的发展，就是以存在众多的生机勃勃的企业为基础和前提的。我国的企业是从事生产、流通和服务等经济活动，实行自主经营、自负盈亏、自我发展、自我约束的法人实体和市场竞争主体。要发展社会主义市场经济，就必须有众多的生机勃勃的企业。企业的状况直接关系到国民经济的状况，而企业的状况最终又要取决于企业是否有活力，然而企业的活力又来源于深化改革，强化企业经营管理。所谓企业经营管理，就是对企业的生产经营活动进行计划、组织、指挥、协调、控制的过程。企业管理关系，就是要正确调整企业内部领导机构、职能科室、生产单位之间以及它们同职工之间在企业管理和生产经营活动中所产生的关系，主要是指实行厂长（经理）负责制、职工代表大会制、转换企业经营机制，而产生的企业管理关系和企业与职工的关系，具体是指企业在计划、生产、劳动、物资、技术设备、质量、成本、销售、财务管理等过程中，公司（厂部）与生产单位所发生的领导与服从关系。企业与职工关系是企业中最重要的一种关系。经济法对这类关系的调整，是赋予企业享有法人财产权和自主经营管理权，赋予职工参加企业生产和进行民主管理的权利与经济利益。

深化企业改革，当务之急是要加快现代企业制度建设，现代企业制度是以完善的企业法人制度为基础，以有限责任为特征，以公司企业为主要形态，涵盖企业全部经营活动的制度体系。重点是抓好四个方面的建设：

（1）完善企业法人制度是基础，探求产权改革的操作方式，理顺产权关系，确定企业资产投资主体，建立新型的国有资产管理与营运体制，实现资本经营，使企业享有法人财产权。

（2）建立科学规范的公司治理结构是关键：①在组织框架上应包括三个层次——决策层、执行层、监督层；四个机构——股东大会（股东会）、董事会、监事会和经理层（规范经理制度）的经营机构。在运营机制上应做到明确责任、相互制衡，协调配合，形成合力。②全方位渗透的方式，构造企业党组织的工作运行机制，发挥党组织的政治核心作用。③在调整划清权责界限和职能的前提下，构造企业的民主管理体系。

（3）管理科学是现代企业制度的保证。制度创新，更需要管理到位，要突出搞好六个重点：①加强决策管理；②突出财务管理的地位；③加强营销管理；④加强质量管理；⑤从严管理，狠抓纪律；⑥抓好以人为中心的管理，强调企业文化，塑造企业精神。建立和健全新的企业用工和分配制度、严格规范的财务会计制度、技术标准、职工培训、产品质量、安全生产、环境保护制度，以及建立和强化一整套科学的规章管理制度。

## 三、在社会主义市场经济法律体系中经济法的新地位与新功能

### （一）经济法是独立的、重要的基本法律部门

经济法的地位，也就是在我国整个法律体系中，经济法是不是一个独立的法律部门。在我国，经济法学界相当一致地认为经济法是一个独立法律部门，整个法学界多数人也认为经济法是一个独立的法律部门。我们认为，经济法在社会主义市场经济法律体系中具有新的地位，是独立的、重要的基本法律部门。

首先，确立法律部门的根本标志，取决于它所调整对象的特殊性。经济法调整的经济关系的特殊性，是确定经济法是一个独立法律部门的主要依据。我国经济法是国家调整市场经济管理关系，具体包括三个主要方面：一是国民经济宏观调控中的经济关系，二是调整市场经济管理活动中的经济关系，三是调整市场主体——企业经营管理过程中的经济关系。我国经济法既适应现代市场经济理论和市场经济政策，又适应社会主义市场经济新体制，突出了市场经济管理关系。这就是经济法调整对象的特殊性，这种特殊性的经济关系是民商法、行政法相邻近的法律部门无法调整的，这也是经济法区别于民商法、行政法而独立存在的质的规定性，它是属于公法的性质。社会主义市场经济法律体系主要由经济法、民商法、行政法三大部门构成，经济法反映现代市场经济基础，适应现代市场经济新体制，在社会主义市场经济法律体系中占有最重要的地位，是最重要的基本法律部门。

其次，划分法律部门的主要标准是调整对象，同时，应辅之以调整方法。经济法既有特殊的调整对象，也具有特殊的调整方法。由于经济法是个集合概念，调整对象涉及宏观经济调控、市场经济管理、企业经营管理的经济活动的各个方面，这就决定了其调整方法的多样性和综合性，归纳起来有以下五种：

（1）行政机制的调整方法。在建设有中国特色的社会主义过程中，指导性和服从性的行政机制的调整方法比较突出，主要靠行政隶属关系的权力解决问题。它表现在通过有关法律按照集中管理体系建立起来的各级管理主体的隶属关系，各级管理主体的管理范围和法律地位，针对不同的管理对象所承担的责权利关系以及各种经济活动都是在国家宏观间接调控下进行的。市场经济也需要运用计划机制。所谓计划机制，是指计划各个构成部分的相互关系对市场经济运行所产生的功能，它包括制订计划、调整计划、执行计划等过程对经济的宏观调控，但在市场经济体制下计划机制具有不同作用的特点：①计划机制调节的现象不是产品，而是市场的商品，必须遵循价值规律的要求；②计划机制与市场机制共同发生作用；③计划机制主要采取指导性计划；④计划机制的调节手段主要采取经济方法和法律办法。

（2）市场机制的调整方法。所谓市场机制，是指市场主体在市场上进行相互联系。相互作用的经济活动所形成的价格、利率、竞争、税率、供求、风险等方面是相互制约和影响的内在有机联系形式。市场机制主要采取经济方法，而经济杠杆是经济政策的具体运用。通过制订和调整价格、利率、税收、信贷等办法，调节国民收入分配和再分配，从经济利益上去诱导、协调和控制社会生产、分配、交换和消费各个环节的经济活动，以实现宏观调控目标。

（3）协议机制的调整方法。在市场经济活动中，企业之间发生横向经济联系，参加经济法律关系当事人的法律地位都是平等的，都可以在法定范围内自行协议。确定责权利关系，主要是通过双方协商一致，签订各种经济、技术合同，明确双方权利义务关系，以这种法律化了的经济手段调节各种具体的经济关系。

（4）执法机制的调整方法。主要是指通过经济司法机关、经济检察机关和经济行政执法机关，对违反经济法规的单位和个人，依法予以经济的、行政的或刑事的制裁而进行调整的方法。但这些机关在解决经济纠纷案件时，要发挥主管机关的作用，始终坚持着重调解的原则，采取预防为主的措施，保护经济关系。这是经济法在调整方法上的特色。

（5）利益机制的调整方法。在现代市场经济条件下，参与市场活动的主体，都是为了实现各自的经济利益。经济主体之间的关系，就是物质利益关系，这是企业进入市场的首要条件。在产权关系界定之后，与产权制度联系的利益主体就呈现出多元化的态势，这种多元化包括不同机制之间的利益主体多元化，也包括相同所有制内部利益主体的多元化，对这些复杂的利益主体，必须加以规范，使各自的责、权、利明晰化，才能为市场经济的运行提供必要前提，市场机制调节的有效性，是建立在利益主体规范导向的基础之上。

经济法的这五种调整方法，可以单独使用，也可以同时并用，还可以针对不同的市场经济关系采取不同的调整方法。这就是说，选择哪种调整方法，是由所调整市场的经济关系的性质和内容决定的。

再次，市场经济是主体多元化的经济。主要表现在：①市场主体的多元性和层次性。市场经济结构是多元结构，有国有企业、集体企业、合资企业、合作企业、外资企业，还有个体企业和私营企业以及联营企业，因而使市场经济关系主体呈现出层次性，包括国家机关、各级地方政府、各种市场主体以及公民个人。②内容的复杂性、多变性。各种市场主体发生的经济关系内容是复杂多变的。③主体利益的多样性、特定性。各种市场主体进入和退出市场，都基于自身利益的需求，因而呈现出利益主体的多元化和特定化，从而使市场经济关系成为一个错综复杂的体系。对如此复杂多变的市场经济关系，仅靠经济法一个基本法律部门调整是不够的，还必须有民法、商法、行政法。

这就是说，经济法、民法、商法、行政法都是调节市场经济关系的法律部门，由它们共同构成社会主义市场经济法律体系。

最后，从法律部门调整的分工协调和共同作用来考察。由于各个法律部门调整对象的特殊性，因而就形成各个独立法律部门的分工，但分工不等于分家，对于复杂多变的市场经济关系，需要相邻近的法律部门来共同调整。事实上一种经济关系可以同时由两个以上的法律部门进行调整，只不过是法律部门之间的调整对象有所侧重。这就是说，一个法律部门主要调整着一种经济关系，而对其他经济关系的调整，是采取“你中有我”或“我中有你”的方式，即是共同调整。我们绝不能搞“一刀切”的划分，或因此而否定一个法律部门的独立。事实上，市场经济关系是错综复杂、交叉网织的，而调整市场经济关系的各个法律部门也是相互渗透的。因此，我们强调调整市场经济关系的各个法律部门之间的分工协调和共同发挥法律机制的作用。

### （二）经济法与相邻近法律部门的关系

第一，正确界定经济法与民商法的关系。

现代的民法和商法，均来源于古罗马的私法。在民商法分立的国家，民法是私法的普通法，商法是调整经营活动的私法的特别法。在民商法合一的国家和地区，民法是私法的同义语，商事法规是民法的特别法。所以，商法并不超越民法的范畴，两者都必须贯彻私法自治或当事人意思自治的原则。在我国，民商法都是规范市场主体之组织、活动规则，保障市场主体自由、自治的重要法律。

民法是调整平等主体之间的经济关系和人身关系的法律规范的总称。它包括法人制度、代理、时效、物权、债权、知识产权、亲属、继承等法律规范。其任务是确认市场主体资格，规定市场主体的权利、义务和行为规范。

在所有的法律部门中，经济法与民法的关系最为密切。虽然各国的民法含义和范围各不相同，一些国家经济法的含义和地位也不一样，学术界对经济法与民法的关系看法也不一致，但在现代市场经济条件下，正确认识经济法与民法的关系，对于认识经济法本身是极为重要的。经济法和民法是两个相互邻近的法律部分，既有密切的联系，又有质的区别。

从经济法同民法的联系看，经济法是在民法的基础上形成和发展起来的。因此，在经济法中不仅带有民法的一些痕迹，而且民法的某些基本原理为经济法所借鉴。在调整的原则和方法方面，有许多相互渗透、相互贯通的情况，它们都担负着调整我国市场经济关系的任务，目标是一致的，作用是紧密相关的。民事权利的行使，在有的情况下，要受到经济权力的制约，而经济权力的行使，又要充分尊重民事权利，在我国经济生活中有许多社会关系，如工业产权关系，要它们共同作用才能形成特定的权利义务关系。

从经济法同民法的区别看，主要表现在：①法律关系的主体不同。首先，是主体范围的不同。经济法的主体是国家机关、企业、事业单位、社会团体、公民以及法人组织的内部机构；而民法的主体只限于法人和公民。其次，是主体地位的不同。经济法主体在参加经济调控关系时，具有上下级的隶属关系，又有平等关系；而民法主体当事人之间的地位是平等的。②调整对象的特殊性不同。经济法是国家调整市场经济管理关系；而民法所调整的是平等主体之间的财产关系和人身关系。③调整的原则不同。经济法的调整原则，表现在经济管理上具有上下级之间的隶属关系，国家经济行政管理机关还可以下达指导性的任务；而民法的调整原则，主要是平等互利、等价有偿、诚实信用。因而双方当事人可以充分协商，在自愿的基础上达成协议。④受理案件的机构不同。我国现行法律规定，经济纠纷案件是由人民法院经济审判庭受理；而民事纠纷案件是由人民法院民事审判庭受理。⑤制裁的方法不同。经济法采取经济、行政和刑事相结合的制裁方法；而民法只采取民事制裁方法。

商法是规范商事行为的法律规范的总称。它包括公司法、票据法、证券交易法、保险法和海商法等，其任务是规范从事商事（市场交易）活动的组织，确认商事活动的行为规则，规定商事活动的支付与融资手段，减少风险的途径与海上运输的规则等。商法是调整围绕商人与商事行为所发生的经济关系。而经济法是国家调整市场经济管理关系，涉及宏观经济调控、市场经济管理、企业经营管理的经济活动的各个方面。尽管近年来出现了商法的“私法和公法化”倾向，但商法不能替代经济法，经济法也不能代替商法，两者都是并列的法律部门。

第二，正确划分经济法与行政法的关系。

行政法是调整国家行政机关之间在行政管理事务中与其他国家机关、社会团体、公民间形成的社会关系的法律规范的总称。它是一个独立的法律部门，是国家的基本法之一。其内容包括国家行政管理体制、国家行政管理活动的基本原则、国家行政机关的权限和组织形式、隶属关系以及活动方式和方法、国家行政管理机关的设立和撤销的程序以及国家行政机关工作人员的录用和考核等。在国家行政管理这个领域中，凭借国家的强制力作后盾，从法律的角度保证了从行政方面管理好国家。

经济法同行政法是两个相互衔接的法律部门，它们之间也是相互联系、相互区别的。

从经济法同行政法相互联系看，由于行政法是调整国家行政机关在行政管理活动中所发生的各种社会关系，因此，它与经济法在调整对象和调整方法的某些方面有相似之处，如行政法也调整国家经济行政管理机关在执行和指挥活动方面有关经济组织和管理的职能，以及这两类法规也都带有强制性的特点。特别是许多经济法规是由行政机关执行的，都要采取命令与服从的办法调整社会关系，因而所调整的社会关系都具有隶属性质。从这个意义上来说，它具有行政法的性质。这就是说，经济法作为行政经济法，与行政法有许多相同的地方。但是，如把经济法改为经济行政法或行政经济法，或作为行政法的一个分支来处理，这是不确切的，因为两者又有质的区别。

从行政法同经济法的相互区别看：①法律关系的主体不同。经济法主体包括国家权力机关、行政机关和司法机关，主要是国家经济管理部门、社会经济组织以及企业内部的管理机构和生产组织，它们是不能作为行政法主体的；而行政法的主体主要是行政机关、企事业单位、社会团体和公民。②调整的对象不同。经济法调整的对象，是国家调整市场经济管理关系；而行政法调整的是行政关系，调整着整个国家行政管理活动，包括政治、文化、教育、科学、卫生、国防、外交等方面的管理活动，不直接具有经济内容，所体现的是一种权力从属关系。③调整方法不同。经济法是采取行政计划机制、市场机制、协议机制、执法机制、利益机制的多种调整方法；而行政法只是采取单纯的强制性办法。④解决争议的程序不同。对于经济纠纷案件，由经济审判庭按经济诉讼程序解决；而行政纠纷案件，则按行政诉讼程序解决。

### （三）在现代市场经济条件下，经济法的新功能

《中共中央关于建立社会主义市场经济体制若干问题的决定》指出："社会主义市场经济体制的建立和完善，必须有完备的法制来规范和保障，要高度重视法制建设，做到改革开放与法制建设的统一，学会运用法律手段管理经济。法制建设的目标是：遵循宪法规定的原则，加快经济立法，进一步完善民商法律、刑事法律、有关国家机构和行政管理方面的法律，20世纪末初步建立适应社会主义市场经济的法律体系。"市场经济是以法律作为规范的经济，没有法律的保障和法制的同步建设，社会主义市场经济体制就不可能有效地确立和完备。这是因为市场经济是一种分权决策经济，为数众多的企业、个人以及各种机构、组织，既是独立的利益主体，又是独立的决策主体，大量的经济活动通过市场调节加以协调，市场调节之所以能够起作用，就是大家要共同遵守一定的规则，这些规则就是法律，社会主义市场经济体制的建立离不开法制，这是社会主义市场经济体制功能的客观要求。传统的高度集中的计划经济的运行，主要靠行政指令去调节。市场经济的运行，则主要靠经济方法、法律办法来调节，而经济方法以及其他手段的调节，也要以相应的法律

作规范的保证。法律机制是市场经济秩序的内在要求和有机组成部分，市场的任何经济活动都必须在法律规定的范围内进行，在客观上要求用法律的方式全面规范社会经济活动各个主体的权利、义务和行为规则来规范政府行为。要求一切经济活动和经济管理都要规范化、制度化、法律化，使市场经济法律体系发挥整体上规范性、强制性、统一性、稳定性的特定功能，才能保障市场经济沿着法制轨道健康发展。

社会主义市场经济法律体系，主要是由经济法、民商法和行政法三大法律部门构成，随着社会主义市场经济体制的建立，在健全社会主义市场经济法律体系中，将会形成三大法律部门“三足鼎立”之势。而作为国家调整市场经济管理关系的经济法，最直接反映我国社会的经济基础，是国家实现宏观调控、企业实行经营管理的重要法律武器，是国家领导、组织和管理经济的重要工具，在社会主义市场经济法律体系中占有非常重要的地位。随着现代市场经济的发展和社会主义市场经济体制的建立，经济法在现代市场经济中的地位和作用将会越来越重要，经济法在我国有着无限广阔的发展前景。

原载《贵州社会科学》1994 年第 3 期

# 试论经济法制系统工程

当代世界，经济的发展与法律相结合是必然趋势。探索并运用经济法制系统工程，对于经济法制的协调发展，开创经济建设的新局面十分重要。

## 一

系统工程的方法论，对经济法制领域来说，可能比较陌生，其实并不神秘。所谓体系，即是由相互联系、相互依赖、相互制约、相互作用的事物过程组成的具有整体功能和综合行为的统一体，也就是把部分组成整体的意思。马克思、恩格斯曾多次把“系统”解释为“统一体”“集合体”“综合的整体”。恩格斯曾指出：“世界不是一成不变的事物的集合体，而是过程的集合体。”可见，系统概念并不是天上掉下来的，而是人类长期社会实践的深刻概括，是人类智慧的结晶。所谓系统工程，是指设计新系统的科学方法，是近几十年发展起来的一门新学科。系统工程是一个总类名称，因处理的体系性质不同，可以分若干门类。各类系统工程的共同特点在于：将定量化的系统思想方法应用于组织管理的工程实践，寻求实践效果的优化。

经济法制系统工程是法制系统工程中的一个重要系统。我国现阶段存在着多种经济成分，既有全民和集体经济，又有个体和合资、独资经济，经济关系是错综复杂的，经济联系又是交织多变的。作为调整复杂多变的经济法律规范和经济法律制度总称的经济法制，包括了经济领域中的立法、司法和守法三个互相联系又互相制约的方面。经济结构的多元化、经济关系的复杂化、经济法制内容集合化，决定了经济法制必然是一个规模庞大、结构复杂、目标多样、因素众多、功能综合的大系统。用系统的观点研究经济法制，首先，要强调经济法制系统的整体观点。经济法制是由许多部门、许多地区及许多经济执法单位构成，包括多层次的许多分系统和子系统。这些分系统、子系统之间纵横交错，相互制约。其中任何一个分系统，都是经济法制系统的有机组成部分，不能离开系统整体而独立存在。因此，在经济法制系统中，既要发挥每一个系统的活力，更要着眼于系统整体的协调。研究任何一个局部问题，都要从系统整体出发，用系统分析的方法，考察它对经济法制整体的种种影响。对解决某些带有普遍性的问题，更要强调总体规划和整体设计，不能只见树木，不见森林。其次，还应强调系统的环境观点。任何系统都处于一定环境之中，受环境制约。所以，无论是微观经济法制还是宏观经济法制，都应面对环境，主动适应环境。一个系统是一个更大系统的组成部分。这个更大系统就是系统的环境。经济立法、经济司法、经济守法是经济法制的组成部分，经济法制系统也可以说是经济立法系统、经济司法系统、经济守法系统的环境。所以，任何经济立法部门、经济司法部经济体制和经济法制的变化发展情况。再次，还必须强调系统整体功能的最佳。系统整体功能不是局部功能的机械相加，而是通过系统的协调达到新的更加完备的总体功能和更大的最优效益。

那么，怎样运用系统工程的方法从动态的运动规律来研究经济法制呢？这就需要运用辩证唯物的系统方法，借助电脑、数学语言对经济法制的各个系统、各个层次进行分析、综合、构思、设计，通过控制理论与决策方法来指导经济立法，在不断的经济立法活动中，将大量的社会经济关系的信息输入到经济法律规范中去，又通过不断的经济执法活动，将经济法规换成各种信息（经济纠纷、经济仲裁、经济诉讼等）输出到经济关系中去，去规范经济活动，制约我国经济法人和外国经济组织和个人的经济行为。当经济法规的输出与经济生活有不相适应的地方（如经济纠纷案件久拖不决），经济生活又以众多的信息（如经济纠纷案件的增多或缓解等），及时反馈到经济法制中去（如采取措施加强经济法制），于是又重新出现输入、转换、输出、反馈的过程。这是一个不断往返、周而复始的双轨交流活动，其优越性则是过去传统的单纯人工传递信息、口头或书面汇报、简单的算术统计，以及立法、司法、执法、督法各个环节之间单轨往返联系所不能比拟的。此外，还要通过经济法制的科学研究活动和建立大量贮存经济法律资料的研究与咨询中心，对经济法规的制定、协调、执行、遵守以及科学研究提供可靠数据，以便进行对于未来的预测与控制，从而确定最优的法制决策，采取最优措施达到经济法制的最佳效果。

系统工程的方法摆脱了把对象先分割成部分再综合的传统的束缚。它从相反的方向考虑问题，从经济法制的总体出发，研究其组成、结构体系以及各部分之间的关系，揭示整个经济法制的运动变化规律，从而认识其发展趋势。这种系统的科学方法优越性在于：一是研究与协调经济法制的有效工具；二是对经济法制进行综合平衡的科学手段；三是为经济法制的科学决策提供最佳方案；四是为经济法制理论的整体化和经济法学的科学研究提供新思路；五是通过“系统合成”型的科学技术，使经济法学和现代科学技术相结合，为经济法学的科学化、现代化开辟新途径。

## 二

系统工程的方法提供了探讨如何把“伟大整体”联系起来的新思路。根据系统科学的理论，结合我国法制实践情况来看，经济法制系统工程的结构应该包括经济立法系统、经济执法系统、经济督法系统、经济法制信息反馈系统、经济法研究系统五大部分。

经济立法系统：由中央和地方的经济立法机构组成，在我国有权制定经济法规的，主要是全国人大及其常委会。为了适合新时期加强经济法制的需要，全国人大授权国务院制定经济法规。国务院经济法规研究中心负责对经济立法的起草、协调、组织和指导。地方各省、市、自治区人大和省政府，以及自治州也有权制定地方性的经济法规和实施细则。它们的责任是根据我国的经济建设和经济法制实践的需要，制定各种经济法律、法规和实施细则，以保证做到有法可依。

经济执法系统：可以分三个层次，第一层次是经济司法系统，包括经济审判、经济检察、经济公证、经济仲裁；第二层次是经济执法系统，包括各种经济的主管部门、工商行政管理部门、银行、财政、税收、海关、审计、会计、计划等综合经济管理部门的经济执法活动；第三层次是各种经济组织、个体户、专业户以及公民的经济执法和守法活动。它们的责任是认真地执行经济法律、法规，保证各种经济法规得到贯彻实施。

经济督法系统：主要是中央和地方的各级人大及其常设机构，以及各级经济检察机构。它们的责任是监督经济法律、法规的实施，督促经济部门有法必依，违法必究。

经济法制信息反馈系统：主要由国务院经济法规研究中心和中央经济主管部门兼顾。当前各地成立的经济法律咨询服务机构，如中国法律服务公司、中国法律咨询中心、振兴经济法律咨询公司、广州法律和经济信息咨询电脑服务公司，它们的责任是将经济执法系统和经济督法系统的活动及时地、准确地反馈回来，通过各项经济法制的预测（如经济立法预测、经济纠纷案件的预测等）为指导经济立法活动、经济执法活动、法制监督活动提供可靠的、带预见性的依据。

经济法研究系统：可分三个层次，第一层次是经济法制研究系统，有国务院和各省的经济法规研究中心、中国经济法研究会及其各分会、社会科学院系统的法学研究所（室）、中国法学会及各省法学会；第二层次是各高等法律、财经、管理院校的经济法教学人员；第三层次是各经济主管、综合管理部门，各经济组织的经济执法人员。他们的责任是研究、总结经济法制中理论和实践的问题，为我国经济立法和经济执法提供理论根据。

经济法制系统工程这五个组成部分，都各自成系统，不能代替也不能合并，各自发挥着自己特有的作用，但又彼此紧密相连，构成有机的统一。经济立法系统将制定的各种经济法规输入经济执法系统和经济督法系统。经济督法系统对经济执法系统进行监督。经济执法系统和经济督法系统的工作通过经济法制信息反馈系统进行反馈。经济法制预测部门对各种经济法规和经济法制问题进行必要的预测，反馈的信息和预测结果一方面输送到经济法学研究部门进行研究，另一方面输送到经济法制协调指挥中心提供参考。经济法学研究系统将研究成果也输送到经济法制协调指挥中心。经济法制协调指挥中心将反馈、预测、研究的信息和制定变成各种规范性文件，再输送到经济立法系统、经济执法系统和经济督法系统，变成经济法制的实践活动。

然而，要使经济法制系统工程这个结构成为真正的协调结构，各个部分还必须成比例地建立和发展。确定这个比例的标准就是使各个组成部分足以承担各自的功能。这就要求各个分系统、子系统都要成比例，否则就会影响整个经济法制系统工程的运转。所以，在运转过程中要求连续运行回路线处于封闭状态。这就是经济法制系统工程的封闭。没有这种封闭，就不能确保经济法制系统工程结构内部的协调发展。当然，经济法制系统工程的封闭是相对的。当其结构的某一部分，如经济执法不能适应经济发展需要时，或者经济立法不能适应经济执法的需要时，就要进行必要的修改和补充。因此，在必要的时候就应当对经济法制系统工程结构进行调整，否则整个经济法制系统工程的正常运行就要出现故障，不能适应经济建设的需要。这就是经济法制系统工程的开放。这是确保经济法制系统工程结构内部协调发展的重要条件。

要使经济法制系统正常高效地运转，必须有一个经济法制协调指挥中心。没有这个协调指挥中心，经济法制系统工程内部各个方面之间的关系是很难保持和谐一致和协调发展的。按法定应在全国人大常委会之下设立全国性的经济法制协调指挥中心，国务院和各省、自治区、直辖市都可在相应的范围和层次内设立协调指挥机构。我国在经济法制实践中，成立了国务院经济法规研究中心。这虽是在国务院领导下的一个研究、咨询机构，却承担了经济法制整个系统的规划、指导、组织和协调任务。这个协调指挥中心卓有成效的工作，使得我国经济法制建设的各个方面都得到了迅速的发展。这是我国经济法制建设协调发展的成功尝试。

## 三

经济法制必须与经济基础以及与其他上层建筑之间协调，是社会主义经济建设发展的客观要求，也是经济法制建设健康发展的必由之路。所以，经济法制系统工程结构内部必须协调发展。但由于经济法制系统工程是一个多层次的复杂的体系结构，任何层次的体系比例失调都会影响整体的协调发展。因而要求每个分系统、子系统的内部构成都要保持协调发展，整个经济法制工程才会求得协调发展，求得综合的最优化功能。

从我国经济法制的现状来看，经济法制系统工程结构内部存在着比例失调的情况：①经济立法系统不能适应和满足经济执法系统的需要；②经济执法系统更不能适应经济建设发展的需要；③经济监法系统还没有引起人们重视，因而经济法制的督法不能充分发挥作用；④经济法制信息反馈系统还很薄弱；⑤经济法学研究跟不上经济立法和经济法制实践的需要。因此，改革和完善经济法制系统工程结构，使之协调发展，是加强经济法制建设的重要环节。

从经济立法系统来看，当前我国的经济立法工作出现互不协调主要有三种情况：一是不衔接。由于经济法规多数是由中央各经济行政主管部门分别草拟或修订，因互不通气或部门的局限性，搞出来的有些经济法规往往彼此矛盾、抵触。二是不统一。我国试办经济特区，对特区法制建设缺少经验。由深圳综合经济特区创路子，其他特区参照执行。现在厦门搞综合经济特区，正在制定一系列法规；珠海和汕头也结合本特区情况制定法规。开发十四个沿海城市，兴办经济技术开发区，广州、上海、天津、大连都先后制定了开发区管理法规。这样就出现了多头立法、各自为政、各行其是的现象。三是不规范。有的同是单行法规，名称各异，如决定、规定、办法、细则、条例等，有的罚则规定标准不一，轻重悬殊，有的法规本身名词前后不一致，用语不统一，概念混乱；有的条文语句近似宣传口号，逻辑不严谨，缺乏规范性。在新形势下如何立法，全国人大常委会已作出了改革，授权国务院制定暂行条例或暂行规定。各省、自治区、直辖市人大及其常委会可以制定地方性法规。我们应当从实际情况出发，制订经济立法的近期和长期规划，加强对经济法规草拟或修订工作的组织和协调，把好各种经济法规的起草和审议关，改进经济立法技术，切实抓好各种经济法规的平衡协调。

从经济执法系统来看，新中国成立 30 多年来，我国颁布的各种重要法规有 1 700 多件，其中经济法规占百分之六七十。当前主要倾向是在一定程度上存在着执法难和执法不严的问题，使已经制定的法律没有得到充分的遵守和执行。这是经济立法与经济执法的最不协调的地方。如何使两者协调，成为经济法制建设中的一个核心问题。经济执法难的症结何在？一是有些领导干部无视法律。以为法可有可无，可以这样执行，也可以那样执行，甚至以言代法，以权代法，人易法变。二是有些干部习惯于老一套的工作方法，靠领导点头办事、用过多的行政干预来管理经济。三是不少人法制观念淡薄，不重视有关法规，习惯地用经济政策来代替法规的执行。因此，改善经济执法的关键是大力加强经济法制的宣传工作，运用各种形式扩大宣传教育的效果，使经济执法人员学法、知法、懂法、用法。我们必须改变单纯依靠行政手段管理经济的做法，注意运用法律手段管理经济，做到严于执法、依法办事，发挥法律对违法行为的制裁作用。

从经济督法系统来看，最高国家权力机关——全国人民代表大会及其常委会，有权监督宪法和法律的正确实施。此外，国家还设置了人民检察院这个专门的法律监督机关。人民检察院依法通过它的检察活动，特别是经济检察，对法律的实行和遵守实行监督。当前，我国立了不少经济法规，但都执行得不太理想。因此，必须加强经济督法系统的职能。这对保障依法办事、促进经济法制建设的协调发展，具有十分重要的作用。

从经济法制信息反馈系统来看，我国经济法制的反馈职能由经济执法系统兼任，因而造成反馈不良的后果：一是由于经济执法系统工作繁忙，对反馈的信息无暇分析，就难免造成反馈的片面性和表面性。二是由于反馈工作与执法效果紧密相连，难免造成反馈多或反馈少的情况，因而使反馈信息失真，甚至连统计数字都不完全可靠。这种情况必须改变。并且，我国的经济法制还缺少必要的预测。所谓法制预测，就是采用专门的科学方法和手段，以获取有关经济立法、执法的未来状况和发展趋势的预测资料的过程。这是经济法制协调发展的重要措施。

从经济法学研究系统来看，经济法制工作的实践迫切需要理论来指导。我国开展经济法理论研究的时间不长，有许多理论问题需要探讨。当务之急，是把经济法制理论和实际工作切实有效地组织起来，坚持理论联系实际，从实际出发，兼顾当前和长远的需要，既要下大力气从理论上解决经济改革和对外开放中提出的法律问题，积极承担有关法规的草拟、修订等研究任务，又要注意开展经济法基础理论的研究，开展对国际经济法和外国经济法的比较研究，更好地为搞活经济和对外开放服务。

经济法制的协调发展是社会主义法制建设的客观规律要求，是开创经济法制建设新局面所必须解决的一个战略性的问题。我们在肯定我国经济法制的发展基本协调的前提下，找出某些不协调之处，有利于发现经济法制工作的薄弱环节，并采取有力措施加以改善，以达到新的协调。只要我们从经济法制系统工程五个环节上都选择最佳方案去做，经济法制系统工程就会形成良性循环，发挥最佳功能，促进和保障我国经济法制建设开创新局面。

原载《上海社会科学》1985 年第 5 期

# 试论经济政策同经济法的关系

当前我国正在进行经济体制的改革，33 年来经济工作的实践证明，坚持经济方法、行政手段、法律办法相结合，这是管理经济的有效办法。因此，加强经济立法，重视并运用经济法规来管理经济已成为经济战线的迫切任务。本文试就经济政策同经济法的关系谈谈粗浅认识，希望引起同志们的深入研究。

## 一

所谓经济政策，就是我们党和国家在一定时期内，为实现一定的经济任务而规定的调整各种经济关系的行动准则和措施，是党在一定时期内经济工作的方针、原则和路线的总和。也可以说，党的经济政策就是党的经济工作指针，是指导、管理经济的措施和手段。党的经济政策是为党的总的经济任务服务的，如果没有党的正确的经济政策，党的总的经济任务是不能实现的。所以，我们在执行经济政策的时候，不仅要记住具体的个别的经济政策，更要牢牢地把握党的总路线和总政策，因为各项具体的经济政策是从属于党的总路线和总政策的，只有这样，才不会迷失方向，才能做好经济工作。

从广义上来理解，经济法就是调整经济关系的法律规范的总称。所谓经济关系，通常也叫生产关系，是在生产、分配、交换、消费过程中，人与人之间发生的财产物质利益关系。在社会主义制度下，经济关系也就是国家机关、企事业单位、各种经济组织以及公民个人为了实现经济建设的任务和考虑各自的需要，相互之间在生产、分配、交换、消费过程中发生的财产物质利益关系。从狭义上来理解，经济法就是调整国民经济管理和各种经济组织在经济活动中所发生的经济关系的法律规范的总和。国民经济管理中所发生的经济关系，即是彼此处于隶属（上下级）的关系，例如，部门管理机关隶属于这些机关的企业之间的经济关系，跨部门的管理机关，核算机关，财政、税收、银行与各企业之间的经济关系，流动资金再分配方面的财产关系等。至于各经济组织之间在经济活动中所产生的关系，即横向的经济关系，也就是在社会化大生产中形成的分工协作关系，例如，同一级的经营管理机关之间的组织往来就是属于这类关系，主要表现在企业产销上的联系，在商品交换上的联系，在承揽、运输等方面的联系。经济法还调整内部的经济关系，就是工厂内部所属部门实行内部经济合同所发生的经济关系。此外，还调整和国民经济密切相关的环境保护、工资制度等经济关系。总之，经济法调整经济关系的范围是广泛的，调整和处理好这些经济关系，是经济法的作用所在。而经济建设又正好需要调整和处理好这些关系，直接关系到社会生产力的发展，经济建设成果的大小，特别是要把我国几十万个国营企业和百十多万集体经济组织组成实现“四化”的浩浩荡荡的大军，没有经济法律的极大权威，使大家在法律允许的范围内独立自主地从事经济活动。那么，社会主义计划经济，各部门、各单位之间的专业化协作，以及现代化的经营管理和企业管理，就无法顺利实现。

由此可见，不管是广义的还是狭义的经济法，都是国家领导、组织和管理经济的重要工具，是国家对国民经济的各种组织关系和经济组织的各种经济活动进行调整、管理、监督、奖惩或限制的法律手段。

建立在生产资料公有制基础上的经济政策和经济法，是社会主义上层建筑的两个重要组成部分，都是社会主义国家实现经济职能的经常的必不可少的工具。经济政策和经济法规之间存在区别，但它们之间也存在着某些一致性。

首先，它们都是以马列主义、毛泽东思想为指导，根据客观经济规律而制定的。经济政策是党在一定历史时期为实现一定的经济任务，根据经济形势和经济条件而规定的行动依据和准则。在社会主义经济建设中，经济政策就显得特别重要。

经济政策和其他政策一样，只有在经济生活中经过人们的实践，才能证明正确与否，才能证明正确和错误的程度。十一届三中全会以来经过几年的摸索，修正了不切合实际的经济政策，为了贯彻调整、改革、整顿、提高的方针，提出了经济建设的十条具体方针，围绕着提高经济效益，走出一条经济建设的新路子。

为了保证一切经济工作把根本出发点放在提高经济效益上，就必须把经过实践检验过的经济政策制度化、法律化。推动经济联合是体现社会主义大生产客观规律要求的经济政策。为了从经济管理体制上扫除提高经济效益的障碍，国家颁布了《关于推动经济联合的暂行规定》，以法定的程序肯定各种经济联合体的法人资格，明确各方的权利和义务，使联合体的经济活动做到有法可依、有章可循，从而促进了企业的联合。中国船舶工业总公司、中国汽车工业总公司、中国原子能工业公司等的成立，都是我国经济组织代替行政机构进行经济管理的重大突破。

其次，经济政策和经济法规都体现了工人阶级的意志，是实现工人阶级和广大人民群众的经济利益的重要手段。任何经济政策和各种经济法规，都是从广大人民群众的最高利益出发，集中了人民群众的正确意见而制定的。十一届三中全会以来，国家根据实际需要做出了一系列重大经济决策，如开放集市贸易政策，鼓励和支持群众发展家庭副业的政策，以及粮棉挂钩、糖粮挂钩等政策。为了使这些经济政策保持相对稳定，及时兑收，国家还通过宪法和有关经济法规固定长期不变，使参加农村集体经济组织的劳动者有权在法律规定的范围内经营自留地、自留山、家庭副业和饲养自留畜以及植树。由于这些经济政策和经济立法反映了农民群众的利益和要求政策稳定的强烈愿望，深得人心，受到了广大人民群众的衷心拥护。

再次，经济政策和经济法规都是国家实现经济职能的工具和管理经济的有效手段。社会主义国家为了保证实现其经济职能，促使社会主义经济建设的发展，就必须运用经济政策和经济法规来调整各种经济关系，特别是我国现阶段经济制度的基本特点，存在着多种经济成分，既有公有制经济，又有个体经济和中外合资经济等。经济关系是错综复杂的，经济联合又是交织多变的，如何调整这些错综复杂多变的经济关系呢？这就需要自觉地运用经济政策和经济法规，促进和保障多层次经济结构的发展和完善。

近几年来，我国在经济建设上贯彻执行对外开放和对内搞活经济的政策，商品生产和商品流通不断扩大，企业与国家、企业与企业、企业与事业单位，社会团体等法人之间以及法人与个体经营户、农村社员之间经济往来大量增加。各种经济往来，在国家计划的指导下，除采取必要的行政办法外，大量的要靠签订经济合同来实现，而签订合同各方的经济利益和具体要求不尽相同，如果没有一个共同的准则来规定相互的权利和义务关系，在签订、履行经济合同过程中就难免会发生各种矛盾和纠纷。矛盾和纠纷出现后，如果没有统一的处理原则和办法，那就会得不到及时的解决。经济合同法就是签订、履行经济合同必须共同遵守的准则，也是管理经济合同和处理纠纷的准则。没有这个准则，正常的经济秩序就不能维护。

由此可见，经济政策和经济法规作为组织、管理经济的工具和手段都是为社会主义经济基础服务的，只不过经济政策比较多的是为形成和巩固经济基础服务，而经济法规则从多方面为保护经济基础服务。

## 二

经济政策和经济法，既有相同的地方，也有不同的地方，绝不能把两者混为一谈，它们具有不同的本质特征。经济政策的本质特征在于它的指导性，而经济法的本质特征在于它具有国家强制性。两者的区别，具体表现在以下六个方面：

（1）经济政策和经济法产生的历史条件不尽相同。经济政策和经济法都是在一定历史条件下的产物。经济法概念是在20世纪初叶在德国产生并传播的，但调整经济关系的法规却是自古有之。中外都有过诸法合一的过程，其中不少法律条文都是调整经济关系的，只是当资本主义国家决定影响或干预经济活动时，经济法就产生了。可见，经济法必须是建立了自己政权的统治阶级才能制定的，并依靠政权的强制力保证其贯彻执行。没有政权，可制定经济政策，但谈不到制定经济法。即使有了政权，经济法也要有一个逐步完善的过程。我国经济法的创建与发展是在新中国成立以后，而且是经历了遭到干扰而又发展，遭受大破坏又恢复到大发展的曲折过程，特别是在五届人大二次会议以来，制定各种经济法规，探讨经济法学才在我国蓬蓬勃勃开展起来。

（2）经济政策和经济法制定权的归属不同。经济政策是由共产党领导机关和政府制定的，而经济法是由国家的最高权力机关制定的。共产党是政党，而不是政权，即使是执政的党，它的领导机关也不是权力机关，正如列宁所说：“在党的代表大会上是不能制定法律的。”这是因为党的代表大会不是国家权力机关，没有制定法律的权力。根据宪法的规定，只有全国人民代表大会，才是最高国家权力机关，才是行使国家立法权的机关，才能按照法定程序制定经济法律。

（3）经济政策和经济法在表现形式上不同。党的经济政策通常是党的领导机关以有关经济方面的决议、决定、纲领、通知、报告、宣言、声明、号召、口号，以及其他党的文件形式出现的。而经济法是通过全国人民代表大会及其常委会、国务院及所属部门与地方各级权力机构和政府以有关经济方面的法律、法令、决定、命令、条例、规定等规范性文件形式表现的。由于经济政策是党的领导机关制定的，因而在它的表现形式上，既有公开发表的使广大人民群众都知道的公开文件，又有秘密传达的只限于少数人知道的内部文件，还包括党和国家领导人公开与内部有关经济政策性的谈话。而经济法是属于国家的，因而在表现形式上都必须是公开颁布的。

（4）经济政策和经济法保证实施的手段不同。实现党对经济工作的领导，是通过党的各项经济政策来执行的，目的是动员人们完成一定的经济任务。因此，执行经济政策主要是靠说服教育。虽然有些经济政策，例如，对粮食实行统购统销政策，也需要通过行政手段和国家强制力求保证实行，但一般说来，实现经济政策是靠宣传、学习、教育，靠党员的模范行动和各级党组织的保证执行。党的经济政策是人民群众根本利益的集中体现，是经济形势和经济任务的科学总结。因而，党的经济政策的实现与发展，又离不开人民群众的实践。所以，只有把党的经济政策交给人民群众才能够实现。通过宣传教育、学习提高，使人民群众充分理解党的经济政策，懂得实现经济政策同自己切身利益的关系，这样就能自觉地去执行党的经济政策，从而保证党对经济工作的领导和经济任务的完成。而各种经济法规的实施手段，虽然也要通过宣传教育，学习讨论，扫除“经济法盲”，提高人民的经济法制观念，自觉地去执行经济法规，但更重要的是通过行政的强制手段来保证实施的。这是由经济法的调整对象和本质特征所决定的，这是用法律直接进行调整和国家对经济生活的调节方法，既采用上级组织间服从的原则，又采用平等组织间自愿、等价、有偿的协调原则。由于经济关系错综复杂，经济法规多种多样，这就决定了经济法不得不采用多种调整方法。这就是通过有关规范文件的形式，规定经济活动当事人的活动地位，应享有的权利和义务，应遵守的原则、程序、方式和方法，使得所有的经济组织各司其事，各尽其职。通过经济法律关系的主体，经济法人参与的经济活动行使它特定的权利能力和行为能力。通过法律化了的合同形式，加强企业之间的相互协作，彼此监督。通过国家的公证机关和上级管理机关的签证、登记、批准等手续，来检察经济合同的合法性和真实性，借以防止经济活动中的违法现象，对被损害的一方给予可靠的法律保护。通过国家工商行政管理、计划、税收、价格、信贷、财政等机关的监督，来保证经济法规切实有效地执行。通过经济司法和经济检察机关对违反经济法的单位和个人依法予以经济的、行政的法律制裁，以保证经济法规的正确实施。通过企业管理人员和广大财经人员进行监督，运用群众性的力量来保证依法管理经济。

（5）经济政策和经济法表现的特征不同。由于经济政策是党在一定时期内为实现经济任务而规定的以调整各种经济关系的行动准则和措施，因而在表现形式上对全局性的经济任务提出一般性的号召，允许人们在经济实践中加以具体化，虽对局部性的经济任务也有具体规定，但鼓励人们灵活运用，而且随着形势发展变化而变化。这就是说经济政策的特征表现，具有较大的灵活性。而经济法是把行之有效的，而且还应该继续贯彻执行的经济政策加以条文化、法定化。因而它和经济政策相比，具有相对的稳定性的特征，在表现形式比较多的是具体的硬性规定，只留有极小限度的灵活性，而且要在一个相当长的时期内适用。经济形势不发生根本性质的变化，经济法规是不会变的。在实际生活中，人们就是怕政策多变，俗话说，“政策稳，人心稳，政策多变，人心必乱”。这是历史的事实。经济生活的实践证明，只有把经济政策法定化，制定各种经济法规，才能较长时期地稳定不变。这样才可以防止某些领导人的主观武断，个人说了算，或搞土政策，瞎指挥，从而保证经济形势的稳定和人民生活的安定。

（6）经济政策和经济法的社会效力不同。经济政策是党的经济工作指针，它的作用主要表现为指导性，指导人们从事经济活动。一般说来，经济政策对党员和国家经济管理机关的工作人员有直接的约束力，违反经济政策的行为不一定是经济犯法行为，但大多是属于人民内部矛盾。政策是区分人们的经济行为是与非、正确与错误的问题，因此解决的办法是批评教育，帮助改正，必要时才给予党纪、政纪处分。经济政策的这种强制性与经济法的强制性是不同的。法律一般都有强制性这个特征，但经济法的强制力具有特殊的经济法制的功能。经济法以法律条文的形式，明确规定哪些经济关系是需要鼓励、引导、扶助、促进发展的，哪些经济关系是应该管制、限制、禁止的，哪些经济行为是合法的，哪些经济行为是非法的；人们在经济生活中应该做些什么，不应该做什么，以及违反应负的经济责任和法律责任等。对于这些规定一般不允许经济法律关系的参与者相互协议，或任何一方任意给予申诉或辩议的法律规范，而是通过行政手段，运用国家的强制力保证执行。经济合同制是经济法制的一个重要组成部分，在推广经济合同制过程中，对于一般违约、毁约或签订违法合同等违法行为，必须严格合同纪律，分清经济责任，根据《经济合同法》的规定，该罚的罚，该赔的赔，予以严肃处理，以尽量减少国家和人民的经济损失，维护经济合同的法律效力和双方当事人的合法权益。对于少数故意甚至恶意利用经济合同牟取暴利、行贿受贿、诈骗国家财产、破坏社会主义经济的犯罪分子，则必须依法惩办，既从经济上予以制裁，又从政治上判刑惩处，以保障国民经济调整和建设的顺利发展。

## 三

综上分析，不难看出，经济政策和经济法是有着质的区别的，是不能相互混淆也不能相互代替的。那么，经济政策和经济法的关系究竟怎样科学概括才比较确切呢？我们认为，两者是相互渗透、相互转化、相互制约、相互作用的辩证统一关系。

经济政策是经济法的依据和初型，经济法是经济政策的定型化、规范化。过去我国学术界有种习惯的说法，用“党的政策是法的灵魂”来说明法是根据党的政策制定的。姑且不谈用“灵魂”一词不科学，因为它是指思想精神方面的东西，或指某种起统率作用的因素，是比较抽象并难于捉摸的。说经济政策是经济法的“灵魂”，就把经济政策说成是抽象的难以掌握的东西，显然是不正确的。那么，经济法是否都是根据党的经济政策制定的呢？恩格斯在谈到法律产生时指出：“在社会发展某个很早的阶段，产生了这样的一种需要：把每天重复着的生产、分配和交换产品的行为用一个共同规则概括起来，设法使个人服从生产和交换的一般条件。这个规则首先表现为习惯，后来便成了法律。”这就说明，经济法律产生不仅是阶级斗争的需要，而且是社会经济发展规律的需要。马克思说得好：规律总是“在事后作为一种内在的、无声的自然必然性起着作用”，而规则（就是法律）则是“预先地、有计划地起作用的”。为什么经济法律能够预先地、有计划地起作用呢？这就是我们能够在总结经验、认识客观经济规律的基础上，制定各种经济法规，把客观经济规律的要求变成法律规范，运用国家的强制力量，采用法律手段保障人们共同地严格地按照客观经济规律办事，这样就能预先地、有计划地把人们的行为引导到符合客观经济规律的轨道上来。如果违背了客观经济规律，出现了违反经济法规的行为，应按照经济法律的有关规定和违法情节，追究违法者的法律责任和经济责任。这也就有了限制和抵制那些违背客观经济规律的瞎指挥、分散主义、无政府主义等行为的法律依据。所以说，客观经济规律的要求决定了经济法规的内容，而经济法规又为客观经济规律发挥作用开辟了广阔的场所。

如果说，经济法是根据经济政策制定的，那么经济政策又是根据什么制定的呢？事实上经济政策和经济法规一样，都是根据经济关系运动规律的客观要求制定的。只不过是经济政策力求符合经济规律的客观要求，而经济法律是真正正确地利用经济规律，把经济规律制度化、法律化。如果否认客观经济规律是制定经济法规的根据，那就是否认经济法学的科学性，就会导致把经济政策高于经济法的“服从论”。

在我国，通常的情况下，是由国务院各经济行政管理部门在总结执行经济政策的基础上，通过上上下下的群众路线的反复加工，把经济实践证明是行之有效的经济政策，拟定成各种经济法规，提交国务院经济法规研究中心平衡、修改，上报全国人大法制委员会审议，然后交由全国人民代表大会及其常委会通过颁布。制定经济法规的这个过程，实际上就是把符合客观经济规律的正确的经济政策定型化为经济法律。那么，是否有不经过总结执行经济政策的经验，就直接制定经济法规的呢？在经济立法的实践中，当然不能排除有这种可能性，但从经济法产生和发展的规律来看，总是先有经济政策，后有经济法规，没有经过经济政策实践作为经济立法的基础，那就很难符合客观经济规律。先制定经济政策，然后再制定经济法规，这是我国经济立法工作必须遵循的途径。

由于经济政策是经济法的雏形，所以，我们说经济政策是经济法的依据，但不是制定的唯一依据，因为在法定化的过程中，要进行修改、提炼，删掉那些不符合客观经济规律的内容，废弃错误的不切合实际的经济政策。因此，定型化的经济法规，就不是原来意义上的经济政策，有些已起了质的变化，而是规范化了的经济政策。通过法律规范的形式，把经济领域中的各种经济关系的权利、义务、职权、职责，明确规定清楚，违反就要承担经济责任和法律责任。这样就能使各行各业都有章可循，有法可依，做到职责分明，功过分明，赏罚分明，把经济管理纳入法制的轨道。

经济政策是经济法的原则规定，经济法是经济政策的具体发展。由于经济政策是党在一定时期经济工作的方针、原则和路线的总和，因而它不可能规定得那么具体，一般都是原则性的指导思想，而经济法是组织、管理经济的重要工具。尤其是各种经济法规，必须用肯定的比较具体的条款及明确的语言，具体地规定人们在经济活动中能做什么，不能做什么，以及违反规范的法律后果，用以调整错综复杂的经济关系。正如马克思所说：“法律是肯定的、明确的、普遍的规范。”我们在搞活经济的总政策指导下，允许一部分工业品生产资料进入市场作原则性的政策规定，经过一段时间的实践，存在的问题不少，为了进一步搞活物资流通，保护合法交易，制止非法经营，国务院批准、颁发了《关于工业品生产资料市场管理暂行规定》，明确规定了哪些工业品可以进入市场，哪些工业品不得进入市场，对经济单位和经营分工，也有具体规定，对非法经营和投机倒把活动还规定了制裁。可见，经济政策一般都比较原则化、概括化，经济法则比较具体化、条文化。但不能由此得出结论说：“政策是法律的内容，法律是政策的形式。”把经济法律看成仅仅是经济政策的一种形式，或者是“外壳”，那就是否定了经济政策的本质属性，显然是错误的。

经济政策是执行经济法律的补充，经济法是检验经济政策的工具。学术界有种说法：“经济政策是指导经济法的运用。”这显然是把经济法视为处于从属地位的论调。从两者辩证统一关系来说，还是“经济政策是执行经济法的补充”这种说法较为确切。在现实的经济生活中，总是先有经济政策，后有经济法规。在经济法规未产生之前，当然要按经济政策办事。例如，中共中央《关于加快农业发展若干问题的决定》和国务院《关于棉花生产八项政策的规定》，在未经国家立法机关审议颁布之前，起着经济法规草案的作用，这是由于经济立法需要一个过程，加之当前经济法规极不健全，因而采用的一种过渡办法，实际上是起了经济法规的补充作用。从这个意义上来说："法律是一种政治措施，是一种政策。"

当经济法规公布实施之后，在一般情况下，经济法规就取代了经济政策，就必须按照经济法规办事，但也不能绝对化。根据五届人大常委会第十二次会议通过的《关于建国以来制定的法律、法令效力问题的决议》精神，凡经济合同法施行前颁布的有关经济合同方面的法规、政策，除同经济合同法相抵触者应当修订或废止外，其余均继续有效。这说明在执行经济法规时，仍需要执行有关的经济政策，有的经济法规还明确规定，例如，在《农副产品议购议销价格暂行管理办法》中，就规定必须严格执行有关的价格政策和税收政策。这实质上也是执行经济法规的补充。经济法规又是执行行之有效的经济政策的重要工具。

确切地说，经济法规是检验经济政策的工具。当然，经济实践是检验经济政策的唯一标准。制定经济法规也必须遵循这个根本标准。经济法规的制订过程，虽也有一定的法律技术上的程序，但最主要的程序是要走群众路线，采取专家和群众相结合的办法，总结人们在经济实践中执行经济政策的经验，经过精选深化、提炼、丰富等加工制作的发展过程，把正确反映客观经济规律的经济政策用法律条文的形式使其规范化，也就是把人们已经认识、掌握到的经济规律提升为国家意志。所不同的是经济法规不是客观经济规律直接映像的表述，而是意志化、规范化了的客观经济规律。经济法规制定以后，大都以草案的形式先施行，让人们在经济实践中检验其反映客观经济规律的正确程度，并根据群众经济实践的新鲜经验加以修改和补充，然后制定成正式的经济法规，颁布施行。这条唯物主义经济法制的建设路线，不仅是检验经济政策的工具，也是认识和利用客观经济规律的有效手段。

在经济生活中，按理执行经济政策与执行经济法规应该是一致的，但有时两者也会发生矛盾，往往有这两种情况：

第一种情况是经济法规跟不上经济形势和经济政策的需要。经济关系是错综复杂的，随着经济形势的发展，反映客观经济规律要求的经济政策由于具有灵活性的特点，也是相应发展变化的，但经济法规由于具有相对稳定的特点，加之立法需要有个过程，因而有些经济法规，就不能适应经济形势的需要，有些法律条文在原来立法时就规定不当，实践证明应该停止执行，但由于种种原因尚未及时修改。当然在这种情况下，就不能执行不当的经济法规，而应参照执行党和国的有关经济政策。

第二种情况是制定了错误的经济政策，或某些地区或个别的经济组织负责人，制定或执行了违反经济法规的错误"土政策"，这就必须在分清是非的前提下，坚决抵制错误的非法干扰，坚定不移地执行经济法规，同一切违反法律的错误思想和错误行为作斗争。只有加强经济领域里的经济法制，才能切实保障经济调整和经济建设健康地向前发展。

原载《宁夏社会科学》1983 年第 4 期

# 第二章

# 坚持改革开放的新方向

# 试论邓小平的法制建设思想

《邓小平文选》中关于社会主义法制的论述，是我国新的历史时期民主与法制建设的正确纲领，它所包含的法制思想，是毛泽东法制思想的继承和发展，进一步丰富了马克思主义的法学宝库。认真学习和研究邓小平的法制建设思想，对于开创我国社会主义民主和法制建设的新局面，具有重大的理论和实践意义。

## 一、邓小平法制建设思想形成的历史条件

一个历史转折的实现，一个推动历史转折实现的理论的提出，绝不是一帆风顺的，它必然要经历曲折、风浪和斗争。邓小平法制建设思想，不但是我国20世纪70年代中期伟大历史转折的产物，而且是在同阻挠历史转折的“四人帮”及其“左”的思想斗争中逐渐形成的。

在我党历史上，从20世纪50年代后期开始，由于“左”的干扰，对民主法制化问题认识不足，产生了轻视法制的法律虚无主义思潮，以为政策可以代替法律，认为法律束缚手脚等。结果产生了“以权代法”“以言代法”的现象。尽管制定了宪法，但其他许多重要法律长时间没有制定出来，法制很不完备。“文革”的十年浩劫中，林彪、江青反革命集团就是利用我们法制不健全的漏洞，实行封建法西斯专政，随便诬陷诽谤，私设公堂，刑讯逼供等。人民蒙受苦难，人民需要民主，需要法制。人们逐渐地认识到，多年失误的主观原因在于教条主义和个人崇拜束缚了思想，在于社会主义民主没有社会主义法制的保障，脱离了作为马列主义普遍原理和中国革命具体实践相结合的毛泽东思想的轨道。时代要求改变现状来一个转折，以恢复和发展20世纪50年代初、中期的大好形势。然而，“左”的思想理论此时业已盛极一时。因此，转折的实现，首先要求有一个符合马克思主义的、符合实际的、反映广大人民群众愿望并能在实际工作中产生明显效果的理论提出来。

邓小平自1975年出来工作以后，受到了人民群众的拥护，获得了空前未有的良好条件，得以施展抱负，致力于马列主义、毛泽东思想的基本观点和中国实际的结合，他不擅权，尊重中央集体，善于吸取中央的集体智慧、集思广益。他一方面在实际工作中实施了一系列的方针，力图纠正“左”的思想给社会主义经济建设和民主与法制建设带来的危害；另一方面，又提出了许多闪烁着真知灼见的主张，这些主张集中起来，就是把党的根本任务转到经济建设上来的思想，为了“把我国建设成为既有现代农业、现代工业、现代国防和现代科学技术的社会主义强国”，就是保障人民民主、加强法制建设的思想。

邓小平为什么能够坚持和发展毛泽东的法制思想呢？这当然有他个人的原因，他是久经锻炼的无产阶级革命家，很早就投身革命，担任过各种领导职务，受过多方面的锻炼，在历史上曾遭受严重的打击，受过特殊的锻炼，在“文革”中又受了那么多的打击和迫害。坎坷艰难的历程，切身的体会，特别在十年浩劫中，人民没有民主，国家缺少法制，社会主义民主与法制正面的经验和反面的教训，使他懂得了应该代表人民的要求和国家的愿望，正如邓小平所指出来的：“现在我们要认真建立社会主义民主制度和社会主义法制，只有这样，才能解决问题。”因而使他形成了民主与法制观。确切地说，这是形成邓小平法制建设思想的特殊的历史原因。

## 二、邓小平法制建设思想的基本内容

作为我国社会主义法制建设的思想，《邓小平文选》中有关法制的论述包含着极为丰富的内容，大致可以概括为以下七个主要方面：

### （一）健全法制是建设社会主义的基本方针

邓小平同志在中央工作会议上的讲话指出：“要继续发展社会主义民主，健全社会主义法制，这是三中全会以来中央坚定不移的基本方针，今后也绝不允许有任何动摇。”邓小平第一次提出把健全社会主义法制作为建设社会主义的基本方针，这是总结我国社会主义法制建设的经验和教训得出的结论，是对马克思主义法学的继承和发展。

马克思、恩格斯由于历史条件的局限性，在他们的著作中，只是在批判资产阶级法制的过程中形成了马克思主义的法律思想，而对社会主义法制，却很少有正面的论述。

列宁虽很重视社会主义法律的完备，但对健全社会主义法制的政权建设中占有什么样的重要地位，没有作出确切的回答。斯大林由于对社会主义民主的忽视，一度破坏了社会主义法制，对国际共产主义运动产生过有害的影响。毛主席虽也讲过不要破坏革命法制，但社会主义法制在国家生活中应占何等重要地位，却不够明确。因此，邓小平认为：“在过去一个相当长的时间内，民主集中制没有真正实行，离开民主讲集中，民主太少。往往把领导人说的话当做‘法’，不赞成领导人说的话就叫做‘违反’，领导人的话改变了，‘法’也就跟着改变。”这样就为个人代替集体、个人专断、个人崇拜现象的滋长提供了条件，因而就难于防止和制止文化大革命的发动和发展。怎样才能避免重犯这种错误。这就要发展社会主义民主和健全社会主义法制，这是因为“没有民主，就没有社会主义，就没有社会主义的现代化”。民主是具体的，不能抽象地空谈民主，它需要用法律的形式加以具体化。也就是说，把人民的意志、管理国家的权力以及公民权利等国家社会政治生活、经济生活中民主原则和民主权利，用法律特别是根本法的形式固定下来，运用国家强制力量加以推广到整个社会中去。只有这样通过健全社会主义法制，并确定其为坚定不移的方针，才能坚持国家的社会主义性质，才能顺利地进行社会主义现代化建设。实际生活表明，经济上的四个现代化与政治上的民主化是密切结合在一起，不容割裂的。我们要进行“四化”建设，一方面必须充分发扬民主，大力克服官僚主义、保守习气等妨碍我们前进的阻力，调动广大人民群众的积极性，群策群力，共同努力；另一方面，必须加强法制，依法管理经济，处理违法，惩罚犯罪，保护人民，保证社会秩序的稳定。因此，发展民主和健全法制是建设社会主义的基本方针，是我们为实现四个现代化的宏伟目标所绝对必需的，而不是可有可无的权宜之计。

**（二）坚持四项基本原则是法制建设的根本前提**

邓小平同志多次深刻阐明坚持四项基本原则对于党和人民事业的决定性意义，指出“我们要在中国实现四个现代化，必须在思想政治上坚持四项基本原则。这是实现四个现代化的根本前提”，这也是健全社会主义法制的根本前提。我们学习和研究邓小平的法制建设思想，首先要认真地领会他关于坚持四项基本原则的一系列重要论述，四项基本原则代表了十亿人民的根本利益，经过全国人民及其最高权力机关全国人民代表大会的充分讨论，已直接体现在新宪法中。背离四项基本原则，就是直接背离了社会主义的法制原则。因此，坚持四项基本原则，当然也是法制建设的根本，只有坚持了这个根本前提，才能把握社会主义法制建设的正确方向。

**（三）有法可依，有法必依，执法必严，违法必究是法制建设的基本任务**

邓小平同志说：“我们要在全国坚决实行这样一些原则，做到有法可依，有法必依，执法必严，违法必究。”董必武在党的八大发言中，曾经提出依法办事是加强法制的中心环节，并且说明依法办事有两方面的意义：一是有法可依，二是有法必依。现在邓小平除了重申必须做到“有法可依，有法必依”之外，又进一步加上“执法必严，违法必究”。这四句话，铿锵有力，通俗易懂，明确完整地概括了社会主义法制在内容上的基本要求，也是我国社会主义法制建设的总方针。有法可依，这是指制定法律，如果没有法，就谈不上法制，这是完备法制的前提。“现在的问题是法律很不完备，很多法律还没有制定出来，所以，应该集中力量制定刑法、民法、诉讼法和其他各种必要的法律”。有法必依，这是指司法和守法，有法不依等于无法，这是健全法制的根据，现在还有人“以权代法”“以言代法”，不管是有意还是无意，都是直接或间接地对社会主义法制的破坏。所以，要求依法办事。执法必严，就是严格遵守法律规定，切实依法办事，树立法律的极大权威，维护法律的尊严，这是法制建设的关键。违法必究，不管什么人，只要犯了法，都要被平等追究法律责任，不允许任何人有超越法律之外的特权，这是实现法制的保障。社会主义法制建设这四个方面的要求紧密相连，互相制约，互为作用，形成了社会主义法制有机联系的统一整体，只有真正地做到了这四个方面，才有健全的社会主义法制。

**（四）改革国家领导制度是法制建设的重要内容**

邓小平同志指出：“从党和国家的领导制度、干部制度方面来说，主要的弊端就是官僚主义现象，权力过分集中的现象，家长制现象，干部领导职务终身制现象和形形色色的特权现象。如不认真改革，就很难适应现代化建设的迫切需要，我们就要严重地脱离广大群众。”在社会主义条件下，要消除制度的弊病，除了必要的思想教育外，还需要运用法制，在党政机构及各种企业、事业领导机构中，建立严格的从上而下的行政法规和个人员责任制，使每个机关每个人的职责权限都有严格明确的规定，凡是违反了法规的人，“人民有权依法进行检举、控告、弹劾、撤换、罢免……并使他们受到法律、纪律处分。对各级干部的职权范围和政治、生活待遇等制定各种条例。最重要的是有专门的机构，进行铁面无私的监督检查”。可见，消除各种弊病，改革国家领导制度，必须成为健全社会主义法制的一项重要内容，是为民主制度化、法律化开拓道路。

### （五）综合治理是法制建设的有效措施

邓小平认为：“我们必须看到，在社会主义社会，仍然有反革命分子，有敌特分子，有各种破坏社会主义秩序的刑事犯罪分子和其他坏分子，有贪污盗窃、投机倒把的剥削分子，并且这种现象在长时期内不可能完全消灭。同他们的斗争不同于过去历史上的阶级对阶级的斗争（他们不可能形成一个公开的完整的阶级），但仍然是一种特殊形式的阶级斗争，或者说是历史上的阶级斗争在社会主义条件下的特殊形式的遗留。”这是客观的事实，我们不能否认，否认了就要犯严重的错误，我们有些同志对当前刑事犯罪活动的严重性估计不足，“因而打击不力，有时甚至放纵不管”。所以，邓小平同志要求全党同志、全国人民高度警惕和坚决打击各种反社会主义的敌对分子和严重刑事犯罪分子。

为了争取社会治安状况的好转，党中央提出了要在党的统一领导下，全党动手，实行综合治理的方针。实行综合治理，就是在各级党委的领导下，组织和动员各方面的力量，采取政治的、经济的、法律的、行政的、文化教育的等手段来治理社会治安，治好这种社会“综合征”。它的基本内容主要包括：要大力加强思想政治工作，进行纪律和法制教育；要依靠各级党政组织和工、青、妇等群众团体做好治安防范工作；对违法的人要按照有关规定进行党纪、行政处理；对于有轻微违法犯罪的人，其中特别是偶尔失足的青少年要实行教育、感化、挽救；对于一般的刑事犯罪分子要按情节轻重区别对待，依法给予必要的惩处；对于严重的刑事犯罪分子，则要依法予以严厉的制裁，直至处以极刑。

### （六）加强经济法制是法制建设的主要方面

法律是一定经济基础的上层建筑，它为自己的基础所决定并反作用于基础，为基础服务。这是马克思主义的基本原理。邓小平同志总结我国社会主义经济建设的经验教训，创造性地运用了这一原理，提出“在现代化建设中要学会使用法律武器”。指出：“国家和企业、企业和企业、企业和个人等之间的关系，也要用法律的形式来确定；它们之间的矛盾，也有不少要通过法律来解决。”这就明确告诉我们，经济建设中的各种经济关系必须实行法律调整，只有不断建立和健全生产、交换，分配、消费领域中的各种法律制度，明确国家、企业和个人的法律地位，把它们之间在经济活动中形成的各种经济关系，变成一种法律上的权利和义务关系，通过经济法制使各行各业有章可循、有法可依，知道哪些经济行为是合法的，哪些经济行为是违法的甚至犯罪的，使人们在经济生活中知道应该做什么，不应该做什么，才能建立起良好的生产秩序和经济秩序，逐步把经济建设纳入法制的轨道。

为了实现和加强经济法制，邓小平同志反复强调要加快经济立法，应该集中力量制定刑法、民法、诉讼法和其他各种必要的法律，例如工厂法、人民公社法、森林法、草原法、环境保护法、劳动法、外国人投资法等。为此，就必须在总结经验，认识客观规律的基础上，制定各种经济法规，把经济领域中的各种关系的权利、义务、职权、职责明确规定清楚，预先地、有计划地把人们的行为引导到符合或比较符合客观经济规律的轨道上来，如果违背了客观经济规律，出现了违反经济法规的行为，应按照经济法规的有关规定和违法的情节，追究违法者的法律责任和经济责任，这也就有了限制和抵制那些违背客观经济规律的瞎指挥、分散主义、无政府等行为的法律依据。

在社会主义条件下，由于商品生产和价值规律起着重要的作用，在各种经济关系中，除了纵向的管理和被管理的关系以外，还有大量的横向商品经济联系，它既有高度集中的统一管理，也要给予企业、职工一定的自主权。这就要求我们在经济管理中，不能统得过死，指令性计划过多，如邓小平同志所说的，切实“防止盲目性，特别要防止只顾本位利益、私人利益，而损害国家利益、人民利益的破坏性的自发倾向”“为了实现四个现代化，我们所有的企业必须毫无例外地实行民主管理，使集中领导和民主管理结合起来。今后企业的车间主任、工段长、班组长由本车间、工段和班组的工人选举产生。企业的重大问题要经过职工代表大会、职工大会讨论。企业的领导干部要在大会上听取职工意见，接受职工的批评和监督，某些严重失职或作风恶劣的领导人员和管理人员，大会有权向上级建议给以处分撤换”。

### （七）加强法制教育、培训政法干部是法制建设的关键

邓小平同志说：“旧中国留给我们的，封建专制传统比较多，民主法制传统比较少。解放以后，我们也没有自觉地、系统地建立保障人民民主权利的各项制度，法制很不完备，也很不受重视。”现在有不少群众和干部，特别是党员负责干部，对法制建设的重要性认识不足，有法不依、执法不严的现象在一些方面仍然存在，以致已经制定的法律还没有得到充分的遵守和执行。我国原是一个有很长封建制度历史的国家，“封建时代独裁专断的恶习惯深深存在于群众乃至一般党员的头脑中，一时扫除不尽，遇事贪图便利、不喜欢麻烦的民主制度”。在这样的情况下，反复进行法制教育，增强全党、全国人民的法制观念，“真正使人人懂得法律，使越来越多的人不仅不犯法，而且能积极维护法律”就显得非常重要，所以要求“在党政机关、军队、企业、学校和全体人民中，都必须加强纪律教育和法制教育。……大中小学的学生从入学起，工人从入厂起，战士从入伍起，工作人员从入职起，就要学习和服从各自所必须遵守的纪律。对一切无纪律、无政府、违反法制的现象，都必须坚决反对和纠正”。加强社会主义法制，体现了人民的愿望、利益和要求，人民群众懂得了法律，就会自觉地维护和遵守。

制定法律，这是解决有法可依的问题。法律制定得再好，没有一支秉公执法的队伍，那也不会显示出法律的威力和尊严来。邓小平同志早就指出：“现在我们能担任司法工作的干部，包括法官、律师、审判官、检察官、专业警察，起码缺一百万。可以当律师的、当法官的，学过法律、懂得法律，而且执法公正，品德合格的专业干部很少。”目前政法系统干部中，有 80% 是从 1978 年以后做政法工作的，受过高等政法教育的在整个系统中仅占 2.7%；初高中文化程度占了很大的比例，还有小学程度的，执法的人没有文化，不懂法律，就难以依法办事。这种状况，显然同我们所承担繁重的法制建设任务极不相称。因此，加强法制建设，一定“要大力加强政法、公安部门的建设和工作，提高这些部门人员的政治素质和业务素质。要从基本建设队伍和转业军人中挑选一批好的职工、干部和战士，经过训练，扩大和加强政法、公安干警队伍”。所以，抓紧政法干部的培训教育工作，加快发展各类政法教育事业，已成为政法战线的刻不容缓的基础任务。

## 三、邓小平法制建设思想的主要特色

邓小平法制思想贯穿了一条红线，那就是实事求是，就是把马列主义、毛泽东法制思想的基本观点同我国的具体实际结合起来，在“结合”上做文章，在实践中求发展，走自己的路。这是邓小平坚持和发展毛泽东法制思想的精髓。可以说，邓小平同志从理论和实践上解决了建设有中国特色的社会主义民主与法制问题，不仅内容丰富，而且具有时代的特征，有以下几点主要特色：

### （一）人民性

邓小平法制建设思想无处不是为了人民的利益。邓小平同志说：“……三中全会就要求安定团结，就要求在安定团结的基础上进行社会主义现代化建设。”又说：“过去我们已经吃了十来年的苦头，再乱，人民吃不消，人民也不答应。反之，我们在社会主义安定团结的基础上，就一定能够有计划、有步骤地实现可能实现的一切，最大限度地满足人民的要求。”邓小平这样讲，也是这样做的。众所周知，邓小平同志在“文革”中曾被打倒多年，当他1975年重新出来工作时，面对“四人帮”的赫赫威势和猖獗，为什么敢于抓整顿，提出四个现代化的主张，提出健全社会主义法制的方针，难道他不知道这样做有再一次被打倒的危险吗？非不知也，是不惧也，诚如他自己所说：“坦率地说，我自己考虑了一下，出来工作，可能有两种态度，一个是做官，一个是做点工作，我想，谁叫你当共产党人呢？既然当了就不能做官，不能够有私心杂念，不能够有别的选择。”可见，为了给人民谋利益，为了不辜负人民对他重新出来工作的热情拥戴，他早已把个人的荣辱安危置之度外，而真正能够给人民带来利益的，只能是把中国这艘船从片面搞阶级斗争的暗礁险滩中引入社会主义经济建设和法制建设的万顷碧波。当邓小平同志后来确因其旨在纠正“文革”的错误而实施的方针而被再次打倒后，不久就出现了闻名中外的四五天安门群众抗议运动。这就充分说明，邓小平搞社会主义现代化建设的经济思想和法制建设思想，完全是民心所向，历史所向，是人民利益的根本要求。邓小平的经济思想和法制思想在指导我国社会主义现代化建设的过程中，正在逐步变为现实，实践已经有力地证明，它是我们国家所需要的，历史所需要的，人民所需要的。

### （二）平等性

邓小平法制思想的重要原则，是“公民在法律面前人人平等”。这个口号早在公元前五六世纪，雅典的政治改革家梭伦和伯里克斯等人就提出和倡导过，但在私有的社会形态下，劳苦大众在法律面前是根本无平等可言的。虽然马克思也主张公民在法律面前应当是平等，但只有进入社会主义，消灭了剥削，才可能被赋予全面的真实性。然而在我国社会主义实践的不同阶段实现这一原则，有着不同的遭遇。新中国成立初期努力实现这一原则，并把“公民在法律上一律平等”载入“五四宪法”中。可是，到了20世纪50年代后期，在“左”的思想影响下，特别是在十年浩劫中，这一原则被当作“资产阶级口号”批判。在新的历史时期，邓小平总结我国贯彻这一原则的经验教训时指出：“公民在法律和制度面前人人平等，党员在党章党纪面前人人平等。人人有依法规定的平等权利和义务，谁也不能占便宜，谁也不能犯法，不管谁犯了法，都要由公安机关依法侦查，司法机关依法办理，任何人都不许干扰法律的实施，任何犯法的人都不能逍遥法外。”根据这一精神，新宪法庄严地规定了“中华人民共和国公民在法律面前一律平等”的条文。国家采取了一系列有效措施，努力促进这一原则的实现。只有全体公民在权利和义务上一律平等，在共同准则面前不允许有任何特殊公民，才能调动广大人民群众的积极性，团结一致，同心同德为实现四化建设而努力奋斗。

**（三）一致性**

对民主与法制的关系问题，尽管我们有三十多年的经验教训，但至今仍然不是所有的人都能正确认识和处理的。近年来，有些人由于对治安问题的严重性和复杂性估计不足，有的把党的领导同民主与法制建设对立起来，向党争自由、争民主；有的在法制宣传上，只片面强调民主，忽视专政的作用。针对这些情况，邓小平同志说：“我们实行的是社会主义民主，不是资本主义民主。”我们的民主是社会主义民主，只能供人民享受。我们依法从重从快打击严重犯罪分子，并不是违背民主、破坏法制，恰恰是为了更好地保障人民民主，维护社会主义法制。在人民民主专政的社会主义国家，不能不讲民主，也不能不讲专政，不讲法制。对各种严重犯罪分子不实行专政，不讲法制，就不会有人民的民主，甚至有亡党亡国的危险，这是历史和现实反复证明了的一条真理。

马列主义认为民主与法制是辩证统一的关系，所谓民主，指的是政治制度。社会主义民主就是由人民如何来管理国家当家作主的问题。所谓法制，顾名思义，就是国家的法律和法律制度的总称，民主与法制同属于一定经济基础的上层建筑，两者是紧密联系的。邓小平强调指出：“发扬社会主义民主，健全社会主义法制两方面是统一的。”这种统一性的关系主要表现在：“为了保障人民民主，必须加强法制。必须使民主制度化、法律化。”“不要社会主义法制的民主，不要党的领导的民主，不要纪律、秩序的民主，绝不是社会主义民主。”可见，民主是法制的前提和基础，如果人民群众在政治上没有取得当家作主的地位，不能享受各项民主权制，人民的意志就无法反映到法律上去，社会主义法制就不可能建立起来。同时法制又是实现人民民主的可靠保障，对于人民群众来说，要真正实现当家作主的愿望和要求，必须在夺取政权后，通过立法的程序，把自己的意志上升为国家的意志，实现民主制度化、法律化，在不断发展民主的同时，不断健全法制。所以，民主与法制是互为条件、互相影响、相辅相成的。

**（四）稳定性**

恩格斯曾经指出过：“把每天重复着的生产、分配和交换产品的行为用一个共同规则概括起来，设法使个人服从生产和交换的一般条件，这个规则首先表现为习惯，后来便成了法律。”法是规定国家的根本政治和社会制度的。只要这个国家社会的性质没有改变，法就不应改变，而要保持相对的稳定。我国的法律是在总结群众实践经验基础上制定的，它一经制定，就要保持相对的稳定，不能今天定的法律，明天就把它废除了。朝令夕改，使人们无所适从，人们也就无法遵守，法律的权威性也就不复存在了。所以，邓小平强调指出：“必须使民主制度化、法律化，使这种制度和法律不因领导人改变而改变，不因领导人的看法和注意力改变而改变。”因此，我国的法律不能因为国家机构、管理体制的变化或者国家领导人员的变化而被废止。实际上，法律是把行之有效的政策加以具体化、条文化、制度化。用列宁的话说，就是把政策“以法律形式最牢固地确定下来，以免发生任何偏向”。因而它和政策相比，具有相对的稳定性。在实际生活中，人们就是怕政策多变，俗话说，“政策稳，人心稳，政策多变，人心必乱”。



### （五）权威性

新中国成立初期，由于广大干部和人民群众对旧法存在仇视的心理，新的国家政权又来不及制定比较完备的法律，因此，人们产生了一种错觉，法似乎是可有可无的，只要有党的领导就行了。后来，在强调加强党的一元化领导的口号下，如邓小平同志所认为的，“不适当地、不加分析地把一切权力集中于党委，党委的权力又往往集中于几个书记，特别是集中于第一书记……党的一元化领导往往因此而变成了个人领导”。结果，在一部分人当中，养成了一种习惯，明明有法律规定却不屑一顾，遇事总要领导拍板，头头批准，把“以言代法”“言出法随”“法以人变”看成是理所当然，而把依法办事看成是目无领导，以法抗党。在较长的一段时间内，人们心目中所谓的法，就是“领导人的话或指示”，这实际上就是从根本上否定了法是整个统治阶级的意志，法是通过国家政权表现出来的统治阶级意志的科学原理。当然，杰出的领导人物在社会主义法制建设中的巨大作用是不容忽视的。但是，这种作用正在于他们善于集中人民群众的意志和要求，并将其以国家意志的形式表现出来，而不是搞“以言代法”，否则必然导致理论上的混乱和实践中的错误。

邓小平同志总结了这一历史教训，坚持和发展了马克思主义法学的基本原理，着重阐述了个人和阶级、个人意志和阶级意志、领袖人物的话和法的关系，反复强调“哪有什么金口玉言，即席讲几句话就句句准确吗”“重大问题一定要由集体讨论和决定，决定时，要严格实行少数服从多数”“要使这种制度和法律不因领导人改变而改变，不因领导人的看法和注意力的改变而改变”。30多年来法制建设的历史经验告诉我们，加强社会主义法制，人民的民主权利和合法利益有了保障，社会主义革命和建设事业就蓬勃发展。相反，践踏了法制，侵犯了公民的民主权利和合法利益，社会主义革命和建设事业就遭受严重挫折。

## 四、邓小平法制建设思想的重大意义

邓小平的法制建设思想在《邓小平文选》中占有突出的地位，是邓小平坚持和发展毛泽东的法制思想，对马克思主义法学理论的卓越贡献，它不仅具有深远的历史意义，而且对我国当前和今后的社会主义法制建设有着重大的指导意义。

### （一）邓小平的法制建设思想创造性地坚持和发展了毛泽东法制思想

一个思想理论是否有生命力，在很大程度上取决于它有无创造性，而其创造性有无及大小，则由它同实践的密切程度而定。邓小平法制建设思想来源于社会主义民主与法制建设的实践，它在指导这一伟大实践进行的过程中，又根据实践发展的需要，敢于不断地提出新问题、解决新问题，这就从根本上决定了这个法制建设思想的创造性。邓小平同志一贯反对照抄照搬别国经验，强调“我们的现代化建设，必须从中国的实际出发”“要向前看，就要及时地研究新情况和解决新问题”。邓小平同志以无产阶级革命家的胆略敢于探索、勇于实践，反对“两个凡是”的“抓纲治国”的方针，针锋相对地把健全社会主义法制作为建设社会主义的基本方针，用建立法制的极大权威反对个人过分集权，并把“任何组织或个人都不得有超越宪法和法律的特权”载入宪法，这就解决了我国法制建设长期没有解决的问题。

坚持毛泽东思想，是《邓小平文选》中最重要的主题，这不是一个很简单的问题。回顾当时，国内外、党内外对于毛泽东同志的历史地位和毛泽东思想存在着种种怀疑和否定，可是就在这一片怀疑声中，小平同志一方面公开地、郑重地、实事求是地指出和批评了毛泽东同志晚年所犯的错误；同时，又以极大的政治热情和冷静的科学态度，坚决而有力地维护毛泽东思想，强调必须恢复毛泽东思想的本来面目，并在新的历史条件下进一步发展毛泽东思想。发展才能坚持，坚持就要发展，邓小平同志坚持了毛泽东思想，同时批判了“两个凡是”，特别是提出坚持四项基本原则，这个范围比坚持毛泽东思想要大得多。四项基本原则本身虽然并不是什么新问题，但这些原则在新的历史条件下都具有新的意义，尤其是需要根据新的丰富的事实作出新的有充分说服力的论证。四项基本原则是作为实现四个现代化和健全社会主义法制的根本前提出来的，这就是邓小平法制建设思想富于创造性的一个重要表现。由于邓小平创造性坚持和发展了毛泽东思想，这样就使我们党在理论上、政治上、思想上保持了必不可少的连续性、稳定性，使我们党和国家得到了思想理论上的支柱、团结一致的支柱，从而就能使全党全国人民群策群力、同心同德进行“四化建设”。从这个意义上来说，邓小平坚持和发展毛泽东思想，其现实和历史意义是深远的。

### （二）邓小平的法制建设思想是反对专制主义和无政府主义的强大思想武器

我国是一个经历过长期的封建主义统治的国家，民主传统很少，而专制主义的影响很深。同时，我国又是一个存在着广大小生产者的国家，小生产者或小资产阶级从他们的社会地位出发，往往喜欢极端民主化和无政府状态，而不喜欢权威和集中。事实上，分散落后的小生产恰恰是专制主义的社会基础。无政府主义很容易被专制主义所利用，两者往往互为因果，彼此助长。现在这种情况仍不时地顽强地表现出来，一说发扬民主，有些人往往就不要专政和集中，大搞无政府主义和极端个人主义；一说维护秩序，有些人往往又不要民主和自由，大搞封建专制主义和官僚主义，习惯予以党代政，以权代法，贪赃枉法。这种情况很值得注意，如果搞不好，今天仍然有可能重蹈覆辙。30 多年来的实际生活告诉我们，专制主义和无政府主义的存在，确是发扬民主和加强法制的极大障碍。所以，邓小平同志反复告诫我们：“现在应该明确提出继续肃清思想政治方面的封建主义残余影响的任务，并在制度上做一系列切实的改革，否则国家和人民还要遭受损失”，“肃清封建主义残余影响，重点是切实改革并完善党和国家的制度，从制度上保证党和国家政治生活的民主化，经营管理的民主化，整个社会生活的民主化”。他在强调改革和肃清封建残余的同时，还提出了“为了保障人民民主，必须加强法制”，“要在全国坚决实行这样一些原则：有法必依，违法必究，执法必严，在法律面前人人平等”。并下决心使民主制度化、法律化，使制度和法律具有稳定性、连续性和极大的权威。这不仅提供了反对专制主义和无政府主义的强大思想武器，而且给了我们鼓舞、力量与信心，只要我们遵循邓小平的法制建设思想，坚决贯彻党的十一届三中全会的精神，排除各种干扰和阻力，为加强社会主义民主和法制进行坚持不懈的斗争，就能使我国造成一个“又有集中又有民主，又有纪律又有自由，又有统一意志又有个人心情舒畅，生动活泼那样一种政治局面”。

### （三）邓小平的法制建设思想是实现现代化经济建设的保障

过去我们一向认为社会主义计划经济只能实行自上而下的指令性计划，不承认价值对生产起一定的调节作用。一向认为全民所有制企业的经济活动只能由行政办法来管理，因而习惯于用行政系统、行政层次、行政手段来管理经济。由于经济行政管理机关不是独立的核算单位，它的活动不是建立在经济利益的基础上，它不承担任何经济责任，不讲经济效益，而是用官工、官商的一套官僚行政的办法，把自己主管的经济组织衙门化，这同生产社会化、协作专业化是不相适应的，往往会给经济发展带来损失，甚至使带有战略性和全局性的经济指导工作失误。所以经济体制改革的方向，邓小平认为，“要学会用经济方向管理经济”，必须坚决“改革单纯依靠行政手段管理经济的做法，把经济手段和行政手段结合起来，注意运用经济杠杆、经济法规来管理经济”，“所有国家机构和经济组织的负责人员，都必须学会在运用其他手段的同时，运用必要的法律手段来维护经济秩序”。30多年来经济建设的实践证明，坚持经济方法、行政手段、法律办法相结合，把经济责任、行政责任、法律责任挂起钩来，使三者相辅相成，才能共同按照客观经济规律办事。

运用经济法律办法管理经济，这是邓小平法制思想的一方面。为了保障现代化的经济建设，他还提出了运用法律武器严惩经济犯罪的指导思想。近几年来经济领域中的贪污盗窃、行贿受贿、投机倒把、走私贩私、偷税抗税等犯罪活动相当猖獗，其数量多，数额大，手段恶劣，后果严重。邓小平同志提醒我们：“……坚决打击经济犯罪活动。没有打击经济犯罪活动这一手，不但对外开放政策肯定要失败，对内搞活经济的政策也肯定要失败。有了打击经济犯罪活动这一手，对外开放，对内搞活经济就可以沿着正确的方向走。”并提出：“对有一些情节特别严重的犯罪分子，必须给以最严厉的法律制裁。”他还提醒我们：“打击经济犯罪活动，我们说不搞运动，但是我们一定要说，这是一个长期的经常的斗争。我看，至少是伴随到实现四个现代化那一天。如果到本世纪末，还有18年，每一天都会在斗争。”打击经济犯罪活动的斗争之所以是长期的经常的，是因为和产生经济犯罪活动有密切联系的种种社会的和历史的因素不是短时期内可以消除的。所以，我们一定要认真学习邓小平关于打击经济犯罪活动的重要论述，深入研究经济领域中各种严重犯罪活动的规律，认真总结与之进行有效斗争的经验，坚持不懈地把这场斗争抓紧抓好。

### （四）邓小平的法律建设思想开创了我国法制建设的新篇章

由于我国是在半封建半殖民地的废墟上建设社会主义的，长期以来没有法制的传统，特别是极“左”错误和法律虚无主义思潮的干扰，社会主义法制很不健全，正如邓小平所指出的：“现在的问题是法律很不完备，很多法律还没有制定出来。”一些基本的法律如《刑法》《刑事诉讼法》都没有，过去虽有人提出好多次，但都不能决定，也就是说决定不立《刑法》和《刑事诉讼法》。没有《刑法》和《刑事诉讼法》这样基本的法律，所谓社会主义法律就是句空话。所以，邓小平同志多次论述要加强和健全社会主义法制，反复强调“应该集中力量制定刑法、民法、诉讼法和其他各种必要的法律”。党的十一届三中全会的历史功绩之一，就是着重提出了加强社会主义民主和法制的任务。十一届三中全会以来，立法工作摆上了全国人大及其常委会的重要议程。五届人大第二次会议通过了《中华人民共和国刑法》《中华人民共和国刑事诉讼法》等七个重要法律，这是一个空前的创举。

党的十二大把建设高度的社会主义民主作为我们的根本目标和根本任务之一，并提出民主建设必须同法制建设紧密结合起来的要求，党和国家对社会主义民主和法制建设的认识，已上升到了一个新的高度。五届人大第五次会议通过的《中华人民共和国宪法》，总结了我国几十年来革命和建设的经验，记录了近几年来发展社会主义民主和法制建设的胜利成果，是一部具有中国特色的社会主义宪法，是新中国成立以来最好的、最成熟的一部宪法。新宪法的制定和实施，使我国社会主义民主的政治制度更加完善和充实。人人遵守宪法、维护宪法，这是一个伟大的力量。新宪法的制定和实施，标志着我国社会主义民主和法制建设已进入了一个崭新的阶段，我们可以坚信，在邓小平法制建设思想的指引下，必将开创我国的社会主义民主和法制建设的新纪元。

我国社会主义民主与法制建设经历了曲折的道路，现在虽然还有些问题和阻力，但航道已经开拓，方向已经明确，只要我们坚决按照邓小平法制建设思想和党中央确定的基本方针去做，就一定能够克服阻力，进一步开创我国社会主义民主与法制建设的新局面。

原载《社会科学辑刊》1984 年第 6 期

# 对外开放与经济法制

对外开放是我们党在总结对外关系历史经验的基础上提出来的一项重大决策，就经济领域来说，就是要抛弃自给自足的自然经济观念，结束我国国民经济系统的封闭状态，在坚持独立自主、自力更生的基础上，以平等互利为原则，积极开展对外经济技术交流，扩展对外贸易，引进先进技术，尽可能地多利用一些可以利用的外国资金，以及发展各种形式的国际技术合作等，取各国之长，为我国所用，使我国社会主义现代化建设事业得到更加迅速的发展。

近代世界经济发展的历史表明，一个国家的经济发展和繁荣，都离不开国际间正常的经济关系的扩展，而国际间的经济发展又是同经济法制结合在一起的，这是当代国际经济发展的必然趋势。所以，我国发展对外经济关系，就需要加强涉外经济法制。所谓涉外经济法制，就是把对外开放中的经济政策、原则、制度、办法加以条文化、法定化，用规范的形式确立涉外经济活动的准则，使参加涉外经济工作的企业、公司或其他经济组织和外国企业、公司或个人之间发生的各种经济关系用法律形式固定下来，保障它们的合法权益。通过涉外经济立法，理顺涉外经济组织之间的经济关系，它是国家领导、组织和管理涉外经济工作的重要工具。本文试就当前对外开放中几个令人关注的涉外经济法制问题谈些粗浅见解。

## 一、对外开放需要加快和完善涉外经济立法

加快涉外经济立法是适应我国扩大对外经济技术交流的需要。我国实行对外开放政策以来，同国际间的经济合作和技术交流日益增多，国家必须对涉外经济活动加强领导、组织和管理监督。外商来我国投资的形式是多种多样的，有合资经营、合作生产、补偿贸易、来料加工装配、技术引进、独资经营，以及土地使用、劳务、房屋租赁等，还有外引内联形式的经济联合体。这些不同所有制之间的多种多样的经济活动，产生了复杂的、特殊的涉外经济关系，其中不仅有国家、我方合作者、工人和客商的关系，还有客商之间，客商企业与国外或地区的公司企业和个人大量的经济关系。例如，外商普遍都向外国或港澳地区的银行贷款，有些把投资在我国的资产向外资银行抵押，这个投资者一旦破产，就产生了资产如何处理的问题；有的独资企业把基建、装修工程承包给香港企业，合同在香港签订，履行则在广州或深圳，一旦发生纠纷，处理就比较复杂。商品房产的投资者建造一幢楼宇就同几百个、上千个华侨、港澳同胞或外国人产生财产关系，而这种商品房屋将长期进行着产权转移、抵押、租赁、赠与、继承等法律行为。对于这些错综复杂特殊的涉外经济关系，仅仅有“特殊政策，灵活措施”是不够的。过去我们习惯于用行政手段管理

经济，现在运用这种办法管理涉外经济是行不通的。尤其是同外商、港商发生经济关系时，他们都习惯于运用经济合同的法律形式，普遍重视法律条文。签订涉外经济合同的多方或双方分属不同社会制度，习惯、观念、考虑的角度各异，而国际市场的变化又往往影响双方的权利和义务，如果合同的内容不完备，该订的条款没有，或者虽然订了但含义不清，各自都可作对己有利的解释，那么一旦发生经济纠纷就难于判断是非，各方的合法权益得不到保障。因此，根据对外经济发展的需要，适时地制定各种涉外经济法规，规定人们在涉外经济活动中的行动规则，使引进外资和技术以及投资者明确投资的范围，合同的签订和履行，双方的权利和义务，发生经济纠纷的处理等方面有法律依据，其合法权益受法律保护，同时，使投资者在我国的一切经济活动置于我国法制的管辖下，依法处理违法行为，以保护国家主权和经济利益。只有这样，中外双方在涉外经济活动中才有章可循、有法可依，才能更好地发展涉外经济工作。这是扩大对外开放的必需。

另一方面，没有法律保障，外国投资者不放心。由于国际投资存在着政治风险，各国为了吸收他国的资本以发展本国经济，均通过立法和签订双边条约或国际公约的方式，以明确保护投资者的利益和正确处理投资争议，维持有利的投资环境，促进国际经济的正常交往和协作。日本利用外国资本是很成功的，主要靠的是健全的外资法制，明确具体法制保护外国资本。南斯拉夫和罗马尼亚很早就颁布、实施了许多与外国进行经济技术合作的法规，使得经济建设得到了较好的效果。1965 年有关国家曾在华盛顿签订旨在解决各国国民之间投资争端的国际公约。可见，在国际上各国为了给投资者创造条件，都十分重视通过立法来解决投资安全问题，因为进行国际性的经济交往，只有依据法律才能取得彼此的信任。

国外企业界、金融界对我国兴办经济特区和经济技术开发区抱有极大兴趣，纷纷前来参观、洽谈，但普遍心存疑虑，担心我国安定团结的局面能不能巩固，政策是否长期不变，管理体制会不会束缚他们的手脚，最担心的是法制不健全，对投资者的利益缺少法律保护。因此，国际上的大财团，尤其是日本人，几年来都在等待、观望，他们来洽谈的不少，而达成协议投资办厂的不多。正如邓小平同志所指出："现在仍有些外国朋友担心中国的法律不完备，我们正在不断健全和完善我们的法制。"随着我国涉外经济立法的加强，特别是深圳经济特区先后颁布了 20 多个经济法规，外商、港商看到有了法律规定，感到在中国投资办企业有了保障，好像吃了定心丸，前来洽谈投资办企业的客商越来越多。日本有家电子公司想来投资生产彩电显像管，来之前就从我国对外宣传的资料上影印了我国已颁布的涉外法律和特区法规的全部目录，要求我方提供全部法律资料。

从国际上的普遍经验和我国对外开放、试办经济特区的体会来看，要想取得大量外国投资，一方面需要国家与国际上的经济技术较发达的国家订立有关保障投资安全的双边条约，或参加有关的国际公约；另一方面要加快涉外经济立法，把特殊政策用法律的形式固定下来，使它形成明确具体的法律条文，具有相对的稳定性和国家强制性，以切实保障投资者的各种正当权益。实行对外开放政策以来，我国的涉外经济立法工作有了很大的发展。我国制定的涉外经济法律和法规已有 40 多个，这些法律、法规对于我们吸引外资，引进国外先进技术和设备，加快我国社会主义经济建设的步伐，起了促进的作用。

但是，我国目前的涉外经济立法还不完善，所以当前正在抓紧制定外资企业法、中外合作经营法、外贸法、技术转让条例等涉外经济法律和法规。在拟定涉外经济法规的过程中，要认真总结我国在涉外经济立法方面的经验和问题，根据需要和可能，分轻重缓急，成熟一个制定一个，公布实施一个。有的可能现在条件还不成熟，可以先搞出条例、规定或办法，作为过渡性的，经过一段时间的实践检验，进行修改补充，最后上升为法规。这样经过不太长时间的积极努力，我们就可以逐步建立起一套比较完整、系统的涉外经济法规。

为协调和衔接现有涉外经济法律和法规，适应吸引外资的需要，可以设想制定一部综合性的外国投资法，作为引进外资方面的基本法，其主要内容包括吸引外资的基本方针，对涉外企业的资金、物资、价格、劳动、外汇、税制等方面的管理，而有关的单行法规，如《中外合资经营企业法》《中外合作经营法》《外资企业法》《涉外经济合同法》等就作为它的一系列子法，从而逐步形成我国保护投资者的法制系统。

我国《中外合资经营企业法》公布实施后，外界反映最大最多的是有许多地方太笼统，不具体。他们援引国外的有关法律来评论，希望我国有关涉外法规订得细些，其动机完全可以理解，因为只有我们的有关法律和法规定得细，外商才好估算和预测其资本回收、利润取得等投资效益。无疑，法规定得细些、具体些，我们当然也希望这么办，但是国家颁布的立法文件不可能规定得特别详细，特别是人们在一些认识、经验等方面的问题，不可能完全靠立法来解决，因此，有些条款目前还不可能定细。我们有些人习惯于国内掌握政策的做法，不加区别地总希望涉外经济法律和法规定得粗些，这样必然招致麻烦，导致外商感到我国法规捉摸不定，减少投资安全感，从而影响其投资信心。从实践经验来看，制定涉外经济法规只有同投资者办企业的经济效益直接而具体地挂起钩来，才能发挥我国涉外经济法制的威力。

## 二、维护国家主权，坚持平等互利的原则

在对外经济工作中，正确处理有关的法律问题，最根本的是要自觉坚持和正确掌握对涉外经济法律工作具有指导意义，维护国家主权，全面贯彻平等互利的原则。

国家主权是指国家在国内的最高统治权力和在国际上的独立权力，即一个国家独立自主地处理对内对外一切事务的最高权力。这是任何一个主权国家神圣不可侵犯的权利，维护国家主权这是涉外经济法制应遵循的首要原则。事实上，发展对外经济关系的各个方面都会涉及国家主权问题，投资者为了追求自己的利润，有时会提出违背我国主权的要求或进行损害我国经济利益的活动。在投资合同的管辖和适用法律问题上，有的投资者就总想摆脱我国法律的管辖，要求适用其本国或本地区的法律，受其本国或本地区法院的管辖；在土地使用上，有的也要求把批准其开发的特区土地向外国银行抵押贷款。有的投资者利用我方合作企业经验不足，在合同上订立权利义务很不公平的条款。也有我方某些单位为了谋取私利，发生对投资者一味迁就而放弃国家主权、损害国家利益的行为，如深圳经济特区在签订合同中，曾发生过让独资企业新南新染布厂无偿利用地下水资源，允许一个外商采石场不承担纳税义务，对客商投资商品房产，头两年的合同一般都没有订立完善的。资金管理措施方面让投资者在香港按照香港的法律程序进行预售，致使造成不良影响和后遗症，有的港商将在香港收取的预售款存入自己的银行账户，挪作他用，影响了资金及时投入使用，既使购楼者感到购买特区楼宇缺少保障，也使我方遭受经济损失。

实践的经验告诉我们，加强涉外经济法制，维护国家主权这一原则具体表现在五个方面：一是应遵循国家宪法和各项基本法律的根本原则；二是从事各种涉外经济活动必须遵

守我国的法律和法规；三是国家对各种涉外企业及其经济活动行使行政管理权；四是坚持国家对土地和资源的所有权；五是坚持行使我国司法权，在我国发生经济纠纷提起民事诉讼，必须由我国法院受理，外商如触犯刑法，必须由我国司法机关追究法律责任。总之，对外开放对投资者实行优惠待遇，应以不损害国家主权为前提。例如，对客商需要的土地，只给使用权，不给转让所有权；使用期满，可续约延长使用时间，但不能永远使用。我们应当通过加强涉外经济法制，保障国家对涉外经济的全面领导和对涉外企业的有效控制，切实防止客商利用在我国投资之机进行损害我国利益的活动。

坚持平等互利，一般是指在政治地位平等的基础上，进行经济上对双方都有利的交易，这是我国对外政策和发展对外经济贸易的一项重要原则。涉外经济法制贯彻这一原则是指：合资合作各方都应以平等的法人身份，以其投资的实际价值获得与其投资比例相等的损益。外商、港商来我国做买卖、办企业，是为了赚钱。因此，我们必须承认资本的平均利润率，给对方以合理的利润，否则人家就不来投资了。给对方以合理的利润，自己从中获得相差不多的好处，这就是平等互利原则的含义。

贯彻这一原则，当前有两种应该防止的倾向，一种是对客商扣得太紧，使客商无利可图。例如深圳有家合作经营的汽车客运公司，合同期原为三年，因为每年收益各种费用支出要七折八扣九五兑，客商收入很少，只搞了一年，客商还要提前结束合同关系。还有一个港商投资与我方合作兴办建筑公司，港商投资480万港元的设备和现金，合同规定，五年后全部资产归我方所有，显然对客商不利，而我方又在双方合作的石场上卡港商，结果使人家办不下去。客商赚不到钱当然就不肯干，所以我们必须考虑客商的合法利益，年平均利润应略高于国外银行的年息为宜。

另一种是对我方的利益维护不够。例如，有一家电子工厂在合同中把工资定得过低，每人每月只支付工资350元港币，而香港的平均工资在1 500港元以上，我方所得工资的水平不及香港的1/4。还有一家与客商合作经营的地毯厂，合同规定产品按成本加10%的利润，由客商包销，我方与客商的利润分成即以此为标准，超过10%的利润由客商独占，结果连客商也怕赚得太多、不好意思，主动提出利润率三年以后再调整。这两种倾向都会造成双方关系紧张，矛盾多，纠纷不断，影响生产经营的发展，使双方的合作关系难于维持长久。

平等互利是相辅相成的，平等必然带来互利，互利又体现着平等，我们虽然不想在对方的身上取得额外的好处，但应防备对方不会无此动机。来我国的投资者，大部分是香港财团和跨国公司的老板，他们往往比我们占据一定的优势。资本技术在他们手里，这是讨价还价的最大筹码。他们利用我们对引进新技术的迫切心情，在以技术作投资时，索取过高的报酬，把提成的期限规定得很长；有的用作实物投资的机器设备，以落后充先进，以旧充新；有的利用我方对该项目有需求而又缺乏资金、急于求合作的弱点，索取过高的利润分配，而把风险推给中方；有的企图通过举办一个合营公司，控制我国整个行业，如在合同草案中提出，全国该行业的产品产量要由合营公司控制，所有产品出口要由合营企业包销；有的在董事会中，力图多占席位，以争取在决定重大问题时的更大发言权和对企业的控制权；有的利用我们对国际合作缺乏经验、不熟悉国际经济和法律知识的弱点，在协议中隐藏不平等条款，企图让我们上当，如对公司的债务让我方负无限责任，他们只负有限责任等。针对这些实际情况，在制定各种涉外经济法规和涉外经济执法中必须切实全面贯彻平等互利的原则，如签订合同的全部条款应当体现平等互利，各方承担的责任必须对等，任何一方当事人所尽的义务和所享有的权利必须一致；企业权力机构董事会的董事长应由我方担任，对方担任副董事长，董事会处理重大问题，由双方根据平等互利原则决定；资金必须存入双方认可的指定银行，户头、账号、资金调度权必须实行双方指定人会签生效的办法；财权、人权、购销权、审计师、会计师之人选应取对等原则；工资奖励，中外双方职工应贯彻按劳分配、同工同酬的原则，盈利分配应按照所尽义务的多少互利互惠，风险的承担应体现公平合理的原则。

有人担心在对外经济关系中能否真正实现平等互利，从马克思主义的观点看来，在商品生产和商品交换中，平等互利从来都是一种虚伪的口号。因为在商品生产中，雇佣劳动和资本之间，也就是在劳动力的买卖上就不是平等互利的，如果真正做到公平买卖，剩余价值就不再存在，资本也不会增值了。在商品流通过程中，买卖双方之间，也不会是真正公平的，如果真正公平，商业资本就失去了利润，它也就不能参与对剩余价值的分割，而将资本转移，利用外资，举办合资合作企业，同样要受价值法则的支配，外商是否肯来投资，以什么条件来投资，都是受国际资本活动的平均利润率支配的。任何资本的投放，资本持有者都要力争获得在平均利润之上的利润，也就是企图获得超额利润。这种获得超额利润的企图，驱使资本持有者四处寻找最有利的机会，也使合营者之间在谈判合营条件时的平等互利原则受到很大威胁。同样的动机，又使合营者之间在分配利润、分担风险时的平等互利原则受到威胁。可见，真正的不折不扣的平等互利是没有的，只能在斗争中、在艰苦的讨价还价中取得相对的平等和相对的互利，我们只有运用法律手段保障平等互利相对地实现。

## 三、运用法制确保投资者实现优惠待遇

对投资者的优惠待遇是对外开放中实行特殊灵活政策的主要内容，能够得到优惠待遇，对投资者来说，是至关重要的。到中国来投资办企业，如果各方面的优惠条件不如菲律宾、新加坡，外国投资者就不会来我国投资。到中国内地来投资，外商、港商是要根据各地的优惠条件进行比较、权衡利弊、加以选择的。哪里的条件优惠、投资环境优越，哪里就能对投资者具有吸引力。现在我国各地都在搞经济开放，试办“内陆开发区”，怎样吸引更多的投资者到你那里投资，这是搞地区经济开放首先要考虑的前提。这就需要在国家法定的优惠范围内，根据地理位置、资源、能源、工商业基础、技术力量、交通设施等发挥自己的独特优势，从实际出发，制订开发的发展战略，采取具体的灵活措施，为客商提出较好的投资环境和经营条件，这样就能为吸引外资开拓潜力，打开各地经济开放的局面。

为了打开利用外资、引进技术的新局面，鼓励港商、外商踊跃投资，中国法律规定了一系列优惠待遇，特别是深圳经济特区制定的20个单行法规和实施细则，把优惠待遇用法律形式具体体现出来，使其有法律保障，以增强投资者信心。港商、外商投资，可以在企业经营管理、税收、土地使用、产品销售、外汇管理、进出境、仲裁等方面获得优惠和保障。

### （一）企业经营管理方面

客商可以与我方合作、合资经营企业，亦可独资经营自己的企业，并可雇请外籍职

工、华侨职工、港澳职工担任技术管理工作。雇用中国职工，可由特区劳动服务公司介绍，或者由企业自行招聘，按照择优原则考试录用，然后劳资双方签订合同。职工违反规章制度，并造成不良后果的，可以根据情节轻重，给予警告、记过、减薪直至开除的处分。企业可以根据经营的需要，自行确定采用计件、计时或计日的工资制。投资者对自己经营的企业享有自主权。

**（二）税收方面**

特区、开发区企业进口生产所需的设备、零配件、原材料、运输工具和其他生产资料，免征进口税，对必须进口的生活用品，除烟和酒按最低税率减半征收、少数物品照章征税外，其他均免征关税。特区企业生产外销的成品或半成品，免征出口税。特区、开发区企业所得税率为15%（比香港规定的18.5%的税率还低）。对投资数额达500万美元以上的企业，或者技术性较高、资金周转期较长的企业，给予特别优惠待遇，分别给予减税20%~50%，或者给予免税1~3年，并一律免征地方附加税。客商所得利润用于特区、开发区再投资，为期5年以上者，可申请减免用于再投资部分的所得税。

**（三）土地使用方面**

特区、开发区可以满足投资者需要的土地，并根据不同的用途确定最长使用年限。工业为30年，商品住宅为50年，教育科学技术、医疗卫生为50年，旅游业为30年，种植业、畜牧业养殖业为20年。期满后，如需要继续经营，经报主管部门的批准，可以续约。土地使用费的标准，根据不同使用条件、不同行业和使用年限分类确定。每3年调整一次，变动幅度不超过30%。工业用地一类地区每年每平方米收费5~15元，凡在特区、开发区兴办教育、文化、科学技术、医疗卫生及社会公益事业，征收土地使用费，给予特别优惠待遇。技术特别先进的项目和以不谋利为目的的项目，可以免缴土地使用费。

**（四）产品销售市场方面**

规定中外合资合作及外商独资企业的产品要以外销为主。凡属能提供先进工艺、技术、设备或能生产填补国内空白的产品的企业，其产品可扩大内销比例。合营期限可以适当延长，企业折旧可以适当缩短。国内紧缺需要大量进口的产品，允许内销以代替进口，有的产品质量品种好，也可适当内销一点。凡是根据签订的协议、合同、章程规定的比例在中国销售的产品属于国家计划分配的物资，通过企业主管部门列入物资管理部门的分配计划，通过签订供货合同销售给用户。属于物资、商业部门经销物资，由物资、商业部门优先订购。上述两类物资剩余部分以及不属于上述两大类物资，合营企业可自销或委托有关单位代销。

鼓励特区、开发区企业采用我国生产的机器设备、原材料和其他物资，其价格可按我国当时同类商品的出口价格给予优惠，以外汇结算。这些产品和物资，可凭售货单位的销售凭证直接运往特区、开发区。

**（五）外汇管理方面**

特区、开发区企业可在中国银行或经我方批准设立的外资银行开户，并办理有关外汇事宜。客商在缴纳企业所得税后的合法利润，雇请的外籍职工、港澳职工的工资和其他正当收入、汇出时，免征应按汇出总额缴纳10%的所得税，均可按照特区、开发区外汇管理办法的规定，通过特区、开发区内的中国银行及其他经批准设立的外资银行汇出。企业因中途停业、结业，经向有关部门申报理由，办理停业手续，清理债权债务后，其资产可转让，资金可汇出。

**（六）人员进出境管理方面**

特区、开发区尽量简化手续，给予应有的方便，凡来特区或开发区投资设厂、兴办各种事业，以及购有住宅或经常出入境的外国人，可持深圳经济特区有关机构开具的证明，申请多次往返有效的入境出境签证。

**（七）解决合作中产生问题的办法方面**

如双方在履行合同（协议）过程中发生争执，可本着平等互利的精神，进行协商解决。经协商仍不能解决，可由中国仲裁机构进行调解或仲裁，也可以由双方协议，或在其他国际仲裁机构仲裁。

上述优惠待遇，由于是用法律形式规定的，一般应该是可以执行的，但是在执行过程中，由于法制观念不强，行政干预过多，致使有些具体规定很难兑现。根据《中外合资经营企业法实施条例》第六十一条、六十二条的规定："中国政府鼓励合资企业向国际市场销售其产品。合营企业生产的产品，属于中国急需的或中国需要进口的，可以在中国国内市场销售为主。"我们的着眼点是多争外销，赚取外汇，内销怕竞争影响国内市场，而港商、外商对内地的广阔市场很感兴趣，力争内销打入我国市场。这个指导思想的矛盾如不妥善解决，尽管有法律明文规定，执行弹性的变通仍然很难实现。我们认为，对合营企业的畅销产品，要力争有共同的销售权，必须利用外商已有的世界市场销售网点，可付给合理的佣金或销售手续费；争取不到共同销售权时，要按照市场价格合理确定出厂价，不能把出厂价一次定死。滞销产品，要外商承担一定比例的销售任务，不能全部销售到国内市场。国外有配额限制的，不得挤占我国营企业的出口配额。外商承担的销售比例，以能够维持合资企业外汇收支平衡为最低线，凡双方议定内外销售比例的，要遵合同，守信用，切实保证兑现。

法定的优惠待遇，我们一定要严格执行涉外法制，运用法律手段有力地保护投资者的合法权益，只要我们合理合法做到家了，外国投资者是会放心来我国投资的。事实上，在任何国家，任务地区经营任何企业都不可能百分之百的成功，这是常识，也就是所谓的风险。但是到中国来投资，就如邓小平所说的："同中国进行合作风险最小，因为中国不是缺乏偿还能力的国家，而且潜力很大，只是还没有完全发挥出来。"现在很多外国朋友越来越认识到这一点，他们已感到中国的投资环境的确是越来越优越，投资的风险最小，而成功的希望却最大。

## 四、涉外经济合同的法律适用和解决经济争议要维护我方权益

凡在我国签订和履行的各种涉外经济合同，一般都必须遵守我国的法律，并适用我国的法律，不得违反国家利益和社会公共利益。由于各种类型的涉外经济合同与国内的经济合同存在着共性，因此，签订涉外经济合同均应执行《中华人民共和国经济合同法》。但

是我们又要注意到涉外经济合同的主体一方是我国法人，另一方是外国的经济组织或个人，这就使得涉外经济合同不同于国内的经济合同，故又适用《涉外经济合同法》和我国已颁布的有关涉外经济法规，并应参照国际惯例。所谓国际惯例，是指国际交往中逐渐形成的不成文的原则、准则和规划，它们最初被某些国家所反复采用，其后又被各国接受和沿用，并公认具有法律约束力。

当事人各方经协商同意，可以选择与其合同有实际联系的国家的法律，可能是我国的法律，也可能是对方国家的法律，或者是第三国的法律。这要根据合同的性质和内容由双方协商决定。但这种法律选择不得限制当事人各方国家有关法律（包括公共利益准则）的实施。凡涉外经济贸易合同中有规定以外国的法律为依据的，必须经主管部门批准后，合同方能有效。

由于当前我国涉外经济法规还不健全，如果合同约定要完全适用我国法律，还有一定的困难。因此，一般都采取在我国仲裁，将订约地、履行地规定在我国，以便在发生争端时，可以依国际私法原则，主张以我国法律为准据。但由于各国法律规定不同，尽可能利用外国法律对我有利部分，以维护我方权益。因此，要善于因事制宜，灵活变通。

签订涉外经济贸易合同，当事人之间难免会发生争议，一般可以通过双方友好协商解决。在有仲裁协议的条件下，当事人任何一方也可将争议提交仲裁解决。在我国，仲裁是解决对外经济贸易和海事争议的重要方式。因此，仲裁条款是涉外经济合同的重要条款，一旦发生争议，可立即提请仲裁，以维护企业的合法权益，而且这一条款还涉及我国的主权。从一些合同的情况来看，虽都有仲裁条款，但内容不明确。有的规定提请中国国际贸易促进委员会“调解”，调解不能解决，再由国外仲裁机构仲裁。这实际上就否定了中国国际贸易促进委员会的仲裁权。甚至还有的订明“发生纠纷由中国人民法院进行仲裁”，法院是进行判决，不叫仲裁。按照我国《民事诉讼法（试行）》规定：“对外经济、贸易、运输和海事中发生的纠纷，当事人有书面协议提交中华人民共和国的涉外仲裁机构仲裁的，不得向人民法院起诉。”这就是说，订有在中国仲裁机构仲裁协议的，争议应当提交仲裁机构解决，人民法院就不再受理。

我国有关涉外经济法规都对仲裁问题作过明确的规定，例如《中外合资经营企业法》规定：“合营各方发生纠纷，董事会不能协商解决时，由中国仲裁机构进行调解或仲裁，也可由合营各方协议在其他仲裁机构仲裁。”我国《对外合作开采海洋石油资源条例》也作了类似的规定，其中指定其他仲裁机构，包括对方国家的仲裁机构、第三国的仲裁机构。《中美贸易关系协定》具体规定，中美两国合同当事人双方的争议，“可以根据合同规定的条款或仲裁协议，提请仲裁解决”。按照这些法律规定，在合同中对仲裁协议应当订明以下事项：①仲裁地点：即到哪里的仲裁机构去进行仲裁；②仲裁规则；依什么仲裁程序进行；③仲裁所依据的准据法：即按哪个国家的法律为标准进行仲裁；④仲裁费用的负担：即采取费用由败诉一方负责的原则，还是采取各方分摊的原则。我们认为在我国境内的中外合资、合作企业和在我国签订的贸易合同，以及在我国境内的中国银行放款或担保的合同，应订明在中国仲裁；其他涉外经济合同，力争订明由中国国际贸易促进委员会仲裁。如双方不能达成协议，也须选择对我国友好的国家或按国际惯例，提交仲裁机构仲裁。多年的实践证明，经过我方谈判人员的努力，我国公司企业和美国、日本、英国、法国、联邦德国等许多国家的公司企业签订的一些经济贸易合同，其中很多都规定由中国仲裁机构——中国国际贸易促进委员会的对外经济贸易仲裁委员会和海事仲裁委员会进行仲裁，而且在国际上是有良好信誉的。

涉外经济贸易合同当事人之间发生争议如无仲裁协议，则可通过诉讼程序，由法院解决争议。最近几年，由法院解决对外经济争议的情况比过去大大增多，根据广州、深圳、珠海、厦门等地法院受理有关涉外经济争议案件的情况来看，关键是解决争议案件的司法管辖权。例如深圳湾大酒店，是与港商合资经营，房屋的装修工程是港商在香港同美丽装饰工程有限公司谈判协议，合同是在广州签订，由于设计图纸和装修工程质量不合规定，深圳湾大酒店暂停支付劳务费，美丽装饰工程有限公司为此撤出工程技术人员，迫使装修工程中断，使大酒店不能如期开张而遭受经济损失。按理美丽装饰工程有限公司应承担违约责任，而该公司却先发制人向香港法院起诉，深圳湾大酒店不得不去香港应诉，付出了不应支出的诉讼费。

根据我国民事诉讼法所确立的管辖原则，这起争议合同签订在广州，合同的标的——建筑物的装修工程在深圳湾，履行地又在深圳。我国法院对这一合同的争议案件享有管辖权是理所当然的，即使对方已在香港法院起诉，当事人深圳湾大酒店不应当作被告，理应作为原告，在香港不应诉，提出撤诉，并向深圳市人民法院起诉。根据这件争议案的案情和需要，我国内地法院有专属管辖权，理应由我国内地法院受理。我们认为，凡是合同的签订地或履行地在我国，那么被告的户籍或居所在我国，公司的成立、商标权的取得是在我国，不动产在我国，侵权行为发生在我国。

为了保证对外开放政策的贯彻执行，创造一个良好的投资环境，近几年来我国加快了涉外经济立法的步伐，先后由全国人大和国务院颁布了40多个涉外法规，广东、福建及经济特区颁布的地方性的涉外法规有20多个。随着经济立法的完善，全国的经济法制工作机构也进一步建立和健全，中央部门已有53个单位设置了法制机构，地方已有28个省、市设立了主管经济法制工作的机构。这些涉外法律、法规的制定，法制机构的设置，增加了外国投资者对我国投资的信心，对我国利用外资工作起了积极的促进作用。从1979年到1983年，我国利用外资总额已达145亿美元，其中合资经营企业188项，合作经营1 047项，合作开发23项，补偿贸易998项，外商独资经营企业50多家，来料加工和来料装配日益增多，对外经济工作取得了成效，随着开放14个沿海城市和继续办好四个经济特区，为我国利用外资、引进先进技术、推进经济全面开发准备了条件。为了适应对外开放新局面的需要，涉外经济法制实践证明，涉外经济法制的各个方面，就像一根链条上的各个环节一样，是紧密衔接、不可缺损的，任何环节松懈或脱节了，都会给涉外经济的整体作用带来损失。因此，运用经济法制系统工程来促进涉外经济法制协调法度，是保障开创对外开放新局面必须解决的一个战略性的问题。

原载《学习与探索》1985年第4期

# 香港稳定与繁荣的保障

## ——《香港特别行政区基本法》研究

“一国两制”是邓小平同志高瞻远瞩的伟大设想，它不仅是解决香港问题，而且是统一祖国，解决澳门、台湾问题的总方针。《香港特别行政区基本法》（以下简称《基本法》）把“一国两制”的构想和中英两国《联合声明》的国际条约中关于香港问题的一系列方针政策用法律肯定下来；同时又结合香港的实际，体现照顾了香港这个多元化社会各个不同阶层的要求，均衡地反映了香港各方面的利益。《基本法》的制定，是“一国两制”在中国成功的伟大实践，它是一部富有独创性的法律，具有伟大的历史意义和国际意义。

## 一、《基本法》是“一国两制”的法律体现

“一国两制”是中国共产党关于解决历史遗留的港、澳、台问题的一系列重大方针政策的高度概括。一个统一的社会主义的中华人民共和国的存在和巩固，是“一国两制”的大前提和根本原则，在这个大前提和根本原则下，即在统一的社会主义的中华人民共和国境内，容许香港、澳门、台湾这样的局部地区保持资本主义，在一个相当长的时期内不变，这也是“一国两制”的重要原则。

所谓“一国两制”，就是“一个国家，两种制度”。“一个国家”，就是统一而不可分割的中华人民共和国。根据国家主权和领土不可分割的原则，凡在我国版图和管辖范围内的一切行政区域，包括在香港、澳门和台湾建立的特别行政区，都是我国的神圣领土，并在我国主权管辖之下。一切行政区包括特别行政区，既不能从我国的领土中分割或分离出去，也不能变成具有任何独立意义的政治实体，这是国家主权原则的必然要求。“两种制度”，一种指社会主义制度，另一种指资本主义制度，允许这两种社会制度并存。在我国的主体部分，即在绝大部分领土和人口部分实行社会主义制度，这个主体是绝大部分，占绝对的优势，我国社会制度的性质就是由这个主体所实行的社会主义制度决定的。在这个根本前提下，允许个别小的或很小的地区和人口较少或很少的部分存在和实行资本主义制度。具体来说，在香港、澳门、台湾这些地区设立特别行政区以后，就继续保存和实行资本主义制度。资本主义制度只体现和决定这些特别行政区社会制度的性质，对于国家的整体来说，它只表明承认和允许在特别行政区存在资本主义制度这一事实。

“一国两制”是为解决历史上遗留下来的特殊的领土和主权问题而提出的政治设计。从历史和现实情况出发，既要坚持领土不可分割和主权完整的原则，又要照顾到香港稳定

和繁荣的状况，承认和尊重它的社会现实，既要表明包括香港人民在内的全国人民收回香港、恢复对香港行使主权的决心和勇气，又要尊重香港各方人士对其现行制度的意愿。提出“一国两制"的构想，就是用以解决收回香港及恢复对香港行使主权的问题。这种构想恰当地处理了坚持主权原则与承认和尊重香港的社会现实之间的关系，为我国解决历史遗留下来的这类问题，开辟了一条可行的、对任何方面都能接受的原则和途径。

实现“一国两制”政治构想的基本形式，就是在香港设立特别行政区。香港特别行政区是国家一级地方行政区域，但不是一般的而是特殊的行政区域。根据“一国两制”的构想以及香港历史的和现实的状况，要在其内实行特殊的方针政策。制定《基本法》的目的，就是把国家主权原则和在香港特别行政区实行的特殊的方针政策以法律的形式固定下来，并进一步确认适合这些原则和方针政策实施的中央和香港特别行政区的关系，居民的基本权利和义务；政治体制、经济、教育、文化、体育、宗教、劳工和社会服务，以及对外事务的管理；将民主发展过程等重大问题规范化、具体化。《基本法》忠实地、全面地体现了“一国两制”的构想，是“一国两制”方针政策的规范化、法律化，是“一国两制”的法律体现。



## 二、《基本法》是香港稳定繁荣的保障

《基本法》不仅是“一国两制”的法律体现，而且是香港稳定繁荣的保障。《基本法》的序言和总则明确规定，国家决定在对香港恢复行使主权时，设立香港特别行政区，在香港特别行政区不实行社会主义制度和政策，保持原有的资本主义制度和生活方式50年不变。其目的是维护国家的统一和领土完整，保持香港的繁荣和稳定。可见，体现“一国两制”的《基本法》，其意义远不止于和平地、稳定地使香港回到祖国的怀抱，它的巨大意义还在于当香港回归之后，能够保障继续保持社会稳定和繁荣。具体表现在以下三个大方面：

### （一）香港特别行政区享有高度的自治权

《基本法》第二条规定：“全国人民代表大会授权香港特别行政区依照本法的规定实行高度自治，享有行政管理权、立法权、独立的司法权和终审权。”香港特别行政区享有的自治权力，与通常自治地方享有的权利相比，程度要高，所以叫做高度自治权。《基本法》通过确认这种高度自治权，不仅对保持香港的繁荣和稳定具有决定性的意义，而且还开创了一种全新的地方自治形式。这对我国民主政治的发展具有开拓性的意义。

根据《基本法》的规定，香港特别行政区的高度自治权，主要体现在以下各方面：①享有行政管理权、立法权、独立的司法权和终审权。②行政机关和立法机关由香港永久性居民组成，行政长官、立法会主席、终审法院和高等法院的首席法官，由在国外无居留权的香港特别行政区永久性居民中的中国公民担任。③不实行社会主义制度和政策，保持原有的资本主义制度和生活方式50年不变。④原有法律，即普通法、衡平法、条例、附属立法和习惯法，除同香港基本法相抵触或经香港特别行政区的立法机关作出修改者外，予以保留。⑤中央人民政府所属各部门、各省、自治区、直辖市均不得干预香港特别行政区自行管理的事务。⑥香港居民除依法享有人身、言论、出版、集会、结社、游行、示

威、宗教、信仰、通信、学习研究、社会福利、婚姻等项权利和自由外，还享有私有财产、新闻、组织参加工会、罢工、迁徙、选择职业、秘密法律咨询、司法补救、自愿生育等项权利和自由。⑦保持财产独立，中央人民政府不在香港特别行政区征税，实行独立的税收制度。⑧自行制定货币金融政策，金融企业和金融市场经营自由；港元作为法定货币，继续流通；不实行外汇管理政策，资金流动和进出自由。⑨保持自由港地位；实行自由贸易政策；保持单独关税地区。⑩自行制定有关教育的发展和改进的政策，发展中西医药和促进医疗卫生服务的政策、科学技术政策、文化政策、体育政策等。⑪可以在经济、贸易、金融、航运、通信、旅游、文化、体育等领域以“中国香港”的名义，单独地同世界各国、各地区及有关国际组织保持和发展关系，签订和履行有关协议。⑫给持有香港特别行政区永久性居民身份证的中国公民签发护照，给其他合法居留者签发其他旅行证件，可实行出入境管制。⑬可在外国设立官方或半官方机构。

为了保证香港特别行政区的高度自治不受干涉，《基本法》还特地规定，中央人民政府派驻香港特别行政区负责防务的军队不干涉香港特别行政区的地方事务。保障享有广泛的高度自治权，这些自治权不仅省级国家政权机关不能享有，就是享有自治权的民族自治地方的自治机关也不能享有。即使与联邦国家的成员国相比，除了不具有制宪权以外，在其他权力方面也不逊于甚至高于成员国的权力。可见，《基本法》确实创立了一种新型的、高度的自治形式。

### （二）尽量维持香港原有的制度和生活方式不变

在政治和法律方面：香港原有的法律制度基本不变，原有的法律，包括普通法、衡平法、条例、附属立法和习惯法，除同基本法相抵触或经香港特别行政区的立法机关作出修改者外，予以保留；国际人权公约或国际劳工公约适用于香港的有关规定继续有效，原有香港行政机关设立咨询组织的制度继续保留，原在香港实行的司法体制，除因设立特别行政区终审法院而产生变化外予以保留；原来实行的陪审制度原则以及其他原则予以保留；在香港原有法律下有效的文件、证件、契约和有关的权利和义务，在不与《基本法》抵触的前提下，继续有效，特别行政区的国家机关除使用中文外，仍可以把英文作为正式语文；香港特别行政区成立前在政府各部门，包括警察部门任职的公务人员以及法官和其他司法人员均可留用，其年资予以保留；香港原有的关于公务人员的招聘、雇佣、考核、纪律、培训、管理的制度，除有关给予外籍人员特权待遇的规定外，予以保留。

在经济文化方面：香港保持原有的资本主义制度和生活方式 50 年不变。保持香港的自由港的地位和国际金融中心的地位，保持独立关税地区的地位；港元继续流通，自由兑换；继续开放外汇、黄金、证券、期货等市场；保持原有在香港实行的航运经营和管理体制，包括有关海员的管理制度；私营航运及与航运有关的企业和私营集装箱码头，可以继续自由经营，保持香港的国防区域航空中心的地位，原在香港注册并以香港为主要营业地的航空公司同民用航空有关的行业均可继续经营；香港特别行政区保持原有的教育制度，各类学校可继续从香港以外招聘教职员和选用教材，教会办的学校可继续提供宗教教育，开设宗教课程；保持原有的专业制度，原已取得专业和执业资格者可以保留原有的资格，原已得到承认的专业和专业团体继续得到承认，保持原在香港实行的对教育、文化、社会福利等民间团体的资助政策。

在外事方面：香港特别行政区仍可以在一定领域里，以“中国香港”的名义，单独同世界各国各地区及有关的国际组织保持关系。

**（三）保持香港各阶层的权利和利益**

按照“一国两制”的方针，全体香港居民享有平等权利，有言论、新闻、出版、集会、结社、游行、示威的自由，有组织和参加工会罢工的权利和自由，依法享有选举权和被选举权；居民的人身自由不受侵犯，住宅不受侵犯，通讯自由和通讯秘密受法律的保护，居民享有迁徙自由，离境无须特别批准；有信仰自由、选择职业的自由，有进行学术研究、文学艺术创作和其他文化活动的自由，有婚姻自由和自愿生育的权利；有得到秘密法律咨询、提起诉讼、选择律师和获得司法补救的权利。

除了居民普遍享有的权利和自由外，各阶层的特殊权利和利益亦能受到充分的保护。主要有以下各方面：①保护私有财产权，保护私人和法人财产的取得、使用、处置和继承的权利，以及被征用财产的所有人得到补偿的权利（补偿应相当于该财产的实际价值，可以自由兑换，不得无故拖延支付）。②当地政府促进和协调制造业、商业、旅游业、房地产业、运输业、公用事业、服务性行业、渔农业等各行各业的发展。③劳工的福利待遇受到保护，国家机关留用的公务人员的薪金、津贴、福利待遇和服务条件不低于原来的标准。④学生有选择院校和去外国或外地区求学的自由，作家在文艺创作中所获得的成果和合法利益受保护。⑤宗教组织依法享有财产的取得、使用、处置、继承以及接受资助的权利。⑥新界原居民的合法传统权益受保护。⑦外籍人士可以担任特别行政区的公务员和法官（法律作出限制性规定者除外）。⑧外来投资受到法律保护。

根据“一国两制”的方针，在特别行政区成立之后，保护全体居民以及各阶层，包括资产者、劳动者、文化教育界、宗教界、国家机关工作人员、“新界”原居民以及外籍人士等各方面的合法权益，这对于安定人心，使社会繁荣发展十分有利。

## 三、《基本法》是实现“一国两制”的法律保证

《基本法》充分代表了包括香港同胞在内的全体中国人民的愿望和利益，自全国人民代表大会第三次会议通过《基本法》以来，香港广大同胞对《基本法》是满意的，全国人民对《基本法》也是满意的，世界各国政府和人民对《基本法》也给予高度评价。我们相信，“一国两制”的构想一定能够在香港甚至全国更加深入人心。到 1997 年 7 月 1 日，中国政府恢复对香港行使主权，成立香港特别行政区，《基本法》一定会得到贯彻实施。为了切实保证《基本法》顺利实施，我们必须加倍努力，正确处理好四个方面的关系：

（1）正确处理好香港和内地的关系。历史证明，即使在脱离祖国母体的情况下，香港也没有而且不可能离开同内地唇齿相依的关系。这种唇齿相依的关系，一直是香港的历史发展和现实发展的根本条件，在过去脱离祖国母体的情况下是如此，在今后回归祖国怀抱后更是如此。我国政府实行的改革开放政策，已经把香港和内地更进一步紧密地联系起来了。1984 年中英签署联合声明，香港和内地的贸易总额仅为 951 亿港元，而到 1988 年已增至 2 885 亿多港元，5 年之内增加 3 倍以上。1984 年港商在内地的投资只有 10 亿美元，

而1988年已超过30亿美元，增加3倍以上。现在由内地利用香港转口的贸易已占香港转口贸易总额的75%以上，居第一位。港商在内地的投资已占外来投资总额的70%以上，也居第一位。自1985年以来，在香港的进口贸易总额中，内地已占第一位。这些事实充分证明了香港和内地关系的紧密：一方面，香港的经济繁荣和发展从根本上有赖于内地的支持。没有背靠大陆这个优越的地理位置，没有作为世界各国进出中国的大门这个优越地位，没有内地向香港提供自然资源、劳动资源、原材料、淡水、食品和生活必需品，香港要想保持长期的繁荣和发展是根本不可能的；另一方面，我国的改革开放和建设事业，也需要香港这样一个对外的桥梁和通道作为实现社会主义现代化的重要补充形式。香港由于处于国际金融贸易中心地位，在中国的经济建设和文化建设中，在中国和世界各国发展经济和文化的交流关系方面，在扩大中国对外的进出口贸易方面，在吸收和引进外来资金、先进技术和先进管理经验方面，可以而且必能发挥作为桥梁和通道的重大作用。

（2）正确处理好香港特别行政区和中央人民政府的关系。根据《基本法》规定，香港特别行政区是中华人民共和国不可分离的部分，是一个享有高度自治权的地方行政区域，直辖于中央人民政府。这就是说，香港特别行政区和中央人民政府的关系是地方和中央的关系。香港地区享有和实行的高度自治权，是全国人民代表大会授予的，它的行使是要受祖国统一和国家主权制约的，也就是说，这个权力是要在保持国家主权的条件下，在有利于祖国统一的前提下，在《基本法》规定的范围内行使的。在任何意义上，高度自治都不意味着香港可以是脱离祖国母体的、分裂国家主权统一的、独立或半独立的政治实体。

要解决好香港地区和中央的关系，关键是搞好管理权力的划分，对此，香港《基本法》已有专章作出明确的规定。外交权和国防权是属于中央的专有职权，这是中央为维护祖国统一、主权完整以及国家和人民的整体利益而必须拥有的权力。中央人民政府在香港派驻军队，既是国防的需要，也是主权的象征。中央为了尊重香港特别行政区的高度自治，根本不需要也绝对不会干预香港的日常管理事务。但是不能以香港高度自治为借口，削弱或放弃中央在维护主权方面的权力。所以《基本法》明确规定，禁止任何叛国、分裂国家、煽动叛乱、颠覆中央人民政府及窃取国家机密的行为，禁止香港地区的政治性组织或团体与外国的政治性组织或团体建立联系，这些规定从另一侧面维护了国家主权、统一和安定。

（3）正确处理好两种法律体系和司法制度的关系。香港原有的法律，即普通法，衡平法、条例、附属立法和习惯法，是属于普通法系的。而我国的具有中国特色的社会主义法律体系已经初步形成。由于历史的原因，这种法律体系从体制上、技术上看，受内地法系的影响较多。因此，在1997年以后，中国和香港地区将实施两种不同的法律体系。这两种不同的法律体系不仅在本质上不同，一个是社会主义，一个是资本主义，而且在立法技术、法律用语、司法应用等许多方面都是不同的。这样两种不同的法律体系并存于一个国家内，在法制史上是没有过的。

由于不同的两个法律体系在一个国家内实施，必然引发很多新情况，《基本法》对一些主要方面作了处理：一是对香港原有法律，同《基本法》相抵触的，主要是属于殖民地性质的法律，必须废除或者修改。对香港特别行政区成立以前的和以后的，都明确规定了确认抵触、宣布废除的程序。二是香港享有立法权并保障独立的司法权和终审权。三是中央派出的军队、中央各部门、各省市在香港的一切机构及人员，在香港都要遵守香港的法律。同样，香港的一切机构和永久性居民在内地也都要遵守内地的法律。不论是内地的居民，还是香港的居民，在对方地区发生了违法犯罪行为，一般应当按照当地法律，由当地法院审判，或由当地政府依法处理。

两种法律体系在一国范围内实施，两个法域之间随着经济技术、贸易、文化交流的发展，经济技术关系日益纷繁，域际法律冲突必然发生。如何妥善解决我国域际法律冲突，必须掌握以下原则：①两域一国原则；②两法适用平等原则；③借用国际冲突法与国际惯例，同域际冲突规范立法并举原则；④充分信任与相互谅解的原则。解决法律冲突的最好途径就是类推适用国际私法，待条件成熟时，大陆、台湾、香港、澳门应通过谈判制定统一的中国冲突法，就能保障在中国领域内不管在何地起诉，均可按同一规则选择法律，以保证冲突依法解决。

（4）正确处理好香港的资本主义制度和内地的社会主义制度的关系。按照“一国两制”的方针，两者的关系首先是“一国之同”，即同属于一个主权国家，这个主权国家就是中华人民共和国；社会制度虽然不同，但内地人民和香港同胞毕章是一家人。“两地之异”要服从于“一国之同”。这就是说，内地人民和香港同胞都要在拥护祖国统一事业、维护国家主权完整、维护中华民族尊严、致力于振兴中华大业等方面求“一国之同”，在“一国之同”的前提下，要存“两地之异”；要互相承认和尊重两地不同的社会制度，不同的意识形态和价值观念，不同的生活方式；要做到“井水不犯河水”，你搞你的资本主义，我搞我的社会主义，相互之间要和睦共处，求同存异，互相体谅，以礼相待，以情相接，以达到互助互利的目的。

总而言之，我们对香港实行“一国两制”的方针和有关政策，有利于香港的繁荣和发展的。因为归根到底，一个独立、统一、强大、兴旺发达的社会主义中国，是香港稳定和繁荣的最可靠的保障。

原载《暨南学报》1992 年第 4 期

# 特区法制是建设特区经济的保障

## 一、经济特区法制建设的必要性

当代世界上经济性的特区，类型甚多，名称不一，有的称自由贸易区、自由加工区、出口加工区，有的称自由关税区、自由港、对外贸易区、投资促进区，有的称保税仓库区、自由过境区、科学工业园区等。但其基本特点均是在一个主权国家或地区内划出一定的区域，在对外经济活动中，采取更为开放的政策，以减免关税等经济上的优惠待遇，提供优越的、安全的可靠的投资环境，建立事权集中、高效能的领导管理体制，以吸引外资在此投资设厂、兴办企业，达到扩大劳动就业，增加外汇收入，开发当地经济和资源，繁荣本地区和促进国内的经济发展的目的。

但是，从世界各国和地区设置各种类型的经济性特区的经验来看，要集中引进利用外资和先进技术设备，必须创造良好的投资环境，其中搞好经济特区内的基础设施建设和法制建设是形成投资环境的两个最重要的方面，缺一不可，而特区法制又是开创特区建设的首要保障。这主要有以下三个原因：

第一，没有法律保障，外国投资者不放心。世界上最早的西德汉堡“自由贸易区”，创办之初外国人不敢去投资，怕被没收、实行国有化。后来，德国当局制订了《自由贸易区法案》，有了法律保障，外来的投资者就逐渐增多了，德国汉堡也就从自由贸易区发展成为大量加工出口工业区。现在大部分发展中国家对外来投资者担心实行国有化问题都有了明确的法律规定，如埃及、马来西亚等，法律保证对外国企业不实行国有化，不采取剥夺、没收、征用、查封等措施。也有许多国家规定，必要时可以对外国企业实行国有化，但必须给予被国有化的企业以补偿。补偿金额，如巴基斯坦规定按最初投资的资本数额补偿，苏丹则按国有化的资产值计算。

我国深圳经济特区在创办初期，由于对外经济法制不健全，港商、外商担心到特区来投资办厂没有法律保障，到特区参观、洽谈的多，而达成协议投资办厂的少。1980 年 8 月，全国人大常委会批准颁布了《广东省经济特区条例》（以下简称《条例》），法律鼓励和保障外国公民、华侨、港澳同胞及其公司、企业、投资设厂或者与我方合资设厂，兴办企业和其他事业，可以独立地经营自己的企业，并依法保护其资产，应得利润和其他合法权益。港商、外商看到有了法律规定，感到在特区投资办企业有了保障，好像吃了定心丸，前来洽谈投资办企业的客商越来越多。

第二，开放政策宽，需要用严格的法律来保证。特区之“特”，主要是实行特殊的经济政策，也就是说特区在经济政策上要宽，采取更多灵活措施，以便吸引客商来投资。现在规定的“宽”主要有几个方面：一是更加开放，港澳和世界各个国家、地区的友好人士来特区进行访问考察、洽谈业务、投资办企业、旅游等活动，比内地更为方便，手续更加简化；二是更加优惠，到特区来投资比到内地投资的条件更加优惠，有些比香港以及台湾、新加坡等地的出口加工区和自由贸易区还要优惠；三是特区的水电费比香港低；四是特区还免征法人税、利息税等一些税项。由于这些措施具有较大的灵活性，在执行中就不可避免地会出现“政出多门”甚至政策变样。广东、福建两省实行特殊政策、灵活措施后，一度由于思想政治教育和经济管理工作没有及时跟上，对外贸易中产生过各自为政的现象，外汇分成不是用于发展生产，出现违反经济政策和经济纪律的行为，这些虽是在前进中出现的问题，但说明了试办经济特区，必须把在特区中经过实践证明是行之有效的制度、办法和原则，加以条文化、法律化。用列宁的话来说，就是把符合特区具体情况的经济政策“以法律形式最牢固地确定下来，以免发生任何偏向”。制定特区各种经济法规，运用国家的强制力，通过经济法制，保障特殊政策的实现。这样既可以消除外来投资者怕政策多变的顾虑，又可以防止某些领导人的主观武断、个人说了算，或搞土政策、瞎指挥，从而保证特区经济形势的稳定和居民生活的安定。

第三，特区法制是搞好特区管理，保障开创特区新局面的需要。特区的经济结构，是以社会主义经济成分占优势的多种经济成分并存的多元化结构，其中既有居领导地位和主导决定作用的国营经济及其集体经济，又有处于被领导地位占比重较大的合资、合作形式的国家资本主义经济，港商、外商独资经营的私人资本主义经济，还有内联形式的联合体经济，以及特区内城乡个体经营的经济。要把这些多种并存的经济成分，组成浩浩荡荡的特区经济建设大军，仅有“特殊政策，灵活措施”是不够的。过去我们习惯于用行政手段管理经济，现在运用这种办法管理特区经济是行不通的。尤其是同港商、外商发生经济往来，都习惯于运用经济合同的法律形式，普遍重视法律条文。签订涉外经济合同的多方或双方分属不同社会制度、习惯、观念和考虑的角度各异，而国际市场的变化，又往往影响双方的权利和义务，如果合同的内容不完备，该订的条款没有订，或者虽然订了但含义不清，各自都可作对己有利的解释，那么一旦发生经济纠纷就难于判断是非，各方的合法权益得不到保障。因此，加强经济法制，运用经济和法律办法管理特区经济，是开创特区经济建设的保障。

## 二、特区经济立法的原则与体系

由于我国是在社会主义条件下兴办经济特区，制定特区各种经济法规，必须坚持四项基本原则，既要保证国家经济立法的统一性，又要反映特区经济法制的特殊性，做到从特区的实际出发，反映多元化的社会经济结构，符合特区客观经济规律的要求。因此，特区经济立法应当遵循以下基本原则：

（1）维护国家主权原则。特区是我国的领土，特区经济是我国整体经济中不可分割的一部分，坚持国家主权原则，必须保障国家对经济特区全面行使主权，包括行政、立法权和司法权。因此，凡国家颁布的有关法律，如宪法、刑法、婚姻法、经济合同法、中外合资经营企业法、企业所得税法、环境保护法等，同样都适用于经济特区。强调主权原则，一方面要求在制定特区各种经济法规中，要保证国家对外资的管理权，保证特区的局部经济和全国的宏观经济不发生冲突。所以，《条例》第二条规定："特区的企业和个人，必须遵守中华人民共和国法律、法令和有关规定。"第七条还规定："客商在特区设厂，兴办各项经济事业，须经特区管理委员会批准。"这些规定，都是主权原则的具体体现。另一方面，强调主权原则，意味着特区的对外开放、提供优惠条件，应从不损害国家主权为前提。例如，《条例》对客商需要的土地，只给使用权，不给转让所有权，使用期满，可续约延长使用时间，但不能永远使用。我们应当通过经济法制，保障国家对特区经济的全面领导和对特区企业的有效控制，防止客商利用在特区投资之机进行损害我国利益的活动。

（2）坚持平等互利原则。平等互利，一般是指在政治地位平等的基础上，进行经济上对双方都有利的交易，这是我国对外政策和发展对外经济贸易的一项重要原则。特区经济立法贯彻这一原则是指：合营合作各方都应以平等的法人身份，以其投资的实际价值获得与其投资比例相等的损益。港商或外商来特区做买卖、办企业，是为了赚钱。因此，我们必须承认资本的平均利润率，给对方以合理的利润，否则人家就不来投资了。给对方以合理的利润，自己从中获得相差不多的好处，这就是平等互利原则的含义。

平等互利是相辅相成的，平等必然带来互利，互利又体现着平等，我们虽然不想在对方的身上取得额外的好处，但应防备对方不会无此动机。来特区投资者，大部分是香港财团和跨国公司的老板，他们往往比我们占据一定的优势。资本技术在他们手里，这是讨价还价的最大筹码。他们利用我们对引进新技术的的迫切心理，用实物投资的机器设备，以落后充先进、以旧充新；有的利用我方对该项目有需求而又缺乏资金、急于求合作的弱点，索取过高的利润分配，而把风险推给我方；有的利用我们对国际合作缺乏经验、不熟悉国际经济和法律知识的弱点，在协议中隐藏不平等条款，企图让我们上当；有的在董事会中力图多占席位，以争在决定重大问题时的更大发言权和对企业的控制权等。针对这些实际情况，在制定特区各种经济法规中必须贯彻平等互利原则，如在合同的全部条款体现平等互利，各方承担的责任必须对等，任何一方当事人所尽的义务和所享有的权利必须一致；企业权力机构董事会的董事长应由我方担任，对方担任副董事长，董事会处理重大问题，应由双方根据平等互利原则决定；资金必须存入双方认可的指定银行，户头、账号、资金调度权必须实行双方指定人会签生效的办法，财权、人权、购销权、审计师、会计师之人选应取对等原则；盈利分配应按照所尽义务的多少互利互惠，风险的承担应体现公平合理的原则。

（3）鼓励和限制相结合的原则。鼓励和限制，是经济法制对特区经济活动调节的两个功能，在一个时期内的经济法规中或某一项法规中如何体现，那要因地、因时、因事而异，取决于一个国家举办经济特区不同时期内的经济形势和经济任务，以及特区制定某项法规的针对性和目的性。有的经济经济法规侧重于鼓励，有的经济法规着重于限制，有的法规鼓励与限制两者兼而有之。

我们兴办经济特区，同港商、外商打交道要保持清醒的头脑，并且依靠国家政权，掌握特区的特殊经济规律，在经济立法上灵活掌握鼓励和限制相结合的原则，一般应鼓励多于限制。通过鼓励，充分调动利用外资的积极因素，制定各种优惠办法，提供各种方便，创造良好的投资环境，并从法律上对外来投资者合法权益给以切实的保障，同时通过限制，防止并尽可能消除外资的消极作用，不让其侵害社会主义利益。可以在经济法规中先期作出明确硬性的规定，以防患于未然。有些经济法规，还可明确订出罚则。至于走私漏税、内外勾结、行贿盗窃等触犯我国刑律的行为，应依法严肃处理。总之，鼓励和限制是互相联系、不可偏废的，我们坚持这个立法原则，应是趋利避害，因势利导，参照国际惯例的一些做法，充分发挥外资对我国社会主义现代化建设有利的积极作用。

特区立法除要遵循一般的原则外，还要特别把握上述三个基本原则，这样才能运用法制保证特区的特殊灵活政策的执行。而这些原则不仅要体现在特区的基本法规之中，而且特区制定的各种法规、制度、章程、办法都应当遵循。由于经济特区有国营经济、集体经济、合资与合作经济、独资经济、联合体经济以及个体经济多种成分并存，仅有特区基本经济法规是不可能调整这复杂多变的经济关系的，这就应从需要与可能出发，制定各种法规与制度，逐步建立与健全中国式的经济特区的经济立法体系。深圳经济特区是我国建成的一个兼营工业、商业、农牧业、住宅、旅游业等多种行业的综合性经济特区。这几年来特区法制建设体系在实践中已经摸索了一些较好的经验。

为了使特区的特殊经济政策和优惠条件保证实施，1980 年 8 月，全国人大常委会批准了《广东省经济特区条例》，使特区及其一些原则性的政策性措施获得了法律地位。1981 年 12 月，广东省人大常委会批准公布了《广东省经济特区入境出境人员管理暂行条例》《广东省经济特区企业登记管理暂行条例》《广东省经济特区劳动工资管理暂行规定》和《深圳经济特区土地管理暂行规定》4 个单行法规，将特区的一些具体政策和措施进一步用法律的形式予以明确。之后又陆续制定公布了《深圳经济特区商品房产管理规定》《深圳经济特区涉外房产管理规定》《深圳经济特区技术引进暂行规定》《深圳经济特区外资银行管理规定》《深圳经济特区涉外经济合同暂行规定》《深圳经济特区内联企业暂行规定》《深圳经济特区劳动保险暂行规定》《深圳经济特区企业工会暂行条例》《深圳经济特区经济仲裁暂行条例》等20 多个单行法规以及土地管理、企业登记、劳动工资管理法规的实施细则，初步建立了特区经济立法体系。

根据特区这些现行法规的规定，港商、外商在深圳经济特区投资，可以在企业经营管理、税收、土地使用、产品销售、外汇管理、进出境、仲裁等方面获得优惠和保障。

### （一）在企业经营管理方面

客商可以与我方合作、合资经营企业，亦可独资经营自己的企业，并可雇请外籍职工、华侨职工、港澳职工担任技术管理工作。雇用中国职工，可由特区劳动服务公司介绍，或者由企业自行招聘，按照择优原则考试录用，然后劳资双方签订合同。职工违反规章制度，并造成不良后果的，可以根据情节轻重，给予警告、记过、减薪直至开除的处分。企业可以根据经营的需要，自行确定采用计件、计时或计日的工资制。

### （二）在税收方面

特区企业进口生产所需的设备、零配件、原材料、运输工具和其他生产资料，免征进口税，对必须进口的生活用品，除烟和酒按最低税率减半征收、少数物品照章征税外，其他均免征关税。特区企业生产外销的成品或半成品，免征出口税。特区企业所得税率为15%，对投资数额达500 万美元以上的企业，或者技术性较高，资金周转期较长的企业，给予特别优惠待遇，分别给予减税20% ~50%，或者给予免税 1 ~3 年，并一律免征地方附加税。客商所得利润用于特区再投资，为期5年以上者，可申请减免用于再投资部分的所得税。

**（三）在土地使用方面**

特区可以满足投资者需要的土地，并根据不同的用途确定最长使用年限。工业为30年，商品住宅为50年，教育科学技术、医疗卫生为50年，旅游业为30年，种植业、畜牧业、养殖业为20年。期满后，如需要继续经营，经报特区主管部门的批准，可以续约。土地使用费的标准，根据不同地区条件、不同行业和不同使用年限分类确定。每3年调整一次，变动幅度不超过30%。凡在特区兴办教育、文化、科学技术、医疗卫生及社会公益事业，征收土地使用费，给予特别优惠待遇。技术特别先进的项目和以不谋利为目的的项目，可以免收土地使用费。

**（四）在产品销售市场方面**

特区规定中外合资合作及外商独资企业的产品要以外销为主，但凡属外商确实提供了先进工艺、技术、设备的产品会允许一定比例的内销。国内紧缺需要大量进口的产品，允许内销以替代进口，有的产品质量品种好，也可适当内销一点。凡是根据签订的协议、合同、章程规定的比例在中国销售的产品属于国家计划分配的物资，通过企业主管部门列入物资管理部门的分配计划，通过签订供货合同销售给用户。属于物资、商业部门经销的物资，由物资、商业部门优先订购。上述两类物资剩余部分以及不属于上述两大类物资，合营企业可自销或委托有关单位代销。

**（五）在外汇管理方面**

特区企业可在特区的中国银行或经我方批准设立的外资银行开户，并办理有关外汇事宜。客商在缴纳企业所得税后的合法利润，特区企业雇请的外籍或港澳职工在缴纳个人所得税后的工资和其他正当收入，均可按照特区外汇管理办法的规定，通过特区内的中国银行及其他经批准设立的外资银行汇出。企业因中途停止，经向特区有关部门申报理由，办理停业手续，清理债权债务后，其资产可转让，资金可汇出。

**（六）在人员进出境管理方面**

特区尽量简化手续，给予应有的方便。凡来特区投资设厂、兴办各种事业，以及购有住宅或经常入出境的外国人，可持深圳经济特区有关机构开具的证明，申请多次往返有效的入境出境签证。

**（七）在解决合作中产生问题的办法方面**

如双方在履行合同（协议）过程中发生争执，可本着平等互利的精神，进行协商解决。经协商仍不能解决，可由中国仲裁机构进行调解或仲裁，也可由双方协议，或在其他国际仲裁机构仲裁。

## 三、特区法制建设的任务和作用

我国开办经济特区的实践证明，没有特区法制，特区的特殊经济政策和优惠条件就很难保证实施。加强了特区法制，就能促进特区各项事业的蓬勃发展，保障特区经济建设开创新局面。

### （一）保障了安全的投资环境，比较集中地引进了一批外资

特区法制不能直接创造利润，但能保证实现利润的各项优惠措施得以兑现。任何投资都有一定的投资风险，这种风险除来自如经营失误、市场不景气等经济因素外，还来自很多非经济的因素。比较完善和合理的法制可以减少投资的风险，增加投资安全感。安全感是投资决策中一个重要因素。据亚洲生产力发展组织1973—1974年对各地出口加工区投资环境进行的普查，在各投资企业提出的投资因素中，安全因素占首位。所以要使投资者排除顾虑，首先就要用法律明确规定他们的合理权益，并用特区法制加以保障。随着经济特区各种经济法规的公布实施，千方百计地给港商、外商创造良好的投资环境、安定的社会秩序。投资者由于得到各方面的优惠，并依法保护其资产、应得利润和其他合法权益，从而提高了投资者的信心，增强了特区的吸引力，来特区的投资者与日俱增，特别是近年来，来访问和洽谈投资的美、英、法、澳、日、新加坡、泰等国家的商人越来越多，投资额不断增大，到1984年3月，特区与港商、外商签订的协议共有2 500多项，协议投资达100多亿港元。其中1亿港元以上的有30多项，1 000万港元以上的有65项。

不仅投资形式多样，有来料加工、来料装配、进料加工、来料种养、补偿贸易、合资经营、合作生产、独资经营8种，而且投资行业广泛，可分为工、农、牧、渔、商、运输、旅游、建筑、房屋、土地开发以及码头工程等。

随着特区的基础设施建设的完善和法制建设的加强，预计今后吸收外资的前景广阔。如把深圳经济特区吸引外资与亚洲其他加工区相比，新加坡裕廊工业区，占地面积约为56平方千米，为东南亚最大的出口加工区，1965年筹建，到1977年共花费了12年时间，引进了工商企业1 211家，计划投资额为2亿多美元，而深圳特区从筹建到目前只有4年多，虽占地面积比裕廊大，但投资额已达100多亿港元。如果说这只是个协议数字，但实际使用的投资额已达4亿多美元，也就是说，深圳特区4年引进外资的总额，比裕廊工业区12年时间所引进外资的总额还多。这说明我国经济特区吸收外资富有旺盛的生命力。

### （二）确定特区技术引进原则，促进引进了一批先进的技术设备

为使特区能顺利地引进先进技术，针对特区当前在技术引进中存在的问题，参考国内外的一些有关规定，在《深圳经济特区技术引进暂行规定》中确定了特区技术引进的原则是：坚持平等互利，确定工业产权，确保引进技术的价值性、适用性和先进性。正确的法制原则促进特区在引进技术设备方面取得了可喜的进展。积极引进了一批先进技术，直接进口了2万~5万多台（套）技术设备。例如，蛇口工业区从美国、英国、日本、意大利、丹麦等国引进十多项先进的技术和设备，其中微波中继数字程控交换通信系统达到20世纪70年代先进的通信技术水平；海虹油漆厂引进的丹麦“老人牌”油漆技术专利以及

滤清器（振动筛）、分散盘、抽风吸尘系统等，均属 70 年代水平。深圳印刷制品厂引进的德国七色印刷设备和日本的照相制版技术，华益铝厂的冷轧机、联合剪切机，中宏制氧厂的乙炔发生器，陆氏厂的电脑控制的印刷电路测试机、自动焊锡机，集装箱厂的焊接设备、剪压设备，乌石鼓石场机械化、自动化设备，华美钢厂的连铸机和先进的工艺及操作规程等，都达到了 20 世纪 70 年代的先进水平。

一些引进的先进技术、设备，经过“吸收”“消化”已成为特区自己的东西。如深圳机械厂制造的单式纸箱印刷机，不仅填补了我国纸箱印刷机器的空白，而且开始批量出口。家乐床具厂生产的床褥销售量，在香港市场占同类产品的第一位。1982 年时，尽管香港市场不景气，但家乐床褥在香港的销售量仍比 1980 年、1981 年分别增长 30%。光明畜牧场生产的维他鲜奶也占香港同类产品销售量的 70%。有些先进的科学技术，已部分地向内地同行业转移，如海虹油漆厂的搅拌机的分散盘、抽风吸尘系统、振动筛、活动管口等先进设备、工艺和操作规程已经通过各种渠道，向内地一些大油漆厂推广、仿制和消化，对推动内地同行业的技术改造起了积极作用。

### （三）运用法制促进外引内联，创造了特区建设高速度的发展

建设经济特区，必须以引进外资为主，但也要重视对内地的联合。内联的目的主要是增强引进外资的能力，加速特区的建设。因此，积极与内地各省市和中央各有关部在特区联合办企（事）业，是当前特区建设的一个重要任务。为了进一步推动内联工作的开展，深圳经济特区制定了近期内联企（事）业若干政策的暂行规定，规定内联的重点是工业项目。对农业、商业、饮食服务业、文教卫生、科研等事业也可联合办企（事）业。内联的主要形式是内地、深圳、外商三方的联合，内地和深圳两方的联合。4 年多来，工交、财贸、基建等方面签订的内联合同共有 100 多项，已经办起来的 100 多家内联企业，对繁荣特区经济，加快特区建设起到了很大的作用。如财贸系统办起了 30 多家内联企业，1983 年的营业额达 2 000 多万元，内联商品有 2 000 多种。特区紧缺的内地名牌产品，如北京烤鸭，泮溪点心，致美斋酱料，天津、武汉、湖北等地的轻工产品，著名的北京成药等，现在都可以在特区市场上或酒店（宾馆）买到了。又如 1979 年以前，深圳只有几百个建筑工人，十多个设计人员（没有一个工程师）。试办特区后，大搞内联，情况发生了极大的变化。现在全国各地在深圳的设计单位共有 50 个，施工企业 110 多家，共 6 万余人。工程技术人员 200 多人，还有一大批机械的施工设备，建成水泥制品厂、混凝土搅拌厂、沥青加工厂以及 30 多个机械化沙石场，从而保证了特区基本建设的高速进行。到 1983 年底止，共已完成基本建设投资 19 亿多元，竣工面积 340 万平方米，其中新建住宅 137 万平方米，建起了 800 多幢 18 层以下的楼房。在特区西部，建起了蛇口货运码头和赤湾港万吨级船泊位，建起了南头直升飞机场，使特区的海、陆、空运输联成一体。旅游点由 1 处增加到 6 处，宾馆、旅店、招待所从 7 所发展到 127 所，酒家饮食店从 9 家发展到 100 多家。深圳特区已从单一化的“自给型”农业经济变成了各种行业综合发展的“外向型”经济。工、农、商、牧、副、渔、住宅、旅游等各种行业，迅猛发展。特区建设真是日新月异，蒸蒸日上。

**（四）运用经济法律手段探索特区经济体制改革的新路子**

为了能够较快地适应与国际市场打交道，经济特区必须坚持“特事特办，新事新办，立场不变，方法全新”的方针，改革管理体制和机构，跳出国内现行的不适应生产发展的老框架。有的投资者直接提出：“特区的管理体制和劳动工资制度非改不可，不改办事效率不高，还要把我们的老本蚀光。改了，双方都有利。”特区把抓好体制改革作为加快特区发展的战略措施。在许多领域包括劳动、工资、基础建设施工、工商管理等方面同步进行改革，运用科学、民主、法制进行管理，成功地闯出了一条管理特区经济的新路子。

我国经济特区法制虽还处在摸索创新的阶段，但探索的经验是值得重视推广的。最近中央决定进一步开放上海、天津、大连等14个沿海城市，正在实行特区的某些政策，吸取特区一些成功的经验。在这种形势下，经济特区就必须坚持进一步改革和进一步开放，认真总结，不断创新，为沿海开放城市继续提供新鲜经验，努力发挥“技术的窗口、知识的窗口、管理的窗口、对外政策的窗口”的作用。特区法制建设的中心环节是立法，执法、守法和督法必须同步抓好，协调发展。建立与健全经济特区法制系统工程，逐步形成我们自己的一套成熟的完善的经济法制管理的好章法，才能使我国经济特区的建设在法制的轨道上健康地向前发展。

原载《财经问题研究》1984年第4期

# 第三章

# 中国特色的企业集团发展大趋势

# 论构造符合中国国情的企业集团*

随着经济体制改革的深入发展，新型的企业集团正在我国崛起，发展和巩固企业集团，既不能受传统观念和旧体制的束缚，也不能照搬国外企业集团的模式，而必须结合我国社会主义初级阶段的国情，联系企业发展的现状，走自己的路。因此，探索具有中国特色的企业集团问题，对于深化改革、促使企业集团健康发展，具有十分重要的理论和实践意义。

## 一、中国特色的企业集团的含义和特征

组建企业集团，不能一哄而起，一定要有明确的目的和方向性，前提是要搞清楚企业集团的含义。什么是企业集团，国内外众说纷纭。概念的含糊，导致了将不同形式的企业联合体视为企业集团，甚至滥用企业集团的名称等混乱现象，既妨碍了对企业集团的组建、规划和管理，也不利于企业集团的健康发展。

企业集团（Group）是外来语，是从日本大型企业集团化借用而来的。它所反映的经济现象始于19世纪末20世纪初期，即在资本主义的发展进入帝国主义阶段的时候。半个多世纪的历史事实证明，企业集团反映的经济现象带有一定的普遍性，只是它在不同的国家里，表现的形式和名称不同，在美国称为托拉斯，在德国叫康采恩或财团，在英国称为辛迪加，在苏联称为联合公司，在民主德国和保加利亚叫联合企业，在南斯拉夫叫联合劳动组织，只有在日本，从20世纪50年代中期开始，俗称企业集团。

在国外尽管叫法不一样，但对企业集团的概念有三种表述：一是“企业集团的含义大体上指大企业所滋生的集团”；二是“企业集团不是企业的简单聚合，而是特殊形式的大企业结合形态”；三是“企业集团是从技术或其他经营方面的各职能出发，以经营补充为目的，以各参加成员的自主性为方针，在平等的原则下联合起来的持续的经营结合形态，是一种经营合作体制”。显然，对概念的这些解释，尤其是前两种仍然比较模糊，最后一种观点，从企业集团的结合方式、特点对企业集团的概念作了描述，给人以较大的启发。

在我国，对企业集团的看法主要有以下几种：①学者熊胜绪认为，“企业集团是以名特优新产品为龙头，以大型骨干企业为依托而组成的一个内紧外松的多层次的企业联合体”；②学者游德馨认为，“企业集团一般是以公有制为基础，以骨干企业为主体，以名优

---

* 国家社会科学基金研究项目

产品为龙头，由多个有内在经济联系的企业和单位在更高层次上联合组成的经济实体”；③学者黄伟雄认为，“所谓企业集团，是指一些经济法人为了一定目的而联合组成的谋求一体化协调的、多层次和多元化的经营共同体”；④学者贾和亭认为，“企业集团是以公有制为基础，以一个或几个大型骨干企业为主体，由多个有内在经济技术联系的企业、科研、设计单位形成的联合组织”；⑤学者邱靖基等认为，“企业集团是建立在以公有制经济为主的企业法人股份制基础上，以一家或几家实力雄厚的大企业为核心组成的多层次经济联合组织”。应当说，这些观点都是言之有理的，不同的是，有的侧重于一般形式和目的，有的侧重于企业集团形成的历史，也有的从企业集团的形式、特点结合发展趋势考察的。

由于上述观点表述的角度不同，都没有把握企业集团质的规定性，也就是没有用高度概括的、明确的、具体的语言来表述企业集团本身和发展的本质属性，因而概念的表述就不确切。

要明确企业集团的质的规定性，必须从企业集团的性质和特点两个方面来把握，而企业集团的性质是由企业集团的属性来确定的，是由社会化大生产的客观要求决定的，一般应包括以下几个方面的内容：一是经营目标的一致性；二是相互结合的自愿性、自主性；三是利益的共同性；四是经济、技术联系上的紧密性和稳定性；五是投资的主体性；六是经济实体性。这就是说，凡是企业集团，都应该有统一的经营目标，有共同的利益，具备相对紧密稳定的经济技术联系，并拥有国家产业政策的范围内扩大投资，具有发展生产经营管理权力的多功能的经济实体。

从社会主义初级阶段的国情出发，结合各地组建和发展企业集团的实际情况，中国特色的企业集团不同于一般的经济联合体，它具有明显的特点：

第一，是具有辐射力和凝聚力的有机联合体。一般都以大中型骨干企业为核心，以名特优新产品为龙头，集结了群体的优势，发挥了规模的效能，增强了内在有机联系，促进了规模的合理性。

第二，是具有共同利益的平等主体股份化的结合体。企业集团必须建立在资金合并的基础上，形成集团资产，实行独立核算、自负盈亏，集团成员根据平等自愿、互利互惠的原则组成，各个成员都有自主权，既享有经济权利，也承担经济责任，利益均沾，风险共担，实行责权利相结合。

第三，是大跨度、多层次集团性的网状组合体。参加集团的企业一般都是跨地区、跨行业、跨所有制的。构成企业集团的成员有四个层次：①核心企业；②基本企业；③卫星企业；④协作企业。在集团内部形成了第一、二层次的紧密型，建立在股份制的基础上，第三层次是半紧密型，第四层次是松散型，都是建立在具有法律效力的合同或协议书之上。这四个层次形成母公司与子公司、孙公司的控制与控股关系，构成环状结构和系列结构。

第四，是具有多功能的综合体。集团企业应是开放型的，具有生产、科研、开发、销售、服务等多种功能，比一般经济联合体有更强的新产品开发能力、综合配套能力和网络服务能力。

第五，是多元化所有制相互渗透的复合体。企业集团是以社会主义公有制为基础，多种经济成分并容，有国有企业、集体企业、合资合作企业、股份企业，甚至还有私营企业、外资企业、职工参股，是复杂的多种经济成分的结构。

第六，是具有多角化经营、竞争力强的共同体。集团企业实现供产销经营一体化，产品在国内市场具有领先的优势，在国际市场上有一定的竞争能力，能取得整体的社会经济效益。

从上述性质和特点的阐述可以看出，中国特色的企业集团的科学定义应该是：以社会主义公有制为基础，以实力雄厚的一个或几个大型骨干企业为核心，以名特优新产品为龙头，在生产、技术、经营上有关联的生产企业、科研单位、经营组织，在平等自愿、互惠、互利的基础上，形成资金合并，组成具有法人资格，实现产、供、销、人、财、物六统一，享有经济权利，承担经济责任，实行利益均沾、风险共担，责权利相结合，具有多层次、多元化、股份化的经济联合实体。

明确了企业集团质的规定性，这就要求参加企业集团的成员必须具备主体资格的条件，主要包括以下四个方面：①是从事生产、经营、运输、科研、教学活动的全民所有制和集体所有制企、事业单位以及其他企业；②应具备法人资格；③按照营业执照资信保证和其他依法赋予的权利能力；④要自觉遵守联营协议、章程。

组建和办好企业集团也必须具备八个基本条件：①有名特优新产品为纽带，有一个或几个骨干企业为龙头，具有较强的经济技术、经营和开发的实力。②要以公有制为基础，由众多的有内在经济技术关联的企业、科研单位参加；③要有相当的场地、人员、资金和设施；④有开拓型的具有权威的现代企业家做当家人和决策群；⑤有切实可行的协议和章程，具有法人地位；⑥企业间有联合的真正自愿，坚持互利互惠，正确处理企业集团内部的关系；⑦产、供、销、人、财、物逐步统一，兑现利益共享、合理分配，实行责权利相结合；⑧能获得整体的社会效益和经济效益。只要大家都坚持这八个条件，就能按照标准把企业集团办好。

这样的企业集团，既不同于一般的经济联合体，也区别于企业性的公司，下面分五方面来简述：

第一，内部组织的层次性不同。企业性公司是一个统一的经济实体，它所包括的生产单位、科研机构、经营部门、管理机构等是组成公司的分支机构，是公司内部的分工，是同一层次的合作，不存在联合的多层次，只存在管理上的多层次。而企业集团是在经济互有需要的作用下，成员企业之间联合的内容、联合的范围各不相同，形成了以骨干企业为核心的结合度不同的多层次联合，它既适应了不同企业的不同联合的需要，又能使具有不同内在经济联系的企业得到合理组织，为了实现企业集团的总体战略目标，扬长避短，各显其能。

第二，内部关系不同。企业性公司内部是一种纵向的领导与被领导、支配与被支配的关系。企业集团各成员之间是靠合同、章程和经济利益纽带联结起来的，它们之间遵循平等自愿、互惠互利的原则，是横向平行的对等关系。企业集团内核心企业的主导作用不是靠行政权力而是靠经济实力，先进的技术和管理，名特优新产品的优势及其经济联系所形成的一种对其他中小企业的实力支配和控制力量。企业集团通过对集团成员互有需要的经济联系、民主管理和核心企业的主导作用，从而使整个企业集团在市场竞争中动作一致，获得整体的经济效益。

第三，在一体化程度上不同。企业集团在经济上实行统一核算和分厂核算并存的办法，在法律上各成员企业有的仍具有法人地位，各成员企业在联合经营的业务范围内，承担连带责任。而企业性公司是经济上和法律上的实体性联合企业，参加公司的企业一般在法律上失去独立性，公司具有独立支配的资金，实行统一核算，统负盈亏，独立地承担债务。企业集团既能取得大企业所具有的规模效益，又能保持各成员企业经营灵活，它比企业性公司易于组织，产业结构也容易调整。

第四，管理机构设置的不同。企业性公司具有一整套完备的管理机构，并与所属的企业的管理机构相适应，以保证企业性公司的生产经营活动的顺利开展。而企业集团的管理机构则不尽一致，如总厂式的紧密型企业集团，不增设新的管理机构，由主体厂（总厂）代行管理的职能。一些半紧密型的企业集团则大部分采用联合协议和联合章程等办法，成立的理事会、董事会或管委会是一个协调性的机构，不是权力机构，它与各成员之间不是领导关系。这个机构根据共同的利益作出的决策表现为协议的形式，协议规定的各成员企业的权利和义务，具有法律效力，谁不执行协议就要追究法律责任。

第五，与政府主管部门的关系不同。企业性公司不论是地方公司，还是全国性公司，都有主管部门，主管部门与公司之间是一种直接的行政隶属关系。而企业集团由于它是一种跨地区、跨部门、跨所有制的横向经济联合体，同时，其隶属关系、财务关系、所有制关系暂时都不变。所以，企业集团与政府管理机构没有直接的行政隶属关系，不受政府管理机构直接的行政干预，政府的各级经济行政管理机关对企业集团的管理只是间接控制的指导、调节、服务关系。当然，企业集团也不同于行政性公司。

## 二、构造符合我国国情的企业集团的模式与结构

### （一）我国现阶段企业集团的模式

企业集团模式作为经济范畴，指的不是某一个企业集团的具体模式，而是对一定类型的企业集团，从现有的具体现实出发，排除具体细节而作出的理论抽象。它的内涵包括集团组建的目的、原则、形式、类型、结构、权益等。根据不同的目的，可以设计出不同类型的模式。我国现阶段企业集团大体有以下几种模式：

（1）产品集团模式。这种企业集团一般以骨干企业的名特优新产品为龙头来组建，它的特点是通过合同形式进行产品生产的横向联合。参加联合的企业在经济上不实行统一核算，不改变各成员企业的所有制、隶属关系和财政上交渠道，各成员企业有完全的经营管理自主权。产品集团模式的一般模型是围绕龙头企业即核心企业形成三个层次的联合圈：第一层次叫实体层，即能够实行人、财、物、产、供、销六统一的若干企业；第二层次叫松散层，即实行局部统一，局部分散的定向生产企业；第三层叫外协层，即承担对外协作加工和劳务任务的协作企业。东风汽车集团就是典型的产品集团模型。

（2）行业集团模式。是以同行业的几个大型骨干企业为核心，带动一批企业而组成的企业集团，它具有这样一些特点，达到一定的行业集中程度，如电子工业集团、家用电器集团、橡胶工业集团等；由两个以上跨地区、跨部门、跨所有制的横向经济联合体组成多层次的企业群体；产品品种多，联合企业多，组织结构复杂。行业集团模式的一般模型是两个层次的横向联合：第一个层次是核心层，由同行业几个大中型骨干企业组成横向经济联合体；第二层次是群体层，由各个骨干企业组成各自的横向经济联合体，形成有自己特

色的企业群体。行业集团模式的复杂性就在于大企业集团包含着带有独立性的小企业集团。

（3）职能集团模式。是以不同部门的设计、科研单位或第三产业部门的企业组成的以提供某种服务为内容的企业集团。职能集团不生产产品，而是面向社会，广泛地提供某种服务，因而这种模式具有服务性、社会性、专业性、开发性等特点。职能集团模式的一般模型是各种不同职能的服务部门联合形成的专业横向联合体，即由若干个建筑设计单位组成的建筑设计集团，由若干科研单位组成的技术开发集团，由若干个外贸公司组成的贸易集团，由若干个信息服务中心组成的信息服务集团。

（4）混合集团模式。是以实力雄厚的大中骨干企业为核心，联合相关行业的工业企业、商业企业和科研单位，组成以生产为主，同时开展多种经营活动的企业集团。它的特点是集团内各成员企业之间依靠协议和经济利益的纽带联结起来，即一业为主，多种经营，形式多样，松散联合。混合集团模式的一般模型是一个层次多种内容的横向联合，即在实力雄厚的骨干核心企业周围有一批相关行业的生产企业、经营企业和科研单位综合横向经济联合体，在资金、技术、物资、劳动力、市场等各个方面实行联合生产经营。

上述四种类型是从主导企业的性质上划分的。从企业集团组成方式上划分，有单点辐射型、多元配套型、产品资源联合型、系列产品开发型；以联合的内容进行划分，有“一条龙”式的企业集团、多行业联合企业集团、跨部门联合的成套工程企业集团、为社会提供各种专门服务的职能性集团、由工业生产单位与科研机构或大专院校组成的科研生产型的企业集团；按内部经济联系划分，有股份制企业集团、实现一个法人的企业集团、具有多层次多法人的企业集团。由各成员单位集资成立的企业集团，从联合体内的松紧程度划分，有松散型、半紧密型、紧密型、成熟混合型等。现实的经济关系是错综复杂的，在实践中这些基本模式不是孤立存在的，而是互相交织、相互组合的。但不管哪种模式的企业集团，都必须同时具有大型化、专业化、多样化、股份化、多角化的共性特征。

企业集团的模式具有鲜明的商品经济特征，它是根据市场竞争的需要，按照企业内在经济技术联系，根据企业自主自愿的原则组成的，没有统一的固定模式。在组建企业集团时，选择哪类模式对集团的机制运行才有效，关系极大。所以，应当注意：一是要让形式服从内容。由于各地区、各企业之间的起点不一，情况各异，绝不能单凭主观愿望，也不能搞对号入座，而必须从具体的实际情况出发，从联合的目的出发，进行经济技术可行性研究。二是要搞全方位、开放型模式。模式不能僵化，更不能在联合体内部形成新的封闭，这样的集团才有生命力，才能在市场竞争中逐步形成“你中有我，我中有你”的网络经济新格局。三是要搞多样化模式。仅限于一种模式去强求一律是不行的。四是应该具有动态观念。由于企业集团的模式经常处于动态的状况，是随着经济关系和经济联系不断运动变化的，因此，对集团的模式也应在实践中勇于探索、不断总结，使模式不断由低向高逐步完善、深化发展。

从目前我国企业集团发展的实践来看，企业集团内部一般存在着三种联合形式，即以协议关系为纽带的松散联合，以资产（合资、股份等）所有权关系为纽带的半紧密联合；以实现资产一体化、经营一体化的紧密联合。由于三种联合方式的具体内涵没有统一标准，因而存在着分歧，在企业集团内部关系上，是以松散联合为主，还是以紧密联合为主？主张松散联合的认为：一是我国中小企业和乡镇企业多，搞松散型的企业群体，不涉及企业的财产关系，便于乡镇中小企业进行经济技术合作，在联合中有利则合，不利则分，进退两便；二是在目前政府与企业的“血缘”关系还严重存在的条件下，松散联合能够在不改变原有纵向联系渠道的同时，开展横向联合，在实践中阻力较小；三是紧密联合容易形成新的“大而全”格局，企业集团内部的主导企业可能利用其优势地位损害其他成员企业的经济利益。

我国的企业集团与资本主义国家企业集团产生的经济条件不同，照搬国外企业集团的模式，完全发展资产一体化大型企业集团，缺乏生产集中的客观经济基础。完全发展企业群体和中小企业集团，也是很难组织新的经济优势。我们应当从社会主义初级阶段出发，认识到我国现阶段生产水平是多层次的，商品经济不够发达，市场机制还很不完善，传统的小生产的经营方式还普遍存在，企业之间的内（外）部条件、经济实力、管理与技术素质差别很大。因此，我国发展企业集团不宜一刀切，在联合的松紧程度上，应该是松散型、半紧密型、紧密型三种形式结合，在集团的规模上，应该是大型集团和中小型集团相结合。事实上，企业集团内部的三种联合方式各有各的长处，起着互相制约、相互补充的作用。这三种联合方式结合在一起，使企业集团既能够进行统一决策，发挥集团的整体优势，又能够便于分散经营，充分调动各成员企业的积极性，从而共同推动着企业集团的发展。

我国的中小企业占企业总数的98.8%，其中小型企业占98%。这有利于组建中小企业集团，从经济迅速发展以及随机应变方面来说确有它的长处，但从商品经济竞争和发展，技术进步的角度来看也有它的短处，特别是严重影响规模效益的发挥。因此，需有一批把分散的中小企业集中联合所组成的大集团。这些大集团既是经济发展、出口创汇和技术进步的核心力量，又可以在大企业与小企业、乡镇企业之间形成技术辐射、技术传递和管理传递能力的优势。这样，通过微观经济组织结构的再构造，将组装起二元结构的新的经济优势。一头是通过联合和再联合组成一批具有强大经济实力和在国内外市场上有较强竞争能力的大集团，一头是数量众多的中小企业和中小集团，两者互为补充，大型化和微型化并存。但这种大企业集团不宜发展过多，一个市有五六个，一个省有数十个经济实力强大的企业集团，又有大批中小企业和中小集团为基础，我国的经济发展就可能会出现一个新的格局。

### （二）我国现阶段的企业集团的结构

从已有的经验看，企业集团模式在内部结构上一般可分四个不同层次，即核心层、骨干层、配套层、外围协作层。优化的企业集团结构是以核心企业为中心的多层次的动态结构。企业集团的各层次都是为了实现企业集团的目标而协同配合的。各层次的企业构成以及每一层次的各个企业之间的联系方式决定着企业集团的结构形态，即使是企业集团的企业构成不变，只要同一层次的企业之间或不同层次的企业之间的联系方式变化，也会形成不同的结构，结构不同的企业集团的功能也就不同。因此，适度地合理划分企业集团内部结构的层次，是确立企业集团内部结构的关键。在优化结构模式的各层次中，应当首先确立核心企业的主体地位。其次，要依据企业与企业的资金联合程度，以企业集团所能掌握的企业资产经营管理权限为标准，划分企业集团内部结构的层次，主要包括以下四个方面：

(1) 核心层。它由企业集团的核心企业所组成，核心企业必须是一个整体，它的构成可以是一个企业，也可以是几个企业，由几个企业构成的核心企业也必须是统一体，形成一个中心，若无中心，企业集团内部会成为一盘散沙，无法形成合力。因此，确立核心企业是企业集团各成员企业的运转中心，是合理结构的关键。由于核心企业是企业集团的灵魂，也是集团的凝聚力所在。核心企业必须具备一定的条件：一要具有一种或几种系列的主导产品为支柱，这种主导产品具有一定的连带性和较强的市场竞争力，这是核心企业联结成员企业的链条；二要具有雄厚的资金基础，银行可以给予核心企业贷款，或向核心企业投资，使银行渗透到企业集团，成立集团的金融机构。核心企业必须是实体型的，其特征是核心企业的成员一般都失去自身的法人地位，人、财、物都交由集团支配，固定资产和流动资金均成为集团的注册资金，在资金、经营、管理、技术、劳动等方面都是统一在企业集团之下，由集团统一资产、统一核算、统负盈亏，改变了核心企业的所有制、隶属关系、财务关系，由集团以法人资格对往来单位和用户承担经济责任。核心层次的功能表现为：一方面，它是集团内部结构的最高层次，是企业集团发展、成熟的关键；另一方面，由于它具有经济实体性，是企业集团对外开展经济活动的基础。

(2) 骨干层。它由企业集团的投资企业所组成，企业集团与控股企业是一种资金联合关系，企业集团对它们的投资和股票额归属集团注册资金，并对其负责。在法律上，企业集团具有控股企业一定的资产所有权，以达到使企业集团对控股企业具有处于支配地位的经营管理权，使控股企业的经营活动完全在企业集团的控制之下。控股企业仍具有法人资格。在经济上，控股企业与企业集团不实行统一核算，而是独立核算，自负盈亏，并以各自的资产所有权的大小承担经济责任。在现行体制下，可以不改变各自成员企业的行政隶属关系和税收上缴渠道。骨干层的功能表现为，增强了企业集团的实力，是集团联合和控制企业的桥梁，是实现合理的企业集团内部结构的良好方式。

(3) 配套层。它可以由两部分组成，一部分是企业集团有资金联合关系的非控股企业，集团对这些企业没有处于支配地位的经营管理权。这种资金联合程度，最大限度地达到了双方对等投资，资产所有权和经营管理权都平等，并平等地承担经济责任；另一部分是企业的人、财、物、产、供、销等经营管理权归企业集团所有，但企业的资产所有权不归集团所有，并且与企业集团没有资金联合关系，只改变了行政隶属关系和财政上缴渠道的企业，企业集团虽然在法律意义上不具有这种企业的资产所有权，但确有国家给予企业集团对他们的经营管理权，故其仍具有法人资格，独立核算，自负盈亏。由于配套企业是主导产品的骨干生产企业，企业集团可以通过配套产品联系大量企业，因而是企业集团内部结构的基础。

(4) 外围协作层。它由企业集团只保持一般简单交易或协作的企事业单位构成。这些企业与企业集团不存在资金联合，最大限度可以与集团有资金借贷关系，企业集团也不具有对这些企业的资产所有权，只是在生产技术、规划改造、生产计划、管理方式等方面受企业集团的影响和帮助。

中国式的企业集团的结构，既不同于欧美式的卡特尔、辛迪加、托拉斯、康采恩，也区别于苏联的联合公司，却类似于日本式的企业集团，如丰田集团企业结构呈金字塔形。中国嘉陵工业股份（集团）有限公司、常州金狮自行车集团股份公司、深圳电子集团股份公司都是按照丰田式的结构在借鉴、探索、创新的。核心层类似母公司，在企业合并和资金一体化的基础上组成集团的实体层，处在金字塔的顶端（最高层次），支配着本系列的公司；其下是骨干层，通过合并或兼并、控股的若干个子公司组成，公司不同于分公司之处在于它是独立的法人；再下是配套层，是由若干与母公司、子公司有持股、参股的关联公司组成，它比子公司的独立性更大；最下的是外围协作层，是由与母公司、子公司、关联公司有协作联系的众多企业组成，从而形成中国式的金字塔形的企业集团结构。



## 三、巩固和发展中国式的企业集团的思路

我国企业集团当前正面临着不断深化、完善、创新，向股份化、立体式、多元化、大跨度、外向型、全方位发展。要使企业集团按中国特色健康发展，必须采取切实有效的深化改革的措施，解决以下五个问题：

### （一）用股份制构造新型企业集团

当前的企业群体和企业集团是按照企业行政隶属关系不变、所有制性质不变、财政解缴渠道不变组建的。这种“三不变”原则，由于基本上适应现行经济管理体制和习惯，对于推动、促进各种经济联合体的形成和发展具有一定的积极作用。但是，各个企业纵向行政隶属关系及其计划渠道的分散性，与联合体生产经营集团性活动所要求的统一性和集中化之间，矛盾越来越突出，由于各个成员厂分属不同的上级主管部门，为不同的地方和部门所有，条块安排的计划及物资分配不可能同按集团化专业分工要求所承担的任务同步协调，条块之间的利益冲撞势必威胁联合体的正常运转，更限制了企业集团的发展。

另一方面，企业集团是一种新型的复合式的生产力构造，其特征是立体式、大跨度、多元化，它的进一步发展已对生产关系，包括所有制关系提出调整的要求：一是要求所有制的整体结构实现多元化；二是要求现有的各种所有制成分及其形态不断变化；三是要求各种所有制成分相互交叉、融合。在企业集团内部进行重新组合、转化，形成新的所有制形式，而坚持所有制性质不变与发展的形势相悖，所有制的改革势在必行。

改革的最好形式就是实行集团股份制，按照“投资共筹、风险共担、参股分红、收益共享”的原则，企业之间可以资金、设备、技术、专利、商标作价互相投资，内部职工也可以入股，在企业集团之间，大企业集团还可以参股渗透，形成集团企业之间地不分东西南北，钱不分计划内外，所有制不分国有、集体或职工，实现互相投资，互相入股，你中有我，我中有你的更紧密的资本联合局面。共同的投资利益将增强企业集团成员的向心力，有利于改变企业的短期行为，促进所有权与经营权的分离，促使集团内部生产要素的合理流动，提高集团内部经济关系的透明度。通过集资形成新的集团企业，共同经营，共负盈亏，按股份分红。随着它们之间的互相渗透、互相融合，再过渡到另一种新的公有制形式——集团所有制，这种形式可以成为我国现阶段社会主义公有制的主要形式之一。

### （二）企业集团应当建立金融机构，逐步与银行渗透，实现资金融通

企业集团的一切经营活动，最终都体现在资金的运动上；企业集团要进一步完善发展，也将体现在成员企业间同资金的联合与融通上。为了使我国企业集团迅速发展、跻身国际市场，没有金融力量的支持和参加显然是不利的。根据国外的经验，企业集团大都有

银行或其他金融机构作为核心，或同银行保持密切的合作关系。

目前，我国银行参加企业集团不可能一下子全面铺开，可以采用多种形式进行融通：一是银行通过代理集团发行债券、股票，或选择一些经济效益高的集团作为长期合作对象，对他们的经济发展进行扶植；二是鼓励银行和企业集团互相持股、交叉转股、交叉经营，有重点地适当培育以银行为中心的金融—产业集团或新型财团；三是在计划单列或拥有最低限额以上货币资金的大中企业集体建立集团财务公司（或金融公司），这是解决集团资金短缺，加速资金周转，协调资金纵横分割矛盾，摆脱政府和主管部门的行政干预的有效措施。建立集团财务公司可以由银行投资入股，也可以集团同银行合股。财务公司的性质是在集团和银行双重领导下的股份制的金融企业，实行独立核算，自主经营，自负盈亏。财务公司的主要任务是办理集团的信托、投资、贷款等业务，代办集团专项贷款，向有关银行及其他金融机构办理资金拆借，办理集团内部企业存款和资金融通，办理设备、租赁以及咨询见证、经济担保业务，代理集团发行债券、股票。金融机构成为企业集团内引外联资金的核心，从而增强企业集团凝聚力和辐射力。

### （三）有选择分层次地对企业集团实行计划单列

把企业集团的计划单列作为计划体制改革的一项重要内容。通过计划单列，使企业集团成为国家计划的一个单位，由企业集团一头直接与国家计划沟通，并在生产经营上摆脱原来主管部门的束缚，这是计划体制的重大改革。实行计划单列的对象应该是规模较大，经济实力雄厚，在国民经济中占有重要地位的大型企业集团。我国先后已有 15 个大型集团被批准计划单列。如东风汽车集团、解放汽车集团、重型汽车集团。除国家级计划单列外，还可以搞省、市级分层次的计划单列。计划单列不是简单的指标划转，而是要在企业集团进行综合性的配套改革，可实行经营责任制，在提高经济效益和保证国家税收逐年增长的基础上，逐步扩大留利比例，增强企业集团的自我改造、自我发展能力，使企业集团在国民经济中真正发挥主导作用。

### （四）对企业集团要实行科学的民主管理

企业集团的领导制度是联合体管理体制中的核心组成部分，建立合理的企业集团领导制度，对调动联合各方的积极性、加强企业集团的管理、实现企业集团的战略目标具有重要意义。由于联合体的多层次性和多法人性，不同类型企业群体和企业集团采取哪种领导体制和组织形式，应由集团成员从实际出发，按方便、合理、好管的精神共同商定。

我国企业集团目前实行的领导制度有三种。一是总经理或经理负责制。采用这种领导体制大都是由行政性公司转化而来的企业集团，其成员企业一般都不跨行业、地区与所有制。由于在重大问题上是总经理个人决策，决策权高度集中于总经理个人，有时不能充分反映联合各方的利益和要求。二是理事长或管委会主任负责制。这种领导体制多为松散型企业群体所采用。三是董事会领导下的总经理负责制。这种领导体制具有四个优点：①重大问题集体决策，总经理执行，使联合各方处于平等的地位，有利于反映联合各方的利益和意志；②适应面广，尤其适用于跨地区、部门、行业与所有制的企业集团；③对于股份化的企业集团，能较好地协调不同股权方面的利益关系；④有利于各级经济行政管理机关实行间接管理，实行经营决策与经营管理权的分离，促使政企分开和企业搞活。

企业群体和企业集团管理体制模式可以分成以下三个层次：

（1）实行分权管理的作业层。这是由各成员企业和关联企业构成，一般应有以下权力：①生产组织与指挥权；②职责范围内的经营管理权；③本厂内干部的考核、任免权；④定员内的工人调配和工种变动权；⑤职工晋升工资、浮动工资管理权；⑥奖金、津贴分配权；⑦一定限额内的资金使用权；⑧非重要固定资产处置权。

（2）实行集权管理的政策层。这是由各成员企业的法人代表和聘请联合体外部的权威人士组成，行使管理权限：①负责统筹集团的生产经营权；②拥有关系全局发展的方向性、战略性决策权；③成员企业厂长的任免权；④年度计划和长远计划制订权；⑤资金控制权；⑥主要原材料、动力能源控制权；⑦价格及价格幅度决定权；⑧重要产品质量检查权。

（3）中间是集权与分权相结合的协调控制层。这是管理层次中的主要层次。对企业群体和企业集团管理机构的设置，应根据具体需要而定，贯彻精简、统一、效能的原则，充分体现联合、集中经营的特点。①要增设企业集团经营决策机构与参谋咨询机构，负责技术经济预测、情报、经营方针等研究，以及集团长远发展规划的制订等；②要加强或增设产品研究开发能力的机构和人员，包括科研、设计、新品种试制、计量、技术改造等方面的管理机构；③加强销售机构，以利于统一组织销售，发挥联合的优势；④加强财务、会计监督机构，加强资金的筹划使用，推行、完善内部经济责任制，搞好经济核算工作；⑤加强、充实工人和干部培训机构，联合体组织机构的设置应防止机械地强调上下对口，要围绕提高企业群体和企业集团的经济效益，去设置、充实相应的机构和力量，并应尽可能减少管理人员。

对企业集团实行民主管理，要加强监督的职能：一是董事会代表国家主管部门对集团及其成员企业的经营决策、经营管理情况进行监督；二是党委对集团贯彻执行党的方针、政策情况进行监督；三是职工群众对集团的决策层和协调控制层的活动进行监督。这三种监督相互补充。在企业集团内部，一定要正确处理集中与分散的关系，既不宜实行高度集中，也应注意防止过分分散，应按照集中管理、分散经营的原则，采取“大权集中，小权分散；战略集中，战术分散”的做法。在管理方法上应改变单纯靠行政手段来控制，要学会运用经济方法、法律办法，并辅以必要的行政手段相结合来管理企业集团，以适应市场经济的发展。

### （五）政策扶植，法制保障，维护企业集团的自主权益

由于企业集团的成员企业都是相对独立的商品生产者，必然有独立的经济利益。因此，经济利益分配的合理与否，企业群体和企业集团能否巩固发展是关键。所以，坚持经济利益的合理分配，就要处理好集团内部各方利益的分配关系。在各种联合体的发展过程中，由于联合的方式、程度不同，出现了多种多样的分配形式，如内部协作价格、二次分配、三次分配、投资分成、产品转让费、技术转让费、劳务协作费、原材料供应定点等。随着企业群体和企业集团的深化，未来比较可行的是“级差效益”分配法。所谓“级差效益”，即在进行工业生产时，投入等量劳动会有不同的生产率，从而使各种条件较好的企业获得的一种超额收入。其中，由产品技术难度、劳动强度、资金密集程度的不同和材料价格的高低等客观条件所造成的超额收入，称为级差效益的第一形态；由经营管理水平

的高低等主观因素所造成的超额收入，称为级差效益的第二形态。对级差效益的第一形态，利用集团内部办理作价进行合理调整和分配，相对平抑物化劳动创利润与活劳动创利润之间的矛盾和差别，使各企业的赢利条件趋于平等。对级差效益的第二形态，则全部归各企业所有，集团内部互不调剂，以鼓励群体企业形成竞争的局面。

坚持经济利益的合理分配，必须依法保护实现。对其他经济利益，包括本金、利息，利润、产品、外汇留成等，都必须依法得到保护，社会各方面，特别是企业各级主管部门，用各种方式任意侵占、破坏，或者查封、扣押、冻结、没收，都是对企业集团的合法权益的侵犯，是违反法律的行为，都应受到法律的干预和制裁。保障这些合法权益，不仅关系到企业集团的兴衰存亡，而且关系着横向经济联合的健康发展。

同时还必须采用配套的经济政策进行扶植：①在信贷方面，应按照“区别对待，择优扶植”的原则，优先向企业群体和企业集团提供各种流动资金和固定资产贷款。集团企业生产名特优新产品，贷款上优先，利率上优惠，还款期适当放宽。凡获国家金、银质奖产品的企业，其生产所需的流动资金，利率分别下浮 20%，获部、省优质产品的，利率下浮 10%，享受期为一年。为发展名特优新产品进行技术改造，自筹资金不足，可申请专项贴息贷款。经省批准有销路的新产品批量生产，而年利润又偏低的企业，贷款利率在一年内下浮 10% ~20%。在开户结算上给予充分便利。②在价格方面，可实行内部结算价（或协作价），价格由联合体内部协商确定，上下浮动，合理调节企业间的利益。③在物质供应方面，集团企业生产的名特优新产品所需的主要原材料，除计划分配外，物资部门要优先供应，价格适当优惠。④在人才方面，集团企业急需的科技人员，人事劳动部门在调配时优先予以照顾。⑤在劳动工资方面，凡经济效益显著、长期稳定增长的企业群体和企业集团，可将工资总额与经济效益挂钩浮动。⑥在税收方面，对企业群体和企业集团实现的利润，不论是全民所有制或集体所有制企业，一律实行“先分后税”的办法，由联合各方协议规定分配利润，在各所在地交纳所得税。全民所有制企业从联合中所分得的利润，免缴调节税。对实行统一核算的集团企业，内部各单位之间相互提供的协作产品，不交纳产品税。对外销售的产品应交纳产品税，税率要按联合前各单位交纳的税额占对外销售额的比例换算确定。对不实行统一核算的集团企业，除烟、酒、化妆品等高税率产品外，可以实行增值税。企业单位转让技术成果的收入免征营业税，并减免所得税。这些措施，保证企业不会因参加横向经济联合和扩大生产协作而增加税收负担，从税收上排除不利于横向联合的因素。

联合各方如不履行章程、合同、协议，或在执行中发生纠纷时，属于行政管理方面的，由所在地的主管部门协调解决，协调不了的，如在省范围内的由省有关部门协调解决；如跨省、跨部门的则由国务院有关部门协调解决。各级主管部门不应从本位利益出发，偏护一方，损害一方，要耐心协调，妥善解决。如协调不能解决的，参加联合的企业以及联合体可要求工商行政管理机关仲裁，或向法院起诉，依法解决争议。

运用法律手段保证上述措施的切实实行，就能维护企业群体和企业集团的自主、合法权益，推动横向经济联合健康发展。

原载《暨南学报》1988 年第 3 期

# 企业集团分配经济利益的原则和方法

## 一、合理分配经济利益必须掌握的原则

企业集团的分配活动，要比单个企业复杂得多，特别是跨地区、跨部门、跨行业和跨所有制联合组建起来的企业集团，各个企业原有的物质、技术、经营的基础都不同，人员来源也不同，因此，联合体内部的经济利益关系非常复杂。在利益分配过程中所涉及的环节和因素，不仅是从经济学角度表现出来的其分配中的立体结构和空间联系的错综性，而且受到传统管理体制、现行改革中的管理体制以及改革目标的管理体制交叉制约所引起的分配复杂性。针对这种现实，要建立和完善企业集团内部的利益分配协调机制，处理好成员企业之间及企业集团与成员企业之间的利益分配关系，必须坚持以下原则：

### （一）平等互利的原则

集团内合理分配的基本准则是平等互利。所谓平等互利，应该从两个方面去把握：一方面，平等互利是商品经济运行的法则之一。这一条准则在集团的经济关系上依然应得到体现，因为在我国商品经济运行的宏观环境下，企业集团内部成员企业之间的经济交往关系依然属于商品交换范畴。另一方面，由于企业集团是一个命运的共同体，各个成员企业在收益分配中相互之间需要提供扶植与优惠条件，以谋求集团和成员企业最大的经济利益。对于这种利益的满足程度，直接决定着成员企业加入集团的紧密程度以及企业集团的稳固程度。因此，在成员企业之间，不管是大企业还是小企业，骨干厂还是配件厂，股份多还是少，都应该是平等相待，绝不允许一方吃掉另一方，或以势压人，侵犯对方的利益。平等是联合的基础，集团内部各成员之间的关系不是行政上的领导与被领导的关系，而是一种社会主义经济伙伴关系，不论大小企业，一律应平等对待，对于联合中出现的问题也只能用平等协商的方法去解决。互利是联合的核心，结成集团的各个成员企业，都有自己的经济利益，只有做到经济上互利，才能使联合各方都有积极性，损害任何一方利益都会影响和动摇集团的团结。

### （二）等价交换的原则

商品在交换过程中必须等价交换，以使交换实现价值并相应获利。要兼顾各成员企业之间的利益关系，就必须按照价值规律的要求，实行等价交换，不能搞一方对另一方的无

偿调拨或占有。在利润分成、物资调拨、内部价格制定时，不允许联合各方有明显的不合理的地方。特别是在利润分配比例方面，要坚决反对“龙头”厂“有钱自己赚，肥水不外流”的观点和做法，使参加联合的各成员企业都能荣誉共享、利益均沾，一些成功的企业集团一般以各个成员企业的投资比例为基础，同时考虑各方提供的资源、材料、设备、技术、劳力和生活服务设施等条件，商定股权份额、分享赢利、分担风险的比例。有些企业集团在坚持互利原则的基础上还把让利作为增强企业集团吸引力的特殊手段。例如，生产优质名牌产品“蝙蝠”牌电风扇的南京长江机械制造总厂，当见到与分厂在物资进出时，虽均按国家调拨价“低价低进”，但分厂因没有最终产品销售权尝不到“低价高出”的甜头，就下放20%的产品自销权，从而使总厂与分厂的利益关系得到有益的调整。可见，只有实行等价交换，企业才能以收抵支，并在获取赢利的基础上适当增加职工收入，增强企业集团自我改造和自我发展的能力。

### （三）合理协商的原则

由于增加企业集团的各个成员企业都处于平等的地位，不存在领导与被领导的隶属关系，因此处理企业集团内部一切事务都需要始终坚持相互协商、相互谅解，在协商谅解的基础上达成协议。当前特别是在产品价格制定方面，要贯彻合理协商的原则。不少企业集团的专业分厂和协作企业，由于部分原材料自筹，议价购入，存在“高价低出”的吃亏现象，而总装厂为保名牌产品销价稳定，很难接受成员企业和协作配套企业的提价要求，这个问题带有普遍性。妥善解决问题的方法，是通过平等协商定价，共同承担压力。又如，现今科技成果缺乏科学作价标准，企业反映其要价高支付不起，而科研单位则反映技术不值钱，没有经营积极性，这个问题已成为科研单位与生产企业影响联合的重要原因。要妥善解决这个问题，除国家研究制订科研成果定价的科学标准和有关政策规定外，仍需要通过合理协商，才能解决这个矛盾，促使科技——生产型企业集团巩固发展。

### （四）集团整体效益和成员企业利益相统一的原则

由于企业集团是由各个成员企业自愿结合组成的，在经济利益分配上，一定既要考虑集团的整体效益，也要考虑成员企业的利益。那种只强调集团本身的收益和积累，而忽视成员企业的利益分配，或只考虑成员企业利益分配，而忽视集团整体效益的倾向，既影响企业参加集团的积极性，也不利于企业集团的巩固发展。所以，随着联营经营事业的发展，企业集团的利润分配应保证集团本身和成员企业的收入都要得到逐渐增加。当然在一定的时期内，企业集团内部利益分配要具有不同的比例结构，在企业集团开始兴办的过程中，不宜过多地占有利润，以免损伤企业的积极性。从结构利益最优的原则考虑，就是要从实际出发，根据不同时期和不同条件进行多种因素的分析、比较和判断，合理确定利益分配的最优化的比例关系，促使集团内部企业之间实现合理结合、协调发展。

## 二、运用科学的方法合理地进行分配

合理的分配原则和认识，要通过具体的分配方法来实现。目前，在我国企业集团中，已由单一的生产资料组合方式决定利润分配结构过渡到了多元化的生产要素组合方式决定利润分配结构。利润分配结构的多元化，决定了利润分配方式的多样化。由于企业集团的类型、规模参差不齐，不可能也不应该形成统一的分配模式和分配格局。各种企业群体和企业集团究竟采用哪种方法比较合理，应本着具体问题具体解决的原则，来决定采用以下几种分配方法：

### （一）四种报酬的分配方式

投资报酬：一般是指资金联合的企业群体和企业集团内部的分配方式。为克服资金短缺的困难，参加联合各方以资金作媒介，互相协助，提供支持，相互之间的分配是根据投资多寡与效益高低进行的，报酬多用利息和盈亏分成的办法解决。

产品转让报酬：在企业群体和企业集团内部，有的企业为了集中力量更新产品，而将自己原先畅销的产品转让给协作厂来生产。这里包括给协作厂提供技术资料、派技术人员现场指导以及提供产品的商标牌子等。根据双方共同商定的协议，这些企业可以取得一定数量的产品转让费。

劳务技术协作报酬：在企业群体和企业集团内部，有少数企业用劳务技术协作的办法来弥补企业资金的不足、技术力量的薄弱以及原材料的短缺等困难，而对方可以用资金和实物以及技术提供为报酬。这样就形成了以固定原材料供应的办法作报酬的方式。

技术转让报酬：是指企业集团内部的技术协作所应采取的分配方式。接受技术的企业应按一定的数量和方式支付给对方有关提供工艺、图纸等技术资料，派技工进行指导的技术转让费。

### （二）内部协作价格

所谓内部协作价格，就是依据内部价格一次结算，自负盈亏，也可称为内部结算价格。在实践中内部结算价格的制定有三种做法：①按现行的出厂价格作内部结算价格，这种方法虽然省事，但在我国价格和价值严重背离的情况下，势必造成收入和贡献相背离的苦乐不均，造成现行价格和专业化分工的尖锐矛盾。有的企业就会因为怕吃亏而不愿加入这种企业集团，集团企业就不能巩固。②以实际成本作为内部结算价格，利润全部反映到集团。这种方法在条件不具备的情况下，容易造成新的“大锅饭”，成员企业不再关心赢利，而且没有利润后，资金就没有调剂余地。③计划成本加上按平均利润率计算的内部结算价格。平均利润率又分为资金利润率、成本利润率、工资利润率几种，各有长短利弊。资金利润率受资产多少影响太大，成本利润率受原材料价格影响也很大，工资利润率避免了上述缺点，但受职工人数和工资高低的影响，当然可以用定员管理加以控制和调整，这种方法比较合理。究竟采用哪种利润率，应根据企业集团的特点，由各成员企业协商确定。当然，内部结算价格不是固定不变的，可以随着成本的降低适当进行调整，但为了不挫伤企业降低成本的积极性，要将几年的成本计划降低的幅度搞个“三年早知道”，提前一次确定，鼓励企业拿超额利润，使企业有奔头。

### （三）一次分配法和二次分配法

第一次分配：又叫“还本”，即“目标成本”“计划成本”。计划成本的制订，必须既具先进性又切实可行，这是企业经过努力可以达到的目标。在制订计划成本时，需要确保销售价格具有市场竞争能力，这是核定计划成本的决定因素。根据这个价格，要核定计划成本控制的水平，企业经过努力能达到的水平，外购件价格的控制，坚持同一种部件等质等价的原则。在具体做法上，先求出总的目标成本，然后再根据总装、零部件前一年的平均先进消耗水平，按当年的计划产量，按工序计算材料、工时、费用的消耗，得出每个零部件及总装的计划成本。目标成本一经制定就应严格执行，各配套协作厂交给企业集团（总装厂）的产品，一手交货，一手付款，各成员企业盈亏自负。这种分配方法，实施的关键在于配件价格的确定。价格 = 社会平均成本 + 合理利润。其中，价格的下限为：龙头企业购买成员企业零部件的价格≤购买非集团成员企业产品的价格 + 运输费用 - 购买集团成员产品的运费；价格的下限为：集团成员企业提供给龙头企业的零部件价格≥提供给非集团成员企业的零部件价格。因此，零部件的价格可以在上下限之间浮动，并根据原材料价格的变动情况和市场的竞争程度定期修正调整。

第二次分配：又叫“分红”，即利润分成。它是以最终产品销售的收入扣除目标成本的余额，或说是利润作为分配基金，按各成员企业提供的协作件的目标成本值占最终产品目标成本值的比例来分配。即按各成员企业提供零部件和装配件的价格在总成本中所占的比例，对产品的净盈利率进行再分配，使成员企业在第一次分配的基础上，再获得应得的利益。其计算公式如下：

第二次分配利润总额为 M

$$M = 销售收入 - 计划成本 - 销售税金 - 上级管理费 - 共同费用$$

按照该零件成本在产品自制件总成本中的比重，进行分利，其公式如下：

某零件生产厂部分利润为 M

$$M = 总利润 \times \frac{该零件计划成本}{各自制件成本之和}$$

两次分配的办法具有十分积极的意义，改变了各成员企业对最终产品和收益漠不关心的态度，解决了成员企业之间为自身利益在协作价上讨价还价的问题，促使各成员企业眼睛向内，努力挖掘潜力，避免了集团企业吃“大锅饭”的现象，起到了鼓励先进、鞭策后进的作用。

### （四）利润分配法

对于紧密型的企业集团，其分配形式应由集团统一规定。紧密型企业集团中龙头企业的利润总额，等于集团利润总额扣除国家税利和协作成员企业应得部分后的余额。这部分利润按国家规定应分为三部分：生产发展基金应由龙头企业统一掌握，根据集团的长远规划、各成员企业的生产技术装备状况和生产能力分配使用；福利基金的大部分应由龙头企业掌握，用于职工生活福利设施和其他支出，其余部分应根据各成员企业的需要进行分配或奖励效益好的企业；对于奖励基金的分配，龙头企业应按照各成员企业的产品质量标准，产量定额、零部件目标成本等各项指标的完成情况，并考虑各成员企业中工人的劳动强度和安全卫生条件等，进行必要的修正，合理确定奖金总额和分配比例，切忌采取按职工人数平均分配的方法。

### （五）级差效益分配法

这是根据级差效益原理，对企业集团的利益分配关系进行优化，以增强企业集团的凝聚力的分配法，是一种合理可行的方法。所谓级差效益，是指在进行工业生产时，投入等量劳动会有不同的生产率，从而使各种条件较好的企业获得的一种超额收入。其中，由于产品技术难度、劳动强度、资产密度程度的不同以及原材料价格的高低等客观条件所造成的超额收入，称为级差效益第一形态；由于经营管理水平的高低等主观因素所形成的超额收入，称为级差效益的第二形态。运用级差效益的原理，就是要合理区分级差效益的两种形态，并实行不同的利益分配方法。对级差效益第一形态，可利用集团内部协作价进行合理的调整和分配，即对技术难度高、劳动强度大，或原材料价格波动频繁的产品和零部件，以及资金密集度低的企业，在定价时给予适当补偿，相对平抑物化劳动创利润与活劳动创利率之间的矛盾和差别，使各企业的赢利条件趋于平等，调动集团各成员企业的积极性。对级差效益第二形态，则全部归各企业所有，集团内部互不调剂，以鼓励集团各成员加强管理，降低消耗，提高质量并在集团内部形成比质量、比管理的竞争局面。

### （六）按股分红承担亏损分配法

对于实行股份制的企业集团，对股东坚持按股分红、按股承担亏损的原则进行分配。股份制集团的可分配的利润，是利润总额减去应交纳的所得税及应提取的各项基金后的余额。在实行税、利并存的前提下，按先保、后留、再分的顺序进行分配，以确保国家财政收入。即集团先缴纳所得税，在剩余部分中集团提留公积金、公益金、后备金后，再按股分红。而分配数额大小由集团董事会决定，既可以多分配，也可以少分配，还可以不分配。为了稳健起见，集团最好不要将可分配的利润全部分光。集团可在赢利较高的年度中，多留一部分利润不予分配，以备利润较少年度进行分配。过去年度未分配的利润，可与本年度的利润合并分配。股利分配方法，在发行股票的情况下，按确定的股息率分配；在不发行股票的情况下，按各方投资比例分配。

# 论横向经济联合体的法律地位

横向经济联合是我国经济生活中的新事物，是对原有封闭式的、纵向的行政手段管理的经济体制的重大突破，是建设具有中国特色的社会主义经济的必由之路。当前在全国范围内，多渠道、多层次、多形式的横向经济联合网络正以强大的生命力迅猛发展。及时探讨和解决横向经济联合体的法律地位问题，对于运用经济法制促进和保障横向经济联合深入、持久、健康地发展，具有十分重要的理论和实践意义。

## 一

所谓横向经济联合体的法律地位，就是指国家通过法律形式，确定经济联合体的性质、权利、义务和作用，也可以理解为经济联合体在社会经济生活中所处地位的法律表现。已颁布的《中华人民共和国民法通则》是把企业之间的联合用联营法律关系加以规定的。国务院《关于推动经济联合的暂行规定》和《关于进一步推动横向经济联合若干问题的规定》指出“走联合之路，组织各种形式的经济联合体，是经济体制改革的重要内容”，并对横向经济联合的原则、目标、基本形式、维护横向联合组织合法权益等问题都作了规定。国家工商行政管理局和财政部也紧接着颁发了《经济联合组织登记管理暂行办法》和《关于促进经济联合体若干税收问题的暂行办法》等，这些经济法规为推动横向经济联合提供了法律依据。

而横向经济联合的产生与发展，则是社会主义商品经济发展的必然产物。商品经济是随着交换的发展而发展起来的，而要进行交换就必然要发生横向经济联系，因为一切商品活动都不是自己的或一个群体内部的事情，都是要与别人或另一个群体发生的经济联系，这种经济联系当然不是纵向的而是横向的。随着商品生产的发展，社会分工越发达，专业化程度越高，商品交换的范围和规模也越扩大，单位之间和地区之间的横向经济联合也越需要加强，横向经济联系的不断增强就促成了经济的联合。另一方面，企业是相对独立的商品生产的经营者，为了在商品生产的竞争中取得成功，必然要不断开发新产品的新品种，提高产品质量，降低成本，而要达到这个目的，除了采用新技术、新工艺、新的生产和管理方法等手段外，还要发展横向经济联合。并且，随着竞争的日趋激烈，横向经济联合必然呈现出向更大范围、更大规模、更高层次发展的趋势。所以说横向经济联合是发展有计划商品经济的客观要求，通过经济上的横向联合，把各自的优势集中起来，就能形成新的、更强大的商品生产能力，马克思称之为“协作生产力”。他指出：“许多人在同一生产过程中，或在不同的但互相联系的生产过程中有计划地一起协同劳动，这种劳动形式叫做协作。”列宁更明确指出：“在分散的企业联合为一个辛迪加时就能大大节省，这是经验能告诉我们的，也是一切辛迪加、卡特尔、托拉斯的例子说明了的。”由此可见，发展横向经济联合，主要是在更大范围内联合更多的力量，促进资金、技术、人才、物资、设备、信息与管理方法的合理流动，形成新的生产要素和生产环境，从而也就能够更加充分地发挥人的创造力，更加合理地利用自然力，更加有效地提高全社会创造物质财富的能力。为此，就必须大力发展企业之间的横向经济联合，促进社会主义的商品市场、金融市场、技术市场、劳务市场等形成，促进各种生产要素按照经济合理的方向流动和组合，以便极大地推动社会主义商品经济新体制的建立和运行。

目前，横向经济联合迅猛发展，出现了多渠道、多层次、多无式的横向经济联合网络，横向经济联合是相对于我国原来的纵向行政手段为主的经济联合而言的。所谓纵向，就是指国家各级经济管理机关与所属的经济组织之间的关系，即通常所说的中央、地方和企业之间的纵向关系，这种纵向关系一般表现为一种权力隶属关系，因而多运用行政手段干预企业的生产经营活动。这就严重束缚了企业的生产经营的积极性。而横向经济联合是由商品经济的发展而产生的一种内在的必然的经济联系和组织形式，这种联合一般是指从事生产经营和科研活动的企业、事业单位和部门之间，依据共同商定的契约，为完成一定的经济目标而共同采取的一种经济组织形式，这种联合是在根本利益一致的基础上在商品生产、商品交换的活动中形成的分工与协作关系。

有人把横向经济联合体说成是联营，这是不确切的。因为所谓联营是企事业单位之间联合经营的意思，而横向经济联合是个广泛的概念，从内涵和外延上都比联营大得多。确切地说，联营是横向经济联合的一种主要形式。

从当前横向经济联合的实际情况来看，由于各种形式的联合在内容上多是相互交叉的，因此，只能从各种不同的角度来分析和确定这些联合体的基本形式。按不同层次划分，一是区域之间的联合，即地区之间、城市之间、城乡之间的联合；二是企业之间的联合；三是企业、事业之间的联合，和企业同科研机构、大专院校之间的联合。在这三种联合的形式中，企业之间的联合是横向经济联合基本的、主要的形式，是今后发展的重点。从企业之间的联合来看，又有这些主要形式：①从生产部门来看，有工、农、商、贸企业，军工与民用企业，各种运输、服务企业同行业或跨行业之间的联合；②从企业生产资料所有制性质来看，有全民、集体、联合体、个体、中外合资企业之间的联合；③从生产和流通过程来看，有产供、产销、产供销之间的联合；④从生产和经营要素来看，有资源、设备、资金、物质、技术、人才、劳务信息等方面的联合；⑤从经济联合组织内部管理形式来看，有紧密的、半紧密的、松散的，还有联合投资的联合等。通过这些形式的联合，逐步形成新型的经济联合组织，发展了一批企业群体或企业集团，这些企业群体，大致可以分为以下五种类型：

（1）生产型群体。主要是由若干有内在经济联系的生产企业，为迅速提高产品的市场覆盖率和竞争能力而组织起来的，这类群体目前主要有五种不同具体形式：一是整体与零部件之间的协作关系，二是生产上的前后道工艺性协作关系，三是原材料生产与深度加工及综合利用关系，四是半成品加工与最终制成品的协作关系，五是统一商标下的产品专业分工联系。这些群体是以骨干企业（总厂）一配套企业（分厂）一协作企业（相对稳定的协作点）相联系这三个层次的生产联合体为基本形式的。参加这类群体的企业，一般仍保持原有的独立法人地位，但在生产和销售上已部分失去了独立性。

（2）产供型群体。它是以骨干企业所需要的原材料、能源、零配件为纽带而结成的供应与生产的联合体，采取这种方式的联合，既是为了保证骨干企业有足够的原材料、能源、零配件的供应，也是为了解决协作企业产品的出路问题。这种联合形式，大多在加工工业与原材料基地之间和以组装为主的企业与零部件供应厂之间进行。这种联合群体有利于解决骨干厂与协作厂供和销之间的矛盾，从而有利于稳定企业的生产秩序，集中力量加强生产中其他环节的经营管理。

（3）销售型群体。主要是由生产同类产品的企业，为了共同销售商品和统一组织原材料而成立的经济联合组织，参加的企业在生产上和法律上仍保持自己的独立性，但在商品销售上也失去了相对的独立地位，大部分已不再直接与市场发生联系。

（4）生产经营开发型群体。它是以产品的经营销售为纽带而结成的联合体，包括生产企业与生产企业在销售上的联合和生产企业与商业企业的联合，这种联合体的目的在于使生产企业获得稳定的销售市场，使商业企业获得稳定的货源，使联合成员在统一开发产品和经营服务等方面的功能更强，是联合范围更为广泛的复合型群体组织，它已成为当前的主要形式。

（5）生产科研型群体。它是以企业技术进步为目标，产品开发为先导，由企业与科研单位、大专院校组成的联合体，在联合过程中，生产企业及时向科研单位提供信息和要求，科研单位则根据企业提供的信息和要求，积极研制先进的产品、工艺和原材料，帮助生产企业提高机械化、自动化水平，以及围绕引进技术的消化、吸收、改造、创新进行服务，这种形式的联合有利于科研和生产密切配合，相互促进。

新型企业群体的基本形式，除按上述产、供、销等生产环节来划分外，还可以从其他角度进行分类。从生产要素来看，有资金、技术、物资和劳务等方面的联合，也有跨行业、跨部门、跨地区的联合；从部门性质来看，还可以分为工工、工农、工商、工贸、工运、工研的联合等。企业群体发展灵活，形式多样，有显著成效的是常州市企业群体集团、湛江市家用电器工业公司、上海自行车行业“永久”“凤凰”联合集团。在实践中不管是哪种形式的企业群体都不是孤立存在的，而是相互交织、互相结合的，很难说企业群体有什么统一的固定的模式。随着经济形势的发展，企业群体正由单一型成为复合型，朝着立体式、全方位、大跨度、多元化、专业化的方向发展。

发展横向联合加强了经济技术协作，随着企业群体的发展，又出现了城市联合群体。它是以几个中心城市为龙头，运用各自的优势在经济、技术、人才、资金、资源以及引进外资和出口产品等方面广泛开展协作，由其辐射面的城市及乡村所形成的协作区，或称协作带、协作圈，如以沪宁线为纽带的上海、南京、苏州、无锡、常州等带状城市的联合，长沙、湘潭、株洲等城市的联合。城市群体的发展约有三个阶段：一是初级阶段，开始联系，共同商讨关心的问题，拿出一定的步骤和政策，但还没进入实质性的行动，如苏鲁豫皖接壤地区、渤海地区；二是中级阶段，除定期研究，已开始行动，主要是产前的协作，进行物资和信息的协作，如苏锡常地区、东北三省的经济协作区；三是高级阶段，在调整生产结构、多龙头互相配合及各地集中资金共同开发待开发地区两个方面开始进行协作，如辽中辽南地区、西南四省五方协作区等。层出不穷的区域性经济联合体的崛起，标志着我国经济体制改革和商品经济的发展进入了一个新的历史时期。

此外，还有城乡经济联合体。它主要以城市为中心，以骨干企业为依托，向郊区辐射，形成了横向经济联系网络。这种形式在全国各大中城市大量出现，发展很快，如武汉市1995年年底城区企业与郊县已建立各种经济联合体557个，向郊县扩散322种产品，实现产值2亿元，加快了城乡经济一体化的发展步伐，有力地推动了城乡经济的协调发展，促进了农村产业结构的调整。

## 二

上述各种经济联合群体的法律地位，是由经济联合体的属性和生命力决定的，各类经济联合体既然是经济生活中出现的新事物，就必然具有强大的生命力。各种经济联合群体，不仅可以通过生产要素的交流和重新组合，形成新的生产力，提高经济效益，而且它们的发展必然要触动和改革生产关系和上层建筑中那些不适应生产力发展的部分和环节，推动经济体制改革的深入发展。实践证明，横向经济联合是“商品生产的加速器，城市改革的推进器，技术进步的催化剂，工业结构的调节器，市带县体制的助力器”。它已经显示出巨大的优越性和顽强的生命力，既然横向经济联合是形成新的生产力、推进社会主义商品经济大发展的强大动力，就应给它以应有的法律地位。

孟玉把横向经济联合看作是暂时的经济状态，认为经济联合体的法律关系只需分别由公司法、合伙组织法或经济合同法来调整，这是不确切的。我们知道，横向经济联合是商品经济的产物，是随着商品经济发展而发展的。企业联合和区域性的协作是现代经济发展的基本特征，不同区域、不同利益者之间相互竞争，又在某些共同利益的基础上形成新的力量的组合，这在现代世界经济和当代中国经济的发展中，都是不可逆转的大趋势。国际上的经济联合，不仅表现在发达国家之间，如欧洲共同体，也表现在不发达国家之间，如阿拉伯联盟、东南亚联盟，以及发达国家与发展中国家之间的联合与协作，如经互会，东盟六国与美、日、加、澳、新加坡五国的合作。我国有计划商品经济的确立和蓬勃发展，也架起了跨省区的区域性经济联合与协作的桥梁，区域经济的联合开发、共同发展的格局已日趋明显。确切地说，经济联合体在我国发展前途无量，从小型到大型的联合经济将逐渐成为社会主义的主要经济形式，将来还要过渡到共产主义社会的“自由人联合体”。既然横向经济联合是社会主义经济的长期形态，我们就应当制定经济联合的基本法来调整这种经济关系。苏联、南斯拉夫、美国、日本对经济联合体都颁布专门法规。当然目前我国制定这种法规的主客观条件还不太成熟，特别是横向经济联合本身也有个不断充实和完善的过程，当前以有关法律规范进行调整，待条件成熟时再制定全国统一的企业联合法或经济联合法，把各种经济联合体的形式、性质、权利、义务用法律形式固定下来，运用法律手段来保障经济联合在我国深入、持久、健康地发展。

围绕横向经济联合体的法律地位应明确如下五个问题：

### （一）规定不同类型经济联合体的法律地位

《经济联合组织登记管理暂行办法》不仅划清了登记管理结构范围，而且明确了不同类型、不同程度的经济联合组织的责任形式与地位。

（1）紧密型的经济联合组织：应是从事生产经营或服务业的全面联合，实行人、财、物、产、供、销的"六统一"，具有独立财产、自主经营、统一核算、自负盈亏、独立承担经济责任的经济实体，其资金来源主要是联合成员的投资，应在章程中作出明确规定，联合经济组织凭联合成员各自的财务部门出具的投资证明和开户银行出具的资信证明等有关文件，经所在地政府授权部门批准，向市、县工商行政管理局申请登记注册，经核准登记并领取营业执照，经济联合体方告成立，具有法人资格的法律地位。联营公司对紧密经营的企业实行全面领导，其资产属联营公司，发展规划、生产计划、经营管理、新产品开发、工厂的技术改造与建设及人事任免、财政金融、会计核算、物资供应、产品销售等均由联营公司统一下达、管理和考核。这种联营，改变了企业原有的隶属关系和财政物资渠道，是高级型的联合组织。

（2）半紧密型的经济联合组织：联合各方在联合经营业务范围内，依据合同、协议，以各自所有或者经营管理的财产，承担连带的责任。在章程中作出明确规定，联合经济组织凭联合成员各自的财务部门出具的承担连带经济责任的证明等有关文件，经所在地政府授权部门批准，向市、县工商行政管理局申请登记，根据其合同协议的期限，经核准发给注明有效期限的营业执照，但应在营业执照"注册资金"栏内注明"联合成员承担连带责任的资金总额"是非独立核算的经济联合体，实行"三不变""四统一"，即所有制性质不变，隶属关系不变，财政物资渠道不变；产品方向统一，规划改造统一，生产计划统一，经营管理统一。生产、技术、经营基本上由公司领导，与联营公司建立比较密切、稳定的关系。从法律地位上来说，它不是经济权利的主体，不具备法人条件，而是着眼于生产经营的全面合作、共同经营，是中级型的联合组织。

（3）松散型的经济联合组织：由于不对外开展生产经营活动，暂不领取营业执照，对这类联合经济组织，采取登记备案手续，并同意刻制公章，以便对外开展联系活动，对内进行组织、协调、服务等活动，暂不登记发照，联营公司与这些厂保持比较稳定的定点协作生产或供需关系，对其生产的产品提供技术咨询、产品鉴定、技术和质量检查、生产的发展规划，而联营厂严格按照协议或合同的规定承担义务，保质保量完成协作任务。这种松散型联合的法律地位，是专业协作、扩散经营，是着重于某一种产品生产协作的经营组织，是低级型的联合组织。

对没有形成经济实体的半紧密型和松散型的经济联合组织，虽都不是独立的法人，但由于明确了参加联合的各方必须根据合同协议，以各自所有的或者经营管理的财产，承担连带责任。对松散型的经济联合组织，虽暂不领取营业执照，但可以登记备案，所以也都取得了经济联合组织的名义开展生产经营或服务性业务的权利，这样规定有利于保障经济联合体的发展。

（4）合股集资型的经济联合组织：合股集资经营就是把分散的社会资金通过合股形式集中起来。一般由地方行政或主管部门牵头，成立投资公司，发行股票，由国有、集体单位和群众购买股票，集资经营；有些是国有企业向内部职工招股集资扩大生产规模；有些是国有企业与专业户合股集资联营；还有些是以行政部门牵头，在较大范围内群众招股或乡镇企业与农民合股，组成新的联合企业。凡以资金合股的，是按股付息分红；如以劳力或技术合作的，则按劳分配。合股或扩股集资经营一般仍保留原来企业的法人地位，仅是变革资本额和经营范围，如合股集资成立新的经济联合体，须经工商行政管理部门核准，领取营业执照，具有法人资格的法律地位，是一种高级的新型的联合组织。

（5）协调型区域经济联合体：是以中心城市为纽带，结成城市与城市、城市与郊县，或跨省（区）市之间采用。这有多种模式：①规划协调式；②局部渗透式；③物资经济协作式；④城市群体式；⑤以工业基地为依托式；⑥经济区式等发展地区经济联合体。联合与协作的范围已经由经济领域发展到社会生活的各个方面，协调的程度则从单一的、局部的、松散的协作向全面的、综合的、更加紧密的联合与协作方向发展。虽然它们之间的经济协调组织，不是一级行政机构，但由于是政府之间的联合，实际上是以权为后盾的法人之间的联合，有权通过制定适合区域的特殊政策，组织、协调、监督、控制、检查，以促进区域经济联合向纵深、合理方向发展，这种是高层次的区域经济联合体。

### （二）横向经济联合的主体范围

把横向经济联合法律关系的主体，规定为企业和事业单位，而且事业单位的范围仅局限于科研机构、设计机构、高等院校等。如是联合经营，限制它的主体范围是应该考虑的，但由于是广义的横向经济联合，限制参与主体范围，那就会影响、阻碍横向经济联合的深入发展。事实上，在联合的实践中，参与联合法律关系的主体，有国有企业、集体企业、个体企业，有中外合资企业，有各种事业单位，还有机关法人、部队、学校以及农民、专业户、公民个人等，它们在商品生产中必然要发生联合，只有鼓励它们参加联合，才能使多渠道、多层次的横向经济联合广泛深入地发展。

### （三）经济联合体的性质

联合体的经济性质是由生产资料所有制决定的。从实践上看，联合经济组织的生产资料所有制，出现了五种情况：①基本保持企业原有的公有制性质，如投资各方均是国有企业或职工入股投资金额只占企业生产资金总额的40%，都并没有改变其国有企业的性质，可以核定为全民联营。②基本保持企业原有集体所有制性质，如投资各方均是乡镇集体企业或集体单位股金占60%，国有企业、农民、职工股金只占40%，都并没有改变其集体经济的性质，可核定为集体联营。③保持联合各方原有所有制性质，如联合各方的股金，国有单位占50%，集体单位同样占50%，其企业性质不变，可核定为全民与集体联营。④由国有企业改变为合作企业，如原属乡镇国有企业，合股集资后，原国有企业股金只占40%，而职工、农民、个体户等私人股金却占60%，但生产资料的经营权由联合体支配，实行经济上的共融，这就基本上把国有企业的性质改变为集体所有的合作经济性质。⑤合股集资成立的新经济联合体一般属于合作经济性质的企业，但要作具体分析。对于国有单位、集体单位与个人合股集资经营的企业，如国有单位的股金占主要比例，基本上是国有性质的、多种经济成分并存的企业；如国有单位的股金不占主要比例，则属于合作经济性质的企业。至于集体单位之间、集体单位与个人或个人之间合股集资经营共负盈亏的新经济联合体，则都是属于合作经济性质的企业。至于个体经营户之间所组成的紧密型经济联合体，开始其生产资料虽然归个别劳动者筹集，但一旦它们因共同利益的需要自愿地联合起来，那么，就会实现生产上、经营上的融合，其生产资料将为联合体共同占有、共同支配，因此，它既不是私有制经济，也不是原来意义上的个体所有制经济，而是转化为亚集体所有制。

由于现有经济联合组织大多数都是由不同经济成分的企业交叉组合而成的（包括区域

经济联合体），联合体中全民所有制的集体所有制占主导地位，都属于公有制的联合，是社会主义性质的，是社会主义公有制的一种形式，这种联合经济反映了社会主义经济的基本特征，是社会主义经济的组成部分。

**（四）联合组织要实行科学和民主管理**

经济联合组织这个层次的领导体制和组织形式，由联合组织成员共同商定。紧密联合型、半紧密联合型、松散联合型、混合方式联合型、区域协调联合型等不同类型的联合体，以及同一类型的不同情况的联合组织，领导体制和组织形式可以有所不同，一般情况下，可由联合组织成员参加组成联合体董事会、理事会、管理委员会或协调会。联合组织的负责人、一般由牵头单位或“龙头厂”的代表担任，也可以轮流担任。联合组织的章程，是由参加联合的单位平等协商制定的，这是联合组织的基本准则，参加联合的各方都必须共同遵守。在联合组织内部，要正确处理集中与分散的关系，既不宜实行高度集中，也应注意防止过分分散。在管理方法上应改变单纯靠行政手段来控制的方法，学会运用经济方法、法律办法，并辅以必要的行政手段相结合来管理经济联合，以适应市场经济的发展。

**（五）运用法制，维护联合组织的自主、合法权益**

按不同程度联合的经济联合体取得不同类型的法律地位，都享有一定的权利和义务，它们通过合法经营取得经济效益，不仅是联合组织的合法权益，而且是参加联合的各方应该获得的合法权益。这些经济利益，包括本金、利息、利润、产品、外汇分成等，都必须依法得到保护。社会各方面，特别是企业各级主管部门，用各种方式任意侵占、破坏，或者查封、扣押、冻结、没收，都是对联合组织合法权益的侵犯，都是违反法律的行为，都应受到法律的干预或制裁。保障这些合法权益，不仅关系到经济联合组织的兴衰存亡，而且直接影响到今后企业联合能否发展。所以，尊重和维护企业联合的自主权，保障经济联合组织的合法权益，是企业之间横向经济联合得以健康发展的重要条件。

联合各方如有不履行章程、合同、协议或在执行中发生纠纷时，属于行政管理方面的，由所在地的主管部门协调解决；协调不了的，在省范围内的由省有关部门协调解决，跨省、跨部门的由国务院有关部门协调解决。各级主管部门不应从本位利益出发，偏护一方，损害一方，要耐心协调，妥善解决。如协调不能解决的，参加联合的企业以及经济联合组织可以要求工商行政管理机关仲裁，或依法向法院起诉，由法院裁决，这也是推动经济联合健康发展的一个重要方面。

## 三

明确横向经济联合体的法律地位，对于促使横向经济联合在我国深入持久健康地发展，具有重要实践意义。明确了其法律地位，还必须采取切实有效的措施，维护横向经济联合体的法律地位。

**（一）思想上要疏通**

当前发展横向经济联合存在着两方面的阻力。一方面，是思想认识上的阻力。有些部门、企业和少数领导思想不够解放，对发展横向经济联合的重大意义缺乏足够的认识，顾虑重重，一怕麻烦，二怕政策多变，三怕行政干预过多，四怕被人吃掉，五怕多劳不多得，六怕优势向外扩散，肥水流入外人田。这六怕是进一步发展横向经济联合的障碍。因此，对发展横向经济联合，需要大力宣传、大力提倡，把人们的思想观念从僵化的计划产品经济模式中解放出来，消除顾虑，增强信心，当企业横向经济联合的促进派。

另一方面，是经济管理体制上的阻力。条块分割和行政干预是当前发展横向经济联合的最主要的阻力。例如，从狭隘的地区、部门观念出发，限制企业对外联合；对企业联合申请不予批准，限制资金、原料外流，不允许把优势产品向外扩散；卡住关键技术不让转移，担心形成竞争对手；变相对企业摊派集资，把企业用于联合发展的资金，变为扩大建设规模的基建费用；不认真帮助企业严格履行协作合同和协作项目，反而拆台毁约。凡此种种，对于经济技术协作的进一步发展，无疑都是障碍，这些障碍主要是来自中间一层即主管局和公司。横向联合现在的情况是上面有积极性，下面有积极性，中间一层缺少积极性。由于中间层既截留企业的权力，又阻碍企业的联合，上面和下面的两个积极性就难以发挥。特别是基层企业，已经没有力量跨过“高栏”，突破障碍，不从体制上冲破这股阻力，企业间横向经济联合就难以顺利发展。为此，必须对那些设置障碍、阻碍企业联合的公司（主管局）进行整顿。在整顿公司的过程中，应当把能否促进企业联合，作为公司能否存在的一个重要标准，如果公司设置的阻碍不能拆除，那么就只有取消公司，解放企业。

### （二）原则必须坚持

联合要联心，要建立在平等、自愿、互利、共同发展的原则基础上。我们的横向经济联合，不同于资本主义中的弱肉强食、企业兼并，而是企业之间的社会主义大协作。通过携手合作，取长补短，互相支持，求得共同发展。因此，要端正指导思想，抓横向联合不要一哄而起，也不要捏合。联合要健康发展，最重要的是必须维护企业的自主权，它是企业之间自主的联合、平等的联合、互利的联合。企业在横向经济联合中必须有自主决策的权利，经济联合的形式、内容、时间、范围、方式等，应当由企业根据各自的实际情况和自身经济利益，通过民主协商，自主决定，不受来自行政领导的干预，不屈从于任何权力的强制。企业在横向经济联合中享有平等的权利，不论是大厂还是小厂，全民所有制还有集体所有制，中央所属厂还是地方所有厂，都处于平等的地位；联合体内部的有关事项及决策，应进行民主协商；生产、流通等各个领域的协作与合作，要用经济方法去处理；发生纠纷，要用法律办法去解决。

平等自愿与互惠互利两者是互为依存的，平等自愿是企业之间联合的基础和前提，互惠互利是联合发展的核心，所谓互惠互利，就是实行利益均沾，照顾参与联合的各个企业的利益。事实上，企业参加联合体既要谋求整体的共同利益，又要谋求各自的经济利益。所以，应当正确处理好经济联合体与成员个体以及成员个体相互间的关系，帮助参加联合的各方正确认识自己的长处和不足，选择最佳的联合伙伴和最佳的联合方案，同时照顾联合各方的利益，使经济联合体的成员都能获益。联合各方要做到互惠互利，重点要处理好三个关系：一是主体厂与配套厂的关系，主体厂掌握着产品的关键环节，在联合中要充分注意不损害配套厂的利益，并尽可能扶植配套厂的发展，配套厂也不能全部依赖主体厂，或翅膀硬了想单干；二是地方、部门之间的利益分配关系，要做到参加联合体的各方都有好处，特别是照顾地方的利益；三是眼前利益与长远发展的关系，既要考虑眼前的困难，做到同舟共济，又要考虑长远的发展目标，增强经济联合体自我改造、自我发展的能力。

### （三）宏观管理上加强指导

横向经济联合是一项极其深刻的社会经济的伟大变革，它不仅关系到我国经济体制、经济结构的变革，也包括产业结构的变革，它既关系到生产关系方面的变革，也包括社会生产力的变革，这种领域广泛的变革，在客观上就要求加强宏观管理和指导。加强宏观管理和指导，就不能放任自流。政府主管部门在企业横向联合中虽不能搞“捏合”，但不等于无事可做。实际上，企业在横向联合协作中会遇到许多问题，有的联合双方可以解决，有的需要领导部门帮助解决，有的则只能由有关部门予以解决。因此，政府主管部门需要做好协调服务工作：如发挥有关综合经济管理部门掌握信息、情报多的长处，为企业提供联合协作方面的信息，供企业决策服务；利用经济管理部门的超脱地位为联合双方牵线搭桥，搞好示范引导、协调、平衡各方面的关系，发现问题及时帮助解决，起排忧解难的作用。在协调服务工作中行政干预一定要少，要运用经济杠杆进行引导，用经济政策调动企业进行联合协作的积极性。对于横向经济联合的重大决策，必须按照国家宏观经济发展的要求，进行可行性的论证，使经济横向联合的发展具有计划性、科学性和可行性。

加强对横向经济联合的管理和指导，还要有总量控制，就是说要考虑到社会总需求和总供给的基本平衡，同时也要有结构控制，这就是要建立起合理的经济结构、产业结构和产品结构。因此，在发展横向经济联合中，就要通过加强宏观管理和指导，搞好行业、地区规划，避免盲目性。这里，一方面，要鼓励联合开发能源、增强原材料生产和资源的综合利用，又要联合发展交通运输业，联合增产市场短缺产品，特别是要鼓励工贸、农贸联合增加出口和顶替进口产品的生产，为国家多创外汇和节约外汇；另一方面，要限制长线的产品生产，限制工艺技术落后、消耗高、质量差的产品生产的发展，只有这样，我们的横向经济联合才能沿着国民经济有计划、按比例发展的轨道，起到促进产业结构调整和地区分布合理化、提高社会经济效益的作用。

### （四）政策上有扶植

（1）在信贷方面：经对当地工商行政管理部门登记注册、独立核算的经济联合体，无论是实行统一核算的，还是不实行统一核算的企业，或者是跨地区、跨部门的经济联合体，按规定在开立结算户和专用基金存款户等方面提供方便条件。在信贷政策上应按照“区别对待、择优扶植”的原则，优先向经济联合组织提供各项流动资金贷款和固定资产贷款。经济联合体生产名优产品，贷款上要优先，利率上要优惠，还款上要放宽。凡获国家金、银质奖产品所需的流动资金，利率下浮 20%；获得部、省优质的产品，利率下浮 10%；为发展名优产品进行技术改造、自筹资金不足的，可申请贴息贷款。

银行还应采用多种信用形式，如补偿贸易贷款、卖方信贷、买方信贷、金融租赁和委托放款等，积极支持企业跨地区、跨部门的横向经济联系和协作所需的流动资金，要按贷款政策，积极给予支持；所需的固定资产贷款要纳入固定资产贷款规模。同时，要大力推广商业票据，经济联合体签发的商业票据经付款企业或有关银行承兑后，可以在本地区，也可以跨地区向工商银行办理贴现和抵押放款业务。

按照规定，实行统一核算的经济联合体，原则上应有30%的自由流动资金。但由于种种原因，有些经济联合体的自由流动资金一时达不到这个比例，而其所生产的产品又确实是市场适销对路，有出口创汇能力，经济效益好。对这些组织，银行可以发放特种贷款给予支持。同时，还可以经人民银行批准，帮助经济联合组织向社会发行债务，采取代理发行、承购包销等方式，积极协助经济联合体扩大资金来源。有条件的银行，还可以开办债券转让、贴现或抵押放款等业务，以促进资金市场的逐步形成。

（2）在物资供应方面：物资管理部门要促进横向经济联合，逐步扩大和发展生产资料市场，中心城市要办好物资贸易中心，吸收生产、物资、商业、外贸企业参加，积极开设物资协作、串换，搞活物资流通。经济联合体内部自产自销属于国家计划分配的原材料，由参加联合组织的企业的主管部门或所在地区划转分配指标，经主管订货部门的平衡安排后，可由企业直接自供。大宗经济协作物资，都要经过有关部门的综合平衡，纳入运输计划。经济联合体生产名特优新产品所需主要原材料，除计划分配外，物资部门应优先供应；经济联合体增加的产品，除国家有特殊规定以外，凡不属于国家投资和计划供应原材料的，由企业自行销售。企业从联合中分得的产品和节约的能源、原材料、物资部门不扣减分配指标。高能耗产品转移到能源富裕地区生产，不减少给原地区切块分配的能源指标。

（3）在人才劳动工资方面：在经济联合体内应开展技术人才交流，对急需的科技人员，人事劳动部门在调配时应优先予以照顾。凡经济效益显著、长期稳定增长的经济联合体，可将工资总额与经济效益挂钩浮动。

（4）在价格方面：经济联合体内部企业生产的配套产品，可以实行内部结算价（或协作价），价格由经济联合组织内部协商确定，上下浮动，合理调节企业间的利益，在一些以“龙头”产品为中心组建的企业集团中，可以实行内部价格，以此来调节由于价格不合理所带来的分配不合理。

（5）在税收方面：对经济联合组织实现的利润，不论是全民所有制企业或者是集体所有制企业，一律实行“先分后税”的办法，由联合各方按协议规定分配利润，在各自所在地交纳所得税，分得的利润免缴调节税，这些企业的原有利润应继续缴纳调节税。对实行统一核算的经济联合组织，内部各单位之间相互提供的协作产品，不交纳产品税。对外销售的产品交纳产品税，税率要按联合前各单位交纳的税额占对外销售额的比例换算确定。对不实行统一核算的经济联合组织，除烟、酒、化妆品等高税率产品外，可以实行增值税等措施。保证企业不会因为实行横向经济联合和扩大生产协作而增加税收负担，从税收上排除不利于横向联合的因素。

实行必要税收优惠，对联合集资办电，其新增的售电量定期减免产品税；开发新产品减征或免征产品税（增值税）可以专项用于技术开发；企业、单位向能源、交通设施以及“老、少、边、穷”地区投资分得的利润，五年内减半征收所得税；全民所有制企业参加联合分得的利润，免征调节税；企业单位转让技术成果的收入免征营业税，并减免所得税等。这些措施，都是充分运用税收杠杆，促进横向经济联合健康地发展。

原载《中国横向经济》1996年第8期

# 论国家与企业集团的关系

企业集团和国家关系的总体目标，是国家调节市场，市场引导企业。也就是国家运用经济杠杆、经济政策和经济法规等手段，调节市场的供求关系，创造适宜的市场环境，以此引导集团企业正确地进行生产经营活动。在宏观间接调控体系下，国家管理企业集团的职能主要是统筹规划、政策指导、组织协调和监督服务。国家正确行使这些职能，对于促使企业集团健康发展，具有重要的实践意义。

## 一、企业集团不需要“婆婆”，是无级别、无隶属关系的企业

所谓“婆婆”，是指企业集团的行政隶属关系。在我国，每个企业无论大小都得有个“婆婆”，这似乎是天经地义的事情。企业集团要不要有隶属单位，也就是需不需要为自己找个“婆婆”，或者由当地政府有关部门给指定一个“婆婆”？从深化经济体制改革的角度来看，企业集团应该不要“婆婆”，这是我国管理企业传统观念的一大突破，是有它的理论和实践的必要性的。

### （一）企业集团不要“婆婆”，是企业集团自身发展的客观需求

我国各地发展的企业集团，都是以核心企业作为集团的依托，参加集团联营的成员企业之间不存在着下级服从上级的隶属关系，参加企业集团的成员企业协商产生的董事会是企业集团的最高权力机构，由成员企业推选出来的总经理对董事会负责，企业集团的董事长、总经理多半都是推选核心企业的厂长、经理出任，也就是企业集团的董事长、总经理不是上级任命的官员，而是现代企业家——无级别的现代企业的经营管理者。企业家就是企业家，不需要有政府的官阶，不应该再和政府官员画等号。“官”和“家”不分，这是旧体制的产物。企业集团的发展，造就一批不具有官阶的现代企业家，这是我国企业管理人员传统观念的又一大突破。显然，这样的企业集团，就不应该再沿用政企不分的企业模式，干部不应按政府官员享受待遇，也就不需要有归口单位，上面更没有必要有挂靠单位。

### （二）企业集团不要“婆婆”，反映了社会主义市场经济体制的基本要求

市场经济是以市场作为资源配置的基础方式和主要手段的经济。它是一切商品生产发展到社会化大生产阶段所客观必需的资源配置方法，或者说市场经济是发达的商品经济。各个市场活动的主体，通过市场建立彼此之间的经济交往关系，它们按照市场的信息行

动，以盈利为目的，为了获得更多的盈利而竞争，通过竞争优胜劣汰，使资源由效益低的部门流向效益高的部门，从而使稀缺的资源的配置趋于优化。由市场配置资源、调节经济的运行，已被各国的经验证明是有效的、灵活的、效率高的。社会主义市场经济与资本主义市场经济的区别在于所有制基础不同，社会主义市场经济就是在国家的行政管理、政策约束和宏观调控下，在生产资料公有制为主体的条件下，按照市场和市场机制配置资源和调节经济运行方式和经济调节手段。

我国企业集团的发展，正适应社会主义市场经济的需要，企业集团是有利于实现生产要素的优化组合和资源合理配置的有效形式。现代经济要靠规模经济和在全社会范围内实现生产要素的优化组合和资源的合理配置才能发展。企业集团是跨部门、跨地区、跨所有制的组织程度较高的企业联合体。这就使得在更大范围内和更大规模上实现生产要素的优化组合和资源的合理配置成为可能。如北京洗衣机生产长期处于“白兰”“白菊”之间争夺原材料和市场的内耗中，随着市场竞争的加剧，“白兰”陷入困境，之后白兰公司并入雪花电器集团公司后，闲置的生产场地、人员和原材料转移到单门冰箱和开发新产品，由于生产要素和资源配置的合理，很快变被动为主动。企业集团促使生产要素优化组合和合理配置资源的功能在这里得到充分显示。

### （三）企业集团不要“婆婆”，是改善宏观经济管理的有效途径

宏观经济管理的基本要求是，使企业和企业集团成为独立的商品生产者和经营者，国家不直接给企业和企业集团规定具体的投入和产出指标，而是利用法律手段管理企业，借助经济手段引导企业和企业集团，影响企业和企业集团活动的约束条件和环境，使企业和企业集团作出符合宏观调控目标要求的决策。这种间接管理的核心是管理对象不是直接面对企业和企业集团，而是面对市场，然后通过市场间接对企业和企业集团进行管理和调节，管理目标不是按行政系统层层切块直接分解到企业和企业集团，而是分解给财政、银行等控制系统，从控制国家预算收支的平衡、控制货币流通量等入手，保持社会总需求和总供给的基本平衡；管理手段不是行政强制，而是利用经济过程中的内在联系和物质利益关系，自觉利用经济规律及经济机制来调节和控制企业和企业集团的经济活动。

### （四）企业集团不要“婆婆”，体现了改革三项任务内在联系的客观要求

我国经济体制改革的三项任务是：搞活企业和企业集团，建立健全市场体系，实行间接宏观管理。这三个方面的改革是互相联系、互相促进的有机整体。在社会主义市场经济条件下，企业和企业集团是自主经营、自负盈亏的商品生产者和经营者，具有自我改造和自我发展的能力，企业和企业集团的经济行为，由企业和企业集团依据市场的供求关系、价格信号和消费者的要求作出决策。国家作为全社会的经营管理者，主要是制订宏观经济规划，运用财政、金融、税收等政策，运用法律、法规和必要的行政措施，完善和发展统一的市场体系，通过市场把国家宏观经济发展的目标和政策意图传导给企业和企业集团，引导企业和企业集团的生产经营活动和宏观经济目标协调起来，促进社会主义市场经济的发展。总之，企业集团深化改革，是在于使企业集团真正成为自主经营、自负盈亏的独立的商品生产经营者；市场体系的形成和完善，是为企业集团发展创造必需的外部环境；国家管理职能和方式转变，是建立社会主义市场经济运行机制的要求。正确处理改革三项任

务的关系，是确立企业集团和政府新型关系的基础。

## 二、确立国家与企业集团的新型关系

确定国家与企业集团的关系，首先必须研究国家与企业的关系。在我国，国有企业是社会主义的骨干企业，也是各种类型企业集团的中坚力量。因此，研究国家与企业的关系，又主要是研究国家与国有企业的关系。在传统的社会主义经济体制下，国家与国有企业的关系是一种双重经济关系。一方面，国家作为企业资产所有者与国有企业是产权关系；另一方面，国家作为社会经济管理者与国有企业是政企关系。国家与国有企业之间的双重经济关系来源于国家经济职能的双重性。它表明，在社会主义经济运行过程中，国家已不仅仅是作为上层建筑，超脱于社会经济活动之外来行使其宏观调控职能，而且还通过建立国有企业，凭借国有资产所有权，依靠国有企业经营活动影响社会经济活动的整体运行。

随着企业集团的发展，国家与企业集团关系出现三种情况：一是企业集团的成员全都是国有企业。在这种情况下，国家与企业集团之间关系仍然是双重的，所不同的只是由于成员企业之间通过参股、控股，形成了多种新型的国有资产产权关系，使得国家与国有企业的产权关系在企业集团组织中更加复杂化。此外，国家与企业集团的政企关系也发生了一定的变化，国家与单个成员企业除原有的政企关系依然存在外，还形成了国家与按企业集团序列化分工协作方式组成的企业群体间的政企关系。二是企业集团的成员企业全部是非国有企业，在这种情况下，国家与企业集团的关系还是单一的政企关系。这种政企关系如同上一类企业集团一样，构成了“国家—单个成员企业”和“国家—企业群体”的双层结构。三是在企业集团的成员企业中，既有国有企业，也有非国有企业，这类企业集团还可以细分为国有企业为主导或以非国有企业为主导两种类型，但不论哪一种类型企业集团，它们与国家的关系都是双重的，所不同的只是企业集团内部资产的国有化程度，以及随着国有资产在企业集团整体资产规模、结构中所处地位不同，导致国家对企业集团整体资产产权控制的程度不同。至于这类企业集团与国家的政企关系，则与上述两类企业集团完全一样。

### （一）界定国家与企业集团的产权关系

随着企业集团的发展，国家与国有企业的产权关系和国有资产营运方式发生三个方面的变化：

第一，国有资产经营的一体化，是指不同类型国有资产之间以及国有资产与非国有资产之间在企业组织层次中相互渗透，在集团企业经营活动中相互融合。在企业集团中，一般都形成了以多个企业资产一体化为标志的集团核心或紧密层，在集团经营活动中发挥着主导作用。这是企业集团形成与发展的基础与保证。随着企业集团的深化发展，将从四个方面促进国有资产经营一体化：①国有资产与非国有资产的一体化。通过国有企业与非国有企业之间相互参股，以及国有企业为壮大经营业务向社会发行股票，将形成各种国有化程度不同的股份制企业，实现国有资产与非国有资产在集团企业经营活动中的相互融合。②金融企业资产与非金融企业资产的一体化。随着企业银行实行企业化经营，以及信贷、保险等金融企业的发展，金融企业不仅为非金融企业提供各种金融服务，而且将拥有资产投资权，通过参股投资进入生产经营领域，实现国有金融资产与国有金融资产、非国有非金融资产以及非国有金融资产之间在集团企业经营活动中的相互融合。③生产企业资产与商业企业资产的一体化。随着生产企业与商业企业经济联合的发展，商业企业出于稳定货源、开辟货源的需要，向生产经营领域投资参股；生产企业出于开发市场需要，向商业经营领域投资参股，从而形成两个不同领域之间不同国有企业资产或国有资产与非国有资产的相互渗透，使集团企业在经营中实现一体化。④科研单位资产与生产企业资产一体化。通过科研单位与生产企业之间的横向联合，建立起按股份公司形式组成的新型科研生产联合体，使国有或非国有的科研单位资产与生产企业资产相互渗透，在集团企业经营活动中实现一体化。

第二，国有资产控制的多层次化。在传统的经济体制下，我国企业根据行政隶属关系，有中央直属企业、省属企业、市属企业、县属企业、乡镇企业五种层次类型。随着企业集团的深化发展，这种单一性的国有资产所有权控制层次的组织体制发生两个方面的变化：一是它将导致形成一种归企业法人直接所有、国家间接所有的新型国有资产，使得传统体制下那种全部国有资产均归国家直接所有的单一层次国有资产所有权控制关系，转变为国有资产部分归国家直接所有、部分归国家间接所有的多层次国有资产所有权控制关系。二是国有间接资产的形成将使国家对国有资产的管理分为国有资产收益管理与国有资产控制管理两个不完全相同的领域。国有资产收益管理是以资产保值、增值为目的的产权管理。它所考虑的是由不同等级间接所有权关系而带来国有资产收益的变化，它的管理范围可以根据企业之间的持股比例来计算。国有资产控制管理则不仅考虑国有资产自身的保值和增值，而且注重于国有资产可能支配的社会资产总量，以及由此形成对社会经济活动的影响范围，其中也包括非国有但受国有资产控制的企业资产。显然，随着资产所处行业不同，资产所有权分散程度的不同，控制企业资产营运活动所需的持股比例也会不同，因此，国有资产控制管理的范围与“有效控股比例值”相关，需要根据不同行业、企业状况以及其他多种因素来确定。

国有资产的多层次经营控制体系目前已在我国一些企业集团中开始形成。例如，在东风汽车集团发展过程中，主体企业第二汽车制造厂就以自身一亿元的资金投入，调动了三四十家企业的数亿资金投入，使这笔资产按照集团发展目标运转。可以设想，在市场机制作用下，将加速我国社会资产的积聚和集中，全国将形成许多以大中型国有企业为骨干并通过多层次持股关系形成的宝塔形企业集团组织体系。国家将主要对大中型国有骨干企业拥有直接的资产所有权。对于大量中小型企业，国家不一定要对其资产直接占有，而是通过大中型国有骨干企业间接占有，并由此形成我国新型的、多层次的社会主义国有资产经营控制组织体制。

第三，国有资产经营组织形式的多样化。在旧体制下，我国企业资产结构单一，不存在任何国有制与非国有制之间的渗透，但随着企业集团的发展，国有企业资产投资者组成结构发生根本变化，有六种类型的国有资产经营组织形式：①国家独资企业。其中又可以分为中央政府独资企业、地方政府独资企业、中央—地方政府合资企业、地方—地方政府合资企业等四种基本类型。②国家—职工合资企业。这种企业资产中，既有国家股份也有本企业职工股份，显然，随着国家股份分别由中央政府、地方政府持有，或由中央、地方政府共同持有，以及多个地方政府共同持有，这类国有企业也可细分为多种类型。③国家—职工—社会合资企业。这类企业的资产组织特点是，其投资成员不仅有国家和本企业职工，还有社会其他企业、社会团体或个人，与上一类合资企业一样，它们也可细分为多种类型。④国家间接独资企业。这类企业不是由国家直接投资兴建，而是由某个国有企业独资兴建的。因此，其资产已不是归国家直接所有，而是国家通过其直接所有的企业间接占有。显然，随着投资企业产权所属国家行政机构层次的不同，这类企业又可分为中央政府间接独资企业、地方政府间接独资企业、中央—地方政府合资间接独资企业、地方—地方政府合资间接独资企业四种基本类型，还可以根据国家所有权间接层次的不同进行更为具体的分类。⑤国有间接合资企业。即由国有企业与非国有企业、社会团体或个人合资兴建，或由多个国有企业合资兴建的企业。其资产部分归参与投资的国有企业直接所有，归国家间接所有，部分归参与投资的其他非国有企业、社会团体、个人所有。它们也可以根据上述多种状况细分为不同的类型。⑥国有资产参与的中外合资企业。即由国家直接或通过国有企业间接与国外资本合资兴建的企业。显然，上述各种类型的国有企业都有可以通过国外资本的投入而转化为相应类型的国有资产参与的中外合资企业。因此，这类企业也可以细分为多种类型。

上述国有资产经营组织类型的出现，将使我国社会主义国有资产的组织形式不再具体表现为"纯"国营企业资产的集合，而是转变为众多不同国有化程度的企业资产的集合。根据资产经营组织及经营方式的不同，可以把国有资产分为国营企业资产、国有企业资产和国有股票资产三种类型。对于国营企业来说，由于国家不仅在资产的价值形态上，而且在资产的实物形态上都拥有所有权，其资产经营活动在相当程度上受到政府部门的直接控制。当然，政府也可以采取多种形式委托给企业劳动集体或其他经营者经营。对于以股份公司形式组织经营且国家拥有控股权的企业来说，国家对其资产的价值形态和实物形态不具备完全的所有权，但拥有控制权，国家将不能直接经营企业，而只能凭借控股权，通过董事会这个中介，控制企业的资产经营活动。对于国家不拥有控股权的国有企业来说，国家对企业资产的所有权，只体现在以股票份额表示的价值形态上，即只拥有其股票资产。实物形态的企业资产，则由国家与其他股票持有者通过董事会间接占有。

《全民所有制工业企业转换经营机制条例》（以下简称《条例》）重申了全民所有制企业财产属于全民所有，即国家所有，明确了国务院代表国家行使企业财产的所有权。企业财产内容包括国家以各种形式对企业投资和投资收益形成的财产，以及其他依据法律和国有资产管理行政法规认定的属于全民所有、由企业经营管理的财产，企业对国家授予其经营管理的财产，依法享有占有、使用、收益和处分的权利。为确保企业的财产所有权，《条例》规定了政府及其有关部门分别行使的八项职责，不得借口行使所有权职责，重新强化对企业的干预；对政府有关部门侵犯、干预企业自主权的行为，明确规定了应负的法律责任。

### （二）正确处理国家与企业集团的政企关系

从政企关系来看，企业是自主经营、自负盈亏的社会主义商品生产者和经营者。它将在经营中力求自身资源的优化配置，以维护本身利益。国家是全社会经济活动的管理者，它将运用所掌握的各种行政、经济、法律等手段，努力引导企业经营行为，促进全社会资源的优化配置，以维护全社会整体利益。可以说，努力实现企业资源优化配置与社会资源优化配置的有机结合是国家正确处理政企关系的核心所在。随着企业集团的发展，国家与集团企业的政企关系发生了三个方面的变化：一是通过发展企业集团，形成众多企业以某类产品为龙头的专业化分工协作体系，有利于国家更好地按行业管理企业。二是按照市场机制的作用，根据企业自身利益的内在需要，发展跨地区、跨所有制、跨行业的企业集团，有利于打破行政条块分割，是实现国有资产以及全社会资源优化配置的有效途径。三是由于企业集团使众多企业通过专业化分工协作形成有机的整体，集团内部各企业之间经济活动由市场机制进行调节，增强了经济活动的透明度，相应减少了市场竞争的盲目性以及由此造成企业的经营风险。同时，集团内部的生产、科研、销售、金融、服务体系，为各成员企业的经营活动提供了良好的环境，从而既大大提高了单个成员企业的自主经营能力，也由于资金的积聚和生产力的合理配置，创造出远大于各成员企业经济实力代数和的集团经济实力。因此，企业集团发展越完善，就越能增强企业的自我发展、自我积累、自我调节和自我服务能力，减少企业对政府主管部门的依附，为政府从传统直接管理企业向间接管理企业提供了组织保证。

《条例》界定了政府与企业的关系，体现政企职责分开的要求，规定了政府转变职能的总要求和四项具体任务。总的要求是：政府要按照政企职责分开的原则，依法对企业进行协调、监督和管理，为企业提供服务。四项具体任务是：加强宏观调控，建立既有利于增强企业活力，又有利于经济有序运行的宏观调控体系；培育和完善市场体系，发挥市场调节作用；建立和完善社会保障制度；减轻企业负担，为企业提供社会服务。在宏观调控方面，政府要集中精力制定经济发展战略、产业政策和控制总量平衡；主要是运用经济杠杆、法律手段调控经济，同时改革税收、财政等制度，为企业提供经济信息和技术培训。在培育和完善市场体系方面，重点是打破地区、部门分割和封锁，形成全国统一的市场。任何政府部门非法进行市场封锁的，要依照《条例》及有关法律的规定，追究责任。当前要抓紧建立各类专业市场，加强市场管理，为企业进入市场、公平竞争创造条件。在建立和完善社会保障体系方面，实行国家、集体和个人共同合理负担的多层次的社会保障制度，为落实企业用工自主权，保证劳动力合理流动，促进企业组织结构调整创造条件。在减轻企业负担、提供服务方面，主要是建立各类社会服务组织，完善就业服务体系和法律体系，保障企业的正常生产经营秩序。

### （三）理顺国家和企业集团的分配关系

企业集团自主经营、自负盈亏的前提，是集团企业具有自我发展能力和负亏能力，而集团企业自我发展能力和负亏能力的大小，除取决于企业集团本身的经济效益状况以外，还取决于国家和企业集团的分配关系。就国有企业而言，企业纯收入的分配，首先表现在政府与集团企业之间的分配，然后才是国有资产所有者和集团企业对税后利润的分配。从根本上说，理顺国家和企业集团在上述两方面的分配关系，是理顺国家与企业集团关系的重要方面。按国际一般情况，前一种关系界定在税收占集团企业纯收入的比例不高于40%，后一种关系界定在财产所有人分走的利润不超过纯收入的20%，集团企业留利总水平不低于40%。

按照上述国家与企业集团分配关系的总体构想，需要对我国目前的税利分配结构进行重新界定，主要是结合财政体制由税利分开到税利分流的过渡过程，分别对企业集团税负总量、税收结构和上缴利润水平作出界定。

## 三、正确处理政府主管部门和企业集团的关系

企业集团和政府的关系，从纵向来讲，表现为企业集团和国务院以及各级地方政府的关系；从横向来讲，表现为企业集团和政府有关部门的关系，政府有关部门主要包括政府主管部门、政府综合部门、政府经济调节部门、信息部门和监督部门等。各级政府及政府有关部门在实施宏观经济管理，对企业集团进行服务监督方面，担负着不同的职责。在企业集团和政府关系中，主要是政府主管部门和企业集团的关系，《全民所有制工业企业法》使用了“政府主管部门”的概念，而没有使用“企业主管部门”这一概念。这是因为，目前企业的主管部门是一种专业经济部门，是产品经济条件下行政隶属关系的产物，而政府主管部门是指根据政府部门职能的分工，对企业行使所有权职能的部门，其中没有上下级行政隶属关系的含义。

根据法律规定，政府主管部门的职责是：依照国务院规定统一对企业下达计划指标，保证企业完成计划所需的计划供应物资，审查批准企业提出的基本建设、重大技术改造等计划；任免、奖惩厂长，根据厂长的提议，任免、奖惩副厂长级行政领导干部，考核、培训厂级行政领导干部。

政府主管部门对企业集团要不要进行管理，应根据企业集团的不同情况分别对待。凡是在国家和省、市实行计划单列的企业集团，可以逐步脱离原主管部门的行政隶属关系。对一般的企业集团进行适度的管理还是必要的。首先，政府主管部门对企业集团的管理是调节国家与企业集团的关系，正确处理国家、集团企业和职工个人三者利益的需要。企业集团作为独立的经济实体，有其自身的利益。这些利益除了有与国家利益一致的一面以外，还不可避免地存在与国家利益矛盾的一面，政府主管部门在对企业集团实行宏观间接管理的过程中，可以通过指导、协调等手段，正确处理好国家、集团企业和职工个人的利益关系。其次，政府主管部门对企业集团的管理，是正确处理好宏观控制与微观搞活之间的关系的需要。政府主管部门对企业集团行使管理权限，正确解决了集权与分权的关系，避免了管得过死和放任自流两种倾向。在大的方面，政府主管部门做到管住管好，使企业集团的各项活动符合党的方针政策，同时，充分发挥企业集团作为独立经济实体的各种积极性，赋予企业集团以更大的经营自主权，从政策上扶植，法律上保障企业集团的生存和发展。再次，政府主管部门对企业集团的管理，使企业集团通过这一渠道，获取党的方针、政策和国家法律、法规以及其他信息。党中央和国家机关的有关文件、指示和会议精神的传达、下发，除了通过现代化的音像、通信设备等手段以及新闻媒介外，相当一部分是靠政府机关下达、传达的。企业集团可以通过政府主管部门这一渠道掌握、了解党和国家的重大方针政策，来指导开展经营活动。同时，企业集团也可以从政府主管部门获取其他信息，得到计划物资，争取基本建设、技术改造和技术引进的立项，分配信贷额度，以及任命党政领导干部。

政府主管部门对企业集团的管理需要通过一定的途径，把宏观间接控制与微观的经济活动有机地联系起来，政府主管部门与企业集团之间的关系应符合宏观控制与微观搞活的

要求，建立起符合社会主义市场经济发展需要，充分发挥宏观有效控制和微观高效灵活的新管理体制，并使之运行正常化。根据这些要求，政府主管部门可通过下列渠道对企业集团进行管理：①起草有关经济法规，制定规章依法管理经济，并通过执法检查督促企业集团严格执行国家的法律，把企业集团的生产经营工作纳入规范化、法制化的轨道；②传达、贯彻党和国家的各项方针、政策，对企业集团执行这些方针、政策的情况进行监督、检查，坚持企业集团的社会主义经营方向，制止违反党的方针、政策的行为；③调整产业结构和企业组织结构，根据行业的内部和外部条件，研究、规划、确定行业发展的战略及其重点；④沟通政府和企业集团之间的关系，经常对企业集团的发展情况进行综合分析、比较、研究，为宏观决策打好必要的基础；⑤协调企业集团之间的关系，为企业集团的生存发展创造良好的外部环境。尤其是跨行业、跨地区的企业集团，这就使协调显得更为必要；⑥注意宏观经济效益，从全面利益出发，在政策和法律上扶植企业集团的发展；⑦及时总结经验教训，提供各类信息和服务，以指导、推动辐射面上各单位的工作。

正确行使政府主管部门对企业集团的管理权，必须严格区分政府主管部门必要的指导与单纯行政干预的界限。必要的指导就是指在兼顾国家宏观控制与企业集团自主权的基础上，政府从全局利益和行业发展的需要出发，对企业集团的生产经营进行间接管理的活动。在企业集团的组建阶段，具体表现为在自愿结合的基础上，根据有利于行业发展、发挥群体优势和增强商品竞争能力的原则，对企业集团的组建进行必要的引导，寻求最佳组合，避免一哄而起。在集团成立以后，具体表现为按照党的方针政策和国家的法律，采用间接管理的办法，指导、协调、监督企业集团各项经营活动。

对企业的主管部门应加强改革，凡是与政府综合经济部门以及部分调节部门重复的职能，应逐步调整，转移到综合部门与调节部门。原来直接管理企业生产经营活动的职能，随着政企分开，下放给集团企业。企业主管部门唯一可以保留的职能是实行行业管理，面向全行业，逐步成为行业管理部门。

政府主管部门对企业集团的正确指导和管理也应具备下列特征：一是实现直接管理向间接管理的转变，逐步完善间接管理手段，政府主管部门在对企业集团的管理方面主要行使规划、协调、指导、监督权。二是实现部门管理向行业管理的转变。行业的划分应以企业的经济技术和产品的内在联系以及专业协作为基础，有利于企业互相依存，共同发展，发挥群体优势，增强竞争能力，而不是简单地按行政隶属关系划块。三是正确处理国家、集团企业、职工个人三者利益关系，赋予企业集团生产经营活动所必需的权力和活力，做到政府主管部门宏观控制，企业集团有责有权，搞活经济。四是政府主管部门的管理主要把握企业集团的各项经营活动是否符合党的路线、方针、政策、法规等重大原则问题，而不应去干预企业集团具体的生产经营活动。

原载《行政论坛》1995 年第 4 期

# 论银企财团型的集团公司

财团型的集团公司，是在生产、科技、资金紧密结合的基础上发展起来的企业集团的高级形态，是企业集团发展的必然趋势，这是国外企业集团发展的实践经验，也是我国企业集团发展的方向。积极采取措施，在我国培植和发展生产、科技、资金一体化的财团型集团公司，具有十分重要的战略意义。

## 一、培植银企财团型集团公司的必然性及其意义

随着企业集团在我国崛起，出现了一些财团型的集团公司，中国国际信托投资公司是我国最著名的银企财团，其他如松江银企财团、西安西郊银企财团、潭长银企财团、哈多银企财团、锦江银企财团等。沈阳市改革金融体制，发展了 18 家以银行为中心的银企联合集团。当前，我国正在推广股份制，股份公司的兴起，对培植财团起着积极的推动作用。实践证明，发展生产、科技、资金一体化的财团型集团，是我国企业集团深化发展的客观需要。

### （一）产业资本与金融资本相结合，是联营牢固的基础

根据国外企业集团形成的实践经验，产业资本的发展必须与金融资本相结合，这是一条必经之路。从我国企业集团的现状来看，由于绝大多数企业集团是在企业所有制形式、财政上缴渠道、行政隶属关系“三不变”原则的制度壁垒下发展起来的松散联合体，在多数企业集团内部，各企业之间仅仅是靠产品维系的，而不是以股权、债权为联系的纽带，因而缺乏财产关系、利益关系上的紧密联系。为了改变这种状况，促进企业集团进一步发展，只有在产业加入金融，让金融参与产业。这是因为，一方面，企业集团需要大量的资金来满足生产经营开发的需要，这就必然要紧紧地依靠金融作后盾；另一方面，银行要分散大的投资风险，提高资金使用的社会效益，也要求把贷款借给生产经营效益好的大企业，这就从客观上促使银行与企业集团的联合。

### （二）生产和科学技术紧密结合，是社会化大生产发展的客观要求

从现代大经济观念出发，科技进步是经济发展的支柱，而经济发展又必然带来新技术革命的蓬勃兴起，蓬勃兴起的新技术革命必然引起产业结构、产品结构、市场结构的改变，促进生产、经济的大繁荣。纵观工业发达国家的经济发展历程，可以发现一个共同点：重视科学技术对经济发展的先导作用，加快科技新成果在工业生产中的具体运用。当

今发达国家的大公司和企业集团，都是典型的经济技术的结合体。随着我国科技体制改革的深入进行，科技与生产脱节的状况正逐步得到扭转，科研机构纷纷与生产企业攀亲结缘，各种形式的联合经营组织不断涌现，逐步发展成为科技开发集团。这是科技与生产相结合的有效组织形式。

### （三）企业集团是实现生产、科技、资金一体化，发挥综合功能的载体

规模大、经营业务范围广以及竞争激烈，迫使企业集团要比其他企业在科学研究及其应用开发方面投入更多的人力、物力、财力，这就需要更多的资金支持，要求银行为集团企业提供金额大、期限长、手续方便的贷款，这又迫使它必须加紧与金融业的联合。于是，大型企业型集团就必然要向经济、技术、金融一体化的方向发展，成为三者结合的理想载体，从而发挥一体化的综合功能。企业集团为了在竞争中居于领先地位，已从一般的产品开发发展到市场的系统开发，发挥综合开发、调节的功能，对集团的发展速度、发展方向以及产品结构、产业结构作出调节，促使集团实现生产、科技、资金、贸易、服务等方面的一体化，实施多角化的经营战略，从而谋求集团总体范围内的利润最大化。

### （四）生产型“硬集团”的发展，需要“软集团”与之配套

从我国已经成立的2 000多家企业集团的情况来看，多数是汽车、机械、电子、家电、石化、自行车、煤炭、冶金、制药、食品等生产型的“硬集团”，贸易、金融、科技、商业、服务型的“软集团”较少，是一种工业产业内的单元性的企业集团。然而社会再生产过程的相互关联性和相互制约性，客观上要求生产和贸易、科技、金融、服务等必须相互配套。发展企业集团重“硬”轻“软”，不仅影响“软集团”的发展，而且制约“硬集团”的发展，更重要的是社会再生产会因“软”和“硬”不配套而难以顺利运行。所以，在注重发展生产型企业集团的同时，要注意发展贸易、金融、科技、服务型的企业集团，更要注重积极发展生产、科技、资金、贸易、服务一体化的综合性财团型的集团，向产品系列化、产品成套化、服务综合化，经营活动向国际化方向发展，使之成为多元型的企业集团。

发展生产、科技、资金一体化的财团型集团公司具有重大的意义：

第一，发展财团型集团，有利于推动深化经济体制改革。首先，由于财团型集团是以银行为中心，吸收生产、科技、教育、流通、贸易、运输等部门参加，组建跨地区、跨部门、跨行业，进行生产、经营方面以及人才、技术、资金等生产要素的联合。这是对垂直行政领导和企业条框结构的最大冲击，既可以摆脱从属于某一部门、机构行政隶属关系的羁绊，又可以冲破单一所有制的狭隘界限。其次，有利于打破银行信贷资金单一的纵向分配体制，促进专业银行企业化进程，推动金融体制的改革。

第二，发展财团型集团，有利于资金的积累和纵横融通。首先，有利于生产和资金的集中，补偿我国经济建设过程中由于失误和干扰而产生的积累下降。其次，财团型集团有利于工业资本和金融资本进一步的融合，因为财团型集团通过金融作中介对所属企业进行控制，可采取不同的集资办法，把银行金融业、工商企业捆在一起。再次，有利于银行按照国家宏观决策的要求，指导集团企业的投资方向、投资决策，改善投资环境，遏制企业投资规模的膨胀。

第三，发展财团型集团，有利于计划与市场相结合，实现间接的宏观控制。由于财团型集团具有相当的实力与内部实行专业化分工协作，对一大批相关企业进行有效的计划管理与严格的控制。这无疑将成为国家市场调控的重点，企业集团通过计划调控一大批相关企业的新格局，使国家的宏观调控有一个坚实的基础。

第四，发展财团型集团，有利于耗资甚大的城市经济基础设施的建设工作。因为这些项目所需资金甚大，而地区性的财团型集团集资快、资金利用率高、经济效益显著，有较强的经济实力为后盾，可以承担这些项目，以减少中央财政拨款的压力，而且可以改善吸收外商的投资环境。

第五，发展财团型集团，有利于实行内联、开发边远腹地的经济，改变我国经济地区不平衡的局面。由于财团型集团具有生产、科技、资金、信息等的实力优势，具有极大的扩散渗透力，发展内联，包括生产、技术、销售及资金的融通，既满足了横向经济联合中技术协作的要求，又满足了经济联合发展资金的需求，特别是可以利用沿海经济发达地区财团型集团的技术和资金集中的优势，向边远腹地作辐射形的扩张，从而推动我国中部、西北、西南地区的经济发展和振兴。

第六，发展财团型集团，有利于扩大对外开放，打入国际市场。随着全国性和地区性财团型集团的建立，由于财团型集团是国民经济的超级单元，是相当规模的国家科技开发中心、生产制造中心以及金融中心，具有相当的应变能力、强大的开发能力和金融实力，可以同国际跨国集团公司抗衡竞争。从而吸收更多的外资和引进外国先进技术，发展高技术、新兴技术出口创汇的产品。更可以向国外投资、兴办企业，打入和占领国际市场。

## 二、新型财团型集团的模式结构和特征

我国新型财团型集团其实是一种“资金调控型”集团，和美国等资本主义制度下的财团有着本质的区别，具有新的含义。

### （一）新型财团型集团的模式结构

随着金融体制改革的深化，银行的作用发生巨大的变化。银行与工商企业的关系，从信贷联系发展到相互依赖融合。银行企业化了，为了多盈利，避免亏损，同时也为了不断增强自身的竞争能力，就不再会满足于靠吃存、贷利息差额过日子，于是银行会通过购买工商企业的股票，成为这个企业股东，从而达到控制一定数目的企业和企业集团之目的。与此同时，各工商企业也千方百计地打入银行，购买银行的股票，也成为银行的股东。他们一身二任，两位一体。随着企业集团的进一步发展，这种情况会更加明显。所不同的是，企业集团的经济实力会更强大，因而更有能力收买银行的股票，以至于完全控制一家或几家实力较弱的银行；另一方面，那些在竞争中实力日益增强的大银行，也可能通过持股关系，操纵一个或几个企业集团。银行资本与企业资本融合，就出现了金融产业集团或银企集团。

可见，我国新型财团型集团组织模式是：以大型骨干企业为主体，以银行为中心，以参加联合的相关科研单位和大专院校为产品开发与技术开发的主力，以参加专业化分工协作的中小成员企业为依托，以金融控制为基础，通过相互持股、系列贷款和人事参与等手

段，在平等自愿、互惠互利的基础上，形成资金合并，组成具有法人资格，实行利益均沾、风险共担、责权利相结合的股份制的经济联合实体。这是企业集团的一种特殊形式，是集团企业发展的高级形态。

当前，我国财团型集团的再造，可以采取以下三种形式：

（1）银行（银团）直接创办或合并企业。中国人民银行和专业银行、银团可以根据具体情况，创办或控制某些企业，或者收购、合并一些中小企业，也可以兼并一些亏损或破产企业。

（2）企业或企业集团创办或兼并银行。大型企业、企业集团、专业公司可以牵头集资创办自己的银行，或者兼并某些中小银行。事实上，我国相当大一批企业集团在创建和发展过程中，已经感受到以股权关系进行构造的必要。比如东风汽车集团公司、西安电力机械制造集团公司都在牵头集资创办自己的银行。

（3）银行与企业合股经营，共同入股组织新型的经济实体——银企财团型集团。合股双方或多方共同参股，实行参与制，双方互派董事，根据双方股份比例确定分红的比例。

财团型经济技术一体化集团的基本结构分四个层次：①核心层。集团以金融控制为基础，通过实行股份制，由集团核心企业和银行合股投资经营，形成具有统一法人地位的实力雄厚的核心层，成为集团的经济支柱和后盾，是银企财团的运转中心和对外开展经济活动的基础。②骨干层。是由银企财团的投资企业组成，财团与控股企业是一种资金联合关系。控股企业与财团不实行统一核算，而是独立核算，自负盈亏，并以各自的资产所有权的大小，承担经济责任。③配套层。一部分是由对财团有资金联合关系的非控股企业，另一部分是企业的人、财、物、产、供、销等经营管理权归财团所有，但企业的资产所有权不归财团所有，并且与财团没有资金联合关系。由于配套企业是主导产品的骨干生产企业，财团可以通过配套产品联系大量企业，因而是财团内部结构的基础。④外围协作层，一般由众多的保持一般简单交易或协作中小企事业单位构成，这些企业与财团不存在资金联合，最大程度可以与财团有资金借贷关系。财团型的集团实行董事会领导下的总经理负责制和事业部式的组织体制。

### （二）新型财团型集团的特征

财团型集团，作为生产、科技、资金紧密结合的集团的高级组织形式，同其他形式的集团相比，具有自己鲜明的特征：

（1）财团型集团拥有自己的银行，财团的核心层已金融化，实现了产业资金与金融资金的融合，国家不再向财团企业直接投资，财团企业生产所需要的资金主要靠财团自己筹集解决。

（2）实行多角化经营，具有综合性集团的特点。多角化经营是指财团的业务范围不是局限于单一产品或单一部门，而是包括了多种产品或多个部门。这里的多部门，既可以是在生产或职能上有密切联系的各部门，也可以是在生产或职能上关联不大或根本没有关联的各部门。多角化经营的广泛发展，必然导致综合性财团的出现。例如，汽车集团进一步发展，就可以不仅生产汽车，还从事汽轮机、拖拉机、铲土机、大型柴油机、全套家庭电气用品以及各种工业设备等生产。

（3）财团型集团由于实现生产、科技、资金一体化，高度重视科学技术的研究和运用，拥有强大的科技开发体系，科研与生产已是相互依赖、相互促进的整体，并实行系统开发和对某一市场的系统控制。

（4）各财团之间相互渗透，以至出现几个财团共同控制某个企业和企业集团的情况。这种渗透主要是通过相互购买对方股票，相互在对方企业投资，相互派人监督以及相互发生金融联系等形式来实现的。

（5）经营活动的国际化，逐渐发展成为世界性的财团。由于财团的生产经营有发达的科技市场和雄厚的资金市场作保障，财团向国际市场发展具有全方位、主体化、多变化、大跨度的趋势，在国际市场拥有相当大的声誉和影响。

### （三）新型财团型集团与资本主义财团的区别

新型的社会主义财团，同资本主义国家的财团有着本质的区别：

（1）财团形成和发展的道路不同。资本主义财团是在19世纪下半叶，从竞争走向垄断过程中发展起来的，生产和资本的高度集中是其最明显的特征。而我国的财团，是在加速现代化建设过程中，广泛开展横向经济联合，在企业群体和企业集团的基础上逐步发展的。它实现了产业资金和银行资金的融合，而不是高度集中，其形成和发展是适应了我国国情的独特道路，是处于经济发展阶段的财团。

（2）财团的结构和目的不同。资本主义国家的财团一开始就集中于资产密集型和技术密集型的产业，而且大多是家族财团，其目的是为垄断资本家个人或某一垄断集团攫取更大的利润服务。而我国的财团，是以全民所有制为主导，也有集体所有制或两者混合型的财团。我国培植和发展财团，是为发展社会生产力，以满足日益增长的社会需求，为提高我国商品在国际市场的竞争能力服务的。

（3）财团资金运动方式不同。西方在垄断形成的前期，股份经济已得到充分的发展，资本、股票市场已相当发达。大企业公司和财团是通过持股转为控股的途径进行资金融合。而在我国横向经济联系中，企业资金的融合是通过多层次、多渠道、多种信用工具，开展集资、筹资、融资的。财团的资金运动是在国家宏观控制下，把金融资本、生产资本、商品资本有机地结合在一起，利用市场经济作为杠杆进行生产经营活动。

（4）财团活动的机制不同。资本主义财团带有极大的生产盲目性，和人民购买力形成尖锐的矛盾，财团之间具有极大的对抗性和排他性，甚至国家和政府完全失控和失调。而我国财团的发展和社会消费具有同步性，各财团之间有竞争的一面，但更多的是相互依存、相互协作、相互补充，特别是在对外贸易和参与国际分工方面相互协作和支持，有着为发展和壮大社会主义经济的共性。

（5）财团的发展方向不同。在一些经济发达的资本主义国家，少数最大的财团，不仅控制着本国的经济命脉，而且操纵着其他一些国家的经济命脉，成为整个资本主义世界的实际统治者。我国是社会主义国家，因其性质决定，即使财团规模再大，也绝不会出现这种情况，但也不会因此而妨碍我国财团向国际市场发展。联合专业化、经营多样化、金融混合化、活动国际化，是我国财团的发展方向。

## 三、培植和发展我国新型财团型集团的思路

美国和西欧财团的形成和发展，为我国财团的建立提供了一些可借鉴的经验。但培植和发展社会主义新型财团，不能照搬国外财团的模式，必须结合我国社会主义初级阶段的国情，开创财团型集团独特的发展道路。

### （一）培植和发展财团型集团的步骤

从我国目前生产、科技、资金有限度结合的企业集团模式，向生产、科技、资金一体化的财团型集团过渡，这中间有许多步骤要走，概括起来可分为四个发展阶段：

（1）资金融通（松散型的银企财团）阶段。当前要巩固和发展现有的企业集团，必须改变相对单一的、区域比较狭小的、以产品生产协作为主的联合局面，扩大企业之间的资金渗透量，鼓励企业集团跨区投资和集团企业之间的相互投资，加强它们的集中投资能力，使企业集团成为银行体系之外的另一个投资“母体”或成长点，从而形成相互投资、互相入股，你中有我，我中有你的更加紧密的资金联合局面。

（2）资金联合（半松散型的银企财团）阶段。银行通过代理企业集团发行债券、代理筹集资金、代理发行股票等，间接地参与企业集团的内部经济核算和资金管理；通过对企业集团进行资信评级，来选择经济效益高的企业集团作为长期合作对象，对集团的经济发展进行扶植。

（3）资金结合（紧密型的银企财团）阶段。除了在国家实行计划单列的企业集团成立财务公司外，还可以在有实力、上规模、信誉好的企业集团试办财务公司（或金融公司），使之能够兼有一定程度的金融功能。这具有两重性质：①对财团内部，它是一个独立核算、自负盈亏的财务公司，负责财团内一切资金活动，包括财团所需资金的筹集、资金的投向、资金核算、对外资金融通等；②对财团外部，它又是一个具有法人地位的金融机构，同其他金融机构享有同等的权利和义务，在同一条件下开展业务和竞争。

（4）资金、生产、科技一体化（混合型的银企财团或金融集团）阶段。随着社会主义市场体系的形成，特别是资金市场和技术市场的发育以及银行实行企业化、股份化，金融机构可以直接向企业集团入股投资。另一方面，集团企业要扩大经营领域，实行多角化经营，并进一步扩大积累，积聚资金，为建立集团银行创造条件。银行和集团企业共同参股，实行参与制，科研开发机构也入股参与集团，在交叉持股和交叉经营或双方互派高级管理人员参加对方的管理和基础上，成立“命运共同体”混合型的银企财团（或金融产业集团）。这是财团的高级形态。

### （二）加速银行企业化、股份化的过程

所谓银行企业化，就是把高度集中垄断的国家银行，改为自主经营、自负盈亏、自担风险、自求资金平衡的企业型金融机构。这样，银行尤其是建设银行才会增强对投资贷款、贷放的责任心和对中央银行的控制信号作出有效的反应。银行企业化的关键，是银行的股份化。

银行的股份化，可以解决以下几个问题：①解决银行自有信贷资金的不足，通过股份

化，可以稳定地获得可供长期使用的投资资金；②弱化银行对财政的附属关系，银行股份化后，财政与银行的关系，基本上是一种股东与企业的关系，财政只能作为股东大会的成员来影响银行的重大决策，只能采取增减税种、变动税率、发放补贴等方式来影响银行的行为。③为银行行为的合理化准备一个优化的权利—责任—利益结构的微观基础。

**（三）加速配套改革的步伐，为培植和发展财团型集团创造有利的外部环境**

生产性企业集团与金融产业相结合的银企财团，不可能一下子就能组成，因为企业经营体制的改革和金融体制的改革毕竟还是起步不久，同时，它们的改革还必然要受到其他体系改革的影响，如计划体系、宏观管理体系、物价体系、财政体系、税收体系等的改革进程无不推动或抑制着企业经营体制和金融体制的改革。这就必然要求微观、宏观同向改革的配套。我们认为，推进企业公司化，推进政府对企业财产所有权向股权转化，实现国家管理职能三重分离，即参与市场、修整市场和维护市场，完善要素市场，健全市场体系，合理配置资源，加速银行企业化、股份化改革步伐，促使企业买卖市场尽早出台，这些都是再造财团型集团的配套改革工程。

**（四）积极推行股份制，形成新型的集团经济结构**

我国目前的企业集团在结构上缺乏对长期发展目标关切和追求的动力机制，企业集团要深化发展，迫切需要形成新型的集团经济结构，而推行股份制是完善集团经济结构的一条基本思路。推行股份制，为企业集团实行高层次的融资提供了最现实有效的途径。通过股份制融合集团各成员的生产要素，对增强集团实力具有重大意义，也使得集团内各成员之间相互利害关系更趋一致，真正达到休戚相关的程度。推行股份制，对于目前的企业集团向生产、科技、资金一体化的新型财团发展是一条必由之路。股份制开放了现有企业集团的经济结构，为各种经济技术组织之间的深层介入和稳定融合提供了先决条件，有利于科技、设计单位向企业集团渗透，减少了科研设计单位参加集团依靠单一行政归并手段所带来的种种摩擦，还为产业资本和融资资本高度结合铺平了现实的通道。股份制确是构造新型企业集团和财团型集团的一种最佳的集团经济结构。

**（五）建立开放型的资金市场，是培植和发展新型财团型集团的物质条件**

培植和发展生产、科技、资金一体化财团型的集团，单凭集团现有的经济实力是远远不够的，还必须充分利用社会有关资金提供实力后盾。要在现有的资金市场基础上，逐步建立形成长期的、开放性的和全方位的资金市场。同时，允许集团利用各种形式向社会广泛发放债券，出售股票。在国家金融体制改革和宏观调控体系下，使企业集团能够加快经济实力的扩张和生产要素的长期合理投向，从而为企业集团加快向生产、科技、资金一体化财团型集团的发展，提供坚实的物质基础。

原载《社会科学》1989 年第 4 期

# 发展科技开发集团的探讨*

世界各国都面临一场知识密集、技术密集、高质量、高效率的综合竞争。在这场竞争中，无论是一个国家、一个地区，还是一个企业，要想立于不败之地，谋求新的发展，就必须加快科技进步，增强科技开发能力。这在很大程度上取决于科技与生产企业的组合形式以及科技开发的群体优势。大力发展科技开发集团，变单体优势为群体综合优势，这对于促进科技、经济、社会形成协调发展的新格局，振兴我国经济，都具有深远的重要意义。

## 一、建立科技开发集团是经济、科技发展的客观要求

从根本上说，科学技术的发展由社会生产所决定，因为社会生产是人类最基本的实践活动，社会生产的需要才是科学技术的真正推动力。同时，社会生产又为发展科学技术提供了手段和物质条件。因此，科技必须与生产相结合，是科技体制改革的一个重要内容。国务院发布了《关于进一步推进科技体制改革的若干规定》和《关于推进科研设计单位进入大中型工业企业的规定》，明确提出以技术开发工作为主的大多数研究机构，特别是从事产品开发的研究机构，都应进入企业、企业集团，这就为推动科技与生产的结合指明了方向，开辟了道路。科研机构进入企业、企业集团，建立科技开发集团或科技、生产、资金一体化的综合集团，不是简单的组织合并，而是优势的结合，这种结合基于企业、科研机构、经济、技术发展的客观需要。

### （一）建立科技开发集团是企业和科研机构双方各自发展的需要

从企业方面看，目前我国企业产品更新的速度太慢，每年新产品率平均只有7%左右。照此下去，要10年才能整个更新一次，这显然无法适应我国国民经济发展的需要。据1986年科技普查统计，在我国现有6万多个大中型企业中，只有19 000多个企业有技术开发机构，其中大约有30%还很不健全；从事技术开发活动的工程师以上人员只有10万人，仅占职工总数的5%；1988年提取的新产品试制基金只占产品销售总额的0.18%；有1/5的企业既没有技术开发经费，也没有技术开发人员。仅凭这样微薄的技术力量和资金能力来振兴经济是异常困难的，而要这些企业自身增多技术开发力量，不仅需要加强技术开发经费，还要一大笔建设技术开发机构的投资，非但资金渠道不好解决，而且往往会与

* 国家社会科学基金研究项目

现有独立科研院重复。更困难的是企业技术人才不足，在6万多个大中型企业中，工程师以上人员总共只有44万人，已经抽出10万余人搞技术开发，即使再努力挤一点，潜力也不大。因此，吸收独立科研院所进入企业或企业集团，已成为可供选择的最佳途径。

再从科研机构方面看，我国共有9 844个研究机构，120万个科研、技术人员，其中厂矿企业所属的研究机构仅占1/3，近100万科技人员的经费靠国家或省、市的财政供给，吃政府的“公粮”。科技体制改革以来，国家从改革拨款制度入手，以“断奶”的方式推动科研单位去吃国民经济中的“五谷杂粮”，但许多科研单位由于科研方向不明确，东一耙子，西一扫帚，为维持生计疲于奔命，急需从国民经济主线上找到自己应有的位置。在这种情况下，科研机构与企业或企业集团“联姻”便成为科研机构较为现实而又理想的选择。

**（二）建立科技开发集团是经济发展的客观要求**

现代经济是一个动态的大系统，它包括市场—预测规划—科学研究—技术开发—企业生产—储存运输—流通销售—市场服务（包括技术服务）等环节。这种大经济的主要标志是具有三方面的特点：①系统化。经济活动由上述诸环节构成，是以市场为起点又以市场为终点的循环现象。在这个循环的过程中，每个环节都有它的特殊意义，任何一个环节受阻，都会导致整个经济活动的中断或造成非良性循环，影响整个经济系统的活动功能和效益。②科学化。科学研究、技术开发、创新管理。研制新产品是整个经济活动赖以生存与发展的关键环节，并且是企业在激烈竞争中谋生存、求发展的最重要的基础。③信息化。在上述经济循环过程中的各个环节内部及各个环节之间，都有大量的信息发生与传递。这里不仅指市场、科技、生产等情报资料交流，还包括金融、电信、教育等活动，没有灵敏、准确的信息传递与处理，就无法有效地控制经济活动。

从现代大经济观念出发，科技进步是经济发展的支柱，而经济的发展又必然带来新技术革命的蓬勃兴起，蓬勃兴起的新技术革命必然引起产业结构、产品结构、市场结构的改变，促进生产、经济的大繁荣、大发展。这种结构性的改变和生产的大发展，在经济史上具有划时代意义的变化，其主要标志是：①在产业领域中相当普遍地采用了反映新生产力水平的新技术；②引起了产业结构、产品结构、市场结构的重大改组；③导致经济的大发展，对社会物质生活、精神生活的内容和形式产生了广泛而深刻的影响；④这种物质生活，精神生活的内容和形式产生了广泛而深刻的影响；⑤这种影响成了社会变革的基础和动力。为此，当代经济的振兴与发展，对科技的要求愈来愈高，有资料表明现代劳动生产率的提高有60% ~80%是依靠科技进步。与发达国家相比，我们有优越的社会主义制度，有丰富的自然资源，有充分的劳动资源，就此而论，我们完全可以赶上甚至超过经济发达的国家。目前，我们与发达国家的差距主要是科学技术，而科学技术的开发能力的强弱则是我国科技进步的关键，特别是国际和国内市场的激烈竞争，迫切要求加快科技进步，使科学技术尽快变为现实的生产力，使新技术、新工艺转变为新产品，适时投放市场、占领市场，这样才能在竞争中取胜。

**（三）建立科技开发集团是科技发展的必然趋势**

一个科技研究项目往往涉及多种学科、多个部门。科学技术的实验手段的大型化和精密化，要求科研人员从事更广泛、更密切的科研办法。生产力的迅速发展，也要求尽量缩短从研究成果到生产应用的周期。科研工作必须适应这些特点，实行多种形式的科研协作，以求得科研工作的高效率。

建立科技开发集团，有以下三方面的好处：

（1）有利于协同攻关，提高科研效率与成果的质量。当代科学技术发展的趋势之一是学科互相渗透，一个科技项目常常需要用几门学科的基础理论和研究试验方法去协作攻关。从系统论的角度分析，唯有系统结构，科学技术才能发挥出它们的各自功能和加在一起也达不到的威力。科技这个大系统，从纵向看，包括基础科学、定向应用、应用技术、技术开发、产品研制等。从横向看，仅自然科学现在就有 2 600 多个门类，它们通过边缘科学、横向科学、综合科学等构成了网络。这种科学的技术化，技术的科学化，使科学和技术紧密结合起来。在科学技术高度综合化的情势下，建立科技开发集团，有利于组织相关学科，部门协同攻关，提高科技开发能力和科技成果的水平，建立科技开发集团。

（2）有利于扬长避短，节省人力、物力、财力。目前我国的科研单位，通常是为各自的利益战，因此，专业的设置和实验手段的建设都受到一定的限制，且科技与生产脱节，社会主义科技体制的优越性未能充分发挥出来。在经济体制与科技体制的改革中，探索与开展科技与经济的联合，为我国科技事业的发展开辟了新的途径。通过科技与生产的联合，逐步发展成联合体，进而发展成为科技开发集团，就可以各自发挥优势。扬长避短，优势互补，形成新的优势，以少的投入获得更多、更好的科技成果，并迅速投入生产，形成新的生产能力，获得更佳的经济效益与社会效益。

（3）有利于缩短研究周期，加快成果的推广应用。我国科技在应用研究方面的突出问题是许多科研成果不配套，无法在生产中推广应用。为加强科研、生产、使用部门的联系，发展科技同生产的联合，建立科技开发集团，不仅是当前经济改革形势发展的客观要求，是实现科技面向经济、经济依靠科技方针的重要措施，是促进科技与经济结合的最好途径，也是科技、经济社会协调发展的必由之路。

## 二、科技开发集团的特征和类型

科技开发集团，是以科研教学机构为主体，或以生产企业为中心，科技教学机构与生产企业相结合，以科技成果的转移为纽带，以生产经营为目的，集结人才、知识、技术、设备和信息的综合科技开发的实力，在平等自愿、互惠互利的基础上，以资金设备、技术、专利、商标等作价互相投资，按出资比例或协议规定享受权益并分担责任，实现集团资产、经营一体化，具有法人资格的经济科技垄断性的联合实体。科技开发集团，既不同于生产企业集团或经营性的企业集团，也不同于一般的经济联合体，它除了具备一般企业集团所具有的特点以外，还具有它的特有特征。

### （一）科技开发集团，大多数是以科研、教学机构为主体

中国科理高技术集团，是中国科学院牵头，联合全国 18 家科研单位和 7 家科技开发经营服务机构组建起来的跨地区、跨部门、跨行业的科技生产半紧密的集团。陕西省高等学校科技联合开发集团，是由 26 家科研、教学及科技开发机构组成的科技开发实体，这

些科技开发集团都是以科研机构为中心组建的，科研机构的人才、技术、信息等方面的优势，是科技开发集团的主要支柱，科研机构在集团中的作用显得十分重要，这是科技开发集团区别于其他企业集团的首要标志。

**（二）科技开发集团以科技开发作为维系的纽带**

中国科学院辐射技术开发集团、中国恒大科研开发集团都具有吸引科技力量的能力，集团对集团内的科研机构实行优先安排科研课题、优先转让科研成果的“双优政策”。科研机构若承接集团内的科研项目，集团便从自己筹建的技术开发基金中拨款予以支持。集团允许科研机构用科研成果投资，引进先进技术或研究成果进行联合试验，联合开发，开展技术服务，组织技术出口，发展国内外技术贸易。在科技开发集团中，科技活动占有相当大的比重，它是维系科技开发集团的纽带。

**（三）科技开发集团都是将科技成果作为投资内容**

科研机构依据科技成果商品化的思想，把科技成果或实用技术体现为一定数量的资金作为股份向集团投资，从经营利益中按股或按比例分成收益，集团对合作开发产品，允许按合作程度确定比例分享利润。这种把双方利益用科技开发经营联系起来的做法，是科技开发集团区别于技术转让的重要标志，也是科技开发集团投资形式的一个重要特点。

**（四）科技开发集团是科技垄断性的联合体**

科技开发集团一般都是以科研机构为中心，在人才、技术、信息等方面都占据绝对的优势，并向外呈辐射状态。如中国科理高技术集团的五六类产品：计算机应用系统，光学、精密机械、电子综合仪器设备，核磁共振和超声诊断检测仪器，指挥、观测、刑侦和模拟训练器材以及音响设备等都颇具特色，占有市场。数据采集与分析系统、大屏幕高分辨率彩色显示系统、地层剖面仪、线性超声诊断仪、导盲眼镜、汉字图形微型机、液晶大屏幕显示系统、轻印刷系统、核磁共振谱仪及电视特技编辑系统等都在国内市场占有优势。

**（五）科技与生产经营相结合是科技开发集团的发展方向**

科技与生产经营联合、科技与经济结合的程度，是由我国当前多层次的生产力发展状况决定的。进一步放活科研机构，进一步放宽科技人员政策，对于促使科技与生产经营联合，对科技开发集团的发展是十分必要的。从四通科技开发集团、中国科理高技术集团、陕西康纳高技术集团、中国大通电子技术集团有限公司科技开发集团的实践经验来看，凡坚持了科技与生产经营相结合的科技开发集团，就生机蓬勃，取得显著的经济效益和社会效益，这样的科技开发集团就有旺盛的生命力。

我国科技开发集团类型较多，从实际情况来看，有以下几种不同的划分：

一是从组建科技开发集团不同目的的内容进行划分，有三种基本类型：

（1）专业性的科技开发集团。它是根据国家、省、市、区的科技总体发展规划，围绕重点科研项目成立专业性科技开发集团。着重对高技术领域、技术密集、知识密集的领域组织科技开发集团。如电子计算机技术、新材料科学、生物工程、航天技术等，组织科研开发集团进行重点开发，并将开发研制成果尽快用于生产建设，形成高效率、高效益的技术经济结构，使我国在某些领域的研究和应用技术走在世界的前列。

（2）区域性的科技开发集团。以横向联合形成的经济区域为载体的跨地区、跨行业、跨所有制形式的科技联合开发集团。主要是围绕区域性的产业结构、技术、产品结构的调整，以资源开发、产品开发、技术开发为重点，推动区域技术进步，加速经济发展。

（3）综合性的科技开发集团。它是围绕国家、省、市、区的重点工程，重点开发项目，重大技术引进的消化吸收、改革创新，由相关学科、部门，科技与生产、施工单位联合形成的综合科技开发集团。目的是增强综合性开发能力，提高开发的效率与效益，对引进技术设备通过改革创新达到国产化、国产技术设备达到国际水平的现代化。

二是根据科技开发集团的主导成员不同进行划分，有三种类型：

（1）科研机构进入企业集团，以生产企业为主经营的集团。这种集团是以生产经营的骨干企业为核心，以名优产品为龙头，由若干个具有一定经济技术联系的独立企业，引入科研机构的先进技术或科技成果组成企业集团，进行联合试验，联合开发。但科研机构只负责集团的技术性工作，向集团派出负责技术工作的副厂长、副总经理、总工程师，由企业负责生产、经营、销售。科研机构进入企业集团，或各种经济联合体吸收科技机构参加的情况是大量而广泛的，其类型也多种多样：

①转制进入型。它是指打破旧体制中的事业与企业、全民与集体的界限。科研机构进入集团后，在某些方面按企业集团的性质执行集团的标准，如沈阳轻型汽车研究所进入沈阳汽车工业集团公司后，由原事业编制改为企业编制，工资执行集团企业的标准，切实使两层皮变成了一条心。科研机构参加集团后，保持了两极法人地位，对内作为企业的技术开发中心，对外则保留其市属科研机构技术合作和业务往来的自主权。这样，不仅没有把科研机构束缚在企业之内，反而拓宽了技术服务和开发范围，科研机构与企业双双受益。②对口进入型。大多数是大的科研机构对大企业，双方专业方向一致，隶属关系都在同一行业或部门，在对口进入过程中，主管部门行政手段成分较大。如长春汽车研究所参加解放汽车集团，信息产业部 24 所无锡分所进入梅花电子集团，这种类型进入集团的科研机构通常事业性质不变，但在结构上却不尽相同。长春汽车研究所进入一汽集团后仍保留其法人地位，而 24 所无锡分所进入后组成集团公司实行一级法人，其经费在集团统一管理下账目单列。③解体溶入型。这种类型是科研机构进入集团之日，即其解体之时，参加集团后既不保持相对独立，也不保留法人地位，如上海自行车研究所一分为二进入凤凰集团、永久集团，常州自行车研究所进入金狮集团，科技人员作为集团企业技术开发力量的补充，完全溶入集团企业之中。④联合进入型。通常是一些行业性科研机构以法人地位进入行业集团，以行业集团中的企业产品开发为课题来源，科研机构与集团企业之间以合同形式进行经济往来，如北京日用化学研究所进入北京丽源日化集团股份公司，承担集团公司所属 12 个企业的科研任务。⑤多头进入型。这种类型多在研究院（所）门类比较齐全，任何集团企业都无力将其兼容并蓄的情况下，科研机构采取化整为零的方法，以专业研究为单位，对口多头进入集团企业，如上海煤炭研究所以专业对口为原则分别进入 3 个企业集团。

（2）以科研机构为主经营的科研先导型集团。这种集团以科研机构的科技开发为主。一般生产企业的领导由科研机构派人担任，全面负责企业的产、供、销等主要经营活动，有些企业也兼作科研机构的中试基地或试验工厂。如四通科技开发集团承包路岛公司、智达公司、云南电子设备厂三家国有企业，通过优化改组，引进经营管理机制，既搞活了三家企业，取得了明显的经济效益，又使这三家企业成为四通集团联合开发的基础。这种独立核算、自主经营、经济自立、自负盈亏，集科研、生产、经营于一身的模式，有利于根据国家、地方和行业发展的实际需要，使科研选题与应用紧密衔接，加速科研和技术转化为生力的进程。那些具有较强的产品综合开发能力又同时具有一定的生产手段的科研机构，能积极打破自我封闭、单纯靠科研办科研机构的模式，由科研型向科研经营型转变。

（3）科研机构和企业联合经营的集团。有三种形式：第一种是专业对口，产品联合的独立科研机构和物质生产部门联合组成的集团，是科研、生产、经营型经济实体。从结合的程度看，一般又分为松散型、半紧密型、紧密型三种。也就是说，科研机构与企业从经常化的、稳定的产品项目的合作关系，转向经营发展战略紧密结合在一起，进而发展到科技开发、经营行为。财务与核算基本融为一体。第二种是科研机构与企业联合创办集团。这种集团企业是以科研机构与企业采取共同投资、共担风险、共享成果的原则而创办的联合经济实体。科研机构提供技术投资，企业提供设备、厂房和劳动力投资，双方联合办集团。这种集团往往是因为科研机构要找“锅”下“米”，工厂需要找“米”下“锅”，互有需要，优势“杂交”，从而开办起来的科研生产联合集团。第三种是科研机构生产合并，企业需要科研机构的技术和人才，科研机构需要生产企业的中试基地和提供科研经费，为求得双方共同的生存和发展，按照专业化、一体化的原则组建科技生产混合型集团，实现人、财、物、产、供、销六统一的管理体系。这种集团开拓了科研机构与生产企业实现科研生产一体化的新途径。

三是按科技开发集团的不同投资形式，决定不同经营模式，有三种类型：

（1）科研机构以科技成果为资金的投资形式。这种投资形式是科研机构将科研成果折算成资金形式，与生产企业的厂房、设备、流动资金等投入集团经营。这种投资形式的集团，一般是企业经营型的。它的优点是投资责任比较明确。

（2）科研机构以科技成果加资金为投资形式。这种投资形式不但以成果为投资内容，而且也投入一定的资金和设备。这种投资形式的优点是有利于科研单位内部资源的充分应用，这种投资形式的集团，一般为科研机构经营型或联合经营型的模式。

（3）企业内科研机构反向投资形式。这种形式是生产企业每年固定向科研机构提供一定数量的科研经费，科研机构定期向生产企业提供所需要的科研成果，并从集团的经营收入中分成收益。这种投资形式的优点是科研机构有固定的经费和项目来源，有利于克服科研工作的盲目性。

## 三、科技开发集团的功能

科研生产联合体的科技开发集团是在横向经济联合的基础上发展起来的。它是科研与经营联合的一种较为紧密的形式，比起以科技成果转让、技术合作建立的横向联系更具有优越性。实践已证明，科技开发集团确实是推动科学技术与经济建设紧密结合的行之有效的形式，对发展科技事业、促进国民经济建设发挥着重要的作用。

### （一）科技开发集团，有利于促使科研和生产经营相结合

科技开发集团能把长期脱离生产实际的科研机构与生产经营企业联结在一起，打破了科技系统长期以来与生产脱节的封闭状态，从而改变了科研生产相脱节的现象。加快了企业产品更新换代的速度：科技开发集团使科研与生产结成一体，集团中的生产经营企业，既是科技新产品的生产场所，也是科研机构的中试基地，使科研到生产经营中的每一个环节环环相扣，从而缩短了科研成果的研制周期和新产品的开发周期，加快了科研成果向生产的转移，加快科研成果转化为优质产品的速度，增加了科研的经济效益。

### （二）科技开发集团，有利于增强集团企业产品的更新能力和市场竞争能力

技术开发能力较强的科研机构面向一批企业，以产品开发为主导，组成科技先导型的科研生产集团，这种集团的支柱是科研机构，科研机构不断将其开发出的新产品、新技术向企业提供，企业依靠科技先导制胜，提高了企业的素质，促进了企业设备的更新改造和产品的升级换代。同时，由于科技先导型集团的功能发挥，沟通了科研、生产、销售的信息，促进新产品的研究、开发试制、生产，打开了市场销路，从而增强了企业的产品在市场上的竞争能力。

### （三）组建科技开发集团，有利于高技术、新兴技术产业的发展

高技术和新兴技术（包括微电子技术、微电子计算机技术和工业、生物技术及应用生物技术产业、光纤通讯和程控通信技术及其工业、柔性制造技术和工业机器人、激光技术和激光工业产品、新型材料产业等）是当代科学技术发展的结晶。世界新技术革命的发展，使高技术产业在国际范围内日益成为推动社会和经济发展的新因素，它还在并必将进一步促进生产力的新飞跃，给社会和经济发展带来新变化。放手支持和扶植高技术、新兴技术产业的发展，这是我国经济发展的一个重要组成部分，也是推动科技发展和深化改革的重要内容。发展高技术、新兴技术产业仅依靠企业有一定的局限性和难度，而组建科技开发集团，是发展高技术、新兴科技产业的有效途径。如中国科理高技术集团、陕西康纳高技术集团，通过横向联合，集中了 25 个成员单位，包括军工、民用、科研、生产、销售、技术服务等层次的部门，形成了从研究开发到生产销售有机结合的纵向接力一条龙体系，相互取长补短，联合开发，集中攻关，积极发展高技术和新兴技术产业，攻克了不少项目，在计算机应用系统、光学、精密机械、电子综合仪器设备、多通遥测地震仪等方面的研究都取得了可喜的进展。其中，五笔字型和五笔字画输入方法，在美国和英国已获得了专利权，并已出口，对普及汉字在全世界的应用起了推动作用。

### （四）科研开发集团，有利于造就新型的科技经营型人才

科技开发要依靠科技人员，说到底，科技开发实际上是人才的开发。建立和发展科研生产联合体和科技开发集团，能够吸引和汇集大量的科技人才，使一大批科技人员从科研岗位转向经营，科技人员活动的舞台扩大了，才能和创造力得到了充分的发挥。四通集团是高科研开发型的民办企业，是由 19 名离职的中年科技人员创建的。从 1984 年初成立到现在，四通集团已拥有 250 多名职工。近五年来，绝大多数科技人员参与科技开发经营工

作，分别到分公司、专业公司、承包企业担任技术顾问、厂长、经理等职务。实践证明，具有专业知识的人才，一旦转向去搞经营管理，他们的能量比一般企业家更大。四通靠借2万元开办费起家，没要国家一分钱投资，共完成销售收入近亿元，上缴各种税收1 000万元，还银行利息184万元，为社会公益事业捐款30万元，形成固定资产1 000万元。四通不仅取得了显著的经济效益，而且造就了第一流的开拓经营型科技人才。

**（五）发展科研生产联合体和科技开发集团，是振兴我国经济的必由之路**

科技与经济是相互促进和互相制约的，科技是推动经济发展的强大力量。要振兴我国经济，一要发展科学技术，大力推进技术开发是技术推动经济发展的关键；二要实现沿海地区经济发展战略，推进外向型经济的发展，在发展劳动密集型和劳动智力密集型产业的同时，不失时机地采取果断措施，积极推进技术开发，放手支持和扶植高技术、新技术的发展。技术开发和发展高技术、新技术，是外向型经济中具有高智力、高技术含量的部分，具有高效益、高风险的特点。只有发展科研生产联合体、科技开发集团及科学园或科学城，才能变单体优势为群体优势，缩小科技优势与经济落后的反差，如北京中关村已有各种科研生产联合体和集团共58家。知识密集一般都集中了几十或上百个科研机构和高等院校，或是集中了某种高技术的权威或生产基地，所需人员相应地都具有高技术的水平，而且由于高尖技术对体力劳动需要量很小，所以一般人数不多，产值高，用先进技术指导生产，最新的科研成果转化很快，年产值常常高出一般企业或地区很多倍。这种高层次的联合，有利于引进、吸收、消化、创新世界先进科学技术水平，同时又可在更高的科技水平上出口有竞争力的产品及先进技术，与国外同行加强联系与合作，不断追踪和保持世界先进水平，从而不断带动国内科学技术水平的提高，还将促使传统产业、乡镇企业的改造实现跳跃性变化。

## 四、科技开发集团的现状和发展对策

我国科技开发集团的发展，根据各联合组织所利用的科学技术的先进程度、内容和人员素质的不同，一般可分为四个层次，可以划分为高层次的科技联合、混合型的生产科技联合、中层次的科技联合、低层次的科技联合。目前高层次的科技先导型的集团在我国还为数不多，如中国科理高技术集团、中国恒大科技集团、中国大通电子技术集团、中国科学院辐射技术开发集团、北京民办四通电子技术集团、陕西高等学院科技联合开发集团、陕西康纳高技术集团、西安七星科技开发集团、广州新港科技开发集团等30多家。从发展的现状来看，大多处于初创的打基础阶段。科研机构、高等院校参加生产的企业集团，构成生产科研混合型的集团，这种类型的集团我国当前有四五千家，当然这种混合集团吸收科研机构、高等学院参加的程度和内容也有所不同。至于低层次的科技协作，也可算为科技生产“一条龙”，这种联合形式是广泛而大量的。而中层次的科技联合，也就是科研生产联合群体，形式多种多样，全国有上万家。上海80多个科研机构以及45所大专院校，已与上千个大、中、小企业及乡镇企业建立了600多家各种形式的科研生产联合群体。这些联合群体，按所有制分，全民的占21.5%，集体的占68.9%，全民、集体联营的占9.6%；按联合内容分，以科研生产为主的占80.9%，科研、生产、教育兼有的占

19.4%；科研、生产、贸易兼有的占7%，科研、生产、教育贸易兼有的占1.7%。

我国科技开发集团、科研生产联合群体目前虽然仍在发展，但速度缓慢，其原因是多方面的。当前，遇到的主要问题和困难主要有以下五个大方面：

### （一）我国企业大多缺乏依靠科技进步的压力

据国家有关部门对全国6 800个大中企业的调查，它们对技术的需求状况是：10%的企业有危机感，急需技术；20%的企业对技术有所需求，但不迫切；70%的企业认为日子过得不错，产品比较畅销，还不觉得有技术进步的需求。据辽宁省对158种产品的分析调查，有52%属于短线产品，供不应求；41%属于适销对路，供需平衡；7%属于滞销产品，供大于求。可见，大多数的企业都处于满足现状的状态，对开发新产品迫切性不强，因而缺乏与科研机构组成联合体的热情。

### （二）我国绝大多数企业都缺乏技术开发资金，缺乏稳定的资金渠道

一方面，工业发达国家中企业的技术开发费用，一般占其销售总额的10%左右。而我国的企业，其技术开发费只占其产值的0.3%～0.5%。按照财政部试点的规定，企业可按销售额的1%提取技术开发资金；采用新技术、新工艺所增产部分的销售额提取3%，作为科技人员的奖励基金，但在执行中，这两项基金极难获得，目前试行面也很小。另一方面，在企业中要赞助、乱摊派的现象，也使一些大中企业难以招架，非生产性开支太大，用于技术开发的资金得不到保证。按国家有关部门对全国冶金、机械、化工、轻工、电子五个行业139个企业的调查，企业技术开发资金在总产值中所占比重极低。冶金行业的技术开发资金仅占总产值的0.5%，化工占1.1%，机械占1%，轻工更少，电子稍多，也只占5.5%，都远低于国外的比例。

### （三）科研与生产结合缺乏机制，还没有形成合理的企业竞争环境和格局

我国经济体制和科技体制改革正在进行，在目前条件下，在经济生活中实际上存在着新旧体制交替并存的局面。这种状况短期内不会根本改变。由于改革的政策措施尚不配套，我国企业在财、价、利、税方面，实际上仍存在着不平等地位和苦乐不均的现象，没有形成合理的竞争环境和格局，加上资金市场、劳务市场、原材料市场和生产资料市场均未形成或很不完善，我国宏观市场的机制作用还未充分发挥。这种状况不利于激励企业的竞争与活动。从实际情况看，目前对技术需求迫切、有压力的，是一批放得比较活的、处于竞争状态的中小企业和乡镇企业，然而他们资金有限，因此对技术的需求也很有限，对整个技术市场和科研机构的吸引和影响还相当有限。

### （四）不少企业热衷于从国外引进，不注重自身的技术开发

目前，由于现实环境的影响和一些政策的限制，许多单位宁可花大量的外汇引进国外技术和生产线，也不愿少花钱吸收国内新开发出的技术和工艺。因为引进国外技术设备方便，设备、材料都不用到处跑，省时省力，又不承担风险，且引进国外的技术服务质量较好，交货时间和质量均有保证。另外，引进花的是国家钱，而吸收国内技术要花本单位的钱。

**（五）现行的税收政策对科研生产联合体和科技开发集团尚缺乏明确的规定**

各级税收部门征税口径不一致，有的免征，而多数对科研机构从联合体取得的收入要征税，且税率高达5.5%，致使不少科研机构对进一步发展联合群体和集团态度消极，将已有的联合体降格为技术转让。

我国科研生产联合群体和科技开发集团的发展趋势，是与我国生产力的发展水平紧密相关的。我国目前的生产力状况是多层次的，既有高精尖、自动化的世界先进水平，也有机械化、半机械化的水平，还有大量手工劳动的低水平，甚至还存在极少数刀耕火种式的原始水平。这种生产力状况一定时期内将继续存在。根据马克思主义经济理论，各种经济形式的取舍标准只能是看它能否适应生产力的性质，因而科研生产联合采取何种形式，也只能根据它们所对应的生产力水平来决定。相应于我国多层次的生产力状况，我国科研生产联合在目前和将来的相当长的一段时期，只能采取科技先导型集团、生产科研混合型集团、科研生产联合群体、科研生产“一条龙”的四个层次的有机结合，长期并存、共同发展的结构模式。因为，高层次联合，即科技先导型集团（包括高技术密集的科学园）和混合型联合，即生产科研集团，都是社会化大生产发展到一定水平的必然要求，否则生产力的进一步发展就会受阻；中层次联合，即科研生产联合群体，是目前我国充分发挥现有科研机构和生产企业潜力的极好形式，是当前国民经济全面发展的重要支柱；低层次的联合，即科研生产协作的“一条龙”，是我国农村兴旺发达，缩小并最终消灭城乡差距的根本保证。所以，合理建立科技开发集团和生产科研集团，大力发展各种形式的科研生产联合群体，有条不紊地发展科研生产协作，是我国国民经济持续稳定发展的客观要求，是科研生产联合发展的必然趋势。

实现上述发展路线，为促使科研与生产结合创造良好的环境和条件，使科技开发集团健康发展，应采取以下措施：

第一，要为企业创造技术需求的条件，增强企业的技术吸收和开发能力。这是整个经济体制改革的中心环节，也是搞好科技与经济结合的重要前提，应当尽快建立适用的考核企业技术进步的指标体系，对企业明确地提出技术进步的要求，它们可使企业具有依靠技术进步的压力和活力。比如，可以考虑如下因素：①技术进步因素对总产值增长速度的贡献指标；②年技术进步的速度；③产品更新速度；④质量升级考核制度；⑤采用国际标准要求；⑥环境污染治理要求；⑦主要的生产进程和企业管理采用新技术的要求；⑧全员技术素质提高要求等。它们可使企业逐渐具有依靠技术进步的压力和活力，促使企业行为真正走到追求依靠技术进步的轨道上来。这样，才能刺激企业对技术的需求，形成繁荣的技术市场，才能使企业对科研机构和科技人员产生一定的亲和力，进而促进科研与生产牢固地结合。

第二，组建科研生产联合体和科技开发集团应坚持自愿互利、平等协商的原则。科研机构进入企业集团或组建科技开发集团，各方均有很多具体情况和实际问题。如专业对口问题，科研机构的技术覆盖面和生产企业的技术需要有大小的科研机构可能大于生产企业，有的是虽然科研机构大于生产企业，而生产企业需要的技术科研机构却不具备等情况均有可能。所以，一般不要由上而下地由谁家进入谁家，而是要由各单位自己去商量，要体现自愿的原则，自行选择合适者，在互利、平等的基础上进行结合。行政主管部门主要是合理指导，制止不健康、不合法的情况产生，以防搞成行政性的公司，走回头路。自然，结合是自愿的，那么，在一定条件下，某一成员退出也应是自愿的。

第三，正确处理科研机构与生产企业在集团中的关系。科研机构进入企业集团，或生产企业参加科技先导型集团，就形成了休戚相关、同舟共济的依存关系。因此，必须妥善地处理相互之间的利益关系，在科研方向和任务上，科研机构的研究方向必须与集团企业的发展规划相吻合，以集团的技术、生产的发展战略目标作为自己的主攻方向，科研机构的研究课题、技术开发任务，应以集团企业开发新产品、进行技术改造中迫切要解决的技术问题作为自己的课题，但可享有一定的自主权，可以对外承担一部分科研、咨询任务。在科研经费上，科研机构的科研事业费以进入前一年为基数长期拨给原科研单位使用，不准挪为他用，科研经费可由科研机构在从政府部门集团及外单位承担科研咨询任务的同时，取得经费。科研机构从外单位开展“四技”活动中取得的收入，其分配由科研机构与集团企业协商。在经费上，集团企业要从留利中逐年增加技术开发资金，逐步承担进入的科研机构的经费。在工资奖励标准上，科研机构进入集团企业以后，可以按事业单位的标准执行，也可以按企业标准执行，原则上就高不就低，但只能执行一种标准。科研机构职工的分配水平应随着集团企业的留利水平和职工奖励水平的高低而相应地浮动，同时还应考虑科研机构对集团企业作出的贡献，其贡献越大，科研机构职工的奖励、福利待遇也应越高。

第四，同步配套改革，逐步转轨变型。要同步进行经济、科技、政治三大体制改革，政府部门要简政放权，对科研机构和集团企业的管理，应由直接控制为主逐步转为间接管理，进行方针指导和协调服务，应扩大集团企业和科研机构的自主权，逐步把人事、财务、奖励等权限下放，使科技开发集团真正成为自主的经济实体。对应用科研机构采取先转轨变型，由机关型转为企业型，由科研型转为科研经营型，由闭关型转为开放型，由单一型转为多种经营型。根据不同类型、不同研究性质的科研机构，实行不同的财政管理制度，或逐步递减财政拨款限期自负盈亏，或定额补助，或实行有偿科技贷款，利用有效的经济杠杆手段，促进科研机构加快改革，为建立科技开发集团创造外部条件。

第五，要有配套优惠政策的扶植。根据科研机构的性质，科技与生产联合的形式，某一科研领域的难易程度（指技术密集、智力密集的程度）制定特殊的优惠政策。银行信贷要搞活资金融通，改变切块贷款，根据不同情况按需信贷，给予低息或补息优惠。在财务税收上，是实行归口核算、归口纳税，还是实行多口核算、多口纳税，要朝有利于紧密型集团方向调整。对科技开发产品的税收，可参照中试产品的办法，在规定期限内免税。在中试鉴定形成生产能力后，按新产品规定在一定时期内享受免税优惠。对科学机构从科研生产联合体中所得分成，暂免征所得税。要提高企业从留利中技术开发经费的比例，对在国内进行技术转让、技术咨询、技术服务、技术培训、技术承包的要给予优惠政策，使企业和科研单位都能够得到实惠，增强实力。用政策扶持科技开发集团的建立，促进其发展，用经济杠杆引导、调节、控制科技开发集团的发展方向和行为。这样才能使科技开发集团顺着发展社会主义的有计划的商品经济诞生，沿着社会主义的方向健康发展。

原载《学术交流》1989 年第 2 期

# 积极发展股份制的集团公司*

股份制的集团公司，是以公有制为基础的社会主义股权式企业，是一种新型的企业组织形式。据不完全的统计，全国实现股份制的企业已有6 000多家，实行股份制的企业集团也越来越多。实践证明，积极发展集团股份制，是理顺集团内部资产关系，确认和保护企业利益的一种重要途径和方式，是建立社会主义新型所有制关系的好形式，是推动企业集团深入发展的重要途径。

## 一、股份制是企业集团深化发展的必然趋势

用股份制构造新型企业集团，并非凭空杜撰，它不仅有科学的理论根据，而且在实践中具有客观必然性。

### （一）股份制集团公司是我国生产力与生产关系矛盾运动的产物

现代化企业的大生产不仅建立在现代最先进的科学技术基础上，而且也必须建立在生产社会化的基础上，生产社会化和专业化协作的发展，就必须要求实行经济联合。企业集团作为不同企业联合的一种经济联合体，反映了生产社会化的客观要求。可是，我国现阶段又存在着与社会化大生产发展的要求不相符合的矛盾，表现为多层次社会化的生产力与经济利益多元化的生产关系之间的矛盾，既有国家所有制和集体所有制这两种公有制的形式，又有个体所有制的形式，还有各种混合所有制的形式，不同的所有制形式意味着各种所有制形式之间具有各自不同的特殊的经济利益关系。即使在同一的全民所有制经济内部，由于种种原因，同样也存在着复杂的经济利益关系。经济利益的多元化，是我国现阶段社会经济关系的基本状况，而我国现阶段的生产力状况，要求在一定的深度和广度上实行生产经营活动的协作与联合，也就是要求在一定范围内对社会生产力集中使用，统一管理。一方面是经济利益的多元化，需要保持各自的所有权；另一方面，是协作化和联合化，需要集中的使用权。这是一个矛盾，在发展经济联合和组建企业集团中所碰到的种种摩擦和障碍，都是这个矛盾的存在及其尖锐化的表现。解决这一矛盾的基本原则，是使人们对生产资料的所有权与使用权相分离，在保证所有权不变的前提下，使分散的使用权转化为集中的使用权，在一定的范围内统一组织社会化的生产和经营，而股份制正是具有使所有权与使用权相分离，在保持不变所有权的前提下，集中使用权这一特点的经济组织形

* 国家社会科学基金研究项目

式。因而，我国现阶段实行股份制，发展股份制的集团企业，是我国生产力与生产关系矛盾运动的产物，是我国生产力的社会化与经济利益多元化之间的矛盾的产物，具有不以人们的主观意志为转移的客观必然性。



### （二）股份制是企业集团自身发展到一定阶段的必然要求

我国企业集团是从“一条龙”内分工协作—企业联合体—企业群体—企业集团发展而来的，是由传统的协作关系，靠核心企业的先进技术，产品系列配套，生产工艺相同所形成的经济技术联系进化而成的。

随着集团企业内部专业化分工协作的深化和生产规模的迅速扩大，如何增强集团的整体凝聚力和各成员企业的向心力，已成为一个日益突出的问题。仅仅依存在这种联系，已不能适应集团自身发展的需要，不能维系集团长期共存的稳定繁荣。这是因为：

（1）稳定性和凝聚力较差，相互间的联合仅仅以经营权的协作为基础，以经济合同为纽带，这种联系因变化和产品滞销而陷入困境，结果是“可以共安乐，而不可共患难”，“就是在平时的合作中也互存戒心，主体企业怕对方翅膀硬了会飞掉”，成员企业则怕参与太深被“吃掉”，因而远不如成员企业对其原有条块的依附关系来得牢固。

（2）集团各成员企业都是独立的法人，集团对它们只具有有限的协调控制能力，旧体制的干预仍具有支配地位。

（3）集团的整体利益还是抽象的、间接的、次要的，而成员企业自身利益则是具体的、主要的，企业更多地还是从各自利益出发考虑和处理问题。造成企业集团现阶段局限性的主要障碍，除了旧有观念意识外，还在于旧体制的束缚，特别是原有政策中对企业隶属关系、财政上缴渠道、所有制“三不变”的规定。因此，只有突破“三不变”，企业集团的紧密层才能形成。改革的最好形式是实行股份制集团，这种股份制式的集资经营，具有出资者不分所有制性质、不分所属的地区和部门，一律平等，权利与义务与其出资额相一致的特点。

可以肯定，随着集团企业财力的增强和筹资渠道日益多样化，实行股份制的集资联营的企业集团会得到较快的发展。目前，各地都组建了一些股份制集团，但严格意义上的股份制企业集团为数不多，大多数只是具有股份经济成分或具有股份企业的雏形，而股份制适应企业集团深化发展的要求，有强大的生命力和广阔前途，可以预想，我国企业集团向股份制方向发展，将成为一种趋势，是不可逆转的。

### （三）深化经济体制改革为实行股份制集团创造了有利的前提条件

经济体制改革使企业和企业集团有了自身的利益和一部分自有资金，也有了一定的自主投资的权利，为实行股份制集团提供了可能性。

改革使长期以来高度集中的纵向计划经济模式转变为集中分散，纵向的计划与横向的市场相结合的有计划的商品经济，就是要大力发展横向经济联合。股份制集团是横向经济联合深入发展的必然结果。

经济体制改革突破了所有制结构单一的模式，出现了适合生产力发展的多元化所有制结构和多种经营方式，所有制结构的这种可喜变化和各种所有制形式之间的互相渗透、互相交融、互相促进，为打破地区、部门所有制，开展跨地区、跨部门、跨行业的集团式联合开辟了新的途径。

从我国当前的实际情况看，股份制是通过改革多种途径而自发产生的，发展股份制，实际上是联合经济中的一种新形式，它以股票标明联合各方经济上的所有权，又以所有权与经营权的分离为基本特征而区别于其他联合形式。现代股份制不同于其他企业制度的显著特征，就在于产权关系的多元化、社会化，并以法定的形式规定了企业产权的相对独立。股份制企业在取得法人资格以后，就在形式上成为不依赖资产终极所有者而独立存在的民事主体，拥有占有、使用和处置资产的权力。股东作为企业的所有者，虽然可以任意买卖其所拥有的股票，但无权处置公司的资产。因此，股份制是将最高层次的经营权从财产权中分离出来，从而在现代企业中形成了比较合理的财务结构，这是发展股份制集团的重要条件。

### （四）股份制集团公司是社会主义商品经济发展的必然趋势

我国社会主义经济，是在公有制基础上的有计划的商品经济。商品经济就是价值经济、效益经济，而商品经济取得经济效益的前提条件之一，就是要按照生产力发展的客观要求和商品经济的自然联系，建立经济网络和组织经济活动。而生产力发展既有地区之间、部门之间、企业之间及所有制之间的联系，又有地区内部、部门内部、企业内部和同一所有制内部各个经济之间的联系，形成纵横交错、互相交织的经济联系网络，这种客观的经济联系要想得以实现，必须不受行政区划和不同所有制关系的限制，这就要求有这样一种经济组织形式，它既保持必要的行政区划所形成的不同地区、不同部门的存在和不同的所有制关系的存在，又能满足生产力发展的分工与协作的自然联系的客观要求，实现生产关系与生产力的统一。股份制经济正是实现这种统一的最好的经济组织形式，因为股份制最基本的特征是在保持不同所有权和不同地区的前提下，把分散的使用权转化为集中的使用权，把不同地区、不同部门、不同企业和不同所有制的生产要素联合起来，集中使用，统一经营，取得最佳经济效益。所以，股份制集团是社会主义商品经济发展的必然趋势。不仅如此，在我国由于生产力的多层次状况，以及生产资料所有制多种形式并存的状况，会存在一个相当长的历史时期，因而，社会主义商品经济也必将长期存在和发展下去。可见，在我国发展股份制企业和企业集团并非权宜之计，而是一种必然趋势。

## 二、股份制集团公司的基本特征和模式结构

当前在使用股份制的概念上比较混乱，有的认为只要招股集资就是股份制企业，有的把合资企业也看成是股份制企业，还有的把各种形式的经济联合看成是股份制企业，这些都是不确切的。所谓股份制集团公司，是以公有制为基础，以大中型骨干企业为核心，以名优特产品为龙头，由若干乃至众多的具有内在经济技术关联的生产企业、科研单位、经营组织，按照专业化、协作化的要求，围绕共同经营的目标，在自愿、平等、互利的基础上，通过发行和购买股票的办法，进行跨地区、跨部门、跨所有制的集资联合经营，并按投入资金的份额参与管理和分配，实行利益均沾、风险共担、责权利相结合，具有多层次、多元化、股份化的联合实体。

## （一）股份制集团公司的基本特征

股份制集团公司除应具备企业集团的一般特征外，还应有以下几个基本特征：

（1）是不同所有制的股东联合体。股票是股份制集团企业的突出标记，是联系成千上万个股东的纽带，它区别于合伙、合资企业。它是由国营企业、集体企业、合资合作企业、外资企业，甚至还有私营企业、集团企业以及职工跨部门、跨地区投资入股，凡是有钱的单位和个人，都可以认购股票。因而，它容易突破各种限制，形成各种经济成分集资集中实行全方位的联合。

（2）是互持股票，具有流动性的组合体。股票是以货币形态表现的，它所代表的企业资产的物质形式被舍去了，因而厂房、设备、技术、专利、商标等，都可以用货币作为统一尺度折为能够等分的股权，交由联合经营。联合各方的差别，仅表现为股份多少的差别，即纯粹数量的差别，这就使企业联合变得较为简便易行，这就使股票具有可以自由转让的流动性特点，又使经济联合关系的调整变得灵活自如。一是股票的转让，使投资者能进行投资的比较和选择，可以将原先投入到某一集团中的资金抽出来，转投到预期报酬更高、对其更有利的集团企业中去；二是股票的转让，使集团企业生产经营规模的调整，只要通过股票的转让或受让、增加发行等办法，就可以较为容易地实现；三是股票的转让，使股份制集团企业要比一般企业更容易分立，以及和其他企业联合或合并。

（3）是权益分配规范化的结合体。股份制体现了“在股权面前人人平等”的原则，按照股权决定选票，选举董事长，谁入股多，谁的选票多；按照股权参与企业经营和管理的决策，谁入股多，谁的权力大；按股权分配股息和红利，谁入股多，谁得益多。在这里，权益分配是规范化的，每一股份的权益是均等的，持有相同股份的投资者的权益也是均等的，通过股份的方式正确处理联合各方的责权利关系。

（4）是“一损俱损，一荣俱荣”的“命运共同体”。在股份制的条件下，股票投资者能否获得预期报酬，完全取决于企业的盈利情况，利大多分，利小少分，无利不分，甚至还要承担破产时连本金都保不住的风险。这样，入股投资的各方，必然关心集团企业的兴衰、盈亏。在企业之间相互参股的情况下，还会进一步形成一种“你中有我，我中有你”和“一损俱损，一荣俱荣”的利益制约关系。因此，与其他经济联合形式相比，股份制集团具有较强的凝聚力，有利于巩固和发展集团企业。

（5）是法人资格的一体化和双重性的复合体。由核心企业投资入股组成的集团公司，由于实现产、供、销、人、财、物、党、政、群的九个统一，享有经济权利，承担经济责任。所以，集团公司本身具有法人资格，原来的企业各自变成分公司，由于不是独立的商品生产经营者，不具有法人资格。但在集团公司这个法人内部可以进行分权的处理，集团公司可以授权给分公司，行使法人的权利和义务，分公司仍然拥有很大的自主经营权，但财产关系得由集团公司负责，最终的盈亏也由总公司负责，这就是股份制集团公司的法人资格具有一体性。至于集团公司下面独立的子公司就不一样了，由于子公司是独立核算、自负盈亏的商品生产经营者，是独立的法人，如果破产，用子公司所拥有的法人财产抵债，集团公司除了损失已投入的资产外，可以不负额外的责任，这使股份制集团公司法人资格具有双重性。

（二）股份制集团公司的模式结构

实行股份制的集团公司，可采用“一企三制，以公为主；发行股票，直接融资；法人团体，有限责任；搞活集团，多角经营”的模式：

(1)“一企三制，以公为主”。所谓“一企”指的是股份制集团企业，“三制”是指以财政资金折价入股的国家所有制，以企业自有资金折价入股的集体所有制，职工私有资金入股的个人所有制，共同构成一个以生产资料公有制为主导的复合型的多种所有制的资金结构形式，使集团企业成为三者的载体，直接掌握生产经营权，成为集团企业命运的决定者，这是实行股份制集团所采用的一种新型的生产资料所有制的形式。

(2)“发行股票，直接融资”。发行股票应采取“分期发行，面额适度，股息稍高，弹性分红”的原则。“分期发行”是根据集团企业制订的经营发展战略规划，分期分批发行；“面额适度”是指发行股票的票面金额不宜偏大或偏小，一般可分为三种，即百元、千元和万元，前两种适用于职工，最后一种适用于企业和国家；“股息稍高”，由于股票只能转让，不能退还，实际上股金属于长期建设资金性质，因此，固定股息率稍高于银行最长期的储蓄存款的利息率是合理的；“弹性分红”，一般是在盈余分配制度中，不具体规定分红占盈余的比例，或原则上只作弹性规定，待企业办理年终决算后，视具体情况由董事会议决。

本来股票都是一样的，在股票面前是人人平等的，没有必要区分何种股份，但我们有不同的所有制，而且因为不同所有制，相应有不同的财务制度和分配政策等。因此有必要设置不同的股份，股份的设置主要是为表明股权的所有者身份。谁的股金（资产）就是谁的股权。投资主体不同，股权也不同，根据我国的实际，一般分为国有股份、公有企业股份、集体企业股份、职工个人股份四种：

①国有股份：是指属于国家有效生产性固定资产净值和国家定额流动资金所折成的股份。包括国家对入股企业过去投资所形成的固定资产净值，更新改造资金所形成的固定资产净值；新增固定资产折旧基金、退免产品税、收归还贷款所增加的固定资产净值；在企业税前还贷中，按还贷当年国家与企业利润分配比例计算，属于国家部分的固定资产净值，其股权属国家所有，占集团公司股份的绝对优势，起着支配的作用。

②公有企业股份：一是指全民所有制企业在十一届三中全会以来，用利润留成基金购置的有效生产性固定资产净值和企业自有资金折成的股份；二是指企业在税前还贷中，按还贷当年企业与国家的利润分配比例计算，属于企业的资产所折成的股份，其股权属于国家所有，但分红权和使用权归集团公司所有。

③集体企业股份：是指集体所有制企业的有效生产性固定资产净值和流动资金折成的股份。其股权属企业集体所有，但不属于集体中的任何个人所有，更不得买卖和私分。

④职工个人股份：是指集团公司职工个人以现金入股的股份。其股权属职工个人所有。

(3)“法人团体，有限责任”。实行股份制的集团公司可采用有限责任的方式，股东按股份比例分享权利，分担风险。

(4)“搞活集团，多角经营”。采取多角化的经营战略，搞活集团经济。这是实行股份制集团公司的最高战略目标，是制定集团股份制有关各项制度的准则，也是衡量和检验股份制效果的标准。

上述四种股份，除职工个人股是新投入的资金外，其他都是现有企业的资金存量，它们在折成股份时必须经过有关部门进行重新评估确认。通过企业资产股份化，明确企业的产权，为企业资产合并和联合奠定了基础。通过资产合并和一体化，形成控股和持股关系。首先，把实行资产一体化的核心企业合并组成集团母公司，形成集团的实体控制层。集团母公司采取股权转移和互换的办法，帮助进入股控层的企业所有者（主管部门），把该企业的资产全部或大部分投入集团母公司，使之成为集团母公司的股东。集团母公司再以企业法人资产形式，将这部分资产投回该企业，成为该企业的大股东，从而形成控股关系，这个企业也就转化为集团母公司的子公司。通过这种办法，虽然企业原有的资产没有增加或减少，但其产权关系、分配关系以及对企业的经营管理方式都发生了极大变化，原企业的所有者成为集团母公司的股东后，只能以股东身份享受集团母公司的表决权和按股分红权，与原企业脱离了隶属关系和分配关系，而集团母公司作为这个企业最大的股东，通过控股关系来控制该子公司的生产经营活动，并取得子公司的红利，通过股权的转移和互换，重新调整所有者、母公司、子公司之间的关系。至于发展持股、参股关系的企业，可以采取类似子公司的办法，通过股权转移、换股，也可以通过集团母公司以新增利润投入某一企业的形式发生持股关系，可以是集团母公司参其他企业的股，也可以是其他企业参集团母公司的股，还可以是集团母公司与另一个企业共同出资创办一个新的企业，这个合资企业自然成为集团公司内的关联公司。在集团内部形成母公司、子公司和关联公司以及协作配套企业的四个层次的金字塔形结构。

第一层次：母公司。它是集团公司的实体层，由核心企业在企业合并和资金一体化的基础上组成。合并后各成员企业丧失法人地位，集团公司是法人，实行人、财、物、产、供、销、党、政、群的九个统一。在集团母公司内部可设若干个分公司或分厂，但都不是法人，只能在总公司授权情况下从事经营活动，在集团公司内部实行两极核算，自负盈亏。

第二层次：子公司。它是集团公司的控股层（紧密层），由若干个被集团母公司控股的子公司组成。控股一般指控制该企业50%以上的股权。亦可根据合同关系完全控制该企业的经营管理权，子公司不同于分公司之处在于它是独立的法人，因而它比分公司具有更大的独立性。若是因地区遥远，集团母公司又不宜统得过死的企业，可采用子公司的形式。

第三层次：关联公司。它是集团公司的持股层（半紧密层），由若干个与母公司持股、参股的企事业单位和关联公司组成。包括为集团公司协作配套的骨干生产企业、商业企业及国外代理商、金融企业以及从事技术开发的科研单位，持股关系一般是指集团母公司对下属企业尚未达到50%的持股、控股线，从而在经营上还不能完全控制对方，只能通过持股、参股多少来影响对方的经营活动。因此关联公司比子公司独立性更大，是独立自主的法人。

第四层次：外围协作企业。它是集团公司的松散层（合同联结层），它包括那些以合同或协议形式长期与集团公司协作配套的企业。这个层次的企业与集团公司之间没有股权关系或投资关系，但也可发生债权关系或融资关系。这个层次相当于一般松散联合的组织形式，企业的独立性比前几个层次更大，都是独立自主的法人。

## 三、股份制集团公司的组织与管理

### （一）股份制集团的领导体制和管理体制

股份制集团的领导体制按照所有权与经营权分离的原则，设立股东大会和董事会。

（1）股东大会（或称产权管理委员会）。它是股份集团公司的最高权力机构，是所有权的组织，由全体股东参加，股东大会原则上每年召开一次，但必须达到法定的人数才能召开。在股东大会上的决议是按股计算，一股即一票权力，决议必须经出席大会有表决权的股东过半数投票同意，才能通过。如票数相等，则由大会主席（董事长）决定。股东大会行使以下职权：①选举和解除董事会、董事长和监事会成员；②确定集团的产业方向，审定集团五年以上的发展规划；③修改集团章程；④增加或减少集团的资本；⑤决定盈亏的分配；⑥对集团的分立、合并、歇业、解散、破产等重大事项作出决定。

（2）董事会（或称经营管理委员会）。它是集团公司劳动集体的经营权组织。董事会是股东大会闭会期间行使股东大会职权的机构，是股份集团公司的常设权力机构，是集团的决策机构，也是最高业务执行机构，负责集团重大经营管理事项；董事会还是集团的法人代表，董事会成员由股东大会选出或由集团各成员单位共同派人组成。其中管理人员、技术人员、生产工人各占1/3，董事会设董事长、常务副董事长各一人，副董事长三人，常务董事若干人，均由董事会推选产生，董事会成员的任期以四年为一届。可以连任，也可由原选派单位中途撤换。董事会每半年召开一次会议，在闭会期间，由常务董事会行使董事会全体会议的职权。董事会的职权是：①执行股东大会的决定。②选任和聘任总经理，并根据总经理的提名，审查、批准副总经理的任免，以及任免厂长、部长、每届任期五年。③听取并审议总经理的工作报告，审议通过集团的年度财务预算方案、决算报告和基本建设、技术改造规划。④审议通过集团公司的机构设置方案和人事、财务等重大的管理制度。⑤审查成员单位的加入、退出。⑥修改集团公司章程。⑦对集团公司的分立、合并、终止、清算等重大问题的决策。董事会对各项重大问题的决策，原则上均应协商一致，若经反复协商仍未获得一致时，按2/3以上的多数意见办理。

（3）集团监事会。由股东大会从股东中选出，不得兼任董事和经理，独立地行使监督的职能，从而与董事会处于相对独立的地位。集团监事会的主要职权是：①对集团的经营管理实行监督；②列席董事会会议；③有权提异议，要求复议；④对集团各级干部提出奖惩建议；⑤有权检查集团的财务状况等。集团监事会可不单独设立，而由职工代表大会行使其职权。

（4）总经理。股份集团一般都是实行由董事会领导下的总经理负责制。集团公司设总经理一名，作为集团的最高行政领导，对外代表集团，对内主持集团的日常工作。设副总经理若干名，协助总经理开展各项工作。总经理由常务董事会推荐，经董事会通过后聘任。总经理、副总经理的任期为四年，可以连任。总经理的职责和权限是：①制定集团公司的近、中、长期发展规划；②制订集团公司的年度生产、经营和基本建设、技术改造计划，并按此计划对各成员单位进行合理分工，协调出口价格；③贯彻执行董事会的各项决议，并定期向董事会汇报工作；④主持集团的各项日常工作，并对集团的经营成果负责；

⑤代表集团公司对外进行业务谈判及签署经济合同；⑥根据董事会审议通过的年度财务预算计划，具体处理集团的各项财务开支；⑦提出集团公司的副总经理人选及机构设置方案，并根据董事会审议通过的机构设置方案，任免各职能机构的负责人，报给董事会备案；⑧组织拟定并贯彻执行集团的各项管理制度，其中属于人事、财务等重大的管理制度，须经董事会审议通过；⑨董事会授权行使的其他各项权力。总经理因故暂时不能履行职责时，可指定某一副总经理代理其职务，但须知照常务董事会及各有关成员单位。

在集团管理机构方面，应本着精简、高效的原则，设立科技开发、销售、物资供应、建设、投资、外贸进出口、劳动服务、财务等专业职能公司和业务管理部门，分别为各成员单位提供相应的服务。除职能公司外，集团公司可根据生产经营的需要，设置其他职能部门，集团公司本部的工作人员，主要由集团主体企业派人组成，而集团各职能公司的工作人员，由各职能公司经理根据该公司的工作需要聘任。

集团公司的职责和权限是：①贯彻执行党和国家的方针、政策、法律、法规，负责全面完成国家计划，统一制订企业发展规划和年度生产计划，对主要产品统一开发、统一配套、统一销售；②实行独立核算、自负盈亏，对财务管理高度集权；③对资金采取统贷统还、上贷下划、有偿使用的方式进行管理；④有人事调动权；⑤负责对国家分配的物资和能源等指标，按计划向集团公司所属单位划转；⑥遵照国家现行政策，对所属单位的人事、劳资、生活福利、劳动保险、劳动保护、环境保护进行统一平衡、分级管理；⑦负责制定产品技术质量标准，并监督执行；⑧有权向社会各方募集股份；⑨接受财政、银行、税务、审计、物价、工商行政、统计等政府部门的检查和监督，依法纳税。

各职能机构的责任和权限是：①经总经理授权为集团公司法人代表委托代理人，享有授权范围内的责任和权力；②有本单位生产经营指挥权，负责组织完成集团公司下达的各项计划指标；③有生产技术和产品质量的管理权，按集团公司规定的技术、质量标准，组织职工不断改进工艺，保证产品质量不断提高；④有对单位机构设置、人事任免、内部分配和对职工奖惩时的权力；⑤有安排使用自有资金的权力；⑥在保证完成集团公司指令性计划的前提下，如有剩余能力和条件，有权生产、销售市场需要的产品和承接劳务加工及收益分配的权力；⑦在集团公司劳动力指标控制范围内，有自主用工的权力；⑧在不违背集团公司规章制度的前提下，有权根据实际情况制定、修改、废除本单位各种规章制度。

### （二）股份制集团的内部管理要强化决策，明确责权

股份制集团是由众多企业联合而成的大型经济组织，集团成员企业大都拥有经济上的法人地位，各自具有独立的经济利益。因此，集团内部的管理一般是采用集团的统一性和成员的相对独立性相结合的管理方式与方法，实行集权与分权相结合的模式。这种模式一方面加强了集团的统一领导，强化集团总部对所属成员企业主要经营活动的规划、指挥、协调职能；另一方面，使所属成员企业仍然拥有一定的自主经营的权力。一般地说，凡涉及集团总体发展的全局性权力，如集团的战略决策和经营规划，主要原材料的采购供应和主要产品的销售，集团的财务会计和预算的确定，整个行业的技术改造、技术引进和外资利用，股金的分配等方面的权力，必须由集团集中掌握。

由于股份制集团的行为是一种群体行为，存在着集团共同发展与投资主体多元化的矛盾，而且集团内部是实行“统分结合”的管理模式，这就要求采取开放型、全方位式的经

营战略决策，通过集中决策来指导成员的经营发展方向，如制定集团的发展战略的经营方针，集团的基本管理程序和管理制度等，使集团具有统一的系统目标，形成有机的整体，做到集团的整体经济效益与成员的单位经济效益相结合，集团及其成员的眼前利益与长远利益相结合。保证集团的整体性，从而使集团健康地发展。

### （三）股份制集团公司的民主管理

职工入股将以所有者和经营者的身份直接或间接地参与集团公司的民主管理，体现了职工的主人翁地位。职工代表以股东身份参加集团公司的股东大会和董事会。在董事会中，生产工人的董事应占1/3，董事会的董事长应由一名工人代表担任，在集团公司召开股东大会和董事会讨论集团发展规划、生产经营活动等重大事项时，工会代表还有权列席会议，反映职工的意见和要求。在董事会研究决定职工奖惩、工资制度、生活福利、劳动保护和退休保险等问题时，工会应有代表列席会议，董事会要听取工会意见，争取工会的合作。这样就能使职工代表直接参与集团公司的经营决策和日常管理事务。这比一般企业的职工代表大会参政谋政的职能大大进了一步。同时，集团公司实行职工代表大会制，并把集团公司监事会的职能交给职工代表大会行使，这对集团公司的各项工作能起到更加有效的监督作用。

### （四）股份制集团公司的财务管理

财务管理是整个集团公司管理工作的一个重要组成部分。财务管理的主要任务是编制财务计划，搞好资产和投资的管理，负债和股金的管理，前提是对股额和股份的确定，这是一项复杂而细致的财务计算与核实工作。目前相当一批老企业的固定资产原值偏低，大量的低值易耗品只保管实物，不反映金额，账实脱节的情况相当普遍。因此，应分情况作全面的清产核资定股。一是对生产用和管理用的固定资产核定，应先核实账实数字，对损坏及无修复价值的应扣除，对本企业不需用的也应限期处理。数字核实后，对资产价值的计算，为简化工作，可以按账面净值计价。如经投资各方协商同意，也可重新估价，为消除账面净值同资产现值的差异，可采用账面净值反映不变，而核定股额即按账面净值计算，其差额可以“后备基金”反映，作为个别资产清理损失的抵偿。二是对非生产用的固定资产，如托儿所、俱乐部、运动场等，是原属企业福利费开支建设或购置的，一般不应作股份。三是由折旧基金形成的生产用的固定资产则要分别处理：①如企业提取的折旧冲减原企业“固定基金—企业固定基金”的以此类折旧基金投资形成的资产，则应划为企业集体的股额和股份；②如企业提取的折旧，冲减国家“固定基金”，以此种基金形成的生产用和管理用的固定资产，则应划为国有股的股额和股份；③实行股份共有制企业的折旧提取，不冲减“固定基金”（长期投资），用销售中回收的折旧基金用于扩大生产投资形式的固定资产，应全部归股权者所有，在适当的时候作增加股份或提高股份处理；④从成本中提取的大修理费，如用于改造项目而增加的固定资产，应按各股权者的比例分配其股额和股份；⑤对于新建企业各方共同投资而形成的全部资产，应按各方投资的比例计算股额和股份；⑥对于企业现有流动资产和货币资金及债权债务的核实，主要有流动资产的核实，印材料、配套件、在制品、半成品、成品、生产用价值较大的工具、专用工具、工位器具、维修备件和包装物等，均应实地盘点并做到账实相符，对已承付货款的在途材料，应与卖方核实，对已发出商品尚未回收货款的应与买方核对。账面上的债权债务应内外核对无讹，若有呆账、坏账或无法支付的债务则按规定手续予以处理，以核实正确的债权债务数，对账面历年来挂账而得不到弥补的企业亏损，未上缴的财税款，亦应在核实股份前予以处理。

## 四、实行股份制集团的正确途径和社会经济环境

在社会主义条件下，发展股份制集团是一件复杂的新事物，牵涉面广，影响深远，应当采取积极慎重的态度，创造有利的内外部条件。

### （一）更新观念，为实行股份制集团树立牢固的思想基础

实行股份制集团是一次带有根本性的消除僵化经济体制的重大变革，至少在理论上有三个重大突破：一是实行以公有制为主导的复合型生产资料所有制，突破了长期以来实行的单一型生产资料公有制；二是实行以国营企业直接融资的市场信用，突破了长期以来由国家银行集中使用的单一的信用制度；三是实行社会化横向的综合发展的企业结构制度，突破了长期以来实行纵向的分专划细的企业结构制度。

### （二）端正指导思想，明确股份制集团的性质

实行股份制集团中一个最大的思想障碍，是有些人把股份制等于资本主义，甚至认为股份制就是私有制，实行股份制就是公有财产的私有化。这是一种模糊认识。其实，股份制和资本主义经济是两个不同的经济范畴，股份制是一种联合经济或合作经济，它一般是指通过集资入股和发行股票等形式，把个别分散的资金集中起来，组织更大规模的经济实体，从事生产经营活动，以促进生产发展的一种经济形式。股份不是某个社会特有的经济现象，它是与社会化大生产和商品经济相联系的一种经济组织形式。股份制的社会经济性质和它所体现的生产关系，归根到底，是由它所处的社会条件所决定的。

至于少数职工认购少量股份，类同于银行存款，目的是期望得到较多一点的红利。由于这些资金基本上是劳动所得，不能看成是一种剥削，而类似股金合作，更可以视作公有制经济。至于少数人购买较多的股票，从而取得一定数量的红利，我们认为应当允许存在。社会主义初级阶段的一个基本特点是社会主义公有制与非社会主义所有制同时并存，允许多种经济成分共同发展。这样做是壮大了公有制经济，而不是削弱了社会主义经济。总之，我们树立的社会主义股份制的新概念，要与资本主义股份制加以区别。

### （三）坚持条件，组织制订股份制集团方案的实施

积极发展股份制集团，并不是不顾情况都可以立即实行股份制，实行股份制的集团需要具备的条件：一是集团企业本身的产品信誉和信用为社会所公认，只有集团企业的产品在国内外市场上具有一定信誉和经济效益比较良好的，才可以实行股份制。因为投资者最关心的是投资安全和能否取得较大的经济效益。如能满足投资者这两项要求，它就可以在社会上（包括国内和国外的资金市场上）发行股票和债券，就可以迅速筹集巨额资金，用于扩大生产经营，这是实行股份制必备的基本条件。二是已经实现了经济联合，组成不同形式的经济联合体，才能通过股份方式，公平合理地处理入股者的责权利的均等关系。

企业集团可以发行股票，但必须具备一定的资格：①必须是按照法定程序取得营业执照的经济组织；②必须是按照法定程序经过注册登记正式成立的法人组织；③必须具备盈利能力和承担经济责任能力；④必须有明确的发行股票的章程，写明原因、企业名称、批准登记日期、拟发股票总额、每股金额等内容，并正式提出书面报告；⑤对于新办企业必须公布最少的设股金额和对发起人的各方面情况作必要的介绍。具备上述条件的企业和企业集团都可以发行股票。

实行股份制集团，应制订实施方案，有计划、有步骤、分阶段地进行。主要内容是：①制订股份制集团公司章程草案；②清理固定资产和进行折股；③制订招股章程草案，根据发展规划着重提出吸收入股的主要对象，这是实行股份制的关键环节，与集团公司未来发展有密切关系，事先应做好调查与主要吸收入股对象进行联系，有的可以吸收为发起人；④制订股东会、董事会、总经理制等有关组织章程草案；⑤制订盈余分配制度草案；⑥制订股票发行和管理制度草案；⑦召开发起人会议，认购股份和交纳股金；⑧政府指派董事长召开董事会筹备会议，聘任总经理。聘任总经理关系到未来集团公司的兴衰、成败，必须慎重从事；⑨召开股东大会，选举常务董事，通过集团公司章程、经营方针和中长期发展规划；⑩成立董事会，通过董事会章程；⑪总经理就职，宣布集团公司机构及负责人名单；⑫报请工商行政管理部门申请注册登记。

最后，实行股份制集团还需要一定的外部条件，这就是在宏观管理方面进行必要的配套改革：一是要完善税收制度。实行股份制，要按股分红，股份集团公司里既有国家股，当然也要分红，这就和现行的税制发生了矛盾。近几年实行利改税，把全民所有制企业应上缴的利润纳入了税收渠道。如保持原税率不变，国家再从企业利润中分红，必然影响企业利益，这肯定是行不通的。利与税本来是两个不同的经济范畴。国家作为行政管理机构，有征税权利，任何企业都有纳税义务，不应该一厂一税。国家作为全民的代表，对全民所有制企业所获得的利润，有分红的权利，也有分亏的义务。分红多少取决于投资多少和盈亏情况，一厂一利是天经地义的事。硬把这两种不同性质的经济范畴合二为一，因此不得不设调节税，造成一厂一税，而且往往鞭打快牛，很不合理。实行股份制势必要求税与利再分开，各走各的渠道。逐步取消调节税，降低法人所得税，然后通过国家股分红渠道取得国家应得的收入。二是投资与贷款要分开。国家对企业的投资由财政拨款改为银行贷款，使企业承担贷款利息，这对于促使企业关心投资效益起了一定的作用。但把投资与贷款这两种不同性质的经济范畴混为一谈，存在很多问题。实行股份必然要求投资与贷款分开。作为所有者必须有一定的投资，对国家来说就是拨款，形成基本资产，然后以银行贷款作为补充，还贷要从利润中支付，贷款所形成的资产，则作为投资者的增股或股票升值，这样才能合理处理财产关系。三是要建立相应的证券市场。股份制集团的发展，要求逐渐建立并开放证券交易场所，使集团的股票、债券及其他有价证券得以发行和交易，否则还是会因人们不愿购买股票而造成资金来源枯竭，最终危及股份制集团的发展。同时，证券市场的建立还有助于利用证券市场价格的作用，促进集团改善经营管理，进行产品结构的合理调整；有利于促进资金合理流动，资源有效分配，从而提高投资效益；也便于国家通过证券市场的管理，实现资金供给与需求的平衡。

此外，还应在行政管理体制、价格体制、财政体制、金融体制等方面进行配套改革，给股份制集团的发展创造宽松的社会经济环境。

总之，随着股份制集团企业的发展，必然会涉及一系列的法律问题，提出许多新的法律要求，这就必须加强经济法制，使集团企业的运行机制法制化，从而保障股份制集团企业的健康发展。

原载《暨南学报》1989 年第 3 期

# 论企业集团向集约经营的战略转变*

改革开放以来，我国企业和集团企业运行经历了或正在经历着两次转轨变型，第一次是由生产型向生产经营型的转变。当前正由经营粗放化向集约化发展，认真探索粗放经营向集约经营的战略转变，发展具有中国特色的集约经营，从而加快我国实现现代化经营管理和现代化建设的步伐，这是值得探讨的理论和实践问题。

## 一、集团企业集约经营的含义和基本要求

集约经营，源自农业，原指农业的经营方式。粗放经营与集约经营最初是指农业生产的两种截然不同的经营方式。粗放经营与集约经营二者的根本区别在于：前者是以量（扩大面积）取胜，而后者则是以质（单位面积高产）取胜；前者是低技术含量、低管理水平、低经济效益，而后者则是高技术含量、高管理水平、高经济效益。

随着社会生产力水平的日益提高和科学技术的飞速发展，集约化的概念已由农业的范畴扩展到工业、流通、交通、金融等各个领域。目前，世界上许多国家都非常注重集约经营，都在积极探索实现经济集约化的有效措施。美国、英国、俄罗斯已由农业集约化迅速向全面集约化转变，把整个经济从粗放式经营转入全面集约化经营，由农业集约化转向国民经济全面集约化。它的内容和含义等都发生了变化，表明科技进步的程序和经营方式的根本转变，但本质的东西仍然是相同的。现在国内外对集约化的概念和含义尚有争议，然而总的认识是一致的，即认为它是当今世界上经济发展的大趋势，是提高社会生产力水平的有效措施。

工业企业的集约经营，是指在新的科学技术基础上，依靠科技进步和先进的管理方法，不断提高劳动生产率，降低单位生产成本。合理利用资源，提高生产资料质量，使社会经济效益不断提高的经营管理方式。有的学者认为：集约经营是指适应生产力发展和社会主义市场经济的要求，采用先进科学技术和现代管理，有效利用企业资源，提高产品质量，适应市场需要，使有限投入发挥出最大效益的一种经营管理方式。还有学者认为：集约经营是指工业企业更重视产业结构的优化，更重视科技进步和现代化管理，使工业企业从单纯外延速度型转变为质量效益型、科技先导型、资源节约型，达到低投入、高产出的目的，使有限的投入发挥出最大效益的一种经营管理方式。

集约经营的内容不能等同于内涵扩大再生产，两者不能混为一谈。我们认为，集约经

* 国家自然科学基金研究项目

营包含着两层意义：一是内涵扩大再生产，充分挖掘企业及整个社会的潜在生产能力，提高生产资料的利用率及使生产力要素重新组合形成新的生产能力；二是提高全社会的科学技术水平和经营管理水平，全面提高企业的技术素质和管理素质，进而提高劳动生产率和经济效益、社会效益。由此可见，工业企业的集约经营，就是依靠科技进步和先进的管理方法，靠改善经营管理，“精耕细作”，少投入，多产出，提高效益的一种现代化的经营管理方式。

集约经营的根本任务就是：提高劳动生产率，节约资金、设备、劳动力等生产资料和活劳动；促进合理开发资源、综合利用资源；努力提高科学技术水平，使劳动生产率的提高速度尽可能接近于应用科学技术的发展水平，使科学技术迅速转化为现实生产力。这是一项十分艰巨而复杂的任务。

企业和集团企业集约经营的基本要求是：①努力提高产品质量，追求高品位、高附加值的质量提高；②适应市场需要，讲求产品的适销对路，实现供、产、销的完整统一；③降低物质消耗和劳动消耗，降低单位生产成本，做到投入少、产出多；④节约资金、设备、劳动力等生产资料和活劳动，提高资金使用效益和资源利用效率；⑤实现生产要素的合理配置，实现产业结构、产品结构和企业结构的合理化。

推进集约化经营，可以考虑按不同的等级企业提出不同要求：国家特级企业和相当的集团企业应完善现代化管理体系，实现集约经营，主要产品均须达到国际同类先进产品的质量指标或取得国际公认的产品质量认证机构的认证，主要单耗应达到国际同类产品先进水平；国家一级企业或相当的集团企业，应系统推进管理现代化，逐步形成适合本企业特点的现代化管理体系，主要产品均须达到20世纪80年代前半期国际同类先进产品的质量指标要求，主要单耗应低于国家二级企业考核指标；国家二级企业或相当的集团企业应积极创造条件，逐步把10项管理工作纳入管理现代化轨道，主要产品质量应高于国家或行业标准水平，主要单耗应等于或低于“七五”，即已升为国家二级企业该产品考核年度实际消耗的平均值。

## 二、实行集约经营是集团企业生存和发展的必由之路

社会主义制度中，生产资料公有制占主导地位，为发展集约经营提供了广阔的舞台。但是，在长时期内，我国在计划经济形态下，国家对企业包得过多，统得过死，行政区域和行政系统的划分，把国民经济整体分割成无数条块，这些条块自成体系，搞“大而全”“小而全”，一哄而起，盲目发展，重复建设，眼睛盯在外延扩大再生产上，实际上走了粗放经营的道路。在经济体制改革和科技体制改革不断深入发展的形势下，在我国确立了市场经济形态，这为集约经营创造了良好的条件，我国企业和集团企业由粗放经营向集约经营的战略转变是客观的必然，是具有深远的历史意义和重大的现实意义的。

### （一）经济体制改革为开展集约经营创造了良好的环境

①在公有制为主导的基础上，大力发展社会主义市场经济，破除传统的产品经济观念和封闭式的经济模式，不断增强企业的市场观念、竞争观念。企业欲在商品市场竞争中求生存、求发展，就必须加快科技进步和技术改造的速度，放弃粗放经营，开展集约经营。

②由于在发展市场经济过程中，存在着适当的经济计划成分，国家能够集中大量的人力、物力、财力，实现大规模的宏观领域的经营集约化。③科技体制改革的不断深化，技术成果作为商品大批量地进入流通领域和生产领域，促进了生产与科研的紧密结合，出现了科学技术面向经济建设，经济建设依靠科学技术的良好局面。改革和经济发展的实践证明：只有大力发展科学技术，而且把科学技术迅速转化为现实生产力，不断发展、改进和完善劳动资料、劳动对象、工艺和生产组织结构和经营管理的全过程，并且在社会扩大再生产的过程中，积极采取最新的科技成果，进行企业的技术改造，推动企业的技术进步，武装职工的头脑，企业才能实现集约经营。经济体制改革和科技体制改革解决了企业技术改造难、引进先进技术成果和开发新产品难的问题。这两项改革为企业实现集约经营开辟了道路。④随着旧的经济体制的不断变革和新体制的建立，逐步冲破了条块的界限。削弱了条块的制约作用，逐步由以行政性为主的纵向经济管理体制和组织体制向以经济方法为主的横向经济管理体制和组织体制过渡。在产品生产计划到销售以及资金筹措和原材料供应、技术改造计划和新产品开发等各个环节，为发展集约经济创造了宽松的环境，促使企业能够按照经济规律和客观要求走上集约化的道路。

### （二）集约经营是企业和集团企业发展的第二次战略性转变

劳动生产率和经济效益问题，是社会主义同资本主义两种社会制度相互竞争的最重要问题。从我国工业发展的实际来看，速度型经济曾一再困扰我们，对经济效益问题重视不够，直到党的十一届三中全会以后，在党的“一个中心，两个基本点”基本路线的指引下，我国才实现了由单纯生产型向生产经营型的转轨变型。这是第一次战略性的历史转变，给企业带来了前所未有的生机和活力。但从总体上讲，我国的工业企业发展还处于粗放经营的阶段，主要靠扩大外延发展生产。这与我国资源、资金相对短缺，科技比较落后的国情形成了尖锐矛盾。例如，我国钢铁工业，经过40多年的努力，已达到年产7 000多万吨钢的综合生产能力，总量可谓不少。但产品的大多数仍属初级，品种质量也不适应需求，国内适应需求的不少高精尖产品尚需进口，低效益、粗放经营，比其他行业更为严重，钢铁工业实现从粗放经营到集约经营的转变比其他行业更为迫切。要长期稳定地发展我国工业，必须在工业企业保持一定规模和速度的基础上，适时由粗放经营向集约经营转变，即由产量速度型向质量效益型、品种效益型、资源节约型和科技进步效益型转变，完成具有战略意义的第二次企业转轨变型。

### （三）实行集约经营是加快改革，转换企业经营机制的有效措施

企业改革是城市经济体制改革的中心环节，要增强企业活力，搞好国有大、中型企业，主要应当依靠加快转换企业经营机制。所谓企业经营机制，就是指决定企业生存和发展的内在功能及其运行方式，是指企业人、财、物等诸生产要素的有机组合，是企业产、供、销活动及诸环节相互联系和不断创新的有机整体，是企业生产经营目的的实现机制。实际上，企业经营机制就是能够决定企业经营功能的各种因素各自作用及其相互制约关系的总和。经营机制不是孤立地研究企业经营管理中的某一个问题或某一侧面，也不是从表层上把庞杂的管理工作都收拢来进行研究，而是从深层次入手把决定企业经营功能的各种重要因素都归纳进一个总体的对象——经营机制之中，找出它们各自应有的位置，弄清楚

它们之间本来就存在的各种相互作用与相互制约关系，得出关于各种经营功能的形成和发展的内在机制，用来指导企业的深化改革。实际上转换企业经营机制，主要靠挖掘企业各种功能的潜力，走集约经营的路子。集约经营作为一种最先进的经营管理方法，同企业转换经营机制的目标是一致的，两者是密切联系，互为条件，相互作用的。

### （四）集约经营是企业和集团企业长期稳定发展的需要

从企业发展的大环境看，我国是一个典型的资源约束型国家，人均资源低于世界平均水平，而只管产出，不计投入的低效、粗放经营，使本来紧张的资源更加紧张。强烈的资源约束和庞大的人口压力，已向低效益、“广种薄收”式粗放经营亮出了“黄牌”。因此，企业要想长期稳定发展，就只能走集约经营的路；从两个市场看，随着转换企业经营机制，把企业推向市场，企业在两个市场的竞争日趋激烈，国内企业的产品品种和质量不能适应市场的需求，这是市场机制对企业加速产品结构调整的反弹。国际市场上竞争更为激烈，许多经济发达国家企业靠搞集约经营，垄断了市场，避免了危机。社会主义企业更需加速集约经营，提高竞争能力，才能在国际市场上站住脚。综观两个市场的竞争，归根到底是科学技术的竞争、管理水平的竞争。而粗放经营、效益低下的企业，是不可能有竞争力的。所以，为了企业和集团企业长期稳定的发展，提高经济效益，实现由粗放经营到集约经营的战略转变，是非常紧迫必要的。

## 三、我国企业和集团企业经营的现状

我国企业和集团企业（其中主要是国有大中型企业）在十年的改革中，在从粗放经营向集约经营转变方面取得了可喜的进展。但同经济发达国家的企业相比，我们仍然没有从根本上摆脱企业处于生产型、速度型、外延型、低效益型这种粗放经营的状态。

### （一）企业仍属于生产型或“变相生产型”

改革开放以前，企业按照国家的指令性计划，只管生产而不问销售，其全部管理和再生产活动是以生产为中心来进行的。在这种情况下，企业不可能也没有必要进入经营型状态。这样的企业实际上只是工厂，而不是真正的企业。改革开放以来，一直强调企业的转轨变型，即由“以产定销”转为“以销定产”，由单纯生产型转变为生产经营型和经营开发型。虽然商品市场开始逐步形成，但实际上一些骨干企业仍然在国家指令性计划的控制之下，更主要的是长期以来，由于国民经济总需求大于总供给，一直在短缺经济的运行机制下。即使那些面对市场的企业，也几乎都是面对卖方市场，即生产者为“上帝”的市场。在这样的市场环境中，企业的运行机制仍然是生产型的，或者是“变相生产型”。企业一如既往，不需要销售调查、市场预测，也不需要售前宣传、售后服务，更不需要更新换代，随机应变。一句话，在市场无竞争条件下，企业实际上是无经营的“粗放经营”者。

### （二）企业仍属于速度型

我国的国民经济长期以来，一直是短缺经济，需求高度旺盛，刺激工业高速发展。在短缺经济与高速度并存的情况下，企业的产品不管成本高低，质量好坏，都能找到用户，因而企业对试制新产品、提高产品质量、降低产品成本等都不感兴趣，不予重视。产量指标成为企业压倒一切的中心指标，因而在工艺技术上依靠设备。在产品技术上，搞几十年一贯制，造成了技术的停滞和落后。企业领导忙于夺高产，忽视管理，特别是忽视要作艰苦细致工作的基础管理。近几年来虽然普遍实行承包经营责任制，企业仍然存在“以包代管”，忽视管理的倾向，从而造成了我国企业的技术粗放化和管理的粗放化。

**（三）企业仍属于外延型**

长期以来，我国企业忽视内涵型扩大再生产，而着力于外延扩大再生产，导致我国原有企业技术进步停滞，产品和工艺落后。按照传统的政策，国家不把企业作为投资主体，企业折旧和利润都如数上缴国家，国家以此来另建新厂。因而企业根本无力搞内涵扩大再生产。一是企业设备陈旧落后非常严重。据 1985 年的工业普查，全国大中型企业中，属于 20 世纪 80 年代的设备仅占 33%，属于 70 年代的设备占 44%，属于 60 年代以前的设备占 23%。二是设备的技术水平。据统计，机械行业的设备 80% 以上处于国际落后水平和一般水平，处于国外先进水平的仅占 13.7%。从 1985 年按国务院规定，企业折旧留成 70% 和企业留利一起用于企业技术改造，国家对企业技术改造也一再拨款。表面看来似乎企业技术改造的自主权有所扩大，但由于折旧率低和上缴各种名目的费用，实际上企业的技术改造根本无法保证。

**（四）企业仍属于低效益型**

我国企业为了追求高产量，经常是依靠增加投入来实现的，以资源和能源的大量投入来换取高产量，我国企业生产单位产品的物耗和能耗太高，原因除了产业结构、技术水平低之外，资源和能源管理差，浪费大是很重要的原因，中国的资源、能源利用水平在全世界都是相当粗放和低下的。在以高产量为中心的企业经营模式中，往往容易忽视效益，甚至有时会为了提高产量而牺牲效益，从资金利税率来看，国有独立核算的企业资金利税率是逐年下降的，可比产品成本的降低率则以负值急剧上升。可见，随着产量的增长，成本也在大幅度增长。另一方面，流动资金占用多，致使流动资金的效益降低，粗放经营造成企业经济效益低下。

造成我国企业粗放经营，其原因是相当复杂的，既有历史性原因，又有政策、体制等管理方面的原因。从历史原因来看，主要是我国处在低水平的经济发展阶段上，形成了附加价值低的低水平的经济结构。管理方面的原因有以下几个方面：①决策者缺乏从粗放经营到集约经营转变的战略指导思想。因而在制定一些重大政策、规划和战略目标时，没有将这一思想贯彻其中。特别是作为我国到达 2000 年的战略目标，虽然也讲注重经济效益。但更多地强调了国民生产总值翻两番，结果在执行中就只是突出经济发展速度。②对资源危机缺乏紧迫感，是企业粗放经营的认识原因。由于我国人口基数大，增长快，消费总量大，所以我国的资源就比那些人少的国家更加短缺。③在体制上存在造成粗放经营的弊端。我国现行的经济体制存在经济过热的机制：一是把经济发展速度同形势，甚至同政绩相联系，存在追求高速度，甚至上级给下级压速度指标的倾向；二是地方财政包干中所产生的利益驱动刺激地方重复建设，引起投资膨胀；三是企业由于近几年有了利益驱动，而无预算约束硬化，企业存在投资膨胀和消费膨胀的倾向。因而产生远远超过总供给的总需求，既引起通货膨胀，又刺激经济过热的增长速度。于是，老产品、劣质产品、低水平产品的大量生产等粗放经营就成为不可避免的了。④有关政策不利于企业科技进步和技术改造。长期以来国家不把企业作为投资主体和技术改造主体，实际上只让企业维持原有技术的简单再生产。虽然逐步扩大企业自主权，给企业自留折旧费和利润留成，但由于国家和地方仍然实行的是重基本建设、轻技术改造的政策，使企业对科技进步和技术改造基本上是无能力、无动力、不关心。主要表现在：一是企业负担过重。由于近几年农副产品、原材料、燃料提价，利息增加及各种摊派加大了成本，从而冲减了利润，而且在实现利润中要上缴55%的所得税、调节税、归还专项贷款，剩下的企业留利还要交纳能源交通基金、预算调节基金、支付各种补贴，认购各种债券、交纳建筑税、奖金税等，这些占掉企业留利的一半，七扣八扣，企业留利所剩无几，企业根本无力进行技术改造。二是企业对科技进步、技术改造缺乏动力机制。企业往往把有限的留利尽量用于职工的消费，而牺牲企业的技术改造。特别在实行承包制以来，许多企业出现了只提折旧、不搞技术改造、拼设备的短期行为。三是企业对国有资产不关心，而且存在“吃老本”的倾向。造成我国企业处于严重的设备陈旧、技术落后的粗放经营状态。

## 四、企业集团向集约经营战略转变的对策

### （一）开展横向经济联合是实现集约经营的根本措施

社会主义市场经济的一个根本特征就是实现社会化大生产。而集约经营是社会化大生产的必然产物。实现社会化大生产的一个根本途径是开展横向经济联合。横向经济联合是从事生产经营的科研活动的企业、事业单位和部门之间，依据共同商定的契约，为从事共同的经济技术活动而结成的一种经济技术组织形式。在横向经济联合中，企业冲破了“条块”体制的羁绊，按照企业内在的合理的要求，开展跨地区、跨部门、跨所有制的联合，企业之间广泛开展以名优特产品为龙头的产品联营，开展引进资金、技术、人才，开发新技术、新产品、新能源的联营，开展工商、工贸、工科和城乡之间的联营。逐步形成适应市场经济发展的、有利于发挥各自优势的生产网络、科技网络、流通网络、金融网络、信息网络，从而促进资金、技术、人才、设备、原材料和劳动力等生产力要素的横向合理流动，使企业、地区、系统内的剩余生产能力被充分利用，促使挖掘潜力、取长补短，变单个的局部的优势为叠加的综合优势，形成多层次内涵扩大再生产，从而产生集约经营的效果。

### （二）企业集团是实现集约经营的有效组织形式

根据我国国力和工业发展阶段要提高中小企业专业化协作生产水平，必须走集约经营的道路。我国企业集团的发展，正在扭转粗放经营状态，发挥集团集约经营的总体优势。主要体现在两方面，一方面企业集团具有调整和优化结构，实现规模效益的优势。由于企业集团一般以大中型骨干企业为核心，以名优特产品为龙头，集结了群体的优势，能把一批中小型企业吸引在自己的周围，使企业集团能在更大范围和领域内对成员企业的资金、技术、人才、设备、原材料、劳动力等生产要素进行合理的配置和利用，按市场需求及产

品的批量和水平，统一规划，合理分工，按专业化和规模经济的要求，使企业集团成为产品开发中心，部分产品和配套零部件不断向集团成员企业和协作企业延伸，使它们成为分工较细的生产基地，达到集团内部的产品结构和技术结构逐步优化的效果。

企业组织结构的调整，必将带动产业结构的不断调整。企业集团按照经济技术的内在联系，以名优产品和战略产品为龙头，把不同地区、部门、行业的相关企业、单位组织起来，其本身就具有一定程度的结构导向性。同时，企业集团将不断开发出新的优质产品和成熟产品梯度转移，这也有利于产业结构和产品结构的优化，调整产业和产品结构。一要靠新增投资的合理投放；二要靠存量资产的合理流动，组建和发展企业集团，在这两方面都发挥着重要作用，还能推动对不合理的地区产业结构进行调整，各种结构的优化构成了集约经营的特征。

另外，发展企业集团，有利于实现科研与生产的结合，推进科技进步。生产与科研相结合乃是社会生产力发展的最基本条件，事实上科研机构和生产企业对实现这种结合都有客观要求，而同时兼有科研、生产等多功能的企业集团，正是实现这种结合的好形式。这样企业集团就成为推动科技进步的载体。企业集团推动科技进步的主要作用体现在两个方面：一方面，企业集团可以发挥群体的经济技术力量，集中使用资金、设备和技术力量，组织中小企业联合开发，统一引进，加强技术改造、技术进步的综合能力；另一方面，可以吸收科研单位进入集团，或组建科技开发集团，科研单位紧紧围绕经济建设选题立项，开展科研和各种科技咨询服务活动，使技术商品源源不断地流入生产领域，既可以强化科研单位自我发展能力，缩短科研周期，又可强化企业引进、消化、吸收新技术、新成果，开发新产品的能力，促进企业的技术改造和产品的更新换代，利用现代化科技成果，降低消耗、降低成本、节约能源、资源和劳动力，提高劳动生产率，达到集约经营之目的。

### （三）企业和集团企业推行集约经营必须实现五个战略转变

我国企业和集团企业要尽快实现由粗放经营到集约经营的战略转变，除在国民经济宏观运行机制上要尽快改变粗放经营，靠铺摊子扩大再生产、单纯追求速度的做法外，主要应在企业经营机制上实现五个具体的战略转变：

①在经营战略上实现由外延型为主向内涵型为主转变。我国经济的战略目标，是提高人均国民生产总值。适应国家经济的发展战略，企业的经营战略必须实现由外延式扩大再生产到内涵式扩大再生产的转变。根据“八五”期间及20世纪90年代工业发展的需要，企业应当着重抓好经营战略思想的转变，从依靠增量经营向存量经营转变，要强化“双增双节”，要把扩大再生产的着眼点放在发挥现有技术装备能力上，要把有限的财力用在小改造、小配套、完善现有工艺上，强化管理，挖掘企业内部潜力，走投入少、产出多、效益高的经济发展的新路子。②在企业管理上实现由科学管理向现代化管理转变。我国企业和集团企业现有的管理水平，同国际先进水平比较，大体落后二三十年。因此，实行集约经营，就要在管理上实现由科学管理向现代化管理的转变。当前，企业管理应突出抓好管理重点的转变、管理方法和管理手段的转变。管理重点的转变，指从重物的管理向“以人为中心”的现代化管理转变，即确立“以人为本”的管理思想。要在对物的管理的同时，全面提高人的素质。管理的方法和手段，指要把现代管理的思想、组织、方法、手段和人才五个现代化的内容综合应用于管理系统，由局部优化发展到整体优化，提高企业素质，

以最少的人力、物力、财力的消耗，创造最佳的经济效益；③在科技进步上实现由追求投资最大化向追求效益最大化转变。企业在技术改造上，要克服重基础、轻改造，重建新厂、轻改老厂的观念，大力提倡和推行“丑蛹蜕变为彩蝶”“滚雪球”和“积小胜为大胜”的老企业技术改造方针，在科技攻关上，应重点引用那些能节能降耗、降成本，能提高质量的技术，使产品更新换代，增加短线产品，保证市场有效供给。④在产品结构上实现由变化对应型向战略革新型转变。调整产品结构，不仅要顾眼前，更要看长远，产品仅仅跟着市场转是不够的，还要以产品引导市场，只有不断以超前化的产品开发、引导和占领市场，才能任凭市场变化，始终保持适销对路，掌握市场的主动权。⑤在企业结构上实现由固定资产凝固化向生产要素重新优化组合转变。关键在于企业本身的经营者，要通过深化企业改革增强企业发展的动力，在扩大实力的基础上，大力发展企业联合，企业兼并合并，实现存量资产的优化组合，无需国家新增投资而使企业获得资金、设备、厂房、能源等资源，形成并取得规模效益，增强在两个市场上的竞争实力。

### （四）企业和集团企业向集约经营战略转变应正确处理好几个关系

一是企业硬件转变与软件转变的关系。经营战略、企业管理是“软件”，科技进步、产品结构和企业结构是“硬件”。有些企业领导人习惯于抓硬件转变，而这些硬件转变恰恰需要软件转变来指导、促进和保证。因此，以软带硬，才能相辅相成，事半功倍。二是急功与慢功的关系。从粗放经营到集约经营，是一个长期渐进的转变过程，是慢功，不可能一蹴而就，企业素质是实行集约经营的根本保证，而企业素质的关键是人的素质，因此，要特别重视职工培训。三是单项转变与整体转变的关系。如同实现工业战略转变是整个国家工业经济整体转变一样，企业转变也是企业整体的转变，各项转变不能单项突进，要注意配套转变，注重整体优化效应。

原载《财经问题研究》1994 年第 12 期

# 中国企业集团跨国经营战略*

跨国经营，是当代生产社会化发展的必然趋势，是我国企业集团参加国际竞争的有效途径，是我国发展外向型经济的重要方式，是改革开放政策的直接产物，它已构成我国对外开放的重要的战略内容。通过跨国经营，可以加速开拓两个市场，利用两种资源，学会两套本领，对增强企业集团活力和提高集团群体效益具有现实意义。

## 一、我国企业（集团）跨国经营的含义及特征

### （一）企业跨国经营的含义

企业（集团）跨国经营的含义，目前学术界看法不一。一种观点认为，企业（集团）跨国经营，就是指企业（集团）在经营机制方面具有这样一种功能，即在企业（集团）接触到国际市场的信号后，能按照国际市场需要，灵敏反应，经营运行，形成一个对国际贸易政策、关税、进口配额、出口补贴、外汇市场、国际收支平衡、汇率、贸易差额、货币、外汇管制、有价证券等领域完备、有效、正常的管理功能。另一种观点认为，企业（集团）跨国经营，主要包括内外两层意思：就企业（集团）本身而言，它是指从企业（集团）的创建到运转，从产品的生产到营销，都按市场经济的国际惯例办事。而就企业（集团）与国际经济活动联系而言，它可以表现为企业（集团）产品销往国际市场，发展对外贸易；也可以表现为与外商投资者进行资产联合的合资合作经营；还可以表现为企业（集团）走向海外，在境外设立分厂、分公司。还有一种观点认为：企业（集团）跨国经营，是企业（集团）以国际市场的需求变动为导向，以扩大出口贸易为中心，结合企业（集团）经营机制的转换改革，在资源的获取、产品生产和销售、开发目标的确立等方面使企业（集团）的视野放宽到世界范围，积极利用自身优势，开展对外经济、技术交流，参与国际分工、协作和竞争，并用国际惯例组织企业（集团）经营活动的一系列内容的总称。

以上三种观点都有一定道理，而我们认为，所谓跨国经营，是指企业（集团）以国际市场为舞台，实行面向世界的战略，在一个或若干个经济、贸易、技术领域进行经营活动，实施适应国际惯例的新的经营方式，是一种高层次的外向型经济形式。

---

* 国家社会科学基金研究成果

### （二）企业跨国经营的特点

比较国内经营活动，跨国经营具有以下三个特点：

一是以国际市场为舞台，实行国际化经营战略。企业（集团）跨国经营的环境比国内复杂得多，范围大、变化大、风险大。这就要求企业（集团）在科学分析国际经营环境和企业（集团）经营条件的基础上，制定出求得长期发展的总体战略；在考虑来自世界任何国家、地区的激烈竞争和各种环境因素变化及制约时，以全球竞争的视野，对各种资源作出最合理的配置和使用，对世界市场作出合理的选择、组合及有效的进入，从而形成全球战略经营管理体系。

二是按照国际惯例组织经营管理活动。进行跨国经营，必定在国外设立机构，在国外有经营网络或广告、促销机构。这种机构可以是独资的、合资的，可以是合作经营，可以是生产性机构，也可以是经营性或服务性机构，以国外的经营机构保证企业（集团）国际化经营活动的实现。同时，国际化经营活动必然涉及许多国家，加之东道国的经济政策与跨国经营企业（集团）利益决策之间的分歧，往往会发生资金转移、汇率变动、双重课税、国民待遇等方面的多国性冲突，这不仅要求跨国经营企业（集团）有处理有关国际政治、法律、金融等复杂事务的能力，更主要的是要求跨国经营企业（集团）必须按照国际惯例运用新的管理思想、经营策略和管理方法从事跨国经营活动。

三是综合利用国内外资源进行综合经营，在目前国际分工格局形成的条件下，跨国经营应按照专业化协作与国际分工的原则，组建面向国际经营的外向型集团和跨国集团，充分发挥集团的生产规模优势、技术协作优势、资金融通优势和联合经营优势，广泛综合利用国内外物资、人力、技术、资本资源，进行跨行业、跨经济领域的综合经营，以取得世界性的经济效益。

## 二、我国企业集团跨国经营的必要性和现实意义

发展跨国经营，培植一定数量具有世界水平的外向型集团和跨国集团，这是加速实现四个现代化建设，振兴我国经济的迫切需要，是关系到我国经济实力能否在未来的国际经济环境中坚挺地发展下去的关键一环，也是关系中华民族在世界先进技术之林有无立足之地的大事，具有十分重要的战略意义。

### （一）跨国经营是适应世界经济发展大趋势的需要

改革开放以来，我们陆续开办了一些海外企业，但数量和规模都比较小，政策上也没有形成成熟的导向机制。但是，在国际市场上，跨国集团公司的竞争越来越激烈，已经日益成为全球性的普遍现象，如果我们不在跨国经营方面真正起步，将会在国际市场上处于相对不利的境地。这是形势所迫，大势所趋。据有关资料，1990 年世界 500 家最大的跨国工业集团公司销售额为 5 万亿美元，相当于整个西方世界国内生产总值的 1/4 左右。据联合国有关专家预测，到 2000 年仅 300 家最大的跨国集团公司销售额就会占整个西方世界国内生产总值的 3/4。从根本上说，生产的国际化与资本的国际化是世界经济发展的必然趋势。在跨国集团公司发展的同时，世界经济区域化、集团化的趋势也更加明显，竞争更

加激烈。面对这样的国际趋势，我们不能也不可能置身于外。因此，我国必须推进外向型发展战略，向企业国际化、经营国际化的更高阶段发展。

**（二）跨国经营是发展外向型经济参与国际交换和国际市场竞争的有效途径**

当前，我国沿海地区的经济发展，正面临着一个有利的机遇。随着劳动费用条件的变化，发达国家和地区不断调整产业结构，劳动密集型产业正向劳动费用低的地方转移。世界产业结构的这一调整、变动，给我国企业走向世界，大规模参与国际交换和国际市场竞争提供了极好的机会。为了抓紧、利用当前的机遇，党中央提出了“两头在外”，大进大出的沿海地区经济发展战略。所谓“两头在外”，就是把生产经营过程的两头（原材料和销售市场）放到国际市场上去，提倡和鼓励沿海地区到国际市场上去进口原材料，加工增值之后，再把产品销往国际市场，实现大进大出。

实施沿海地区经济发展战略，要抓紧发展跨国经营，特别是发展外向型集团和跨国集团，可以把各个生产企业的单个优势聚合变为群体优势，配套形成系列产品打出去，大规模参与国际市场竞争。

**（三）发展跨国经营，可以把出口能力提高到一个新水平**

纵观我国出口商品发展历史，既有成功的经验，也有失败的教训。究其原因，关键在于出口创汇企业管理和商品出口管理上措施不力，发展跨国集团，就能够改变由于管理跟不上而造成的弊病。一是能够促使出口创汇企业由分散的单个企业结构形式向社会化集团企业形式转化。过去，由于出口创汇企业分散，致使在商品收购及出口等方面难以做到统一管理，企业为了争出口而竞相压低价格，这既影响了企业的经济效益，又严重地影响了我国在国际市场的声誉。二是能够促使生产企业向外向型的专业化发展。我国出口商品在国际市场竞争力不强的另一原因，就是生产的定点厂、外向型的专业化企业比较少，出口商品的生产，大部分是企业临时性的任务，企业缺乏生产出口产品的长期规划和责任感，有的企业只追求近期效益，在处理内销、外销矛盾时，往往注意内销而不搞外销。三是能够使我国出口商品由以量取胜转向以质取胜，由大批量少品种的经营方式转向小批量、多品种、高质量、快交货的经营方式。过去，由于企业管理不严和信息不灵等，致使我国出口商品因质量问题或不能及时交货，从而受挫的现象时有发生，严重影响了出口创汇效益和在国际市场的竞争力。发展跨国集团，可以根据国际市场的需要和我国的优势，以各地的拳头产品和传统名牌产品为龙头，形成一个联合生产体系，积极发展具有竞争力、见效快、效益高的出口产品，努力提高出口产品的质量，这样既有利于充分发挥骨干企业的生产能力和技术水平，又可以发挥一批小厂的各自专长，还可以合理安排出口商品结构，多方位地开拓国际市场，使出口创汇产品向多品种、少批量、高质量、快交货的方向发展。

**（四）组织中国式的跨国集团，才能同国际跨国集团相抗衡，占领世界市场**

当前，国际跨国集团控制着世界贸易。据联合国贸发会的统计，跨国集团公司全部贸易在世界贸易中所占的比重，1983 年为 1/3，现已增加到 1/2 左右。在许多商品中，三五家跨国集团公司就控制了这些产品大部分的世界贸易。在世界农产品贸易方面，跨国集团公司已经控制了这些产品，特别是发展中国家农产品的精加工、销售和分配系统，五大跨国集团公司控制了世界谷物的加工和销售。三大跨国集团公司控制了世界香蕉贸易的70%。四家可可集团公司控制了世界可可贸易的60%～80%。雀巢食品集团公司控制了世界咖啡贸易的20%。尤尼利弗集团公司控制了世界橄榄油贸易。世界棉花贸易主要由15家跨国集团公司控制。

许多制成品，其中包括汽车、飞机、化学品、药品、合成纤维，特别是高精尖的工业品，如电子计算机、机器人和其他电子产品等的世界市场，也被跨国集团公司所控制。可见，当代世界市场主要是由跨国集团公司控制的，自由竞争的市场只占当今世界市场很小的部分。

当前，许多商品的世界市场竞争十分激烈，但这种竞争已不是19世纪的小公司之间的竞争，而是大的垄断集团公司之间的垄断性竞争，是跨国集团公司之间的竞争。我国的小商小贩贸易方式在世界市场上争取一席之地是极不容易的。小商小贩势单力薄，竞争不过世界市场上力量强大的跨国集团公司，所以，我们也要走垄断联合的道路，以垄断对垄断，组织中国特色跨国集团公司，同国际跨国集团公司相抗衡，加入世界市场的竞争，从而占领世界市场。

## 三、我国企业（集团）跨国经营的现状及问题

### （一）我国企业（集团）跨国经营的现状

我国对外投资和跨国经营始于1979年，投资的领域在初始主要有承包工程、餐饮服务、金融保险等行业，后来逐步发展到资源开发、加工制造、农林渔业、交通运输、医疗卫生、旅游服务等行业。1982年，我国只有中央部属大公司和个别省市直属大公司在港澳等地兴办的境外独资与合资企业43家，中方直接投资额仅3 700万美元，累计协议投资总额才8 200万元。到1991年底，我国各类企业（集团）在境外100多个国家和地区兴办非贸易性独资、合资企业已达1 008家，累计协议投资总额达33.49亿美元，其中我国直接对外投资额已达14亿美元。10年来（1982—1991年），我国境外企业数年平均增长率为42%，投资协议总额年均增长率为51%，我方直接投资额年均增长率为50%。而在这一时间（1983—1989年）全世界对外直接投资的年均增长率为29%。尽管我国海外直接投资额约占全世界对外直接投资额（1.5万亿美元）的0.1%，但是其增长率却高出全世界的大约21%。如果照上述增长速度，到20世纪末，我国境外投资企业的总数累计达到23 662个，协议投资金额将累计达到1 336.8亿美元，我方直接投资额将累计达到538.2亿美元。

我国企业（集团）的跨国经营主要有以下七个特点：①起步晚，但发展速度快。我国企业（集团）的跨国经营只有十余年的历史，但我国在海外的贸易企业和非贸易企业均发展很快，并且有不断加速的趋势。据不完全统计，到1991年底，我国在海外的贸易企业约873家，注册总资本8 850万美元，中方实际投资额为1.86亿美元；到1992年9月底，我国在海外的非贸易企业已达1 245家，双方协议总投资额为38亿美元，其中中方投资为18.7亿美元，占49%。②我国海外投资的主体多元化。参加跨国经营的企业几乎遍及全国的各个部门和各个行业。其主要类型有中央部委和各省市的专业外贸公司，以及对外经

济技术合作公司、信托投资公司、工业企业、工贸技集团、窗口型企业等，投资主体呈现出明显的多元化特征。③投资地区不断扩大，但投资地区的分布相对集中。我国企业集团的跨国经营的国家和地区已由1985年的45个上升到1992年的110个，但约70%的企业集中在发展中国家和地区，其中以港澳地区为主。其次是美、澳、日、德4个发达国家，在该地区的我国海外非贸易企业约占我国海外非贸易企业总数的27%，我国海外非贸易企业的地区分布，平均每个国家和地区不足9个，但在近80个国家和地区，平均每个国家和地区不到4个，实际有些国家只有1个。④投资行业呈现多样化的特征。我国企业（集团）跨国经营所涉及的行业或投资领域极为广泛，从制造加工、资源开发、交通运输到饮食旅游、科技开发、咨询服务，以及综合贸易、金融业和房地产等。我国海外投资领域有两个显著的特点：一是服务性行业所占比重下降，而生产性行业的比重上升；二是资源开发项目占据显著地位。⑤海外企业投资项目的规模较小。我国企业（集团）海外投资项目，1990年非贸易企业中方投资额平均为128.3万美元，如果加上贸易性企业，平均每个项目不到90.3万美元。当前国际上单项投资项目的平均投资额，发达国家为600万美元，发展中国家为450万美元，俄罗斯、东欧为140万美元，都高于我国企业（集团）海外投资项目的规模。⑥我国企业（集团）跨国经营的方式以合资经营为主，合作伙伴以华侨居多。据不完全统计，1990年，全国跨国经营的1 700多个贸易性和非贸易性企业中，中方独资企业近600家，占34%以上；与国外合资、合营的企业110多家，占65%左右。⑦我国跨国经营企业（集团）的经济效益不断提高。在已批准并已开业的海外企业中，经济效益较高的占一半稍多，略有盈利或收支平衡的占1/3左右，经营不善亏损的企业低于10%。

### （二）我国企业（集团）跨国经营的主要问题

（1）我国跨国经营的投资决策不够谨慎。这一方面表现在参与跨国经营的企业对国际市场投资的新环境不甚适应，一些投资决策者在对东道国的政治、经济、文化和社会习俗等环境、生产能力、水文地质、技术条件、市场前景、经济效益、资金筹措以及各种可能的风险，没有进行认真的可行性分析和论证，就草率确定项目，造成立项不当，仓促上马，使企业先天不足；有的甚至凭长官意志办事，实行不恰当的行政干预，结果使某些不符合经营条件的企业也设立了，从而导致项目受挫。另一方面，我国海外投资的合作伙伴选择有误。一些项目的主办单位对合作伙伴的实力、布局和企业结构以及信誉等资信情况没有详细调查，以致有的合作伙伴在资本方面虽有实力，但缺乏生产和经营管理经验，缺乏可靠的销售渠道；有的合作伙伴不讲信用，不按平等互利的原则行事，一心想利用我方的资金取得利益，使我方蒙受经济损失。

（2）国家对跨国经营没有宏观协调管理机构，缺乏统一规划和合理布局。一方面，由于对利用外国资本在海外办企业认识较晚，也未提高到战略层次上来加以筹划，致使我国海外投资未建立权威性的管理机构，对跨国经营企业的管理比较混乱，政出多门。目前，对外投资兴办海外企业，计委、财政、经贸、外汇以及主管部门都要管，但又各管一段或一个方面，没有一个机构来负责统一协调和战略指导。由此，政令常常不一，使投资企业无所适从，并且管理制度僵化，办事效率低，严重妨碍我国企业（集团）的跨国经营。另一方面，国家对我国企业（集团）跨国经营在总体上缺乏统一规划和合理布局，表现为一种无序性和随机性。由于政策上没有形成成熟的导向机制，国家的宏观信息系统也不完备，多数是根据各种渠道得到的非系统化信息决定投资的，致使我国海外投资企业的总体发展，包括投资方向和发展规模、行业重点与地区选择、阶段性任务与长远目标等，似乎并无长期打算和战略设想。目前基本上是各地区、各部门和各企业各自为政，这很难形成和发展我国企业（集团）在国际竞争中的整体优势。

在宏观协调管理上，还缺乏对外投资的法律规则。到目前为止，我国尚无一部公开颁布实施的对外投资法。尽管有关政府部门对海外企业的外汇和财务管理等作了一些政策规定，但不完备、不配套乃至相互矛盾的情况仍很严重。这很不利于依法管理企业和对外投资活动。另一方面，一些企业对所投资的东道国的政策、法律环境缺乏了解，盲目投资办厂，造成亏损或被迫停办的后果。

（3）工贸矛盾制约着我国企业（集团）跨国经营的综合竞争力。我国企业（集团）跨国经营面临着一个很大的问题，外贸企业和工业企业难以形成统一对外的拳头。改革开放以来，专业外贸公司转向企业化经营，但在体制上，这些公司仍具有国家进出口贸易行政管理机构职能，依然是外贸专营垄断组织，政企不分的局面没有根本改变。企业的国际化经营，以实业化和集团化为基础，专业外贸公司搞国际化经营明显感到力量不足，以自己投资创办的实业规模也不会很大。而我国很多国有大中型企业由于种种条件限制，又难以直接面向国际市场，这就形成了外贸企业要求搞自己的工业，工业企业要求搞自己的外贸的状况。由于工贸分家，在发展跨国经营企业上基本上是工贸各自出击，重复建厂，水平低，规模小，不能形成工贸联合的群体优势。

（4）企业与银行分离影响着大企业的海外融资和投资能力。改革开放以来，各专业银行在企业化经营方面做了很多努力，但仍保留着国有专业资金管理部门的职能。“拨改贷”并未使工商企业与银行业的关系理顺，相反，高利率进一步加重了工商企业负担。海外贷款或项目担保要企业在国内以 1∶1 的资金抵押，把风险和资金负担全摊给企业。到目前为止，仅批准了 17 家大企业集团设立财务公司，但只限于集团公司内部融资，还不能从事跨行业、跨地区、跨国界的融资。

（5）跨国经营企业（集团）的自主权难以落实。长期以来，我国的对外经济贸易实行计划管理和外贸部门专营的封闭式体制。工业企业只能通过外贸公司“统购包销”进入国际市场。我国工业企业与国际市场“隔层”问题，是传统的对外经贸体制的顽疾。改革开放以来，对外经贸经营权的下放是有限的，只是从国家级的外贸公司下放到省、部级的外贸公司。一些大工业企业和集团虽然也下放了某些与自己产品相关的进出口经营权，但“隔层”的问题并没有根本解决，只是转变了行政管理的层次和级别。目前一些大中型工业企业和集团的外经贸自主权没有落实到位。例如，相当一部分大企业和集团至今尚无进口的经营权；没有海外承包工程权；没有海外投资设点权；没有海外融资权；没有派人出国的审批权；没有外汇的支配使用权；等等。而这些权利对于企业（集团）跨国经营是非常必要的。因为企业（集团）跨国经营面对的是瞬息万变的国际市场，竞争十分剧烈，这就要求企业（集团）有完整的经营决策权。如果企业（集团）没有灵活筹集、运用和积累外汇资金的自主权，如果企业（集团）对海外投资项目缺乏必要的投资决策权，就不可能真正地实现企业（集团）的国际化经营。

（6）跨国经营企业（集团）微观经营机制存在严重缺陷，总体投资效益不高。我国现有的跨国经营企业（集团），多数不是企业生产经营活动向国际市场的自然延伸，而是按国家指令性计划去经营选定的项目，是“中国式企业”在国外的延伸。海外企业直接面向国际市场，但却要按国内现行体制给予管理，从而难以对市场作出灵敏的有效反应。海外企业的行为脱离国际市场的运动规律与国际贸易的惯例，就很难有什么竞争力，难以成为真正意义上国际化经营。

另一方面，在投资地区的选择上，过分集中在发展中国家和地区，特别是集中在港澳地区。在产业结构上，海外投资偏重初级产品的产业，忽视高技术产业的投资；偏重消费品投资，忽视生产性投资；偏重对国内效应弱的产业投资，忽视对国内连锁正向效益强的产业投资。在投资企业中，从事商品流通的外贸企业偏多，而生产性企业偏少。所有这些一方面使投资结构不合理，另一方面导致投资与国内生产企业的断档、分割，致使海外投资风险加大，总体经济效益低下。在币种的选择上美元的比重过大，币种过于单一，在当前国际金融市场变化莫测的情况下，加大了中国投资的外汇风险，使中国的总体投资效益不高。

（7）缺乏高素质的跨国经营人才。人员总体素质偏低，是影响我国企业（集团）跨国经营的主要问题之一。举办海外企业（集团）急需大批高级的金融、财会、科技、管理和法律人才。按照这样的要求，我国海外企业人员的素质和水平就总体来说有很大差距，有些外派人员不具备起码的国际贸易知识，不懂当地法律，缺乏财会知识，甚至不懂当地语言，以致给国家造成不少损失。

外派人员的审批及待遇存在着一定的问题，其主要表现在：①对跨国企业外派人员的审批程序繁冗，时间太长，外派人员不能及时到位；②出国用汇的审批方式，不利于鼓励大型设备的出口；③派出人员的待遇与当地雇员相比，明显偏低，难以调动其积极性，也难以保持其稳定性；④人员轮换频繁，不适应开展经常性的国际商务活动和竞争的需要。

## 四、我国企业（集团）跨国经营的模式和战略

### （一）我国企业（集团）跨国经营的模式类型

按生产经营的性质不同，企业（集团）跨国经营可以分为以下五种类型：

（1）工贸一体化型。这是最普遍最有实力的一种外向型企业集团。其基本特征是以一个或几个大型骨干企业为核心，联合一批在经济技术上有密切联系的企业，生产一种或几种优质名牌产品，并通过自己的销售系统打入国际市场，这种外向型企业集团以日本的最为成功。如日本的松下、日立、东芝、丰田、新日钢等，都是世界闻名的工贸一体化的外向型企业集团。近几年，我国的一些企业集团也在向这种模式发展。如深圳赛格集团，它是一个由158家企业联合而成的企业集团。近几年它采取直接投资、自主经营等方式与世界30多个国家和地区的100多家公司建立了合作关系，前几年它就在香港建立了深业赛格有限公司；1988年它又在香港收购了艺高电脑公司的部分股份，开办了以产品开发为主体的善美赛格研究所；在加拿大收购了美国东部拥有95家联销商店的销售网；在美国开办了太平洋赛格有限公司；在肯尼亚开办了肯尼亚赛格电子有限公司。此外，在日本、德国、澳门等国家和地区也建立了技、工、贸结合的分支机构。1988年该集团出口产值已达

12 亿元，占总产值的 42%。

（2）外贸联营型。这也是一种较为普遍的外向型企业集团，其特点是以一个或几个外贸企业为核心而联合起来的。它们的主要任务是收购为数众多的中小企业的产品进行出口。如日本的综合商社就是这种类型的企业集团。近年来，随着我国外贸体制改革的深化，各地也开始建立外贸联营型的企业集团。

（3）交通运输型。这种集团是以从事国际间的海运、空运的公司为龙头，联合一批为其服务的企业而形成的。这种集团一般规模都比较大，而且具有行业的垄断性。如以中国远洋运输总公司为核心而形成的中国远洋运输集团，以中国国际航空公司为核心而形成的中国国际航空运输集团。

（4）金融投资型。这种集团的特征是以一个大型金融企业为核心，通过在国内外投资兴建、兼并、参股等形式不断向其他行业发展，进而形成金融企业与工商企业紧密结合的外向型企业集团，我国的中信集团就是这种类型的企业集团。

（5）劳务输出和对外服务型。这种集团的特征是对外提供各种劳务和服务，多集中在建筑、旅游等行业。如以中国建筑工程总公司为核心形成的中建集团，以中国国际旅行社多核心形成的中国国际旅行社集团，就属这种类型的企业集团。

按所属企业跨国与否，我国企业（集团）跨国经营可以分为跨国型和非跨国型两种。跨国型是指在其他国家拥有分公司或子公司的企业集团。有的企业集团虽然在国外设有自己的销售机构或代表处之类的机构，但由于这些机构只是集团的管理机构或办事机构，不是经济实体，因此也不能称是跨国型企业集团。跨国型的企业集团多集中在工业部门，一般发展中国家企业集团是想通过对外投资开辟新的生产领域，而后把先进的技术和管理转移到国内，促进国内投资结构的调整和管理水平的提高，这和典型跨国公司的经营战略是有区别的。所以，有的人又把这种外向型企业集团称作非典型跨国公司。

非跨国型是指在其他国家没有分公司、子公司的企业集团。这种企业集团多集中在外贸、劳务输出和服务部门。工业部门的不少外向型企业集团在发展初期也属这种类型。

### （二）我国企业（集团）跨国经营的战略

企业（集团）跨国经营，一般都是按照既定战略展开的。我国企业（集团）跨国经营战略有四种：

（1）市场渗透型战略。这是一种按照“现有产品—现在需求—向国外发展企业”的模式展开的战略。它先把面向国内市场的现有产品转向出口，满足与国内相同的需要，然后按相同的需求在国外组织生产。它把商品出口阶段同向国外发展阶段有机地结合在一起。这样就可以原封不动地利用商品出口阶段建立的各国当地市场体系和国际市场体系，而在生产技术上因与所在国家的生产体制和习惯不同，应按照本地的具体情况和需要加以修改，然后建立当地的生产体系。在市场渗透型战略中，商品出口阶段担负着重要的使命，即在经过商品出口阶段转到向国外发展企业（集团）时，商品出口阶段建立的市场体系已经成熟，新建立的当地生产体系处于良好状态。二者的活动时机就可能很好地吻合在一起。因此，完善当地市场体系是创办当地生产体系必不可少的条件，也是这种战略成功的关键。

（2）产品开发型战略。这是一种按“新产品—现在需要—向国外发展企业（集团）”

的模式展开的战略。即为了能够恰当地满足国外市场需求，在国外开发新产品或对现有产品进行大幅度的改进后，在国外市场当地组织生产。

（3）市场开发型战略。这是一种按“现有产品—新需求—向国外发展企业（集团）”的模式展开的战略。它是先将面向国内的现有产品输出国外，以满足与国内大不相同的当地需要，然后按照国内的生产体系在当地创建基地组织生产。这种战略虽然不能够很好地利用现有市场，有时不得不根据需求的变化建立新的当地市场体系，但是却能够最大限度地发挥现有的生产和技术优势。

（4）多元化经营型战略。这是一种按“新产品—新需求—向国外发展企业（集团）”的模式展开的战略。即在国外就地组织生产多种新产品以适应新的市场需求，它一般是在当地已经建立的生产体系的基础上进行多种生产经营的。当今企业国际化发展的趋势则是向多元化经营发展的。多元化经营的形态可以分为两种：一是以本业或相关行业为中心的多元化战略；二是不相关的多元化或称之为多功能综合化经营战略。如首都钢铁集团公司（以下简称“首钢”）采取多元化扩张战略取得了成功的经验。首钢集团除钢铁外，还在矿业、电子、建筑、航运、机械、轻工、旅游、服装、军工、造船、农机、化工、酒店、五金、电子15个行业开展全方位综合化经营。首钢的产品已打入世界20多个国家和地区，为国外许多钢铁企业提供技术、培训、设计、咨询等服务项目，利用外资兴办了14家境内合资企业，在海外建立了7家合资企业和商业网点。首钢由自营进出口到开始起步实行跨国经营，从一个内向型的钢铁企业发展成为具有综合开发能力的国际型的大型企业集团。

首钢集团在转向国际经营中，确定了跨国经营的具体战略目标：①海外投资战略。以设备和技术为资本进行海外投资，力争近一两年再兴办10个海外生产性企业，要把海外办实业和设立贸易办事机构结合起来，以生产支撑贸易，以贸易促生产，并在海外不断滚动发展，使首钢的企业遍布五大洲，向“无国界公司”迈进。②高科技开发战略。为了提高首钢产品的国际竞争力，必须以拥有世界上最先进的技术作为保证，首钢实行生产与科研一体化的战略，在下属各大公司中设立科研所（院）72个，与生产紧密结合，从事富有前景的新产品和新技术开发研究。③出口产品升级战略。在钢材出品产品中逐步缩小粗加工初级产品出口的比重，提高深加工钢铁制成品出口的比重。在化工、机电等多种经营出口产品中，逐步扩大技术含量高、附加价值大的机电产品和冶金机械成套设备出口的比重。④全球区域性发展战略。在开拓欧美发达国家和亚非拉发展中国家市场方面，重点放在开发亚非拉发展中国家的市场；在开拓亚非拉发展中国家的市场方面，重点放在亚洲市场上；在亚洲市场开发方面，重点放在东南亚诸国，其次是南亚、西亚诸国。

推行“四借”战略，是企业（集团）向跨国经营转化的重要手段。向外向型转化，占领国际市场，应该打破依赖国家投资，改变原始积累方针，要敢于用未来的钱办今天的事，善于用外国人的钱办中国人的事，要从适应国际市场需求中找出路。广东一些外向型企业（集团）推行的“四借”战略值得借鉴。一是“借鸡生蛋”，即优化企业（集团）的投资环境，吸引港商、外商，采用外引内联的方式，大办中外合资、中外合作、内联、独资并举的新型企业，生产出新一代符合国际市场需求的产品。二是“借蛋孵鸡”，即利用外资引进先进技术设备，加速企业（集团）原有产品更新换代和转向生产改造，多生产出口产品。三是“借米肥鸡”，即利用外资大力发展“三来一补”加工业，通过加工装配，大进大出，创汇增收。四是“借船出海”，即采取多种方式，引进国外智力，包括聘请外国专家当技术顾问，当合资、合作企业总经理；承包中外合资企业；外国专家以技术投入的形式与我方合作办企业，先“先进来”，而后“走出去”。通过他们向海外借渠道，开展广泛的国际企业活动，大搞商品出口、劳务输出、技术转让以及海外生产与销售等，从而占领国际市场。

## 五、我国企业（集团）发展跨国经营的对策

为了促使企业（集团）由外向型向跨国经营型转化，实行“两头在外”“大进大出”的目标，必须解放思想、更新观念，采取切实有效的战略对策，建立起适应跨国经营的集团经济的运行机制。

### （一）进一步提高对跨国经营重要意义的认识

随着对外开放的发展，国内对跨国经营的认识日益提高，但在思想认识方面仍有许多障碍，限制了跨国经营的发展。有人仍有意无意地把利用外资和海外投资对立起来。把海外投资看成是资本过剩的产物，不了解现代海外投资是由多种因素，既包括经济因素，又包括非经济因素产生的，跨国经营正是利用国外资金的有效途径之一。有人担心，开办海外企业可能冲击或损害我国的对外贸易。海外投资确有发展进出口替代的作用。但海外投资的优点在于：它可以带动设备、技术、零部件、半成品以及原材料的出口。从整个国家的角度来说，海外投资必然会扩大出口，只不过是把这种经营工作由外贸公司转移到了生产企业罢了。还有一些人认为开展跨国经营的种种困难难以克服，因而认为目前没有条件兴办海外企业，其实这些困难只是相对的，而且只有在发展跨国经营中才更有利于问题的解决。

### （二）按照国际惯例建立跨国经营的管理体制和管理方法

国际惯例是指在国际交往中形成的习惯做法、通例和原则，是国际交往中的行为准则。了解国际惯例，并按国际惯例进行经营管理是企业（集团）进入国际市场的重要条件。我国有些企业（集团）由于缺乏这方面的知识，结果在贸易中吃了亏、上了当，使国家的财产受到了很大的损失。可见，企业（集团）要发展跨国经营，就必须了解国际商贸间的法律、法规和惯例。按照国际企业的标准、国际法规和国际惯例的要求进行管理。应当重视国外跨国公司的科学管理经验，有些有外资的企业（集团）可以聘请外国专家参与管理，还可以通过办合资企业，培养经营管理人才，选拔和培养熟悉外贸经营、通晓外语的精干的外贸队伍，同时还应创造进行国际竞争的物质条件，提供与外商洽谈的综合性现代化场所，实现办公自动化，完善通信系统，改进工作作风，提高办事效率。在管理活动中，要强调经济方法，充分运用经济杠杆和经济法规以及规章制度，调节各种经济关系。

改善跨国经营企业的管理体制，包括以下几个方面：①母公司的上级主管部门及其领导人，要根据政企分开的原则，把管理境外企业的权力全部交给母公司，不要越过它去对境外企业发出指示和要求。②母公司对国外企业实行直接管理，其权力由母公司确定。境外企业经营上重大决策都必须请求母公司并得到其批准，日常生产管理及销售活动可由分

公司、子公司自行处理。③母公司不能像目前有些公司那样，派出人员后放任不管，也不能用国内管企业的办法去管境外企业，下达不切实际的指示和指标，使境外企业不能自主经营。④设置必要的机构，在董事会或管理委员会下，成立进出口管理的领导机构和办事机构，负责具体编排、检查、督促进出口计划的执行、产品的研制，原材料、工模具的筹措，零部件的配套、协调及生产技术的准备等。要在集团内部成立进出口贸易、技术开发、销售服务等专业公司体系，健全管理制度，推行现代化的管理方法，提高管理水平和技术水平。

**（三）优化我国海外直接投资的选择**

一是投资区域的选择。企业（集团）根据自身的产品、资金、技术、管理和劳动力等方面的相对优势来制定对外直接投资的区域战略。就我国海外直接投资总的区域战略看，可以分为三个不同重点的层次：第一层次是发展中国家，尤其是东南亚诸国，这是我国海外投资的主要市场；第二层次是西欧、美国、日本等发达国家或地区，这是我国海外投资的长远目标市场；第三层次是俄罗斯、东欧各国，这是我国海外投资的潜在市场。二是投资行业的选择。目前，我国海外直接投资主要投向制造、建筑等劳动密集型产业，今后应当注意投资行业的合理布局，确定主次比例，逐渐向资金和技术密集产业过渡。三是投资方式选择。在今后相当一段时间内，股权式合资仍是我国企业（集团）进入国际市场的较好方式，也可以选择适当的非股权机动灵活地渗透到国际市场。此外，选择加入国际战略联盟，进行国际性合作生产，也不失为一种新颖、大胆的选择。

**（四）加强对国际市场信息的收集、研究，把握国际市场的动态**

把握国际市场动态，灵活经销，是发展跨国经营的重要环节。国际市场是复杂多变的，跨国经营的企业（集团）特别要注意对国际市场信息进行调查研究，建立情报资料中心，负责搜集国内外市场信息动态，同时采用多方位、多渠道、多形式、多环节的方式收集信息，以市场导向，组织产销，改革“我有什么就出口什么”，转为“你需要什么，我就出口什么”。加速培训一批熟悉国际商情，通达国际惯例的销售人员。有目的地逐步建立不同层次的国际销售网络，采取积极的态度推销出口产品，实行灵活经销的方式，尽可能满足客户的特殊需求，并做到及时提供样品和接受小批量订货。同时做到信守合同，交货及时，还应努力做好售后的服务工作，做到产品销售和服务同步发展，以争取用户，建立信誉，以稳定出口商品在国际市场的地位。

**（五）要按照国际市场的需要和要求研制和开发新产品**

企业（集团）跨国的经营成功，产品是关键。只有自己的产品能为国际市场所接受，才能进入国际市场；进入国际市场后只有自己的产品适销对路才能站稳脚跟，并不断发展。因此，必须花大力气加强新产品的研制和开发，要建立和健全新产品研制和开发的机构，配合和充实人员，保证有稳定的新产品开发资金的来源。要加强对经济、技术和市场的研究，按照国际市场的需要开发新产品，提高新产品开发的成功率，要增加新产品的储备。最好能做到有五档新产品：一是现在正在生产的新产品；二是开发成功准备随时生产投入市场的新产品；三是正在进行试验的新产品；四是在构思或开始试验的新产品；五是正在进行基础理论论证和技术研究的新产品。要努力争创名优产品，特别要争创在国际市场上有较高知名度的产品。

### （六）良好的外部条件，是发展跨国经营的重要保证

一是加强对跨国经营的宏观调控，避免盲目投资和重复建设，以提高对外投资的宏观效益。国家应建立一个由计划、财政、外贸、银行等有关机构组成的对外投资委员会，作为对外投资宏观调控的权威机构，统一管理和协调对外投资的组织和实施工作。从我国国情出发，制定企业国际化发展的整体战略，确定各阶段发展的重点和步骤，使其成为整个社会经济发展战略的重要组成部分；根据国际经济环境以及我国经济发展的需要和可能，进行对外投资规模的总量调控；通过采取倾斜的政策手段及必要的行政手段，引导和调节对外投资的产业结构。二是要改革外资体制和出口产品价格体制。当前，我国出口产品卖价低的一个主要原因是交期长，而交期长除企业内部存在一定问题外，外贸的环节多也是一个大问题。此外，由于外贸进口两本账，不愿经营所谓“高亏”产品，外贸收购价不合理，企业不愿扩大产品出口。因此，要发展跨国经营，就必须改革外贸体制和出口产品价格体制，赋予外向型集团企业的外贸自主决策经营权。要迅速使外向型企业集团的出口产品收购价与外销实际价格挂钩，外销产品的收购价一定要突出快交货、小批量、高质量、高档次的价格。要在关税上鼓励深加工产品的出口。三是要鼓励和支持外向型企业集团加强利用外资，可以在集团内搞中外合资生产经营企业或中外合资单纯经销的公司，甚至可以逐步扩大到整个集团的中外合资，从而获得进出口经营权。允许外向型的企业集团的国外设置经销办事机构，直接在国外与客商洽谈进出口业务，也还可以在国外直接投资兴办企业。四是要加快我国海外投资和跨国经营的法规建设。首先要完善国内的法规体系，规范我国企业行为，当前亟待制定如《银行法》《海外直接投资法》《海外企业财税法规》等有关法规和政策；其次要积极开展对国际和东道国有关法律的研究，使企业的跨国经营能按国际惯例，享受应得的权益，承担应负的义务；再次应实行海外投资保险制度和签订双边与多边投资保护协定，保护我国企业的海外投资。五是加强国际合作，这是发展跨国集团和跨国经营的外部因素。跨国集团置身于外国领土，必须争取外国经济社会界的广泛合作与支持的机会。要与国际经济界进行广泛接触，了解国际经济社会行情，为国家宏观、行业中观和企业微观决策提供第一手资料；要开展国际公关活动，宣传我国经济社会现状，提高企业和产品的国际知名度；要善于发挥海外侨胞和国外友好团体及友好人士的桥梁纽带作用，向他们作决策咨询，请他们做企业参谋，同时要与国际金融界、实业投资界加强合作，以便我们更好地开展跨国经营。

原载《暨南学报》1992 年第 1 期

# 第四章

# 民营企业的法律地位和科学发展

# 试论当代中国城乡个体经济的性质

关于劳动者个体经济的性质，马克思曾有一段精辟的论述：“劳动者对他的生产资料的私有权是小生产者的基础，而小生产又是发展社会生产和劳动者本人的自由个性的必要条件。诚然，这种生产方式在奴隶制度、农奴制度以及其他从属关系中也是存在的。但是，只有在劳动者是自己使用的劳动条件的自由私有者，农民是自己耕种的土地的自由私有者，手工业是自己运用自如的工具的自由私有者的地方，它才得到充分发展，才显示出它的全部力量，才获得适当的典型的形式。这种生产方式是以土地及其他生产资料的分散为前提的。”（《资本论》第一卷第830页）这就是说，劳动者个体经济，是生产资料归个体劳动者所有，以个人劳动为基础的一种小私有经济，它对产品的占有方式“是以自己的劳动为基础的”（《马克思恩格斯选集》第三卷第310页）。因此，个体经济就具有生产资料的所有者、劳动者和产品的占有者合为一体的特点。所以它既是劳动者，又是私有者。马克思、恩格斯所说的“个体经济的性质”是对社会主义社会以前的个体经济的概括。当然，它具有一般性。个体经济的这种一般性是个体经济的本质属性，在任何社会形态中都是如此。

现实的问题是，社会主义社会的个体经济具有什么特殊性的问题。目前，有不少人是用老眼光看待现在的个体经济，他们把现在的个体经济和社会主义以前或社会主义改造前的个体经济相混淆。这种思想方法只注意了事物的表面，没有从探索个体经济的新情况、新问题中把握事物的本质。

十一届三中全会以来，我国城乡个体经济发展很快，截至1984年12月，总数已达1 280余万人。其中城镇530多万人，农村750多万人。从经营分工上划分有三种类型：①从事商业经营的个体经济，包括商业、饮食业、服务业、修理业和流动购销的自营专业户；②从事工业生产的个体经济，包括手工业、小型工业、建筑业、交通运输业和从事农副业产品加工的自营专业户；③从事农业生产的个体经济，包括从事农、林、牧、渔、养殖业生产的自营专业户。前两种是个体工商业，第三种是农村个体经济。这些个体经济从现象上看，与过去的个体经济非常相似。但我们绝不能用简单抽象的概念去代替具体复杂的现实，而是要作具体的研究分析。现在的城乡个体经济与社会主义改造前的个体经济具有本质的区别，这主要表现在：

第一，现阶段的个体经济是作为先进生产力的派生物而存在的。在社会主义改造前，个体经济以原始的农业、手工业生产方式作为自己的物质技术基础，现在的个体经济，虽然从它自身来讲生产经营条件还比较简陋，但它是作为与先进生产力的派生部分而存在的。例如，从事家庭电器修理的个体户是国家电器工业发展的派生物，个体运输业是专业化分工和城乡物资交流不断加强的派生物，个体饮食服务业是人们日常生活越来越趋于社会化的派生物等。生产力的每一步发展，都会引起社会生产结构、产品结构、消费结构、消费方式的重大变化，也必然会产生一些新的适合于个体经营的维修、服务、运输等项目。它对先进生产力来说起着拾遗补缺的作用。因此，它是以现代大工业作为自己存在背景的。

第二，现阶段的个体经济依附于社会主义的生产关系而存在。在社会主义改造之前，个体经济依附于封建主义的和资本主义的生产关系，现在的个体经济则依附于社会主义生产关系，在国民经济中是社会主义公有制的国有经济和集体经济的必要补充。它的生产经营活动与公有制经济紧密联系在一起并受其制约。因此，不能说现在的个体经济是一种落后的生产关系，它在旧形式里面已经赋予了新的内容，它附着在公有制经济上并和公有制经济一起共同促进生产力的发展，已经成为社会主义国有经济和集体经济的“分支机构”。

第三，现阶段的个体经济在国民经济中具有特殊的法人地位和作用。个体经济的发展和发生作用都要受到社会主义计划经济的制约、支配和社会主义经济关系的影响。它的货源和原料依赖于公有制经济的供应，有的为国营商业经销代销商品；他们的产品有的卖给社会主义企事业单位，或者以劳务形式提供给国有经济和集体经济；就是他们从自由市场购买原料，自产自销，一般也是出于人民生活的需要。因此，它的作用的发挥离不开对公有制经济的补充，实际上已成为发展生产、满足人民生活需要不可缺少的一种经济成分，将沿着有利于社会主义的方向发展。

第四，现阶段的个体经济参与了社会主义国家的资金积累。个体经济的一部分剩余劳动通过税收，变成社会主义国家的财政收入，加入了社会主义国家的经济活动，它已成为国家积累的一个构成部分。

第五，现阶段的个体经济是在国家管理监督下适当发展的。所谓适当发展，就是根据客观需要，从实际出发。在适宜个体经营的原则下，需要什么行业就发展什么行业，需要多少就发展多少。适当发展不是缩手缩脚，犹豫不前，更不是不发展，也不是乱发展，而是要在国家规定的范围内，在工商行政管理下适当发展，国家还通过税收、物资、信贷等经济杠杆进行指导、监督和制约。因此，在社会主义条件下，发展个体经济，只能有利于社会主义生产和流通，而不能产生资本主义。

在这里有必要具体分析一下农村个体经济的特点。现阶段农村个体经济，主要是指承包专业户与自营专业户中的完全自营的个体户和农村个体工商户，就其多数来说，是以户为生产经营单位，靠自家的主要劳力，从事专业性的商品生产，构成家庭收入的主要来源，履行对国家和集体的一定义务，享受社员的权利。自营专业户，就其形成和形式来说，又有三种：①属于集体经济农业生产责任制专业承包的专业户，它在集体经济内部进行独立经营，保持着一定的统一核算和劳动交换关系，它属于集体经济的一个组成部分。②由社员家庭副业演变而来，已经成为或即将成为以某种专业为主的专业户，这种专业户与集体土地承包没有直接联系，或者是由集体划给一些闲置地和饲料地，替集体承担一定的国家派购任务。它是一个完全独立的经营和经济实体。③由退休员工、城镇居民、待业人员筹办的专业户（包括农村个体工商户），这种专业户和集体土地承包完全没有关系，完全以商品交换实现它和其他经济组织的联系。第一种形式的专业户，是社会主义集体经济的一种生产责任制形式，它的社会主义性质是不容置疑的。后两种类型虽有一定的私有经济成分，受市场经济的影响，但处在社会主义经济的包围之中，已经失去了产生两极分化的前提。这是因为这些完全自营个体户的共产资料虽有一部分是自己的，但主要还是集体的，或者是公有私用的。虽也有少数退出承包土地，不占有、不使用集体生产资料，但他们在生产和流通过程中，必须通过签订各种经济合同与社会主义国有经济和集体经济结合在一起。例如，通过承包形式，向国营企业或集体社队承包某项生产；同国营农（牧）场、专业公司订立合同，代养畜禽；同外贸、商业、畜牧等国有经济订立合同，提供原材料（种子、雏畜、雏禽、肥料、饲料等），收购产品；或由国家有关经营单位提供材料，由归口单位收购产品。国家还要通过价格、税收、信贷、投资、物资供应等经济手段和通过各种渠道向他们提供经济信息的方法，把它纳入国家计划的轨道。

由于自营个体户都是一家一户分散劳动，独立经营，他们不仅可以进入不占土地或少占土地的养猪、养鸡、养奶牛等现代化大规模农业可以达到的生产领域，而且可以进入现代化大规模经营的农业的触角不能达到或难以达到的那些生产领域。它生产的目的不单纯是满足一家一户自给自足的消费需要，而是为社会提供各种消费需要的劳动产品和劳务。因此，它是一种小型的专业化、社会化的商品经济。它既区别于旧社会的个体经济，又不同于合作化前的小农经济，而是新型家庭经济的派生物，实质上是属于公有范畴的农民家庭经济的一种形式，是当前农村多层次经济结构、多样化经营方式并存的表现，也是整个社会主义农业经济体系的有机组成部分。

综上分析可以看出，我国现阶段的城乡个体经济，既不同于社会主义社会以前的个体经济，也不同于社会主义改造前的个体经济，而是在社会主义建设中恢复和发展起来的个体经济，是在中国农村新型家庭经济崛起中产生的个体经济。如马克思所说：“这种所谓的现代家庭工业，与那种以独立的城市手工业、独立的农民经济，特别是以工人家庭的住宅为前提的旧式家庭工业，除了名称，毫无共同之处。现在它已经变成了工厂、手工工场或商店的分支机构。”确切地说，我国当前的城乡个体经济已成为发展生产、满足人民生活需要不可缺少的一种经济形式，已经成为社会主义国有经济和集体经济的“分支机构”。虽然它处于社会主义公有制经济的附属地位，但城乡个体经济同国有经济和集体经济发生的一切经济联系，都是通过商品货币关系进行的。因此，无论是城镇中的个体工商户，或者是农村中的个体户、家庭副业和自营专业户都不是一种纯粹的个体自然经济，而是带有小商品经济特点的个体经济。个体经济既然是小商品经济，就必然带有商品经济的本质属性，也就必然要受商品经济规律的支配。因此，个体经济的生产和经营活动完全受市场价格高低和收益大小的调节。所以，他们在经济活动中十分注重经济效益，注重活劳动和物化劳动的节约。由于个体经营者的收入和消费水平同它的生产经营成果直接联系，从而就使得他们从物质利益的关心上发挥积极性。这些就是现阶段个体经济的生命力的所在，关键是打破了吃“大锅饭”的局面。这正是国有企业需要逐步变革的内容。

我们要正确认识个体经济的性质，应在它本身的经济关系中把握其内在的固有本性，还必须联系它所处的外部的政治经济条件的相互联系去考察。我国现阶段的城乡个体经济，既然是社会主义社会的小商品经济，为社会主义公有制经济的附属体或分支机构，那么它的性质、作用和活动特点也就必然要受到社会主义经济关系的影响和经济规律的支配。正如马克思所说：“在一切社会形式中都有一种一定的生产决定其他一切生产的地位和影响，因而它的关系也决定其他一切关系的地位和影响。这是一种普照的光，它掩盖了一切其他色彩，改变着它们的特点。”在社会主义经济条件下适当发展的个体经济，就必然具有时代的特征，必然具有一些新的性质，起着一种新的作用，因而，它是一种新型的个体经济，它的性质是社会主义范畴的，是社会主义经济的一个组成部分。

长期以来，在“左”倾错误思想的影响下，我们往往把劳动者个体经济当作“资本主义尾巴”看待，把发展劳动者个体经济认为是发展资本主义，用老眼光看待现在的个体经济，仍然把它看成是资本主义经济或者是十字路口的经济，因而在对待个体经济的政策和具体管理措施上，产生了“左”倾错误，用强制的行政手段，设置种种障碍，限制个体经济的正常发展，甚至认为消灭个体经济，就是消灭资本主义。在个体经营户中，不少人鉴于以往饱受“左”的危害，几起几落，也是心有余悸的，视为畏途。现在该是清除“左”倾流毒的时候了，我们应当解放思想，为现在的个体经济性质正名，这是当前促进城乡个体经济发展的一个关键。

那么，把现阶段的城乡个体经济看成是属于社会主义范畴的，是否会犯右倾错误？这种担心是多余的，因为我们是在把握了现在个体经济的特殊性的基础上确定其性质的。现在的个体经济具有时代的内容，我们就应当给予它确切的时代特征，从而才能在经济活动中给予它和国有、集体经济一样的法律地位。正如在全国发展集体经济和个体经济安置城镇青年就业先进表彰大会所指出的，适当发展个体经济是伟大社会主义事业的重要组成部分。让我们大家都来做发展个体经济的促进派，指导、帮助、保护个体经济在经济法制的轨道上健康发展！

原载《学术论坛》1996 年第 3 期

# 中国特色民营企业法律地位的变迁和科学发展的实现途径

## 一、65 年来我国民营经济法律地位的变迁和确立

65 年来我国民营经济走过了一段从肯定到否定，又重新肯定的艰难曲折的发展历程，从而使民营经济在国民经济中重新占有十分重要地位，这绝不是回到原起点出发的简单历史循环，而是处于一轮螺旋上升中的一个新起点。

民营经济是指私营资产的所有者和经营者，包括个体户、私营企业，主要有个人独资企业、合伙制企业、公司制企业、有限责任公司、股份有限公司。据统计，2008 年全国民营企业 93 579 户。其中大型企业数量少，仅有 507 户，占民营企业的比重为 0.54%；中型企业为 9 916 户，占民营企业的比重为 10.60%；小型企业数量为 83 156 户，占民营企业的比例为 88.86%。民营企业资产共计 3 308 606 元，民营企业平均主营业务收入共计 4 408 081.66元，民营企业平均工业总值共计 4 494 602.23 元，民营企业平均工业销售产值共计 4 415 583.79 元，民营企业利润额共计 634 403 480.00 元，民营企业平均出口总货值共计760 095.50元，民营企业从业人员共计 20 216 677 人。

所谓民营经济的法律地位，就是对民营经济本质属性的深刻解剖，通过法律明确规定民营经济的性质、地位，明确民营经济的财产所有权以及违反法规的法律责任，以保护其发展。民营经济法律地位的变迁，就是从其法律规定变化改变的全过程，深刻地揭示民营经济本质属性的认识程度和我们党对适合中国国情社会主义道路作出的艰辛探索，从而强调社会主义初级阶段是当代中国的最大国情、最大实际，实践有力证明，中国特色社会主义道路是强国富民的正确道路。

65 年来我国民营经济经历了允许发展、否定发展、个体户是补充、承认是发展重要组成部分、两个平等竞争的六个阶段：

### （一）允许发展的变化阶段（1949—1951 年）

这个阶段主要是 1949 年新中国成立初期通过的《共同纲领》，规定“保护工人、农民、小资产阶级和民族资产阶级的经济利益，并扶助其发展”，当时党和国家领导人都认识到民营经济在国民经济中的重要性。

**（二）否定发展的变化阶段（1952—1980 年）**

经过 1951—1952 年的“三反”“五反”之后，党和国家某些领导人开始变得激进，提出要用 10 年到 15 年的时间基本完成向社会主义过渡，主张对私营工业用加工订货、合营等方式改造，对私营商业可以逐年挤掉。1954 年过渡时期总路线被写进了我国第一部宪法，随着 1956 年农业合作化和全行业公私合营的实现，提前完成了对农业、手工业和私营资本主义商业的社会主义改造，从此不再存在国有企业和私有企业的竞争，事实上也就消灭了市场经济，这个历史教训是应该认真吸取和总结的。文化大革命的后期（1975 年），我国通过了第二部宪法，这部宪法承认全民所有制和集体所有制两种所有制形式，以及个体生产劳动，排除了 1954 年宪法中承认的其他所有制形式，这使在事实上已被消灭的私营企业不再具有法律上的地位。1978 年我国通过的第三部宪法只是一部过渡宪法，其中关于生产资料所有制的表述并没有任何改变。

**（三）指出个体户是补充，对民营经济采取“三不政策”的变化阶段（1980—1986 年）**

1980 年 8 月，我国政府明确提出：“允许个体劳动者从事法律允许范围内的，不剥削他人的个体劳动。”1981 年，国务院出台《关于城镇非农业个体经济的若干政策规定》，明确指出从事个体经营的公民是自食其力的独立劳动者，是国有经济和集体经济的必要补充，还规定可以请一两个帮手，带不超过五个徒弟，但对民营经济采取不宜提倡、不要公开宣传、也不要急于取缔的“三不政策”，同时采取观望态度。

经过十一届三中全会的拨乱反正，已开始了一个以经济建设为中心的改革开放的新时代，1981 年 4—7 月《关于城镇非农业个体经济的若干政策规定》和补充规定，第一次较为全面和系统地阐明我国的个体经济政策。1982 年 9 月召开党的十二大及 1982 年 12 月宪法修正案规定“在农村和城市都要鼓励劳动者个体经济在国家规定的范围内和国家工商行政管理下适当发展，作为公有制经济的必要的有益的补充”，“国家通过行政管理、指导、帮助和监督个体经济”。1983 年 12 月五届全国人大五次会议通过了第四部宪法，在所有制方面除确认全民所有制和劳动群众所有制成为我国经济制度的基础外，又规定“在法律规定范围内的城乡劳动者个体经济，是公有制经济的补充，国家保护个体经济的合法权益和利益”。

**（四）民营经济是补充发展的变化阶段（1987—1988 年）**

1987 年 10 月党的十三大报告首先承认并允许民营经济发展，允许民营经济存在和发展是由社会主义初级阶段生产力水平决定的，明确民营经济的合法存在，并阐述民营经济的地位、性质和积极作用，提出党对民营经济的基本政策是鼓励、保护、监督和管理。

1988 年 4 月宪法修正案，国家允许民营经济在法律规定范围内存在和发展，提出民营经济是社会主义公有制的经济补充，国家保护民营经济的合法权利和利益，对民营经济实行引导、监督和管理。

1988 年 10 月国家颁布了《私营企业暂行条例》，在对民营经济进行明确界定的基础上，具体规定了民营企业的标准、特点、作用、种类、开办条件、登记内容、权利义务以及国家对其监督的基本内容，并明确规定民营企业是指企业资产属于私人所有，雇工 8 人以上的营利性的经济组织，从而把民营经济的发展和管理纳入法律轨道。

（五）重要组成变化阶段（1989—2007 年）

随着中国特色社会主义建设事业的不断推进，对私有企业等非公有制经济成分的认识也更加深刻，这不但体现在《宪法》这一国家的根本大法的历次修改中，而且还体现在2007 年出台的《物权法》等相关法律中，实际上，早在 2002 年党的十六大就提出要“完善保护私人财产的法律制度”。

接着 2004 年 3 月十届全国人大二次会议通过《宪法》修正案，首次将“公民合法的私有财产不受侵犯”这一突破性规定写进《宪法》，把私有财产权上升到《宪法》权利层面。《物权法》的颁布，标志着社会主义市场经济进一步完善，极大地激发了 13 亿中国人民创造财富、爱护财富和积累财富的热情，使私有企业在整个国民经济中的地位和作用更加巩固。

（六）平等竞争、共同发展的变化阶段（2008—2013 年）

2007 年 10 月，党的十七大进一步明确指出：“坚持和完善公有制为主体，多种所有制经济共同发展的经济制度，毫不动摇地巩固和发展公有制经济，毫不动摇地鼓励、支持和引导非公有制经济发展，坚持平等保护权，形成各种所有制经济平等竞争相互促进新格局。”法律上的平等保护和经济上的平等竞争，这“两个平等”是十七大在所有制理论上的重大突破，为民营企业的进一步发展开拓了更大的空间。

2012 年 11 月 8 日党的十八大明确提出：“要加快完善社会主义市场经济体制，继续强调‘两个毫不动摇’的方针，支持引导非公有制经济的发展，保障各种所有制经济依法平等使用生产要素，公平参与市场经济竞争，同等受到法律保护。”对于促进民营经济大发展的积极意义，中央一直高度重视，在毫不动摇地巩固和发展公有制经济的同时，毫不动摇地鼓励、支持和引导非公有制经济发展，进一步鼓励和引导民间投资，有利于坚持和完善我国社会主义初级阶段基本经济制度，以现代产权制度为基础发展混合所有制经济，推动各种所有制经济平等竞争和共同发展，有利于完善社会主义市场经济体制，充分发挥市场配置资源的基础性作用，建立公平竞争的市场环境，有利于完善激发经济增长的内生动力，稳固可持续发展的基础，促进经济长期平稳、较快发展，有利于扩大社会就业，增加居民收入，拉动国内消费，促进社会和谐稳定。

综上所述，总结经验教训：首先，《私营企业暂行条例》虽为民营经济提供了法律保障，但它并没有从根本上为民营经济扫清障碍，因为中国民营经济缺乏两个根本性保障，一是企业生存基础——市场，二是私有产权得不到法律保护。只有在十四大明确了建立社会主义市场经济的改革运行，以家族为经营核心的个体民营经济法律地位的提高已成为历史必然，《物权法》的颁布，保护私有财产权不受侵犯，才使民营企业在中国的地位作用更加巩固。

其次，对中国特色的民营经济的发展要有个认识过程，由于我国民营经济的发展历史较短，与西方早期企业没有可比性，西方尤其是以社会化为主要特征的现代企业之间的兼并与合并起关键作用，而在我国并不存在，特别是中国没有经过发展资本主义，对中国特色的民营经济的认识有一个螺旋上升的认识过程。

最后，也是根本的，民营经济的法律地位的变迁，折射出65年所走过的曲折发展道路，体现了我们党对什么是社会主义、怎样建设社会主义等重大问题的探索过程，社会主义制度发展和党的建设是一个长期的历史过程。正如党章总则所指出的：我国正处于并将长期处于社会主义初级阶段，这个初级阶段如我们采取“左”倾态度，麻木急躁就会犯错误，这是在经济文化落后的中国建设社会主义现代化不可逾越的历史阶段，需要上百年的时间，我国社会主义建设，必须从我国的国情出发，走中国特色社会主义道路。但中国仍然是世界上最大的发展中国家，实现社会主义的现代化还有很长的路要走，需要长期艰苦奋斗，我们对此要有清醒认识，所以我们要始终坚持科学发展不动摇，加强转变发展方式不动摇，率先全面建成小康社会，加快推进基本实现社会主义现代化。

## 二、在大国战略指引下，破解民营经济大发展的思想障碍

在中国经济发展中，民营经济占有越来越重要的地位，发挥了越来越重要的作用，已经成为人们的普遍共识。当前，一个重要而紧迫的任务，就是要进一步积极创造条件，在坚持公有制为主体的前提下，通过进一步鼓励、支持和引导民营经济实现更大发展，来保证中国经济顺利跨越发展，成功完成从世界经济大国向世界经济强国的转变，全面实现中华民族的伟大复兴。

能否正确认识和科学把握中国民营经济的本质属性，不仅是直接关系民营经济发展的民间投资增长的问题，而且是直接关系整个国民经济能否长期持续健康发展的问题。特别是在我国经济体制改革进入攻坚阶段，经济发展方式迫切需要转型的情况下，这些问题显得尤其突出和尖锐，“改革开放是一场深刻革命，必须坚持正确方向，沿着正确道路推进，坚定不移地走中国特色社会主义道路，改革开放是前无古人的崭新事业，必须坚持正确的方法论，在不断实践探索中推进，必须一代又一代人接力干下去，必须坚持社会主义市场经济的改革方向，坚持对外开放的基本国策”。对于民营经济本质上属于什么性质，即究竟民营经济是中国特色社会主义性质还是资本主义性质，人们的认识还不尽相同。

现实迫切要求我们抓紧开展关于民营经济本质属性的研究，通过更深入的研究与探索，客观地分析和阐明民营经济发展过程中遇到和发生的新问题，科学地论证和阐释中国现阶段的民营经济已不再是传统意义上的私营经济，民营企业家也不再是传统意义上的“资本家”，民营企业特别是大型民营企业所积累的资本已经具有很强的社会资本性质或广义社会化属性，民营经济不仅已经成为社会主义市场经济的重要组成部分，而且已经成为中国特色社会主义的重要组成部分，其本质属性已经发生了根本变化，再把它简单地等于资本主义，已脱离了中国经济发展和制度建设的现实。

### （一）中国民营经济从属于中国基本经济制度和社会制度

这就需要分别解剖一下经济基础和基本经济制度这两个基本范畴的内涵。一方面，民营经济所反映的生产关系，肯定是中国经济基础的一个重要构成部分，但它并非构成中国经济基础的全部，如果民营经济在整个国民经济生活中的作用不是主导性的，而是从属性的，那么，在本质属性上，它也必然同样是从属性的；另一方面，基本经济制度决定于全社会的所有制关系，但它们同样也是由一定条件下的上层建筑制约着的，中国的基本制度

是以工农联盟为基础的人民民主专政，是社会主义，而非资本主义。上述两方面表明，现阶段民营经济无论其行为或经营策略有何不同，但其本质上都是从属于而不是例外于中国现阶段的基本经济制度和社会制度的，这是我们正确理解和认识现阶段中国民营经济本质属性的一个重要前提和重要基点。

### （二）中国现阶段的民营经济也不可能是资本主义性质

在新中国成立之前，中国不曾发生资本主义，正如毛泽东分析指出的："帝国主义列强侵入中国的目的，绝不是要把封建的中国变成资本主义的中国。"新中国成立后，中国虽经历了新民主主义阶段，但也不曾出现真正的资本主义，改革开放的中国，同样是一个不同于资本主义的中国特色社会主义国家，改革开放中出现的民营经济，既不可能是纯粹资本主义的，也并非纯粹社会主义的，而是附着在公有制经济这个主体上的中国特色社会主义性质的，因此，我们不能把个别企业的不良行为，当作判断现阶段中国民营经济本质属性的主要依据。

### （三）从巩固中国特色社会主义基本经济制度角度看

在中国现阶段尤其需要继续大力发展民营经济，改革开放以来的三十多年，民营经济在国民经济中的地位越来越重要。一方面，民营企业越来越成为吸纳劳动力就业的主要载体，全社会70%以上的劳动力是在民营企业和个体工商户中就业的；另一方面，民营企业也已经成长为中国的重要纳税主体。在中国从世界经济大国转向经济强国的时期，中国的发展将面临众多的挑战，其中一个重要方面就是资源和技术瓶颈的挑战，因此，必须实施"走出去"的战略，以此争取获得更多的国际经济技术资源的支持。由此看来，坚定不移地大力鼓励、支持和引导民营企业的发展，鼓励民营企业"走出去"，是中国大国战略能否有效实施并取得最后成功的关键。

总之，形成上述三大理论共识，确定三个政策取向，不仅有助于从根本上清除人们头脑中存在的各种疑虑，而且有助于从根本上解决民营经济生产和投资行为短期化倾向，更有助于从根本上加快中国经济发展方式转变，解放和推动中国生产力实现更大发展，最终则是有助于从根本上促使中华民族伟大复兴的早日实现。

## 三、高度重视科学发展民营经济是执政兴国的要务

一个强大的民营经济是国家实力的重要体现，随着我国成为世界第二大经济体，随着中国经济的日益国际化，我们必须高度重视科学发展民营经济是执政兴国的要务。

习近平总书记在主政浙江的四年半时间中，使浙江民营经济生产总值占全省生产总值的65%以上，民间投资占全社会固定资产投资的50%，民营经济总产值、销售总额、社会消费品零售额、出口外汇额四项最能反映民营经济综合实力的指标连续八年位居全国第一，这是习近平总书记为搞活浙江经济所作出的独特贡献。

浙江经济强省的优势还凸显在以下三个方面：

一是500强民营企业数量浙江第一，在2007年全国500强民营企业排名中，浙江占203席，居全国第一，比江苏多100家。在浙江的百强民营企业排座中，超百亿元的"航

母”也增加到14家，浙江民营企业掀起一股“创办”“护牌”热潮，全省已涌现109件中国驰名商标，195个中国名牌产品，分别居全国第一、第二，产业的价值也更高，2006年高科技产业附加值是2001年的3.2倍，平均增长26.4%。“浙江制造”走向了“浙江创造”。

二是浙江民营企业投入巨资开发新产品，2007年私人企业投入的新产品开发资金达316亿元，涌现了近百个行业技术中心。

三是利用现代化技术提升贸易成交量。轻纺城、义乌中国小商品城的众多专业经营者利用网络，把生意拓展到省外，跨出国门。据统计，2006年浙江市场的总成交额和出口额分别达到8.674亿、313亿元。浙江成为“社会主义市场经济”成功活标本。

美国人罗伯特·劳伦斯·库恩博士因写作《江泽民传》而在中国声名鹊起。他在美国彭博新闻社（Bloomberg News）节目“2006年美国·中国浙江周”里讲述发生在浙江的新变化：“在很多美国人眼里，中国都是国有企业，浙江却不同，以私营企业为主，因此，当我开始讲浙江故事的时候，美国人在心里就有了共鸣的基础。”“浙江周的成功已经超越了经济成功的本身，浙江是在代表中国，通过展示浙江，我们可以清楚看到中国的未来发展模式与方向，这一点，对于中美两个在世界上有影响力的大国来说十分重要。”

其实，民营经济所占的比例，即数量与姓“资”和姓“社”是没有关系的，打破姓“资”和姓“社”的争论，提出社会主义本质是解放生产力，而非公有制。党章总则指出：“我国社会主义建设的根本任务，是进一步解放生产力，发展生产力，逐步实现社会主义现代化，并且为此而改革生产关系和上层建筑中不适应生产力发展的方面和环节，必须坚持和完善公有制为主体，多种所有制经济共同发展的基本经济制度，坚持和完善按劳分配为主体，多种分配方向并存的分配制度，鼓励一部分地区和一部分人先富起来，逐步消灭贫穷，达到共同富裕，在生产发展和社会财富增长的基础上不断满足人民日益增长的物质文化需要，促进人的全面发展。”发展是我们党执政兴国的第一要务，各项工作都要有利于发展社会主义的生产力，有利于增强社会主义国家综合国力，有利于提高人民的生活水平，从而做到发展为了人民，发展依靠人民，发展成果由人民共享。

从下表可以看出民营经济在世界各地都具有普遍性，各种规模企业中民营企业控制比例都相当高。

**表1 当代各国家、地区民营（家族）企业地位和作用**

| 国家与地区 | 研究者 | 研究结果 |
| --- | --- | --- |
| 美国 | Hershon，1975；Stern，1996；Visscheret al.，1994 | 占全部企业9 098%，雇佣劳动力超过总数的50%，创造50%新增岗位，占GDP的40%～60% |
| 俄罗斯 | | 占全部企业80%～92%，贡献GDP的60%～65% |
| 智利 | Martinez，1994 | 占全部企业的75%，全部大中型企业的65% |
| 澳大利亚 | Baring，1992；Connolly et al.，1997 | 80%私有公司和20%上市公司，70%注册公司是家族企业 |
| 德国 | Reidel. 1994 | 家族企业占全部企业的80% |

（续上表）

| 国家与地区 | 研究者 | 研究结果 |
|---|---|---|
| 印度 | Data，1997 | 最大500家的75%，全国29 700家注册企业的29 400家是家族企业 |
| 荷兰 | Floren，1998 | 家族企业占全部企业的83%，占就业数的42%，GDP的53% |
| 西班牙 | Gallo，1995 | 家族企业占年收入超过200万美元企业的71%，这些企业贡献GDP的70% |
| 英国 | Hayward，1990 | 家族企业占最大8 000家企业的76%，贡献GDP的70% |
| 意大利 | 意大利银行 | 家族企业占企业的68%，雇员超过50名的工业企业有50%是家族企业，低于50名雇员的工业企业中家族企业达到93% |
| 海湾国家 | Davis，et al.，2000 | 家族企业比例25%～70%不等：巴林70%，科威特37%，阿曼25%，卡塔尔34%，沙特阿拉伯33%，阿联酋64% |
| 韩国 | Zhuang，2001 | 大规模的商社所有权集中在个人或家族 |
| 日本 | 刘伟东、陈凤杰，2000 | 除个别年份外，99%以上是中小企业，中小企业基本上是家族企业。其中现代化企业型、标准企业型、维持生计型、副业型的家族企业分别占21.4%、34.1%、12.0%和32.5% |
| | 仓科敏材，2007 | 日经优秀企业2001年排行榜，除金融和负债过多企业外，2 339家上市公司前十名，有8家是创业者及其家族的企业。富士综合研究所2000年对2515家公司的调查表明，42.7%是家族企业，整体而言，日本233万家法人企业，公认的同族公司超过200万家，约占法人企业的95% |
| 海外华人 | Yeung&Soh，2000 | 华人企业家主宰中国港台地区，新加坡和大部分东南亚国家中，华人企业基本是家族企业 |

资料来源：

1. Upton&Petty. Venture Capital Investment and US Family Business，Venture Capital，2000（1）.
2. ［日］仓科敏材：《家族企业》，上海财经大学出版社2007年版。
3. 苏启林：《家族企业》，经济科学出版社2005年版。
4. 刘伟东，陈凤杰：《家族企业——日本小企业的主要形态》，《中国中小企业》，2000（12）。

纵观上述，美国著名社会学家克林盖尔西克认为：民营经济在65%～80%是世界各国（地区）的实践所认可的具有普遍性的现象。

中国已经成为世界第二大经济体，在世界经济中的作用日益增强，以日益强大的国民经济综合实力，以及中国以改革开放的自信心和态度积极参与地区和世界经济发展事务，使中国在世界经济发展中得到了应有的尊重，话语权获得了前所未有的提升。中国能否在今后若干年成功超越美国而成为世界第一大经济体，一个基本前提是不仅要看未来10~20年或更长时期中国经济能否继续平稳较快增长，还要看中国经济社会发展体制机制所具有特殊性，以及中国经济是否具备保持较快增长的主客观条件。可以预计，中国具备保持更长期平稳较快增长的主客观条件，这一切充分说明，中国作为一个负责任的经济大国和政治大国形象，已经被世界各国所普遍承认和接受，中国不仅已经从经济弱国成长为经济大国，而且已经开始了转向经济强国的历史时期。全面解决和克服这些困难，不仅有助于中国民营经济的持续健康、较快发展，还有助于中国经济长期保持健康、较快发展，更有助于中国大国战略的顺利实施。

## 四、在大国战略推动下科学发展民营经济的实现途径

要推动民营经济大发展大提升，必须清醒地认识民营经济发展取得的成绩和存在的不足。一方面，要看到民营经济在经济社会全局中占有极其重要的地位。以广州民营经济为例，2012年全市民营经济实现增加值38 113亿元，占全市GDP的比重达45%，民营固定资产投资同比增长28.2%，比全市增速快19.7个百分点，占全社会投资的比重33.46%，比上半年同期提高12个百分点，在全市116个战略性主导产业项目中，民营企业投资项目占四成多。全市高新技术产业中，民营企业约占85%，民营企业占广州经济总量的比重大，作出的贡献大，发挥的作用大，对城市核心竞争力影响大。这充分说明，民营经济在经济版图中占非常重要的地位，成为广州新型城市化发展的重要力量。

另一方面，要清醒地认识到民营经济发展面临的差距和挑战，主要存在“三个高低并存”的现象：一是高水平企业与较低总量规模并存。广州拥有像长隆集团、立白集团、金发科技集团、佳都集团等在全国具有影响力的民营企业，但民营企业平均规模偏小。二是科技型企业高度集中与较低总体竞争力并存。广州民营高新技术企业为1 252家，占全市高新技术企业比重超过80%，但入选2012年中国民营企业500强企业的仅6家，与国家中心城市地位不符。三是高速度外地扩张与低速度本地投入并存。努力实现“六个转型升级”的目标，即从传统商贸业向电子商务转型升级，从传统批发市场向现代物流转型升级，从低端加工制造业向先进制造业转型升级，从传统制造业向生产性服务业、高端服务业转型升级，从传统农业向现代农业转型升级，从传统文化产业向现代文化产业转型升级。广州本土大型民营企业呈现向全国乃至向全球加速布局的新态势。从充分利用空间、资源、市场的角度来看，这是个好现象，但部分行业本地投资增速明显慢于对外扩张速度，物流行业甚至出现民营企业总部外迁情况。出现上述现状主要有三方面的原因：一是政策制度不到位，有必要进一步解放思想，加大扶持力度，制定更加具体化、专业化、有针对性的扶持政策；二是政策的执行不到位，许多政策仍然浮在空中，没有落地，政策效应没有完全显现；三是政策服务不到位，有些部门对民营企业的管理思维意识老化、僵化，导致重管理轻服务，管理多而服务少。对此，必须充分正视，采取更强有力的措施加以解决，坚定不移地促进民营经济大发展、大提高，要努力为民营经济特别是民营科技企

业的发展营造环境，规范市场，创造条件，促进公平。

在大国战略推动下科学发展民营企业的实现途径有以下几种：

第一，在民营企业建立健全现代化企业制度，转换企业运转体制机制。针对民营经济治理结构的模式选择，发现民营企业目前存在一些问题：①家族成员担任高级管理人员现象较为严重。实践表明，家族成员在高级管理人员中的比例过高对企业绩效会有较为负面的影响，容易导致企业管理混乱，不利于企业的有效运行。②实行员工持股激励机制的企业过少。员工持股对企业绩效具有较为正面的影响，一定程度上反映中国民营企业股权结构的单一性和僵滞性，阻碍了民营企业治理结构的完善和企业绩效的提高。③董事会构成结构仍需完善。在设有董事会的民营企业中，经营者参加董事会的情况相对普遍，但有职工代表和独立董事的董事会数目却相对较少，这不利于董事会结构的完善，也不利于董事会就平衡各方利益和企业长期发展的问题作出正确决策。④各类家族企业数目比重过大，长期发展目标仍然是实行产权的社会化和经营权的职业化，不利于民营经济整体素质和经营绩效的提高。

实践证明，现代股份公司制度是最有效的治理模式，创造条件建立完善的现代股份公司制度，改制的关键在于转机建制，提高企业的经济效益和社会效益，建设现代企业制度，成立股东大会、董事会、监事会和管理层相配套的组织管理体制，实现财产所有权的社会化。管理控制权的社会化和企业文化的契约化，组织结构规范化，股东大会行使所有权按一股一票表决公司的重大事项，充分体现股东的意愿，董事会、监事会经股东大会选举产生，分别行使经营决策权和监督权，由董事长派代表列席董事会会议，总经理由董事会选聘，行使经营管理权，副总经理由总经理提名、董事会任命，各尽其责，民营企业党支部成立按法定程序选入董事会、监事会，参与企业的重大经营决策，发挥党组织的核心和保证监督作用，使企业的管理关系逐步走上科学化和民主化的道路。

第二，要营造民营经济大发展、大提升的良好指导服务环境。政府要加强对民营经济发展的管理，成立民营经济发展服务局，建立健全联系制度，把民营经济纳入项目管理，统筹推进各有关部门、各级工商联、行业协会，要各司其职，各负其责，形成整体合力。要对原有的政策文件进行梳理，《国务院关于鼓励、支持和引导个体私营等非有经济发展的若干意见》明确提出了如何更好地鼓励、支持和引导民营经济发展的问题，进一步总结指出了鼓励民间投资、大力发展民营经济的积极意义，结合出台的《促进中小微型企业发展的若干政策》进行调整，要在政策上实现“三倾斜”，即促进高技术产业和战略性新兴产业的政策、促进民营企业发展共性政策。“科技园、金融、产业”三融合政策对民营科技企业全覆盖，要狠抓政策法制的落实，各部门尤其是主管部门要抓紧推进，积极作为，绝不能成为“中间阻力”，要转变思想，转变观念，加大服务力度，改进对民营经济发展的指导和服务，积极主动为民营企业提供各方面信息，积极组织培训，相互交流，让民营企业分类，分行业抱团发展，形成聚集效应；要完善中小企业社会化服务体系，实施“育苗造林”工程，提高政府服务效率，切实减轻民营企业负担，降低商务成本，要大力宣传民营经济，营造良好的发展氛围，完善企业权益保护机制。

第三，要积极引导、鼓励民营企业参与优化城市功能布局，参加重大项目突破。广州市政府提出优先提升一个都会区，创新发展两个新城区，扩容提供三个副中心的城市空间布局和建设美丽城乡等部署，这需要在两个新城区和三个副中心大量布局产业、交通、教育、医疗、文化、商业、休闲、体育等各城市配套基础设施和公共服务资源。再推出第二批138个、总投资2 686亿元指标项目，两批项目共182个，总投资5 038亿元。这些项目涵盖轨道交通、高速公路、港口码头、发电、污水及垃圾处理、教育医疗、文化体育、产业园区、休闲娱乐、水利及特许经营转让等领域，已纳入国家和省、市“十二五”重大专项建设规划，有的项目已开展前期工作，引导支持民营企业和民营资本投资战略主导产业，设立开发研究中心、结转中心和销售中心，依托南沙新区、中新广州知识城、国际金融城等战略发展平台，建设一批民营企业参加和完善城市功能布局、美丽城村建设以及美丽城乡行动计划。政府要从立项、用地、招商引资、用水、用电等方面大力支持，围绕每个项目的招标方式、招标条件、投资收益率和投资回报期、特许经营价格和特许经营期限，以及供电、供地、供气、价格等，研究相关配套改革和支持措施，项目招标条件比较成熟。项目通过公开招标等方式选择投资主体和经营主体，鼓励民间资本采取独资、控股、参股或者BT、BOT、PPP等方式参与投资建设运营，具体由民营企业根据项目情况自主选择。对一些投资额特别巨大的项目，鼓励民间投资组成联合体（集团）参与竞争，招标项目信息面向社会公开，招标活动全程接受公共监督。

第四，要培育民营企业“龙头”，增强核心竞争力，突破发展瓶颈和解决难题。要筛选一批行业骨干企业作为重点培育对象，培育更多进入全国一百强的民营企业行列的“龙头”企业。要实施品牌战略，促进民营企业实现从简单模仿到自主创新、科技创新，从贴牌生产到授权生产的转变。要造就领军人才，组织开展高端培训，提高企业经营管理层整体素质。要创建示范典型，切实形成一批“市场地位高、模范作用大、带动能力强”的民营“龙头”企业和“单打冠军”，要从注重“量”的增加转向注重“质”的提升，着力增强民营企业的核心竞争力，推动民营科技企业走“专精特新”之路。民营科技企业最大的优势在于有人才，有技术，有研发实力，有自主品牌，民营科技企业是提高自主创新能力的生力军，是建设区域创新体系的重要支撑。加快建立民营科技企业数据库，要形成动态掌握民营科技企业基础数据的机制。加快民营科技企业创新平台建设。将民营科技企业纳入高新技术产业、战略型新兴产业发展的技术路线图。进一步畅通面向民营科技企业的产学研结合渠道，吸收更多民企参与产业联盟和技术联盟。加强对民营科技企业的科技服务，高度重视民营科技企业成熟新技术的推广应用。

积极引导创新风险，加大扶持小微型民营科技企业发展力度。把上市融资、境内外并购、价格调整、标准建立、平台建设、技术转让应用、人才引进、技能培训、职称评定、建设用地、应对国际贸易摩擦等关系民营科技企业做大做强做优的突出问题作为政策研究和扶持工作的重点。要切实解决融资难，以财政扶持中小企业发展资金为导向加大金融对民营企业扶持力度，构建多元化的民营企业和中小企业融资服务体系。要切实解决用地难，加大土地利用计划统筹力度，依法妥善处理民营企业产业用地历史遗留问题，从立项、土地、招商引资、用水、用电、基础设施等方面支持民间资本建设创业园区和基地，支持有条件的地区建立多种形式的民营企业区域发展基地。

第五，要加快民营资本积累速度，扩大民间投资，促进转型升级。提升民营经济要素禀赋结构，发挥民营经济比较优势。要素禀赋结构一般指资本、劳动力、土地和各种资源的相对拥有量，要素禀赋结构的升级主要取决于资本积累速度，而资本累积速度又取决于每一期生产中经济剩余的多少。如果剩余越多，积累的倾向越高，要素禀赋结构的提升也就迅速。这个原理告诉我们，加快民营资本积累速度是促进民营经济发展的重要途径，因此促进民营经济的发展，政府必须采取切实可行的措施，贯彻落实《国务院关于鼓励和引导民间投资健康发展的意见》，提升民营经济要素禀赋结构，包括提供经济发展所需要的土地、资本、技术、人才和各种自然资源条件。要放开民间资本投资领域，引导民营企业参与重大突破建设，鼓励民间投资进入经营基础产业和基础设施、市政公用事业、公共服务、政策性住房建设、战略性新兴产业等五大领域，要充分利用“新广州·新商机”活动平台，继续组织民营企业招商引资，采取各种有效措施，积极推进民营企业签约项目落地。

要引导民营企业进军现代化产业体系，进入先进制造业、高新技术产业、现代服务业、战略性新兴产业领域。重点支持民营企业参与优势产业、高端价值链建设，鼓励吸引大型民营企业在广州设立研发中心、投资决策中心等具有总部功能的机构，支持民营企业参与广州平台建设，要推动产业转型发展，推进传统批发商贸业和民营企业的改造转型，引导一批传统批发市场改造升级，继续抓好广州国际商品展贸城的招商和建设，要重点扶持公共服务平台，加快建设一批民营和中心企业集聚发展区、高新企业孵化器、科技成果产业化基地。

第六，支持、鼓励民营企业跨国经营，形成跨国战略联盟的新发展。中国民营企业跨国经营与发展，在全球经济危机之后新的时代背景下，进入了全球经济调整和再平行的新阶段。跨国经营是指民营企业以国际市场为平台，实行面向世界的战略，在一个或若干个经济、贸易、技术领域进行经营活动，战略联盟方式有非协议合作、协议性合作、合资公司和交叉持股等多种形式，实施适应国际惯例的新的经营方式，是一个高层次的外向型的经济形式。因此，民营企业实行跨国经营是获取资源和市场的需要，是发展外向型经济、参与国际交换和国际性市场竞争的有效途径，实施跨国经营与发展是合乎经济全球化趋势的必然要求，有利于民营企业提高企业经营管理能力和国际竞争力，有利于改善产业结构和转变经济发展方式，是促进中国经济走向发达的重要标志。

鉴于民营经济是以中小型企业为主体，因此，要采取切实有效措施，积极培育一批超百亿、超千亿的民营大公司、大企业，从而组成跨国联盟、跨国集团，才能同国际跨国集团相抗衡，占领世界市场。新建投资，特别是合营是民营企业最常选的投资方式，在海外建销售网络、海外建厂和设立海外办事处是最受重视的跨国经营方式，所以要大胆探索发展网络国际贸易，积极创新融资，国家要完善民营企业跨国经营与发展的新政策。

要切实解决民营企业对外贸易和投资融资困难，鼓励民营企业国际知识产权申请、许可、投资与合作、鼓励民营企业海外直接投资、融资和间接投资，给予民营企业海外融资和投资的更大自主权，从财政税收和金融等方面鼓励有实力的民营企业开展国际融资和投资，民营企业跨国发展要纳入国家人民币国际化政策措施和战略之中，发挥民营企业对推进人民币国际化的作用。

强调大力发展民营经济，是社会主义市场经济的内在要求，是贯彻落实党的十八大精神的重大举措，期望民营企业把握时机，乘势而上，为推动民营经济实现新发展、新提升、新突破作出新的重大贡献！

原载《群言》2013 年第 5 期

# 第五章

# 确立市场经济新体制的法律地位

# 确立社会主义市场经济新体制在中国的法律地位*

党的十四大明确提出，我国经济体制改革的目标，是建立和完善社会主义市场经济体制。这是我们党对社会主义及其经济规律认识的深化和飞跃，是理论上的一个大突破。在党章和有关法律、法规上明确写进建立社会主义市场经济体制，这就确立了社会主义市场经济新体制在中国的法律地位。这对进一步推动我国的改革开放，加快中国特色的社会主义建设，具有重大的现实意义和深远的历史意义。

## 一、确立社会主义市场经济新体制的法律地位的意义

明确社会主义市场经济新体制在中国的法律地位，具有划时代的历史意义。

一是社会主义市场经济是对高度集中的计划经济的变革。在高度集中的计划中，整个社会的经济活动由一个“社会中心”即国家进行管理，国家不仅是宏观经济管理的主体，而且还通过无所不包的指令性计划，将经济的微观基础即企业直接纳入宏观经济运行的轨道。于是，无所不包的指令性计划就成为宏观经济联系微观经济的纽带，成为推动宏观经济运行的基本手段和力量。这样，企业的运行就不再有自己独立的经济目的、独立的方式，纯粹是直接实现宏观经济目的的工具，从而造成了企业活力的窒息和生产效率的低下。同时，由于计划的制订具有非规范性和非经济性，以及计划能力、计划手段的落后与计划的无所不包性、复杂性的尖锐矛盾，这些指令性计划不可能是科学的，更造成了资源配置效率的低下。在市场经济中，宏观经济运行表现为价值运行，其目的必须通过市场才能实现，国家的计划一般不带有强制性，而是协调性的。企业自主经营、自负盈亏、自我发展和自我约束，依赖市场平等的交换，以利润最大化为目的；无论国家是否向市场输出变量，以及输出怎样的变量，企业都不直接面对国家。市场具有高度的激励能力，能比较准确及时地传达出资源配置信号，因而，它能带来生产高效率和资源配置高效率。显然，社会主义市场是对高度集中的计划经济的变革，是自主对统治的变革，是平等对等级的变革，是高效率对低效率的变革。

二是社会主义市场经济为我国经济体制改革指明了目标和道路。有计划的商品经济理论，克服了把社会主义同商品经济对立起来的观点，推动了社会主义商品经济的发展，但是这一理论没有明确经济调节的根本手段和补充手段，导致经济体制改革目标的模糊，人们可以各取所需，或者强调计划的作用，或者强调市场的作用。这种理论还导致一些误

---

* 国家社会科学基金研究项目、国家体改委基金项目

解，如有人认为，计划调节包括指令性计划调节、指导性计划调节和市场调节三个部分，便把市场调节归入了计划调节；有人把生产资料的统一调拨、消费品统购包销也看成是社会主义有计划的商品经济。这些误解反映在改革的实践中，结果是改革徘徊不前，或者是改革进展缓慢，或者是出现“体制复旧”，导致经济发展大起大落。社会主义市场经济新体制则明确提出了改革的取向是市场取向，改革的目标是建立以市场为基础的社会主义市场经济新体制，为彻底挣脱旧体制的束缚，为改革的进一步突破，指明了目标和道路。

三是社会主义市场经济突破了社会主义和市场经济不能兼容的藩篱。由于一些马克思主义经典作家和西方经济学理论的影响，人们长期习惯于把市场经济同社会主义对立起来，以为计划经济和市场经济都是基本制度，计划经济是社会主义的基本特征，市场经济是资本主义所特有的。事实上改革开放以来，尽管我国的市场活动范围有了巨大扩张，市场对经济的调节作用大大增强，但是，囿于僵化的思维方式，人们在认识和处理计划与市场的关系上，不敢再向前跨越一步。社会主义市场经济理论则明确指出，计划经济不等于社会主义，资本主义也有计划；市场经济不等于资本主义，社会主义也有市场。计划和市场都是经济手段，计划多一点还是市场多一点，不是社会主义与资本主义的本质区别。这就彻底结束了计划经济和市场经济是否属于社会主义基本制度的争论范畴，解除了抽象争论姓“资”和姓“社”的束缚，从而激发人们理直气壮地为建立社会主义市场经济新体制而奋斗。

## 二、社会主义市场经济的内涵和法律特征

社会主义市场经济是在以生产资料公有制为主体的条件下，按照市场和市场机制配置资源和调节经济的经济运行方式和经济调节手段，是社会主义经济关系通过市场运行和实现的一种经济体系。

### （一）社会主义市场经济的内涵

社会主义市场经济的内涵要求有以下几个方面：

（1）这是以市场标准为判断依据的经济体制。在社会主义市场经济中强调运行机制以市场作为资源配置的主要形式。市场调节的对象、内容、程度、范围以及结果的验证，都是以市场的需要和市场的检验作为依据的。作为市场主体的企业是按照等价交换的原则，从市场取得和向市场提供，通过公平的竞争，达到优胜劣汰，促进整个生产要素市场合理流动，实现结构优化、资源合理配置。

（2）这是把计划与市场两种调节手段相结合的经济体制。社会主义市场经济并不是对计划的否定，而只是对高度集中的计划经济体制的否定。由于市场调节带有自发性，会出现调节失灵现象。因此，在以市场作为资源配置的一级手段的基础之上，需要将计划作为资源配置的二级手段。所以，在运行机制上，应把计划与市场两种调节手段结合起来，以市场调节为主，同时发挥计划的宏观调控与管理的作用，以弥补市场调节之不足，并克服市场调节的缺陷。同时，社会主义市场经济内在地包含了计划调节，这种计划调节不是像高度集中的计划经济体制下那样，规定企业“只能做什么”，而主要是调节企业“不能做什么”，这种计划必须遵循市场经济的基本规律。

（3）这是一种高层次的经济体制。社会经济运行与经济体制大致经历了四个阶段：自然经济、小商品经济、一般意义上的市场经济、引入计划调控机制的市场经济。在社会经济体制的这种演进过程中，社会主义市场是一种高层次发展的经济体制。从其依托的经济制度而言，它包括了以公有制为主体、多种经济成分并存的所有制结构，以按劳分配为主体的多种分配形式；从运行机制来看，它以市场为资源配置的主要形式，同时强化国家宏观管理。由这两方面的特点所决定，社会主义市场经济实际上是在社会主义经济制度基础上，力求使计划与市场的长处结合起来的经济体制。所以，它已经不可能简单地等同于作为单纯凭借市场调节经济运行的那种一般意义上的市场经济，而是一种新的现代市场经济。

（4）这是体现经济发展趋向的经济体制。经济体制改革在确定自己发展方向问题的认识上，有过较长时期的探索，其目的是使经济改革同社会经济发展本身的要求和趋向吻合起来，促进生产力发展。而从经济本身发展来讲，无论以往认识有过多少反复，市场作为比商品、货币等经济范围更为综合、具体、复杂的总体性范畴，作为商品交换关系的总和与商品经济运动的总体，必然会随自身发展引入市场经济之中，所以，马克思才将市场比作“是商品所有者全部相关关系的总和”，是“川流不息的，或多或少发生在社会整个表面上的交换总和、交换总体，即交换行为的体系”。在这样的“体系”中，商品经济运行必须具备的生产过程不断更新、生产比例不断与社会需要相适应、物质利益关系经常得到调整三个基本条件，通过市场运动才能最终实现。市场由此成为生产过程循环、生产比例调节和物质利益分配与协调的大系统。

### （二）社会主义市场经济的法律特征

要把社会主义同市场经济结合，关键是把握社会主义市场经济的本质属性。社会主义市场经济具有以下法律特征：

（1）经济活动市场化。市场是连接生产和消费的桥梁。市场具有很强的扩张力，它可以突破部门和区域的界限，向更广阔的领域延伸、扩展，从而把国内市场和国际市场融为一体，把内向型经济和外向型经济结合起来。因此，竞争性的市场是全部经济关系的凝结点，一切经济活动都直接或间接地处于市场关系之中，市场机制是推动生产要素流动和促进资源优化配置的基本的运行机制。可见，社会主义市场经济就是社会主义经济关系的市场化，是社会主义生产关系通过市场运行和实现的一种经济体系。

（2）生产要素商品化。社会主义市场运行的先决条件是一切生产要素（包括资本、劳动力、技术、信息等）都要进入市场，通过市场供求的公平竞争，达到优胜劣汰，促进生产要素的合理流动，从而促进社会资源优化配置目标的实现。

（3）利益主体多元化。界定企业产权关系，明确资产责任，这是企业进入市场的首要条件。在产权关系界定之后，与产权制度相联系的利益主体就呈现出多元化的态势。这种多元化包括不同机制之间的利益主体多元化，也包括相同所有制内部利益主体的多元化，对这些复杂的主体必须加以规范，使各自的责权利明晰化，才能为市场经济的运行提供必要的前提。市场调节的有效性，也是建立在利益主体规范导向的基础之上的，利益主体多元化有利于增强市场调节的效率。

（4）企业经营自主化。市场经济的主体是按照市场经济自主性的要求，参加市场经济活动的每个企业，都必须具有作为商品生产经营者所应拥有的全部权力，自主地开展生产经营活动，每个企业都必须自负盈亏，这是企业进入市场竞争的活力所在。

（5）经济关系契约化。契约化是商品经济高度发展的产物，又是市场经济发展的必要条件。在社会主义市场经济体制建立过程中，契约化应是主旋律。市场经济的运行，必然使各种合同关系、信用关系得到广泛发展，从现货市场发展到期货市场，从商品经济发展到信用经济，而这些合同、信用关系，只有得到法律上的确认，成为一种受法律保护的契约关系，市场经济关系才能依法兑现。

（6）宏观调控间接化。无论在什么样的经济体制中，政府的宏观调控都是必需的，只是政府干预的方式和程度有所区别。在社会主义市场经济条件下，由于市场作为资源配置的基本手段发挥着主要作用，政府的宏观调控应以间接调控为主，更多地运用经济杠杆、经济政策、经济法规来保障市场的健康运行。

（7）社会保障制度化。市场竞争存在着“生存危机”，要求对那些市场竞争的失败者和需要照顾的老幼病残者给予社会保障。社会主义市场经济，应该更多地体现社会公正互利，使社会经济生活保持稳定协调，这就要求把养老保险、待业保险、医疗保险以及社会福利和救济工作制度化，以保障每个社会成员都逐步走上共同富裕和共同发展的道路。

（8）经营活动法制化。社会主义市场经济，将最大限度地给人们以创造社会财富的自由，但是这种自由应该在法律允许的范围内进行。为了保障市场竞争的有效性和交易行为的规范有序，防止垄断行为和不正当竞争，必须建立一套与社会主义市场经济相适应的法律体系，使社会经济运行不再主要依靠行政命令去推动，而是通过法律制度来进行。市场经济是以法律作为规范的经济，任何经济活动都必须在法律规定的范围内进行，市场运行和宏观调控都必须以法律为依据，以法律为准绳，从而使所有的经营活动都按照一套科学的法则来进行。管理部门按照相关的法律法规来评价、控制各类经济活动，整个经济运行就会有一个比较健全的法制基础。

## 三、强化社会主义市场经济法制建设的对策

市场经济是以法律作为规范的经济，没有法律的保障和法制的同步建设，社会主义市场经济体制就不可能有效地确立和完备。市场经济就是法制化的经济，没有法制，市场经济将处于无政府状态；没有健全的法制，就没有健全的市场经济体制，这是市场经济走向成熟的一个重要标志。经济发达国家的市场经济之所以比较成熟，除了它发展水平比较高以外，还在于它形成了比较完备的法制。我国现阶段的市场经济还不成熟，除发展水平比较低以外，还在于法制很不完备。因此，在一定意义上说，没有社会主义法制，就没有社会主义市场经济的发展。为了建立和健全我国的社会主义市场经济新体制，必须高度重视法制建设，强化中国特色社会主义市场经济的法制建设。

### （一）要强化市场经济法制建设，首先必须确立市场经济法律机制的观念

所谓法律机制，是指法律这个有机体在一定的生产关系和外部条件的影响下，围绕着市场经济所形成的内部结构功能状况及运转方式、运转过程的原理和内在的发展规律。构成市场法律机制主要有以下几个：

（1）公平竞争的法律机制。这种机制的功能一方面是保证价格机制的充分展开，另一方面是保证市场机制对企业活动的充分调节。竞争机制充分发挥作用和展开的标志是优胜劣汰。所以必须为参加市场经济活动的主体提供公平的竞争条件，扫除在市场竞争中的各种人为障碍，而公平竞争的条件是通过市场发育、竞争的法律机制实现的。

（2）价格的法律机制。通过价格法律机制，规范生产者、消费者、控制者以及供求关系，保持市场运行状态有序发展。

（3）权利本位的法律机制。以权利为本位，就是始终把赋予市场的经济主体充分权利放在首位，必须从法律上真正确立企业的主体地位。作为市场主体的企业，必须具有充分的自主生产经营权，保障其独立行使自主权，当他们的自主权受到侵犯时，应得到充分的法律保护。

**（二）加快经济立法，构建社会主义市场经济法律体系**

加快经济立法，必须改变立法观念。在经济立法中应当大胆借鉴外国的先进经验。而要借鉴发达资本主义国家市场经济的立法经验，应根据我国的需要加以改造、吸收，这样不仅可以加快立法，适度超前立法，而且便于同国际惯例对接。

加快经济立法，建立中国特色的社会主义市场经济法律体系，需要抓紧制定以下16个方面的法律：①规范市场主体方面的法律，如公司法（股份有限公司法和有限责任公司法）、合伙法、合作社法、独资企业法、企业集团法、私营企业法、个体经济法、固定资产管理法、企业登记法等；②规范市场交易方面的法律，如商业法、价格法、商标法、广告法等；③规范市场秩序方面的法律，如重新修改和完善经济合同法、涉外经济合同法、反垄断法、公平竞争法（制止不正当竞争法）等；④规范市场运行机制方面的法律，如证券法、票据法、保险法、担保抵押法等；⑤规范市场管理方面的法律，如市场法、成本法、计量法、标准法、工商行政管理法等；⑥规范计划与市场关系方面的法律，如计划法、预算法、投资法、贸易法、集市交易法等；⑦规范市场融资方面的法律，如金融法、银行法、信贷法、股票交易法等；⑧规范产品质量监督管理方面的法律，如修改食品卫生法，制定产品质量责任法、特殊产品质量管理法规等；⑨规范保护消费者权益方面的法律，如保护消费者权益基本法、消费纠纷处理法等；⑩规范房地产市场管理方面的法律，如土地转让法、土地租赁法、房地产开发管理法等；⑪规范财政税收管理方面的法律，如财政法和各种税法等；⑫规范社会管理方面的法律，如劳动法、社会保障法等；⑬规范促进科技发展方面的法律，如科技进步法、科技企业管理法、科技组织法、技术市场管理法、技术合同法等；⑭规范涉外经济贸易管理方面的法律，如对外贸易法、外债法、海关法、外国银行管理法、外商投资法等；⑮规范经济监督管理方面的法律，如经济监督法、审计法、统计法、资产评估法、会计事务所法、修改会计法等；⑯规范宏观调控方面的法律，如经济决策法、产业政策法、政府职能法、国家工作人员行为责任法、固定资产投资法、农业投资法等。

建立市场经济法律体系，必须加强对经济立法的总体设计，制定中长期立法规划。有必要积极考虑制定一部《经济法通则》。当前应抓紧、抓好有关市场主体、市场秩序和完善宏观调控方面的立法，要特别重视那些虽然比较复杂，但却影响全局的重要经济法律的出台。在具体立法中，要重视可操作性，要注意克服部门权益和地方权益的弊病。有些暂时还没有条件立法的，可先制定相应的暂时规定或条例，还可以搞一些规范性意见，为建立市场经济新体制尽快奠定必要的法制基础。

### （三）强化市场经济法制建设，严格经济执法是关键

我国的经济执法系统，可以分为四个层次：第一层次是经济司法系统，包括经济审判、经济检察、经济公证、经济仲裁；第二层次是经济执法系统，包括各种经济行政主管部门、工商行政管理部门、银行、财政、税收、海关、审计、会计、计划、统计等综合经济管理部门的经济执法活动；第三层次是律师事务所、会计师事务所、审计事务所、企业资产与房地产的估价机构；第四层次是各种经济组织、私营企业、个体户、专业户以及公民的经济执法和守法活动。

市场经济法制不完备，固然是无法可依、无章可循，而有法不依、执法不严则不仅使法律成为一纸公文，而且对外影响更坏。新中国成立 40 多年来，我国颁布的各种重要法规有1 900多件，其中经济法规占 60% ~70%。当前主要倾向是在一定程度上存在执法难和执法不严的问题，使已经制定的法律还没有得到充分的遵守和执行，这是经济立法与经济执法最大的不协调。如何使两者相协调，就成为市场经济法制建设中的一个突出问题。

经济执法难的症结何在？一是有些领导干部无视法律，以为法可有可无，可以执行，也可以不执行，可以这样执行，也可以那样执行，甚至以言代法，以权代法，人易法变；二是有些干部习惯于传统体制下老一套的工作方法，靠领导点头，按长官意志办事，用过多的行政干预来管理经济；三是不少人法制观念淡薄，不重视也不懂得有关法规，用经济政策代替经济法规的执行。强化市场经济法制建设的关键，就是从理论和实践的结合上，把党的经济政策与国家经济法规的关系处理好，既然党不应该也不能代替国家，那么理所当然党的经济政策也不应该更不能代替国家的经济法规。经济政策是调整各种经济关系的行动准则，而经济法规是调整经济关系的行为规则，符合客观经济规律的经济政策的规范化。

过去，因有不少的经济政策没有用经济法规的形式肯定下来，使其缺乏法律的规范性和严肃性，或权利义务关系不明确、不具体，从而在执行经济政策时，不是偏“左”就是偏右，使党的政策走了样，助长了以言代法、以权代法、有法不依的不良倾向。我们绝不能把经济政策和经济法规割裂开来，甚至对立起来。依法办事就是执行经济政策，贯彻经济政策离不开经济法规，经济法规是经济政策的体现。把党的经济政策上升为国家意志，变成所有人都必须遵守的经济法律规范，正是为了在全国范围内和全体规模上保证它的一体遵行。只要经济政策，不要经济法规，或只要经济法规，不要经济政策，都是错误的。如果没有经济法律保障，任何客观经济规律就不可能为人们自觉运用来为社会谋福利，任何符合客观实际的经济政策，也不可能得到全面正确的贯彻执行。因此，只有加强经济立法，才能按照客观经济规律与正确的经济政策办事，才能把客观经济规律的要求与经济政策真正落到实处。

建立社会主义市场经济新体制、新秩序，是我们当前面临的时代主题，但市场经济新体制、新秩序必须建立在法制的基础上。市场经济中各个经济活动主体的权利和地位必须靠法律确认和保护，市场秩序要靠法律规范和维系，市场活动需要国家引导、干预和调整，这种引导、干预和调整也必须遵循法律规则，采取法律的手段。这说明我国的政治、

经济形势正发生新变化，改革的目标更加明确了。我国的治国管理经济的方式也亟须改变，应将“既靠政策，又靠法律”的方式及时转变为“主要依靠法律手段，辅之以政策手段”的新方式。为此，我国经济法制改革的战略目标，是在中国实现高度文明的社会主义现代化国家，实现依法民主管理经济，建立与健全市场经济的法制模式，在经济领域和经济活动中，树立经济法制的极大权威，使任何组织和个人都能严格依法办事。

**（四）加强市场经济法制建设，必须强化经济监督机制**

完善监督机制，是我国政治体制改革中的一个重要议题。我国目前已有的监督机构、体系有七种力量：①权力机关的监督。如全国人大和地方各级人大及其常设机构，主要是对违宪行为进行监督，也包括对政府司法等部门的工作监督，这种监督具有法律上的意义。②人民政协的民主监督。其特点是没有法的约束力，但比群众监督、社会监督视野广、影响大，是代表统战各方有组织的监督。③执政党的监督机构。如党的各级纪律检查委员会，主要是对党的机构和党员干部的监督。④政府机关的监督。政府机关执法的本身就是监督，如卫生部，要对下属厅、局是否执行卫生法规的情况进行监督，特别是政府，还设有监察和审计部门进行执法监督。⑤司法机关的监督。如检察院是国家的监督机关，不仅监督刑法执行方面的情况，而且监督民法、经济法、行政法等方面的执行情况。⑥社会群众监督。群众可以向任何部门（包括党中央）提出他们的意见，这是最广泛、最有力的监督力量。⑦舆论监督。通过新闻媒体和举报制度反映群众呼声，唤起社会的关注，是防止执政党滥用权力和各种腐败现象的有效措施。

现行经济监督机制虽经若干措施强化，但不能适应市场经济新体制的需要，仍存在以下严重缺陷：①是一种“亡羊”找“羊”的机制。把监视的焦点主要放在狭义的市场上，放在对违法活动事后的查处上，这是一种得不偿失的消极机制。②监督机构的设置及其功能分工缺乏总体设计，难免重复、紊乱。一是监督部门林立，而又未形成理想的合力，致使企业疲于应付各监督关卡的审查和检查；二是各种监督机关之间工作交叉重复，影响效率。③经济执法机关同司法机关职能交叉，时常发生工作或争或推的情况，致使发生抢办案子、以罚代刑的现象，使许多纠纷和违法活动得不到及时、有效的处理或打击。④民事行政检察机构对经济、民事审判机构的民事、经济、行政案件检察不力，监督不了。⑤缺乏让监督者首先受到监督的有效机制。有少数执法和司法人员滥用权力，搞不正之风，违法违纪，严重影响了队伍形象。⑥监督队伍数量少、素质差，工作总是处于被动状况，案子积压，导致监督出现漏洞和“真空”。

迫切需要改革现行经济监督机制，建立起适应社会主义市场经济监督新机制的模式设计主要有三种：

（1）在全国人大和地方各级人大常委会设立市场经济监督委员会。加强各级人大对经济的监督已刻不容缓，但在各级人大现有的专业委员会中，没有一家能胜任这个职责，很有必要设立具有法律权威的市场经济监督委员会，直接对国民经济活动进行具有法律权威的监督。国民经济监督的客体，既包括宏观经济管理活动，又包括中观的经济执法、经济司法，以及财政、财务活动，还包括市场和企业的经贸与生产经营活动。

（2）要明确经济监督执行主体的职责范围。建立新的市场经济监督机制，还必须加强监督执行主体的改革，由于执行主体涉及许多监督管理部门，规范它们的职责范围，分清它们相互之间的关系，直接影响和制约着监督体系的功效。因此，有必要把监督执行主体按照监督性质和范围进一步分类，明确其职责范围。

（3）改革和加强企业的监督机制。实行保证与监督分离的管理体制。将企业现有的行政监察处与党组织的纪律检查委员会合并后再重新划分，设立两级监察机构（人员宜少），一级属于上级党组织，属于上级党组织的监察机构派驻企业的性质，主要职责是对企业领导班子成员，特别是行政负责人及企业机关人员实行监督。监察人员可以参加企业召开的各种会议，参与审定企业经营管理中对方针、目标的制订与决策。重点是监督，而不去过多涉足。监督内容主要包括企业领导班子成员，特别是厂长经理执行党的路线、方针、政策，遵纪守法，联系群众，以及监督他们的思想、作风、道德品质等方面，协助企业领导改进工作，提高效率，克服官僚主义，并把了解到的机关工作的缺点、问题通知企业领导人和报告上级党组织。这一级监察机构的费用支出应全部由企业承担，年初拨专款，归监察部门自行使用。

另一级监察人员隶属企业党组织领导，主要职责是对企业下属部门的负责人直至每个党员实行监督。监督的内容同上。这样，自上而下形成一个既独立又结合的监督机构；对各部委负责人监督的人员隶属中央纪律检查委员会；对各工业局负责人监督的人员隶属党委党组织；对各企业厂长、经理监督的人员隶属工业局党组织；对各车间班组及每个党员监督的人员隶属企业党组织，同级党组织不再对行政负责人实行监督。监察部门作为一个执行党纪国法的专门机构，不再隶属同级党委领导，这样可以避免出现目前党委中负责纪律检查的同志所处的被领导者监督领导者的难堪境地。监察人员可以名正言顺地、理直气壮地依法对各级行政负责人实行监督。而各级行政负责人就可以不再过多顾及同级党政之间的关系，免去许多不必要的顾虑，从而集中精力搞好经营管理。对监察人员提出的问题，行政负责人可以依据党纪国法进行辩护。监督者与被监督者完全依据党纪国法，这样的管理体制才能真正纳入正常的法制运行轨道。

通过上述的改革，就能使市场经济监督机制具有以防为主、防检结合的功能，形成能够覆盖全社会经济活动的监督体系和网络，以保障社会主义市场经济在法制的轨道上健康发展。

原载《军事经济学院学报》第 3 卷第 2 期

# 构造市场经济与所有制及产权的新型关系

建立社会主义市场经济新体制的一项重要基础工程，就是要完善所有制结构，理顺产权关系。为此，探讨构造市场经济与所有制及产权的新型关系，具有十分重要的理论和实践意义。

## 一、所有制与产权的有机联系及质的规定性

有人把产权完全等同于所有制，这是一种误解。所有制是一定社会的生产资料归谁占有、归谁支配的基本经济制度，它构成该社会生产关系的基础和核心。所有权是法律确认的人们之间因对物质资料首先是生产资料的占有、使用、收益和处分而发生的权利、义务关系。所有权是由所有制形式决定的，是所有制在法律上的表现。这种由国家制定的调整财产所有关系的法律制度，便是所有权制度。

所有制与所有权既有联系又有区别。所有制是生产关系的基础和核心，属于经济基础范畴；所有权则是所有制形式在法律上的表现，属于上层建筑范畴。所有制形式决定所有权的性质和内容，但所有权一旦形成之后，就成为一种巨大的力量来积极帮助自己赖以存在的所有制进行巩固和发展。

所谓产权，即财产关系的法律表现，是建立在一定的生产资料所有制基础上的财产归属和运用的行为权利的总称。在公有制市场经济条件下，产权有两种存在形态：一是财产所有权，即国家代表全民对国有资产的最终所有权，可称为国有归属产权；二是资产营运产权，具体表现为经营者对国有资产实际占有、使用、收益、处分等行为权利，可称企业产权。就产权的法律性质来看，它与人身权相对应。在现代市场经济中，产权由物权、债权、股权、知识产权等多种财产权利构成一个权利体系。

产权与所有制有密切的联系：两者同时反映人们对财产的关系，不论是所有制，还是产权，都要涉及财产。但所有制的客体不是全部的财产，而是财产的一部分，即作为生产条件的财产（生产资料）；而产权的客体则包含了全部财产。因此，两者的客体在一定范围内是同一体，都是强调人对某类财产的关系。所有制是从纯经济的角度展示人与生产资料财产之间的关系，产权则强调从法的角度来维护这种关系。

产权与所有制也有区别：一是所有制关系就其内容而言是一种现实的经济关系，而不是政治关系或法律关系。产权则是经济关系在法律上的反映，是以法律的形式表现的人们在财产上结成的相互关系。二是所有制所反映的财产关系通常是指制度关系，并且常常指社会的基本经济制度。产权虽也包含财产所有权，但更多的是涉及财产的营运，即财产在

营运过程中各当事人及其组织的权益、责任等。从纵向看，它包括投资者的权益、企业法人权益、经营者权益和责任等；从横向看，包括各类法人的权益和个人的权益与责任等。因此，相对于所有制而言，产权更接近于运行层次，把各种所有制的财产转化为运行中的财产，使之更有效地发挥作用，这是产权应有的功能。三是所有制关系虽也是现实的经济关系，但它内在于经济运行之中，必须借助于某种中介才能得到表现。产权则是外在地体现人与财产关系的形式，它通过法律直截了当地规定各种经济活动当事人的权益、责任。四是从外延上看，产权与所有制的范围也不尽相同。所有制的客体仅仅是生产资料，产权的客体是一切财产，既包括生产资料的产权，也包括生活资料的产权。相对于所有制而言，产权涉及的对象总是更微观，更具体，如个人财产保障权、信贷权、债权、股权、专利权、版权，等等，这当中很多与生产资料无直接的联系，但却是产权不可缺少的部分。

## 二、建立多种所有制并存的多元产权格局

市场经济的发展，加快了使生产资料所有制与产权相结合的步伐。这是因为，在市场经济社会，生产资料的财产关系变得更加复杂。具体表现在：一是随着市场的发达、交换的扩大，生产经营规模也迅速扩大，与此相适应，从事各类生产经营活动的财产主体成倍地增加，这就大大增加了财产所有者之间产生摩擦的机会和程度，从而提高了处理财产关系的难度。二是随着市场经济和信用关系的发展，生产社会化的程度在不断提高。于是，财产的运行也愈来愈走向社会化，同一性质的生产资料所有制，在财产营运的过程中表现出多重所有权主体，这样，不同主体之间的权益、责任关系也趋于复杂。三是就生产资料财产形式而言，在市场经济发展过程中也变得多样化，各种精神形态、价值形态的财产相继出现和扩大，如股票、债券票据、商标、专利等。这不仅在量上大大强化了现有的经济关系，而且从不同角度、不同领域影响和改变着原有经济关系的形式，如票据的贴现和再贴现、有价证券的买卖都会带来新型的债权债务关系，赋予了不同经济活动主体新的权力、利益和义务。四是多种所有制经济成分并存，无论是国有经济内部，还是不同经济成分之间，都存在着市场关系，而且一种经济成分内部和各种经济成分之间，要联营和合作，国有企业组成集团，国有企业与集体企业、我国企业与外国企业联合或合资经营，使产权关系呈现复杂趋势。特别是国有企业实行政企职能分开，所有权与经营权分离；承包经营、租赁经营、实行股份制，必须解决市场交易中的产权关系问题；企业转换经营机制，成为自主经营、自负盈亏、自我发展、自我约束的商品生产者和商品经营者以后，会产生兼并、拍卖、折股出售、破产清理等财产转移行为，也必须解决产权问题。

但是，仅就马克思主义的所有制理论，已经不能完全说明社会主义市场经济运行中的某些新问题。因此，要大胆、有分析性地吸收现代产权理论的科学成分，根据目前实际情况，在不同的所有制之间界定归属性产权，在国有制经济内部界定市场交易中的经营性产权。

改革的出路在于寻求兼容产权明确化、社会化二重趋势的公有制实现方式。为此，首先必须做到使每个劳动者对全社会共有的财产拥有实际而不是名义、具体而不是抽象的所有权，即在落实劳动者个人终极产权的基础上，建立和完善多种形式的法人所有制，实现联合起来的全民所有和集体所有，使劳动者成为真正的财产主人。其次，要解决资产按照

资源合理配置的原则流动问题，使其适应经济发展和市场变化引致的重新组合要求，从而实现全社会范围内的资源优化配置。这就一方面继承了传统公有制下可以大规模集中社会财富进行投资建设的速度和规模上的优越性，同时克服了传统体制下普遍的预期不稳定和行为短期化；另一方面，扬弃了私有制必然产生的由于占有生产资料的不平等而引起剥削和利益冲突的对抗性矛盾，同时又保留了来自财产的动力、激励、风险约束机制等合理内核。

从我国的现实出发，完善和改革兼容产权二重趋势的公有制实现途径，有以下几个方面：

（1）采取各种措施，强化公民的财产意识。一是通过居民收入的赋税制度来强化居民对公有财产的意识；二是逐步实现民主和科学的财产管理，民众的参与意识及参与条件是全民财产所有权观念确定的前提；三是通过一定的法律制度来保证全民与集体财产的正确形式和使用，反对不同所有权主体的财产在行政指令下无偿调拨或转让。

（2）改善产权结构，建立多元产权体系。实现以政府为代表的全民企业、政府控股企业为经济主体的，政府参股企业、私营股份企业、私营独资企业等多种所有制并存的多元产权格局。

（3）改善财产形成机制，实现产权的合理流动。一是建立资本形成与资本所有权相一致的投资制度，使新增资本一开始就有明确的产权主体；二是允许产权市场的存在，使各种主体的产权能通过市场的形式组合，促进资本的合理流动，使最有潜力的行业或企业能获得资本的充分来源。对不适合政府管理的全民所有制企业，政府亦可以通过市场有偿地转让一部分全民产权。

（4）建立和完善产权的管理和控制制度。国家应该通过对国有企业建立直接的目标责任制度来实现其管理。对于私营企业及有政府资产的股份企业，政府利用经济杠杆实行间接宏观管理，从而形成政府对不同产权企业实行直接控制与间接控制的双重控制体制。

## 三、界定所有关系，规范产权制度

社会主义市场经济离不开多元的产权主体，要建立多元的产权主体，就必须界定所有关系，规范产权制度。产权制度就是界定国家和企业之间在国有资产占有、支配、使用、收益和处分过程中的地位、行为权利、责任、义务及相互关系上的法律制度。

### （一）明确国家对企业财产的所有权是完善企业产权的基础

在我国建立产权制度，首先遇到的难题是国家所有权。长期以来，在我国法制实践中，国家所有权成为一个老大难问题，成为影响许多其他问题的一个因素，这是计划经济的后遗症。建立社会主义市场经济，这个问题必将随着经济的发展而逐步解决。解决的主要途径是，要把计划经济体制下的国家所有权，改造成为市场经济体制下的国家产权，即包括所有权、股权（股东权）、债权、知识产权等在内的复合的产权。特别是要界定国家对企业财产享有所有权的含义，是指国家对企业财产在最初和最终意义上享有所有权。所谓最初就是指国家把该项财产投入企业之初，所谓最终就是指企业经营终了产生的收益或企业产权终止时归交于国家的财产。国家对这些财产在这两种时间意义上享有所有权。国家一旦将其财产投资于企业，那么它对这些财产的所有权就转化为出资权或股权而存在，从而使企业对这部分财产享有了独立的产权，使它脱离了国家所有权。因而，国家所有权并不包括对处于企业产权运动之中的财产的直接支配权，国家对处于企业产权支配下的出资财产权仅享有以收益和参与管理为内容的出资权，从而既能保证企业的自主经营，又能保证国有资产的增值。这绝不会动摇公有制的根基而且能促进公有制的发展。这同资本家丧失资本所有权而享有股权，不会改变资本主义私有制性质，相反能保证资本家最大限度获取剩余价值的道理是一样的。只有这样来认识国家对企业财产的所有权，才能把国家所有权同企业产权真正区分开来，确立企业的独立产权。否则，如果国家所有权的覆盖面过宽，对处于企业产权运行之中的财产，国家仍然可以行使所有权，两权界限就难以分清，就无法确认企业的独立产权。

### （二）确立法人所有权，是构造新型产权制度的核心

产权制度另一个重要法律问题，是确立法人所有权，使法人享有完全的产权。多年来对企业法人要求的“自负盈亏，自我发展”一直做不到，原因固然很多，其中一个重要原因是产权问题没有解决。一个不享有充分产权的法人只是一个空间的组织，《企业法》和《全民所有制工业企业转换经营机制条例》虽明确规定企业享有经营权，实际上这些经营权仍属于企业日常的经营权，还不是市场经济中那种立足“交易成本”的支配权和转让权。如果不确立法人所有权，企业经营机制就难以彻底转换。可见，改革和完善企业产权是全民企业经营机制转换的根本。

承包制由于企业不是所有者，没有所有权，它的权利仅是合同赋予的经营权，而且承包者与发包者往往利益不一致，因此，企业很难成为一个独立的商品经营者。股份制虽可以避免上述矛盾，但其适用性却有一定限制，不能作为一种普遍的产权制度推行于绝大多数全民所有制企业。

解决的有效途径是重塑利益分配制衡机制，确立企业法人所有权，界定产权，明确企业占有国有资产的价值量。通过清产核资，对所有国有企业的资产按重置价值进行评估，明确界定企业占有国有资产的价值量，并进行产权登记，强化国家最终所有权，促使国家终极产权与企业法人产权相分离，为进行资产委托竞争经营和股份经营创造条件。对取得国有资产经营权的企业核发国有产权授权占有证书，促使企业确立真正的法人地位，更有效、独立地行使经营权，使企业成为独立的商品生产者和经营者，对国家投资给它的财产及其经营积累财产依法享有占有、使用、收益和处分的权利。

### （三）协调处理好国家所有权与企业法人所有权的关系，是完善企业产权的保障

国家所有权是企业法人所有权的基础和最终归宿。在同一财产上当企业法人所有权产生时，国家所有权就归于中止。但国家所有权行使主体与企业法人所有权之间，始终以其出资权相联系。国家所有权行使主体与法人所有权之间的关系，就是法人与其出资人的关系，两者是平等的民事主体，其权利义务由法律以及法人章程规定，只要双方在行使各自权利时，遵守法律和法人章程，两者的关系就协调好了。一般来说，出资人的出资权主要包括参与企业管理和收益分配。具体表现为：国家所有权行使机构，即企业法人的出资人有权依照法定程序决定企业厂长、经理的任免与奖惩；有权审查、批准企业中长期发展规

划和年度预决算；有权审批企业的报表、冲减、核销；有权审查、批准企业的盈利分配方案；有权决定企业的关、停、并、转和批准企业破产；有权清理和收缴被撤销企业的财产；有权获取企业盈余收益等。企业法人则负有相应的义务，实现出资人的上述权利。但出资人不得超越法律或章程规定的权限去干涉法人自主行使所有权，企业法人行使所有权也不得违反法律和章程，损害出资人利益。否则，无论任何一方损害对方利益的，对方都有权申请仲裁或起诉。法人与其出资人的关系，最终会反映在盈利的分配上，法律和章程应当规定，企业盈利应首先完成国家税收，弥补往年亏损，留足法定的积累基金，剩余的应归出资人。

市场经济发展的过程，实际上是不同具有独立权益的经济主体追求自身利益的过程。市场经济作为资源配置的方式，首先需要利益调节机制，这就不仅要求明确界定产权，而且要求存在多元所有权主体。所以必须在理顺国家所有权与企业法人所有权的基础上，构造市场经济与所有制、产权的新型关系，从而使企业享有独立的法人所有权和经营性产权，就能实现企业经营机制的转换，获取巨大的经济效益。

原载《山东经济》1994 年第 3 期

# 企业集团所有制是我国公有制的新模式

在我国已经形成的多元化所有制结构中，出现了一种公有制经济的新模式——企业集团所有制。集团所有制不仅决定企业集团的性质，而且影响企业集团经营管理的方式。因此，探讨并把握集团所有制的实质，对于正确处理集团内外部的各种关系，促使集团健康发展具有重要意义。

## 一、集团所有制经济的基本特征

所谓企业集团所有制，是指在原来不同的经济形式之间，通过紧密型的联营而发生的相互渗透、相互融合的联系后而形成的新的所有制关系。

企业集团所有制经济作为公有制经济的一种新模式，具有以下一些基本特征：

第一，联合体各方成员的生产资料，以新的结构方式逐渐归一，最终为集团成员共同所有。

经济联合体各成员本着联营的前提和原则，使各种生产要素以合同、契约的方式实现最佳结合，并且加以维系。对这种经济联合体应作具体的分析，不能只把它简单地看作是经营方式上的变化。经营方式与所有制基础是密切相关的，当经营方式的改变发展到一定程度，必然要触及所有制问题。下面就经济联合体的生产资料所有权加以具体分析：

（1）经济联合体为了取得更好的经济效益，必然要充分利用它的全部生产要素来科学地组织生产，此时原来分属各方成员的生产资料就要统筹安排、合理使用，彼此之间的界限客观上已不易划清。此方的劳动力完全可以和彼方的生产资料相结合，各方成员生产资料的所有权实际上已江山易主，由经济联合体共同行使了。

（2）经济联合体的各种生产要素实现了最佳结合，成为生产经营的实体，各方成员原来投入的生产资料已经不能随意抽回，必须由联合体来统一掌握和使用。因此它将成为一张纸制的副本，相当于“虚拟资本”。

（3）经济联合体为了发展生产搞好经营，适应市场变化的需要，要不断推出新产品，开拓新领域。因此必须狠抓自身的技术，不断地进行设备更新和技术改造，把收入的一部分用于追加投资扩大再生产，而新增的这部分资产则完全属于经济联合体共同占有。

（4）随着经济联合体积累的增加和规模的扩大，共同占有的产业资金也在不断增加。相反，原来分属各方成员的生产资料部分和联合体共同占有部分的比重相对缩小了，而且随着时间的推进，各方成员生产资料的原有价值通过消耗和折旧，其绝对额却在逐步减少，以至消失，这又是一种反比关系。

以上四点充分说明，联营之初生产资料多元化的所有制结构必将逐步归一，由经济联合体成员共同占有，从而也就使其形成了一个相对独立的经济实体。

第二，以紧密型经济联合实体为形式，而且具备企业法人资格，来从事某种生产经营活动。紧密型联营是针对松散型联营而言的。作为一个经济联合体来说，是属于紧密型的经济联合实体，还是属于松散型的经营联合体，两者是有本质区别的。前者在所有制关系上发生改变，而后者只是在经营方式上有所变化。

所谓紧密型经济联合实体是指：联合体各成员在新的凝聚点上，使各生产要素达到新的最佳结合，并且形成相对独立的经济实体，具备独立核算、自主经营、自负盈亏、自我发展、自我约束的经营机制。联合体只有采用紧密型经济联合实体为形式，从事某种生产或经营活动，当其经营方式、内部经营机制发展到一定程度，便导致其所有制关系产生质的改变关系，形成集团所有制经济。

（1）从生产过程分析。经济联合体作为一个相对独立的经济实体，必须要有自身的生产指挥、监督、检测系统，形成自己的神经中枢，独立自主地处理联合体内部的各种事务。下属各单位则要完全服从联合体的统一指挥和调度，不得各行其是，同时，经济联合体为了保证生产经营的正常性、连续性和稳定性，也必须建立、健全自己的统一法规和章程，以便统领和协调各个部分的有机运转，从而推动生产经营的发展。

（2）从流通过程分析。经济联合实体所生产的产品是作为商品来生产的，必须通过交换才能够实现。经济联合体作为独立的商品生产者，自然对其全部产品拥有完全的所有权，只有这样才能完成买卖行为，成为交换的实体。经济联合体作为一个独立的生产实体，它的产业资金必须投入正常的循环过程，完成自己的形态变化，即由货币资金转变为生产资金，由生产资金转变为商品资金，再由商品资金转变为货币资金，循环往复，以至无穷。这必然使各组成部分的产业资金沿着统一的轨道运行，因而，必然对联合体各方成员不同的经济成分加速同化，使之日趋模糊，渐趋消失。

（3）从分配过程分析。联营之初，各方成员按其投入量得到相应份额的利益是合情合理的。但是，随着经济联合体的不断发展，共同占有的产业资金逐步扩大，收入不断增加，如果还单纯按原来投入量的多少来决定其收益分配的多寡，显然是不合理的。在兼顾到这一前提条件的同时，联合体必将产生统一的分配方式，形成独立的分配实体。

通过以上三个方面的分析，经济联合体已经构成独立的经济实体，自然也就具备了企业法人资格。因此对其所从事的某种生产或经营活动，理所当然地应该受到国家法律和政策的保护。

第三，在你中有我、我中有你的基础上，造就代表社会先进生产力和生产关系的“新我”，应是集团所有制经济的第三个特征。当前，在我国已经产生的全民企业与集体企业，集体企业与个体经济，以及全民、集体企业与个体经济等多种形式的经济联合体，是否构成集团所有制经济，不仅要以前三个特征来衡量，还应从是否又造就了代表社会先进生产力和生产关系的“新我”来衡量。所谓的“新我”，应具有以下“五性”：

（1）地域性。集团所有制经济从根本上打破了行政区划的界限、条块部门的分割、行业非同的局限，按照企业性质、区域经济等特点实行了各种形式的联合。不仅有跨县、跨区、跨省的经济联合体，而且有中外合资经营的企业集团。这些都充分说明它的地域辐射性是十分广阔的。

（2）开放性。集团所有制经济由于具有广阔的地域性，因此视野广，涉足长，不仅能有效合理地引进人才、技术、资金、设备、原材料等，而且能使各种生产要素达到最佳结合的程度。有人才技术发达的中心城市同资源丰富开发潜力大的小城镇的联合，有城市同农村实行新型的城乡经济的联合，有工业内部的群体联合，也有工商企业生产流通一体化的联合。这就进一步提高了集团所有制经济的集约化经营，便于交流经营思想，沟通市场信息，提高管理水平，无论从联合体结构要素组成，还是从经营机制诸方面考察都具有一定的开放性。

（3）互补性。集团所有制经济的群体结构，有利于它们之间互相学习，取长补短，自我完善，自我提高。同时，由于把多种所有制成分混为一体，它们之间必然要互相同化，彼此渗透，从而吸收有利之处，摒弃种种弊端，使之更加成熟。

（4）应变性。集团所有制经济作为一个相对独立的经济实体，拥有充分的自主权，内部分工和外部协作都比较明确和规范，而且社会化生产程度较高，可以容纳更多的生产力。无论从人才素质、科技水平、设备条件、资金状况、市场信息等方面的实力来说都是其他单一经济成分的实体所无法比拟的，更加富有生机和活力，市场竞争能力强，承受风险的程度大，因而应变能力强。

（5）方向性。集团所有制经济作为社会主义初级阶段公有制的一种新模式是带有方向性的。它与资本主义国家的“托拉斯”“康采恩”这些联合集团相比，既有相同之处，又有本质的不同。所谓相似的地方，它们都属经济联合体，具有强大的实力；所谓本质的不同，就在于资本主义的这些垄断集团的生产资料是私有制的，是为了资本家榨取更多的剩余价值。而我国集团所有制经济的生产资料是以公有制为主体的，联合体的各方成员是本着平等、自愿、互利互惠的原则组合的，它的产生是适应我国目前生产力发展的水平的需要的，是为了满足人们日益增长的物质文化生活的需要。它既能克服国有企业“一大二公”产生的某些弊端，又能弥补集体企业过于狭小、势单力薄等不足。我国多元化的所有制结构虽然长期不会改变，但是集团所有制经济的公有化程度是先进的，具有较强的生命力，它代表了社会主义生产关系的发展方向。

## 二、企业集团所有制的形式

横向经济联合不仅局限于一种所有制形式企业间的联营，往往是两种或两种以上的所有制形式企业间的联营，因而构成了企业集团所有制形式的不同。由于我国现阶段所有制是以公有制经济为主体的多种经济形式并存的多元化所有制结构，因而，就结成了企业集团所有制的多元化。从目前已建成的企业集团来看，其所有制形式主要有以下几种：

### （一）全民所有制的企业集团

这种集团的成员，完全是全民所有制企业或事业单位，其主要特征在于所有参加集团的成员都是属于全民所有制性质。因此，它的经营管理权与国家所有权存在着密不可分的联系。所以，其又称为国家所有制的集团。目前，我国大多数企业集团的所有制形式都属于这一种。

国家所有权是国家以全民的名义依法对全民所有的财产占有、使用、收益和处分的权利。因此，全民所有制集团的所有权只能是国家，而非集团本身。全民所有制集团的经营管理权来自于国家的授权，依赖于国家所有权，以国家所有权的存在为前提，由法律加以确定。国家因拥有生产资料的所有权处于支配地位，它可以以一定时期经济或政治目标为依据，决定授权的范围大小；全民所有制集团处于被支配的地位拥有经营管理权，在授权范围内行使权利。但是，国家一旦授予一定的财产，就不能再直接支配该项财产，不能参与生产经营，并不得随意收回或无偿调拨该项财产。同时，由于集团是不同行业、不同地区、不同部门的企、事业单位组成的，联合各方原有的隶属关系各异，如再保持这种情况，任凭原有主管部门的调配指挥，各行其政，对集团的巩固和发展是十分有害的。因此，国家应当授权某一经济管理部门行使对集团的所有权，统一管理，避免多头领导，保障集团的利益。这样才能既保证在行使经营管理权中体现所有者——国家的意志，又保证在行使所有权时维护经营管理者——全民所有制集团的切身利益，实现真正的所有权与经营管理权的分离。

### （二）集体所有制的企业集团

这种集团的成员，完全是集体所有制的企业和事业单位，其主要特征在于所有参加集团的成员都是属于集体所有制性质。目前我国已有一定数量的集体所有制集团。集体所有制集团经营管理权与所有权的关系必须从集体所有制本身具有的特点分析：①对其生产资料与产品拥有完全的占有、使用、收益和处分的权利；②实行利益均沾、责任共负，所有成员共同分享经济利益和承担经济责任；③独立经营，在生产经营中自主决策，成为具有完全独立性的经济组织。所有权与经营权是统一的，经营管理权是所有权的直接表现形式。国家行使管理职能不是以所有者身份出现，而是以社会管理者身份出现的，这样，国家所有权行使的范围、方式及效果对集团经营管理权有着间接的影响，国家对集团的管理习和控制，除通过法律办法外，还可以通过将集体所有制集团的生产经营纳入国家计划的轨道上来实现；作为国家代表的各级经济管理机关，可以通过自己享有的经济职权，采取宏观调节的办法进行调控和管理，但无权干涉集团正常的生产经营，无权去无偿调拨它的财产。

### （三）混合所有制的企业集团

这种集团的成员是由不同所有制形式的企、事业单位自愿投资联营所组成。不同经济成分的共同存在，是它的显著特征，以此区别于单一所有制的集团。混合所有制集团经营管理权与所有权是联系在一起的，是由其所有权的性质决定的。它的所有权具有三重性：一是代表全民所有制的国家所有权，全民所有制企业在客观上服从于国家的计划领导与组织领导；二是代表集体所有制的集体所有权，集体所有制企业依法享有对自己财产的绝对所有权，三是代表私营企业或个人的私人所有权，同样享有对自己财产的绝对所有权。所以，这种所有权具有特殊性。基于这种特殊性的所有权而产生的经营管理权，当处于分离状态时就有所区别：全民所有制企业只能对国家授权经营管理的财产享有占有、使用、收益和依法处分的权利，集体所有制企业和私营企业及个人则能完全地占有、使用、收益和处分自己所有的财产。

然而，这种分离状态并非是固定不变的，它将因下列法律事实的出现发生根本的变化，即当各种所有制企业以投资人的身份共同签订了一致同意的章程、协议和合同，组成统一的经济实体时，各种企业在经营管理权的差异归于消灭，在服从集团章程、协议和合同的条件下得到了协调和统一。集团和经营管理权统一由组织机构行使，联合各方只是根据组织机构的统一规则和安排进行活动。

由于混合所有制集团所有权的特殊性，所以它的经营管理权相对于全民所有制集团有更大的独立性，相对于集体所有制集团又不能不受到国家所有权的制约。所以，其经营管理权必须受国家的指导，行使时必须以尊重国家所有权为前提。但是，国家不能任意运用所有权对它的生产经营进行干预，而只能在法律规定的范围内行使。

#### （四）股份制的企业集团

这种集团的成员，是通过相互投资入股的形式参加，集团内的核心企业通过相互持股结成稳定的联盟。这样就呈现出一种系列结构。集团的财产已成了多方或多人联合经营的经济组织。不仅使公有制经济渗入了其他经济成分，而且有相当一部分的集团企业一开始就是多种经济形式混合生长。由于集团企业所有者的多元化，集团企业的代表已不是某一个企业所有者，而是集团企业法人。

股份制集团的所有权是集团企业法人对其所有的财产依法占有、使用、收益和处分的权利，它是一种绝对的物权，具有独占、排他的性质。而其经营管理权是一种建立在所有权基础之上的新的综合性权利，它既是一种物权，可以对所支配的一切财产享有绝对的、排他的权利，又是一种行政权，即处理管理和协调人的行为而产生的关系。两者的统一构成了经营管理权的特定内容。两者的联系，体现经营管理权是所有权的一种反映，是所有权的具体体现和运用。

股份制集团要求国家所有权和国家行政权作出分离，促使国家所有权不再具有行政因素，从而就明确了国家与集团的所有权关系。国家作为财产终极所有权的股东，只具有法律意义上的职能，国家的职能包括两个方面：一方面，国家是企业集团的股东，具有股东的权利和义务；另一方面，国家对集团作计划性的指导和参与集团经营活动的重大决策。集团作为法人所有者，行使经营生产资料的一切权力，这样从所有制关系上割断了国家与企业的脐带关系，使国家不得以生产资料直接所有者的身份指挥集团的经济活动，这样的企业集团才能充满活力，才能取得应有的规模效益。

上述各种所有制的形式的集团，在企业集团发展的各个阶段，在所有企业集团中所占的比重和地位是并不相同的。从我国企业集团的现状来看，虽然当前全民所有制的企业集团占绝对多数，但混合所有制的企业集团将会有较大的发展，股份制集团则是企业集团发展的必然趋势，必将成为我国企业集团的基本形式。如广东半球实业集团就是由集体所有制、全民所有制、个体所有制组成的混合股份制的集团，为企业集团的发展提供了新的模式。

### 三、企业集团所有制的性质

企业集团的经济性质，是由生产资料所有制决定的，也就是构成一个企业集团的成员企业，如果都是全民所有制企业，那么，这一集团必然是全民性质的企业集团。如果这一集团是集体所有制企业与集体所有制企业之间的联合，由于联合体可以统一支配和使用原来属于参加联合体的不同企业的生产资料，从而使集体所有制更加扩大，联合后的集体所有制已不再是原来的集体所有制了，而是一种扩大了的集体所有制。但这种集团仍应定为集体经济性质的企业集团。

至于全民所有制企业和集体所有制企业之间联合组成的企业集团属于什么性质，在理论上有两种不同的观点：一种主张定为全民和集体所有制。另一种主张以参加联合的主体单位的经济性质来定，即主体单位是全民所有制的，这种集团就定为全民经济性质的企业集团；主体单位是集体的，就定为集体经济性质的企业集团。在现实经济生活中，全民所有制企业和集体所有制企业共同组建的联营企业或企业集团，一般都是定为集体所有制性质的联合体，执行集体单位的财会制度，按集体企业享受权利和承担义务。

我们认为，由于这类联合体对它的资产只有经营管理权，而资产的所有权仍分别属于投资的全民单位和集体单位，因此，这类联合体的经济性质定为全民和集体所有制比较符合实际情况，能真实反映它的经济性质的实质。但在明确所有制性质的前提下，按照有利于经济联合的原则，联合体可实行参加联合的主体单位的财会制度，联合体获得的利润由投资各方按联营合同规定的比例分成，然后依照国家有关规定，分别向国家上缴税利和留成。如果不论主体单位的经济性质如何，就一概执行集体单位的财会制度，是不符合有关规定和国家利益的。

如果构成企业集团的成员，既有全民所有制的企、事业单位，又有集体所有制的企、事业单位，甚至有私营企业和个体所有制企业，其经济性质如何确定就比较复杂。从实践看，这种联合体的生产资料所有制有五种情况：

一是如果投资各方大都是全民所有制的企、事业单位，投资总额占60%，而私营企业和职工入股资金额只占40%，这就没有改变其全民所有制性质，可以核定为全民联营性质的联合体。

二是如果投资各方基本是乡镇企业或集体单位，股金占70%，而全民所有制企、事业单位，专业户，职工股金只占30%，集体经济占绝对优势，其经济性质可以核定为集体联营性质的联合体。

三是如果联营各方的资金，全民所有制各单位的投资总数占50%，集体所有制各单位的投资总额数也占50%，其企业性质不变，可核定为全民与集体联营性质的联合体。

四是如果乡镇企业集团是由集体企业、地方国有企业、专业户、农村个体工商户集资合股共同联营，乡镇企业股金占40%，国有企业股金占30%，专业户、农村个体工商户的股金占30%，但生产资料的经营权由联合体支配，实行经济上的共融，这就基本上把国有企业的性质改变为集体所有，这种联合体应核定为合作经济的性质。

五是合股集资成立的新经济联合体，一般属于合作经济性质的企业，但要作具体分析。对于国有企业、集体企事业单位与个人合股集资经营的企业，如国营单位的股金占主要比例，基本上是国营性质的。多种经济成分并存的企业，如国营单位的股金不占主要比例，则属于合作经济性质的企业。至于集体企事业单位之间、集体企事业单位与个人或个人之间合股集资经营共负盈亏的新经济联合体，则都是属于合作经济性质的企业。至于个体工商户之间所组成的联营企业，开始阶段其生产资料虽然归个别劳动者筹集，而一旦它们因共同利益的需要自愿地联合起来，那么，就会实现生产上、经营上的融合，其生产资料将为联合体共同占有、共同支配，因此，它既不是私有制经济，也不是原来意义上的个体所有制经济，而是转化为亚集体所有制。

混合所有制的联合体中，有私人所有制的渗入，是否会动摇公有制的经济基础？回答是否定的。其理由是：①发展混合所有制，并不是要用它来代替国家所有制、集体所有制的地位。在社会主义条件下，混合所有制可以成为公有制的一种形式，这是社会主义初级阶段发展商品经济的必然要求。②不同的参股形式，使公有资金在不同企业中占的比重也有所区别，但国家完全可以通过法律、政策予以控制，使公有制经济占主导地位。③从全局来看，公有制在国民经济中仍然处于主导地位，国家通过宏观控制和指导，可以使私有经济服从公有经济发展的需要，混合所有制联合体是利用私营、个体经济为社会主义服务，引导私营和个体经济沿着社会主义轨道前进的有效形式。

事实上，现有经济联合体大多数都是由不同经济成分的企业交叉组合而成的，联合体中全民所有制和集体所有制始终占主导地位。以公有制为主导集团所有制，实际上是一种生产资料归联合体成员的所有制。它既区别于全民所有制，又区别于集体所有制。从所有权上分析，联合体的联合生产资料在总体上已不是个别成员的财产：一旦加入联合体，原属于成员自身的那部分生产资料便成为联合生产资料的一部分，每个成员只是作为联合体的主人拥有对联合生产资料的所有权，实际上入股财产的所有权就是一种共有财产关系中的份额所有权。从支配权和经营管理权上分析，联合体也已不是由个别成员独裁，而是通过一种民主形式集体决策。在这里，生产资料的所有权与它的经营管理权几乎彻底分离了。可见集团所有制是与私有制相对立的一种新的公有制形式，是社会主义性质公有制的一种形式，它反映了社会主义经济的基本特征，是社会主义经济的组成部分。

原载《社会科学家》1996 年第 7 期

# 第六章

## 强化中国科技提升创新能力

# 论中国科学技术的法制管理*

## ——科技法制建设的基本问题

我国科技管理体制和管理方法的改革，不仅需要依靠科技方针、政策的指导和行政手段进行管理，更主要的是要过渡到依靠法律手段对科学技术进行调节、管理。特别是随着全球范围新技术革命的飞跃发展，向法律科学提出了挑战，促使法律日趋科学化和现代化，法律的科学化和现代化又进一步促进了科技的迅猛发展，成为维护和保障科技发展的重要推动力。科学技术法成为一个独立法律部门，不仅是其自身发展的必然结果，而且是建立和健全科技法制，促进科学技术事业发展的需要，它是社会主义法律体系的重要组成部分，科学技术法学是法律科学的一个新分类和新发展，这门交叉的综合学科在社会科学和自然科学中占有十分重要地位。

## 一、科学技术法的概念和特征

### （一）科学技术法的概念

科学技术法是调整科技管理和科技活动中形成的各种社会关系的法律规范的总称。具体是调整关于科技管理、研究、开发、振兴活动的各种关系，调整科技组织、科技人员进行科技工作的权利和义务关系和保障其合法权益，并且推动科技与生产结合，促进和调节科技成果经营、应用、推广活动。它是把行之有效的科技政策条文化、法定化，运用科技法规来管理科学技术。而科技法制，就是科学技术法律规范和科学技术法律制度的总和。它不仅包括静态的有关科技的法律和制度，如保护和奖励创造发明的法律制度，维护和利用创造发明的法律制度、专利法律制度、商标法律制度、科学技术法律管理制度，等等；而且包括科技法律的制定、实施和监督等一系列动态的活动和过程，是科技立法、科技执法、科技守法和科技法制监督等内容的有机统一体，其中心环节是在科技领域中做到依法办事。

科学技术是由“科学”和“技术”两个词协调、融合而成的概念。科学是指人们对自然和社会的认识，是对客观规律的理性反映，包括自然科学和社会科学，是有阶级性的；技术是认识、改造世界的工具、手段和方法，包括生产工具和其他物资设备，以及生产的工艺过程或作业程序等，通常是以物质形态表现，所以技术本身是没有阶级性的。

在人类历史上，对科学技术进行法律调整，由来已久。早在我国秦律中就有统一度量

* 国家自然科学基金项目

衡、统一产品规格的法律规范。13—14 世纪，英国国王为谋求本国经济繁荣，就以法令形式给商人颁布独家经营多种新产品的特许权证书。1474 年，当时的东西方贸易中心、经济相当发达的威尼斯共和国还颁布了保护发明的专利法。1594 年，著名科学家伽利略发明的扬水灌机正是据此获得 20 年的专利权。

对科学技术现代意义的法律调整，是随着资本主义经济发展逐步形成和完善起来的。到 17—18 世纪，美国、法国、荷兰、德国、日本等不少国家都先后制定了专利法。特别是 18 世纪 70 年代以来，随着科学技术的迅猛发展，原料与市场争夺的加剧，技术垄断和专利竞争越演越烈，科学技术的法律调整也不断发展并日趋完备，进入了一个新的阶段。一些发达的资本主义国家为适应新形势的需要，相继修改了自己的专利法。现在，一些第三世界国家为摆脱超级大国和发达资本主义国家的技术垄断和经济控制，也都制定了自己保护创造发明、保护技术进步的法规。当今科学技术的法律调整已日趋国际化。1970 年、在《世界知识产权组织公约》的基础上建立了“世界知识产权组织”，有 35 个国家在华盛顿签订了《专利合作条约》。1973 年在慕尼黑签订《欧洲专利条约》，成立了欧洲专利局。1975 年底在卢森堡签订了《欧洲共同体专利公约》，共同体成员国有关专利权的授予、转让、撤销和消灭都由该公约调整，这实际上是共同体成员国的统一专利法。

### （二）我国科学技术法的性质和特征

我国科技法不同于西方国家的科技法。我国科技法，在法制的社会类型方面不属于资本主义，而是属于社会主义的；在科技法制的意志表现方面，不是资产阶级及其国家的意志表现，而是我国劳动人民当家作主的国家意志表现；在科技法制的目的和作用方面，不是服务于资本主义现代化，而是维护和发展我国社会主义现代化。因此，我国科技法的性质，是我国上层建筑领域社会主义法制的重要组成部分；表现了我国工人阶级和全体劳动人民的意志，并表现为国家意志；是维护社会主义的社会关系、社会秩序和经济基础，保障科学技术事业发展，促进我国社会主义现代化的重要工具。

科技法的性质是由我国社会主义物质生活条件和政治因素决定的，并受其他因素诸如思想、文化、传统、习惯等的影响。这些条件和因素，也决定和影响了我国科技法的指导思想：这就是为了我国实现社会主义现代化和进行两个文明建设，依据马克思主义的理论和法律观，结合我国社会实际和尊重科技发展规律，建立和健全我国科技法制和依法治理科技事业，科技法实施过程，通过法律的规范作用和社会功能，保障科技体制改革顺利进行和解放科技生产力，推动科技与生产结合，促进科学技术与我国的经济及社会各部门的协调发展。

由于科技法的主要内容是科技规范，是科学技术规范的法律化。科技规范从总体上讲是调整人们如何合理利用自然力、劳动工具和劳动对象所规定的行为规则。因此，具有以下特征：

（1）规范性。技术规范主要是调整人与自然之间的关系，即调整人与自然（如空气、水源、土壤等）、人与劳动对象（如矿藏、河流、森林等）、人与劳动工具（如机器设备等）的关系，按照自然规律的要求，具体明确地规定人们在科学技术活动中，可以这样行为，应当、必须这样行为，不应当（禁止）这样行为，从而把人们的活动控制在科技规范所许可的范围内，为人们从事科技活动提供了准则和指明了方向。

（2）概括性。是指它同任何一种法律规范一样，它的对象不是某个具体的特定的人，而是抽象的一般的人；其效力不是适用一次，而是在同样条件下，反复多次适用。

（3）预测性。是指由于科技法本身所具有的规范性，因而使人们在科技活动中，可以预先知道国家和社会要求自己怎样行为、允许自己怎样行为以及禁止自己怎样行为。可以普遍地预见到国家和社会对自己或他人行为所持的态度，即在从事科技行为之前，事先估计到自己和他人行为是符合还是违反科技法以及会带来何种法律后果，从而使人们的行为可以选择、规避，将科技活动纳入科技法制所要求的轨道。

（4）强制性。科技规范是人类行为规范的一种，因而也必然具有不可违反性和对人们科技活动行为的约束力。违反了科技规范往往会给个人和社会造成严重危害．如铁路扳道工违反了操作规程，扳错了岔道，就可能发生火车相撞，造成社会财富和人类生命的重大损失；驾驶飞机如果违反操作规程就会机毁人亡；煤矿坑道作业如果违反操作规程就可能引起冒顶塌方、瓦斯爆炸，伤及他人身体或生命等后果。因此，人们必须遵守科技法规，不能违反，否则就要受到自然规律的惩罚和法律的制裁。科技法规的这种强制性和不可违反性，既是由科技规范本身内容所具有的科学性和客观性所决定的，是自然规律本身所具有的一种约束和强制，也是运用国家强制力保障科技法规得以实现的保证。

（5）科学性。科技规范体现了人类在认识自然、利用自然和改造、征服自然活动中取得的成果，是人们在尊重自然规律、认识自然规律基础上，对自然规律的能动反映。人们对自然规律的认识越深刻越广泛，科学技术越发展，科技规范越具有科学性；它对于人们按照自然规律改造自然，进行物质财富的生产，取得有益于社会的物质成果，具有极为重要的意义。

（6）关于阶级性问题。由于科技法都是由一定阶级通过自己的国家机关制定的，并由国家强制力保证执行的，归根结底是为了调整和维护有利于这一阶级的社会关系和社会秩序，巩固这一阶级赖以生存的经济制度。因此，科技法必然带有阶级倾向性，打上阶级的烙印。然而，由于科技法所调整的对象及其具体内容的特殊性，又使科技法的阶级倾向性同其他法律规范，如某些执行政治职能的法律规范有着明显的不同。

实际上，科技规范本身无阶级性，既然技术规范是根据人们对自然规律的认识制定的，并按照自然规律办事的规则，因而它本身并不带有阶级倾向性和党派性质，科技法规是人类共同认识、改造自然取得的科技成果，哪一个阶级都可以选择和利用，它一视同仁地为全人类服务。

## 二、科学技术法的调整对象

### （一）科学技术法调整对象的范围

科学技术法调整的对象不是普通的社会关系，而是与探索自然、社会及人类思维规律有关的社会关系。它既包括宏观的科技决策、预测和规划，也包括微观的科技研究、开发和管理，还包括宏观科技活动和微观科技活动之间的关系。科学技术既然渗透到社会生活的各个领域，那么，在科学技术活动中形成的社会关系，也必然是广泛和错综复杂的。因此，科学技术法调整的社会关系有以下五个方面：

（1）调整和确认国家发展科学技术的政策、规划和计划，及组织管理整个科学技术活动中的纵向关系，也就是调整国家科技管理中的纵向关系。这种关系通常发生在政府科技领导部门、业务主管部门与所属科研组织之间的关系。带有领导与被领导关系性质，往往是一种科技业务隶属关系，如国务院各部下属科研单位之间在科技活动中发生的领导与被领导的关系。对这种科技活动中产生的社会关系的法律调整通常表现为：通过立法形式，确定各科技主管机关各种科技组织的性质、任务和活动原则；确定它们的法律地位、权利和义务及其相互关系（领导、管理、监督等）；确定它们的经济、行政和法律责任等；通过这一系列的法律调整，使科技组织和各部门形成统一的有机整体。

（2）调整不同科技部门、不同科技领域之间在研究、开发、协作以及管理工作中发生的横向关系，也就是调整各科学技术部门之间的横向科技活动关系。这种横向的科技活动中产生的关系，通常是各种科技部门在科技活动中形成的分工协作关系，体现在法律上是平等有偿关系。

（3）调整作为科学技术活动的“细胞”的研究所以及科学技术人员在科技活动中的权利和义务关系，也就是调整各科机构的内部关系。这种关系主要是科技组织及其内部成员在科技活动中发生的关系。对这类关系的法律调整，主要表现为用立法形式确认科技组织、（研究所、院）内部的组织机构，明确其权限、职责以及科研人员在科技活动中的权利、义务等，使科技组织和科技人员的合法权益得到法律保护。

（4）调整在科技活动中人和自然的社会关系。这涉及法律和科技规范的关系。科技规范是调整科技劳动者与自然之间关系的行为规则，规定科技劳动者遵循自然规律和合理利用科学技术、生产工具、劳动对象及自然资源的行为规则。违反这种行为规则，就会给社会和科技劳动者造成严重危害，为了防止这种危害，国家把科技规范确认为法律规范，使科技规范法律化。

（5）调整国际科技合作关系。用法律形式来确认和调整在国际科技交往中，当事人之间的权利和义务关系。随着改革开放的发展，我国同其他国家在科学技术领域中的合作日益增多，在这方面产生的社会关系也日益复杂，因此，必须通过国内和国际的科技立法来不断调整这种关系，以确保我国的经济、科技参加国际大循环，以促进我国科学技术赶超国际先进水平。

### （二）科技法律规范和科技法律关系

在科学领域的实践中，有两种规范制约着人们从事科技活动：一种是科技规范，即是科技工作者利用生产技能及工具改造自然的行为规则；另一种是科技工作的社会规范，即是科技管理活动等方面的行为规则。将科技规范和科技工作的社会规范，经国家确认、制定并用强制力保证实施，就成为科技法律规范。科技法律规范是调整科技活动过程人与人之间及人与自然之间关系的行为规则，它规范确认、规定科技组织、科技工作者或其他组织及人员进行科技活动的法律关系，以及这种法律关系的主体、客体的权利义务关系。

科技法律关系依据和适用科技法律规范来调整，它与科技法律规范相伴随而产生、发展。科技法律关系，是指科技法律规范调整科技管理及科技活动所形成的科技权利和科技义务关系。它的构成要素，通常指科技法律关系的主体、内容和客体。主体指法律关系的当事人或代表，即科技方面的组织及工作者以及其他组织或人员。如双方当事人或双方代表签订技术合同，那么，这双方当事人或双方代表就是因签约而发生法律关系的主体。这主体之间的法律关系的内容是指科技法律关系主体依法享有的科技权利和依法承担的科技义务。以技术合同为例，合同规定主体双方之间的法律关系内容，是对技术依法享有权利和承担义务。这种权利义务关系是法律关系的核心。它体现科技法制的社会主义性质和对科技事业、科技工作者及智力成果的保障以及我们国家意志所准许的权利义务行为。它体现出权利义务关系是平等互利、相互支持与制约的，体现权利与义务的区别而相互补充，这相互补充要通过客体来实现。客体指科技法律关系主体双方的权利与义务所共同指向的对象，通常指智力成果、技术软硬件、技术开发和利用的自然资源、技术承包的工程、科技咨询或设计或论证或鉴定的项目、技术装配或维修或改造的设备、协议书的研究课题等。拿技术有偿转让来说，其对象就是技术转让方与受让方进行这种转让活动所共同指向的技术。没有这种对象，也就不会发生和存在双方关于技术的权利义务这种法律关系的内容，对这客体有所为并要实现其目的，因而法律关系主体甲方和乙方之间彼此享有权利并承担义务；如果没有这客体，当然，不存在这权利义务的法律关系的主体。因此，科技法律关系的内容和主体，都因客体的存在而发生和存在。由主体、内容、客体这些要素构成的科技法律关系，是以科技法律事实为根据而确立的。

引起科技法律关系发生、变更、消灭的事实，称为科技法律事实。没有科技法律事实，就没有科技法律关系的发生、确立、变更、消灭。以工程的技术招标为例，甲方依法进行技术招标，这是科技事实发生和提出了法律问题，这科技法律事实引起乙方（某科技组织）依法进行技术投标，依法中标后，甲乙双方又继续适用科技法规和依据技术合同法规定签订技术承包合同，并经有关部门鉴证。这种技术承包的法律关系，因这种科技法律事实而发生和确立，并且，随着这事实的变化发展和承包任务依合同规定保质保量按时完成，那么，这种法律关系也就依法变更、消灭。因此，科技法律事实是原因，科技法律关系的发生、确立、变更、消灭是结果。

科技法律事实与科技法律之间是因果关系，而且科技法律事实是制定和适用科技法律规范的根据。科技活动的事实需要解决因事实而发生的法律关系问题，把解决问题的经验进行不断地总结，而制定了科技法律规范。然后，根据科技法律事实调整法律关系，必须适用这规范，即以这规范为准绳，来解决科技法律事实所面临的科技法律关系问题。所以，科技法律事实与科技法律规范是息息相关的。对于科技法律关系的调整，既不能脱离科技法律事实这一根据，也不得违背科技法律规范这一准绳，三者的关系是紧密联系的。

## 三、我国科学技术法制的基本原则

科技法制是国家管理和发展科学技术事业的重要工具，科技立法和科技执法都要遵循与坚持以下基本原则：

### （一）必须把四项基本原则作为我国科技法制的根本指导原则

四项基本原则集中体现了全国各族人民共同的根本利益和意志，反映了我国历史发展的客观规律，是中国人民百余年来争取民主和社会主义全部历史经验的高度概括与科学总结。坚持四项基本原则，不仅是我国科技立法的根本方针和支柱，而且是我国科技法制建设的根本指导原则。

**（二）坚持将科技方针政策作为我国科技法制的指导原则**

科技事业和改革科技体制的方针政策，是我国科技法制定和实施的基本依据。《关于科技体制改革的决定》规定了我国新时期发展科技事业的方针政策；关于科技与社会协调发展，科技为振兴经济和实现四化这个中心服务，关于经济建设必须依靠科技和科技工作必须面向经济建设；关于尊重科技发展规律，关于改革科技体制的运行机制、组织结构、人事制度、拨款制度，实行技术转让和开拓技术市场，解放科技生产力和发挥科技人员作用，科技研究合理部署，科研机构要有自主权，改革农业科技体制，面向世界有利于国际科学技术事业的交往等方针政策，都是科技法制的指导原则。经过改革实践的验证，把行之有效的科技政策具体化、条文化，转化为科技法的核心内容，这对保障科技事业与社会发展具有重大作用。

**（三）实事求是的原则**

只有从我国社会实际和国情出发，经过调查研究来确定我国科技法的制定和实施，依法解决所面临的实际问题，才能收到应有的社会效益，而不致脱离实际需要。对于外国科技法的有益经验，必须注意吸收和借鉴，但要防止盲目照抄和机械照搬，这样科技法制才能适应我国国情而且具有中国特色。

**（四）维护科技法人合法权益的原则**

在科学技术领域建立和健全法人制度，是进行科技体制改革和大力发展科学技术事业的重大措施。确认科研机构的法人地位，维护法人的合法权益，是科技法制的重要职能之一。当前我国正在科技领域建立和健全法人制度，法人制度的确立是在科技领域推行合同制的前提。法人的一系列权利和义务要通过合同关系体现出来。而合同制度的推行又反过来维护法人的合法权益。法人制度、合同制度是新科技体制得以建立的坚实支柱，也是促进科技事业发展的有力杠杆。这对科研机构面向经济、面向生产，提高科研效率，促进科技成果转让，调动科技人员的积极性都有十分重大的意义。

**（五）保护科技人才的原则**

科技人员是决定科技研究工作成败的最根本的因素，维护广大科技人员的合法权益，调动科技人员的积极性和创造性，促进科技人才的合理流动，造成和保护人尽其才、人才辈出的环境，是科技法的主要职能之一。国家应当通过科技立法和科技执法保护科技人员政治、经济、科技研究等方面的合法权利。对那种歧视、压制、排挤、打击科技人员，利用职权霸占、剽窃科技人员的科技成果，无理干涉、限制科技人员的学术自由等行为，都应当根据不同情节规定不同的惩处办法；对科研机构业务领导人的职权、资格和产生程序也应当有明确规定；对科技人员在业务上的选择权，课题小组和技术攻关小组的自由组合权，以及在科研与成果转让中的经济收益，从事业余社会服务所得收益等，都要有明确的规定；对人才合理流动的条件、手续、待遇也要有详细的条款，既保障人尽其才，又维护原科技单位的利益。同时，科学技术领域应当按不同的体系或地域，设立专门的调解和仲裁机构，以迅速解决日常的科技纠纷，维护科技人员的正当利益。

（六）科技成果有偿转让原则

在有计划的商品经济条件下，科学技术作为智力劳动的产品也是商品，也可以进行贸易买卖。实践证明，实行技术商品化，开放科技市场，对技术商品的生产实行市场调节，是促进科技事业发展的关键性措施。因此，国家应当通过科技立法和执法，对技术市场进行全面的调整和管理，通过科技法规的形式，规定哪些科技成果可以进入哪一级流通领域，哪些不可以进入流通领域；规定科技成果转让合同的确定与保障实施的程序和措施；技术市场的设置及其组织、管理、科技成果转让各方的权利、义务及其有关价格、财务与税收制度等，从而促进科技成果转化为生产力。

我国科技法制坚持遵循上述基本原则，应当切实注意并解决以下重要关系：

一是要正确处理原则与灵活的关系。同其他法制一样，科技法也应把原则性与灵活性相结合。坚持原则应注意必要的灵活，但讲灵活不可放弃原则。原则是前提，是办法的依据，而不是排除办法的灵活性。灵活为了贯彻原则，贯彻原则要采取灵活办法，灵活办法不是没有原则。就以科技与经济关系来说，二者协作与联合，科技法应作为原则之一。怎样贯彻这原则，不可形而上学地采取“一刀切”或一种模式，应通过灵活的多种形式和办法来贯彻原则，把原则性与灵活性结合起来考虑。

二是要正确处理稳定与适应的关系。我国经济、科技等领域正在进行体制改革和实现现代化，要求科技法的制定、实施及修改必须及时适应社会发展的需要。同时，作为法制组成部分的科技法，必须保持相对的稳定性和连续性，不可朝令夕改而致使无所适从。它应当既相对稳定又随着社会发展分阶段定期进行废、改、立，把稳定性与适应性结合起来。

三是要正确处理总体与局部的关系。科技法调整社会各领域的科技活动，涉及面广，问题复杂。调整范围既有总体的，又有局部的；局部是总体范围的局部，总体是局部组成的总体。科技法应把这种总体与局部的各种关系既有区分又有机结合进行恰当的调整。以科技研究这个总体来讲，科技法就应区别基础研究、应用研究、开发研究、高技术研究等各系统（局部）的情况和特点，解决各种研究需要的人、财、物等问题。既要针对各个局部研究的所需，又要依据科技研究这总体的部署，依法进行调整。

四是要正确处理一般与特殊关系。上述适用于总体关系的法律调整，在于解决科技的普遍性问题。这是科技方面一般而通用的法律规范。对于某种特殊范围的科技活动，例如核电站安全设施等，则应根据社会环境和人身安全的保护以及科技规范等一般原则，结合核电站具体情况，制定专门的关于核电站安全设施法规，使一般的原则要求与特殊的具体情况相结合，解决所面临的实际问题。

五是要正确处理国内与国际的关系。我国对外开放，科技活动越出国界，发生国际间科技相互交流及技术转让等关系，从而涉及国际间有关科技的法规和惯例。科技法既要依据本国情况，又要与国际间通用的法规及惯例相适应。现代化的科技设施，关于国际电讯、国际海底电缆、卫星通讯设施、国际间的领空及领海的航行器等，都涉及国际间的规则及惯例。这就要求科技法的制定和实施，应结合国内与国际间需要调整的关系来通盘考虑。

## 四、科技法制的内容

科技法制从静态方面考察，是科学技术法律规范和科学技术法律制度的总和。要完整、科学地认识科技法制的内容，还必须从动态方面考察，科技法制应包括科技立法、科技执法、科技守法、科技督法等过程和环节。

### （一）科技立法

就是制定各种科技法规，解决科技领域有法可依问题，是健全科技法制的前提。因此，国家应当高度重视和加强科技立法工作。根据国家经济建设和科学技术发展的要求，适时地制定一系列有关科技活动的法律、法规。经验表明，治理科技必须有法制，无法就难以对科技实行有效地治理。只有先立了法，才能使各种有关科学技术活动有遵循的统一准则，从而建立有利于科技发展的社会关系和科技秩序。

### （二）科技执法

科技法制不完备，固然无法可依，无章可循，而若有法不依，那么法律也只能是一纸空文。要使科技法律付诸实施，就要靠人去执行和遵守，只有各级科技领导机关以及科技研究机构，在自己组织和管理、领导科技活动中，从实质到程序，从目标到方法，都切实依法办事，符合科技法律的要求，才能使法律在科技活动中发挥应有的作用。执法必须严格，这是加强科技法制的重要条件。各级科技执法机关在执行科技法规的过程中，必须严明、严格、严肃，切实依照法律规定的内容、精神和程序办事，认真负责地维护科技法律的尊严和权威性。对那些在科技活动中拒不执行科技法规的人，要追究法律责任以保证科技法规的切实执行。

### （三）科技守法

就是指科技法律关系的参加者在自己的科技活动中，必须自觉地遵守科技法规，不仅要遵守宪法中有关科技活动的法律规范，还要遵守中央和地方国家机关制定的各种科技法规和科技规范性文件。遵守科技法律和法规，实际上也就是遵守了客观规律。

### （四）科技督法

加强对科技活动的法律监督，是实现科技法制的保障，也是科技法制本身的重要内容。我国对科技活动的法律监督是有其自身的层次和体系的，是国家和地方各级权力机关的监督，由国家权力机关通过人民代表对科技活动进行监督。科技领导机关、主管部门同下属机构内部的相互间的行政监督，以及广泛的群众监督和社会监督。当前我国科技法律监督机构很不健全，亟待加强建立一套符合我国国情的科技法律监督机构，这样，才能保障科技法制的顺利实现。

## 五、中国式的科技法制体系和特色

所谓科技法体系，不是简单地由若干互相并列的科技法规所组成，而是从国家立法的角度就科技法规之间的相互关系组成有机联系的统一整体。在这个统一整体中，有一个基本法作为调整各种科技社会关系的基本准则，对各种科技法规处于统帅的地位，在基本法之下，分别统率着几个甚至几十个科技法群，也可称小基本法。在每个小基本法之下，又有若干个有关的单行科技法规、条例、规定，从而形成完整的科技法体系。

创建中国特色的科技法体系，就是要符合我国社会主义初级阶段的国情，从实际情况出发，应该有一部综合性的总的基本法——科技基本法，它是以我国宪法中关于科学技术的规定和民法通则为依据，规定科技法的调整对象。科技法对象主要是调整两大类关系：一类是科技活动中产生的人（法人）与人（法人）的关系，其中最主要的是涉及科研活动的组织管理以及科技成果的推广应用产生的多种权利义务关系；另一类是科学技术的发展研究及其成果的应用后果与人类社会健康发展而禁止或限制的某些科学研究活动。

科技基本法除规定科技法的对象、范围以外，还应包括下列主要内容：①国家发展科学技术的目的和基本方针，科学技术必须和经济、社会协调发展，基础研究、应用研究和发展研究按合理比例发展；②科学技术管理体制的基本规定，国家和地方科委、中央和地方职能机构的科技管理部门的职责、权限、分工，国家和地方科研机构、大专院校、军事科研机构、工业技术开发机构的方向、任务和管理体制；③科学技术研究机构和公民从事科学技术活动的基本权利和义务；④国家科学技术拨款制度；⑤科学技术奖励制度；⑥国家发展国际科学技术合作和交流的基本原则；等等。

在我国科技法体系中，科学技术基本法是科学技术工作的“宪法”，它统率着以下系列的科技法规：

### （一）科技管理组织法规

这是规定科技管理主体、客体及其权利义务的基本法规。主要内容应包括：国家各级各类科技管理机构及各类科学研究机构纵向和横向的组织，领导和管理的规章制度，规定它们的行政和管理方面的法律地位、活动原则、任务、职权、责任、工作制度与工作程序以及彼此间相互关系的准则，科技管理人员的选拔、使用、招聘、奖励和惩罚制度等。这方面的法规，如国家和地方科学技术委员会组织条例、各部委科技管理机构工作条例、科技社团条例、科技生产联合体条例、科技技术研究机构条例、科学技术工作人员条例、科技人员兼职管理条例等。

### （二）科学技术计划法规

这是关于国家和地方发展科学技术的规划和技术的原则、方法、内容、计划的管理体制、编制程序以及计划的执行、检查、监督和奖惩制度，如科学计划预算工作条例、科学计划统计工作条例、科学计划可行性论证条例、科学计划指标条例。

### （三）科学技术劳动法规

保护公民从事科学技术劳动的合法权益，鼓励发明创造，促进智力开发，保障学术自由的权利和义务。规定科学技术工作者的工资、津贴、休假、劳动时间、劳动方式、劳动条件、进修培训、安全保障、伤亡抚恤和奖励制度。如工程师条例，研究员条例，学位条例，科技人员技术职务、学衔条例，科技人员聘任条例，科学技术劳动合同条例，科技人员培训条例，科技人员退休、离休条例，科学技术劳动奖惩条例等。

### （四）科学技术条件法规

从科技法的功能来讲，一方面要有科技物质条件方面的法规，即关于科学技术活动中能源利用，设备和器材的调配、保管、维修，以及自然资源开发和利用的规定；另一方面要有科技知识载体方面的法规，对科技图书、报刊、文献、情报、图表、数据等要规定管理制度。如研究院所设施改造条例，企业技术改造条例，国家实验室管理条例，科学技术情报工作条例，科学研究设备和器材调配条例，资源、环境、信息数据库管理条例，自然资源开发和利用条例，科技出版物管理条例等。

### （五）科学技术财务经费法规

运用法律手段改革科技经费管理制度，一要改变过去国家拨款数额少的状况，二要改革科技经费单纯依赖国家拨款，三要改革科技经费管理过分集中，四要改革使用科技经费不重视效益和价值规律的弊端。建立和健全基础科学研究招标制度、应用研究和技术开发的合同制度、科学技术公益活动的事业费包干制度、新技术开发事业的风险投资制度、科技贷款制度。如制定国家重点科学技术项目招标条例、国家科学技术开发银行条例、新技术开发税收优惠条例、科学技术风险投资条例、科学技术信贷条例、科学技术集资条例等法规。

### （六）科学技术振兴法规

科学技术在日新月异地发展，技术开发工作往往带有风险性，科技法体系中就必须包含振兴科技事业，有计划地支持新技术的开发工作，支持高技术生产事业发展的新技术开发法规。如国家新科技发展计划条例、科学技术攻关条例、生物工程开发条例、新型材料开发条例、半导体和信息技术开发条例、计算机技术发展条例、电子工业振兴条例、新能源开发条例等。

### （七）科技成果和技术市场法规

在科技法体系中，应有科技成果权与流通法规，确定科技成果权这种无形的智力成果的范围和法律特征，确定其中的财产权与人身非财产权（如发明权、发现权、署名权、发表权、修政权、荣誉权等）的归属原则。同时，对科技成果在流通中间产生的各种矛盾妥善处理并制定准则。这一方面的具体法规有：专利法、商标法、版权法、软件保护法、专有技术条例、国家知识产权管理条例、技术合同法、技术开发合同实施条例、技术转让合同实施条例、技术服务合同实施条例、技术市场管理条例、科学技术成果公证和鉴证条例、科学技术合同仲裁条例、防止不正当技术垄断条例等。

**（八）科技生产协作与联合法规**

从现代化大经济观念出发，科技进步是经济发展的支柱，而经济的发展又必然带来新技术革命的蓬勃兴起，而加强科技进步，增强科技开发能力，这在很大程度上取决于科技与生产企业的协作联合以及科技开发的群体优势。当前科研单位、科技人员进入企业和企业集团发展很快，通过科技与生产的联合，组成生产科技联合体，发展各种类型的科技开发集团，产生了一系列的法律关系，应及时通过探索、总结、制定科技生产联合体条例、科技开发集团条例。

**（九）科学技术标准规范化法规**

技术标准是对科学、技术和经济领域中重复出现的事物作出统一的规定，供有关方面使用和遵守。它既是从事产品的生产、设计、技术开发等技术活动的人员的工作规定，是科技人员应达到的要求，也是在科技活动中应遵循的守则、规范。制定科学技术各个领域的技术标准、技术规程等技术规范，能够实现管理科学化、规范化、制度化。这类法规如标准化管理条例、采用国际标准管理办法、工业企业标准化管理条例、能源标准化条例、信息技术标准化条例、统一计量管理条例等。

运用法律手段管理科学技术在我国正在起步，随着科技体制改革和科技法制的加强，我们要从现在起努力使我国的科学技术法律形成一个完备的相对独立的体系，根据上述中国特色的科技法体系内容的分析，我国科技法体系的横向结构和纵向层次是：

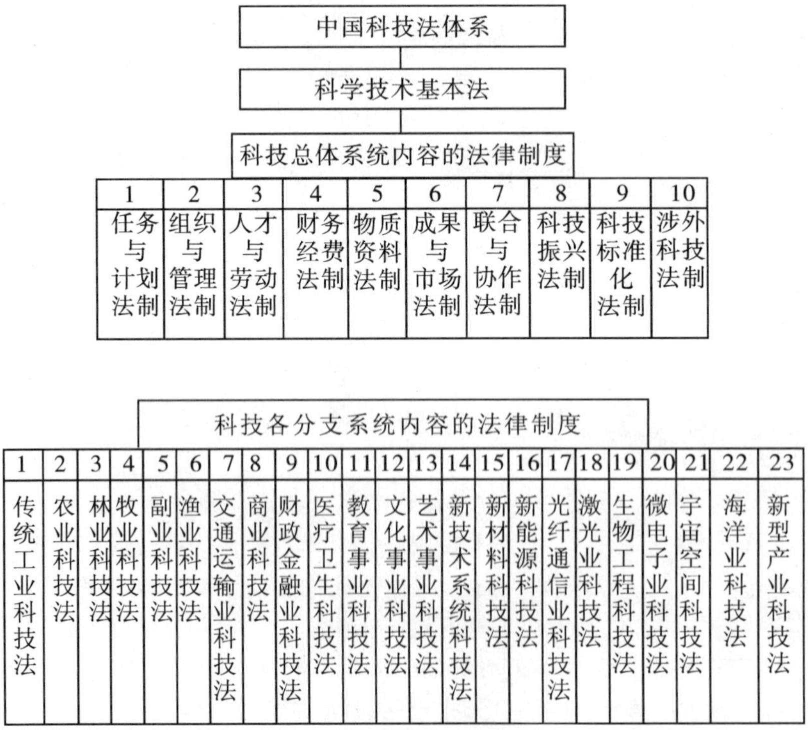


**图1　科学技术法律结构**

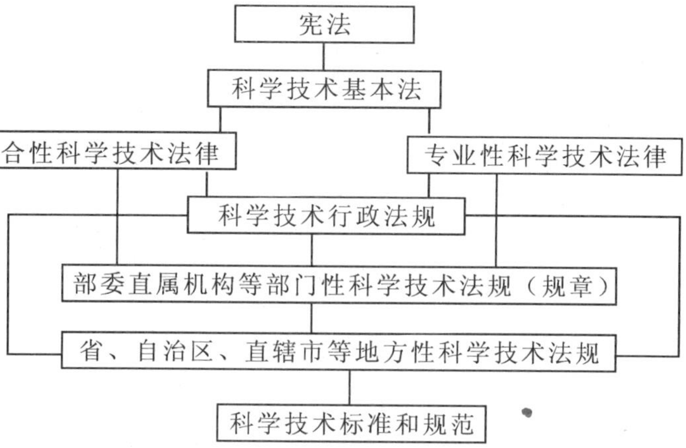


**图2 科学技术法律层次**

### （十）科学技术涉外法规

科学技术早已发展成一个国际性事业，科技必须对外开放，通过科技交流，技术引进，技术出口创汇，发展我国的经济建设，涉外科技法将规定我国涉外科技活动应遵循的方针、原则，规定涉外科技机构的法律地位与权利义务，发生纠纷采取的措施，以及对有关国际协定的态度。这类法规如：国际科技合作条例、技术引进管理条例、技术出口管理条例、中外合作研究条例、中外科学技术共同开发条例、涉外技术合同条例等。

我国科技法体系和内容、横向结构和纵向层次，体现和反映了我国科技法体系有如下特色：

一是坚持政治原则性。将四项基本原则作为科技法的根本指导原则，这是我国科技法制定和实施的基本原则，是我国科技法反映了科技体制改革的实际需要。这种国情和实际需要，外国没有，我国科技法作为必须坚持的政治原则，表现为首要特色。

二是社会需要的适应性。依据上述原则性，科技法要适应社会主义商品经济发展和社会主义现代化这个中心工作的需要，适应社会各部门协调发展和新技术革命的需要，适应对内搞活和对外开放的需要。总结我国科技体制改革经验和科技工作征服自然的经验，吸收外国科技法有益的经验，存利去弊，不照抄别国科技法，而是制定适应我国社会需要的科技法。无论是专利法或技术合同法，都有这一重要特色。

三是法制的实践性。上述法制的适应性来自法制的实践性。科技立法及依法办事，我国历来是依据和突出实践经验，不论是国内科技体制改革的经验，还是吸收外国科技法的经验，都要经过实践验证它们的有效性。只有经过反复实践证明，经验富有成效才能解决问题，才能作为我国科技法的内容，而且有正确性、有效性和稳定性。这不同于其他国家科技法经常单纯依赖和取决于立法机关，也不仅是个方法论的区别，更重要的是法制的归属问题的不同。经过人民实践验证和归人民掌握的我国科技法，显然，表现为又一个重要特色。

四是法制的民主性。与上述实践性相联系，我国是由人民群众当家作主并通过实践来立法和依法治理科技的。具体地讲，不论解决科技事实发生的法律问题，或者调整科技法律关系以及制定和适用科技法律规范，我国历来都是通过群众路线，通过征求和尊重群众的意见，逐步建立和完善我国法制的。这条经验不是外来的，而是我国社会主义科技法制民主性的充分体现，我国新时期科技法制民主性的内容和要求，不只是西方国家没有，与其他社会主义国家也不大一样，所有这些便是我国科技法制民主性的重大特色。

五是符合规律性。我国科技法制民主化的根本要求，在于保障生产发展为民服务，因而必须尊重科技发展规律。一方面总结人们征服自然的生产实践经验成为科技规范，并且制定为科技法律规范。这是用法律手段保障人们的行为必须尊重和顺应自然规律。另一方面总结社会实践经验，尊重和顺应社会生产关系要适合生产力发展的规律，这就要求人们用法律手段调整和理顺科技活动的社会关系，依法治理科技。我国科技法尊重上述两种规律，就是尊重科技发展规律，目的在于发展社会生产力和不断满足人民物质文化生活的需要，从根本上体现了我国社会主义具有的特色。

## 六、科学技术法的地位和功能

### （一）科学技术法是独立的重要法律部门

多年来，在国内外，对科技法是否是一个独立的法律部门，可算是众说纷纭，无一定论。大致有三种意见：一是认为科技法是一个综合性的法律部门，不是一个独立的法律部门，而是隶属于法律体系中的各个法律部门，它既不是孤立存在的，也不是单一地起作用的；二是认为科技法是经济法的重要部门，是经济法的一个新的分支，在当前的一些教科书中，大都把科技法归于经济法的范畴；三是认为科技法是法律体系中一个独立的法律部门。

科技法能不能成为独立的重要法律部门，这不是由人们的主观随意性决定的。关键就在于它本身有没有特定的调整对象；对科技法调整的对象是科学技术领域里的社会关系，这种调整对象是由它所调整的科技社会关系的客观性、特殊性和重要性决定的。法律调整的对象（社会关系）的客观性、特殊性和重要性，是划分法律部门的最根本依据。而调整社会关系的方式和法规数量的多少则是划分法律部门的重要辅助手段。科技法所调整的社会关系是人们在科技活动中所发生的关系，它具有不同于其他社会关系的特殊之处。科学技术是推动现代经济社会发展的强大力量，是生产力中区别于其他因素的极为活跃的组成部分。科技活动中法律关系的三个要素——主体、客体和内容都有特定的质的规定性。调整这种社会关系的科学技术法是科学技术发展规律的法律表现。从本质上讲，它不同于经济关系。诚然，科技与经济有密切联系，但毕竟是两个不同的范畴，是分属社会关系中的不同领域，法律部门划分的根据，不是社会关系之间的相互联系，而是各种社会关系或领域之间的区别和各自具有的特殊的质的规定性。因此，科学技术和经济的相互联系是一回事，按法律所调整的社会关系的特殊性划分法律部门是另一回事。特别是随着全球范围新技术革命的飞跃发展，科学技术在社会发展中的作用日益突出，地位愈加重要，客观上要求科技法成为一个独立的法律部门。

可见，科技法成为一个独立的法律部门，不仅是其自身发展的必然结果，而且是建立和健全我国科技法制、促进科学技术事业发展的需要，是加强科学法学理论研究、发展科学法学教育的需要。经验教训告诉我们，要促进科学技术事业的发展，就应当建立和健全科学法制，实行科学法制，就是以法治科学，这就要求我们把科技法划分成一个独立的法律部门。所以说，科技法是法律体系的一个新分类和新发展。科技法理应成为独立的重要的法律部门，这是完全符合法的发展规律的。科技法是一门独立的部门法，在法律体系中有着它的重要地位，是社会主义法律体系中的重要组成部分。

### （二）科学技术法制的功能

发展科学技术，是社会主义现代化建设的关键。对科学技术进行社会主义的法律调整，发挥科技法制的功能作用是十分必要的。科技法制的功能主要是促进科学事业的健康发展，同时有效控制其可能的潜在危险后果，科技法制正是通过两方面的功能为社会服务的。科技法制具体功能作用表现在以下几个方面：

（1）科技法制能够大力促进科学技术事业的发展。科学技术是国民经济发展的强大动力，科学技术现代化是四个现代化的关键，要使科学技术不断前进，必须坚定不移地在科技领域实行法治，进行法律调整。事实证明，凡是法制受到尊重的时候，科学技术就发展前进；凡是法制被忽视、践踏的时候，科学技术事业就停滞、倒退。只有把我们党和国家的科学技术政策法律化，使之成为大家遵守的行为准则，才能使科学技术沿着法制轨道健康发展。

（2）科技法制能够积极推动国民经济高效益发展。为了实现这一目的，我们党和国家在总结新中国成立以来科学技术工作经验的基础上，明确制定了今后一个时期内我国科学技术的发展方针，指出“振兴经济必须依靠科学技术，科学技术必须面向经济建设”。而要把这一方针付诸实施，变为行动，就离不开法律的调整。这不但因为这个方针需要条文化、具体化，需要赋予普遍的约束力。同时，由于这个方针涉及现代化经济建设的战略全局，也只有加强法律调整，才能统一规划科学技术、经济和社会的发展，使经济和社会发展的重大决策建立在符合科学规律和充分技术论证的基础上，把发展科学技术提到战略的高度，从而保障科学技术和经济建设协调发展。

（3）科技法制有利于发扬科学民主，繁荣科技事业。科学技术是正确认识和利用自然规律的理论和技艺，科学技术上的是非，是通过学术讨论，通过实践确定的，因此，发扬科学民主是科学技术蓬勃发展的一个重要前提。但是，要发扬科学民主，也要有法律的保障，只有认真从法律上切实保障我国宪法赋予公民自由进行科学研究的民主权利，维护广大科技人员从事正当科研活动的自由，保护科技人员的合法权益，才能保证科技人员勇于探索，敢于创新，促使人才辈出，科技事业繁荣，现代化建设才会欣欣向荣。

（4）科技法制有利于保障科技体制改革顺利发展。我们的科技管理体制和管理方法正在进行改革，科研机构企业化、科技成果有偿转让、推行科技承包经营责任制、发展新型科研生产联合体、改革经费管理制度、实行科技人员合理流动等方面取得了一定的改革成果。要巩固和发展这些成果，必须把这些改革中行之有效的带普遍意义的经验规范化，及时纠正改革中出现的偏差，用法律形式保护科技体制改革的胜利成果，逐步在科学技术领域建立起有利于科技人才的选拔成长，有利于科技成果的产生和推广，有利于协作和交流的各种法律制度。

此外，对科学技术进行法律调整，对于保证正常的国际科技交流，保护我国的合法权益，都是十分必要的。

### （三）技术革命对法律的影响

当代科学技术正以前所未有的速度发展，一大批新兴技术领域飞快崛起，日新月异，促成了席卷全球的新技术革命浪潮。世界新技术革命始于20世纪50年代中期的欧美各国，20世纪80年代席卷世界。随着新技术、新理论的不断出现，现代科学技术的发展向法律科学提出了挑战，使法律受到多方面的冲击和影响。

（1）现代科学技术的发展，影响制约着各个领域，渗透冲击着各种学科，从而出现了一些新的法律部门和法学部门，如原子能法、航空法、宇宙空间法、微电子科技法、生物工程科技法、激光业科技法、新能源法、海洋法、法律系统论、法律控制论、法律信息学等。

（2）科技革命给传统的法律部门补充了新的内容。如宪法方面，其内容从国内扩大到国际关系并增加科技方面的条款；行政法方面，日益重视对行政机关采用自动控制系统的法律调整；刑法方面，建立侦破案件的信息系统和自动指纹识别系统。

（3）使一些传统的法学部门遇到科技革命的挑战。如刑法方面，如何处罚利用电子计算机、机器人进行的犯罪活动；婚姻法方面，如何确定试管婴儿的法律地位；经济法方面，如何控制由于电脑化而带来的金融管理人员的工作流向问题；民法方面，当消费者通过家庭终端机把自己在银行的存款转到其他账户时，如果电子计算机失误，消费者怎样检查；法医学方面，脑死亡是否为唯一的死亡标准；国际法方面，怎样划分领空与外层空间的界限等。

（4）现代科学技术的发展，有利于完善立法体制，提高立法的工作效率和质量。立法和立法预测本身就是一项高度精密的决策过程，而立法预测必须以新技术革命所带来的社会关系重大变化的一系列信息作为预测的基础。为此，立法者根据各种信息和自动控制系统提供的大量法律资料和情报，对已不适用的法律作出及时的废除或修改，并且根据新的情况不断制定新的法律。

（5）科技革命有利于提高案件审理的效率。过去法官审理一件复杂的案件需要很长的时间和大量的人力。现在利用电子计算机、电视机、复印机进行审理和调查，大大缩短了时间。

（6）科技革命使法学研究的方向和方法发生了变化。法学研究工作从国内走向世界，如多数国家成立了研究科技和其他一些新兴法律部门的研究机构，完善科技革命对法律影响的资料的搜集、翻译和整理，并进行专题研究，扩大国际间的学术交流。

法学研究的方法论走向多种模式，尤其是系统论、控制论、信息论等方法论大量运用到法学研究领域。

（7）现代科学技术的发展对法制观念产生了变化。随着生理学、医学的发展，人们对自然人死亡的法医鉴定提出了更严格的科学要求；通信、交通技术的进步以及信息交换的加快，使法律时效和时限的观念大大增强；由于国际交往的频繁，一国在立法时不能不考虑国际法和其他国家法规的规定，以避免法律冲突。

原载《贵州社会科学》1995年第5期

# 科技活动中的合法行为与违法犯罪的界限及其防范对策*

随着技术市场的发展，探讨科技活动中合法与违法犯罪的界限，并采取切实有效的防范措施，对建立社会主义商品经济新秩序具有十分重要的意义。

## 一、当前科技活动中纠纷问题的特点

据我们在全国12个省市的调查，并对科技活动发生的76个纠纷问题排队分析，特别是对一些典型争议案件核实查对，发现科技活动中的纠纷问题相当复杂，合法与非法、守法与违法、罪与非罪往往混杂在一起，具有以下显著的特点。

### （一）生产单位和科技机构相互侵犯合法权益

科技机构与工厂企业建立不同层次的横向联系和科技协作关系。开始阶段一般都不错，但等到试制成功，就把研究部门拒之门外，或者在进行技术推广工作时，把研究部门抛开。同时，也有少量的研究部门伤害企业利益的现象。

另一方面，是侵犯本单位的合法权益。在上海市经委系统所属企业已发现的就有10起。如上海无线电某厂设计科有位工程师，请长病假在江苏一家企业当顾问，江苏生产的××牌电视机从外形到内部结构都与上海无线电某厂的××牌一个样。据了解，这些侵权行为，大多发生在不辞而别的科技人员身上。

### （二）共同职务发明引起的专利权属的争议

如沈阳市某中医研究所与沈阳某学院签订磁针及临床应用研究的协议，由中医研究所提出指标，提供研究经费和负责对仪器使用的临床观察，某学院负责仪器的设计、制造，并正式交付了第一台样机，而最后某中医研究所竟单方以一种电磁针灸装置申请并被授予专利权。

### （三）转让不成熟的技术成果使生产单位蒙受经济损失

上海某研究所将生产啤酒“易拉罐”的技术成果转让给上海某县柴油机厂。由于技术不过关，经过三年的基建和技术准备，无法进行中试，被迫中止合同，使该厂经济损失达

* 国家自然科学基金子项目

到150多万元。

**（四）一些科技开发企业，以科技服务为名搞同科技无关的经商活动**

山西某人才开发公司自1984年秋起，脱离技术开发、人才开发的轨道，转向经商追求利润，将所属物资公司空手倒卖，非法签订达250万元的合同，收预付款190余万元，根本无货供应，造成债务纠纷。

**（五）行政执法机关把正当的技术开发、技术转让、技术服务误定为非法经营**

广州市某信息联合中心，是一家科技人员采用停薪留职、集资合股民办的科技开发机构。创办两年多来，在微电脑应用软件及系统技术开发方面，取得了十多项科研成果，并投入应用。该中心搞电脑二次开发时，从外地买进电脑，加以改造，加上软件系统，再转让卖出，却被广州市工商行政管理局认定是违法经营进口物资，采取先封后查，冻结了40万元资金，迫使这家中心歇业解散。

**（六）打着技术开发的旗号，进行贪污受贿、投机诈骗的犯罪活动**

某钢铁研究院某工程师袁某，在1982—1984年间，将该院磁疗成果以精密合金部名义与北京制帽厂、北京三八鞋厂、永丰工业公司签订科研试制合同，按合同规定应收十几万元转让费，而袁某把钱私自分别存入上述合作单位，任意支取，以各种手法贪污公款并大肆挥霍。

**（七）把正当的科技咨询服务误定为经济犯罪**

近两年各地检察机关和司法部门在处理科技纠纷案件中，不少把业余兼职合法的技术服务费误定为受贿罪；把业余工程课题设计、承包、修理、勘探咨询给的奖金、加班工资、补助误定为贪污罪；把转让技术成果和技术开发修旧利废得的报酬误定为诈骗罪；把正当的科技开发和科技咨询服务得的报酬误定为投机倒把罪。据统计，1984年至1986年底，全国约有上千名兼职从事科技活动的科技人员被捕被判，经核对查实有85%是错捕错判。

## 二、科技活动中行为的合法与违法、罪与非罪的界限

科技活动中出现上述情况的因素很复杂，但应通过分析其产生的主要原因，探讨并划清科技活动中合法与违法、罪与非罪的界限。

**（一）科技人员兼职应放开搞活，依法控制和保护**

目前对科技人员的业余兼职活动，由于还有一些认识问题没有解决，致使有些单位不允许科技人员业余兼职，或科技人员业余兼职合理报酬得不到保证，或把业余兼职当作不正之风加以制止，甚至当作经济犯罪被惩处。

科技人员兼职是指科技人员在本职工作之外从事有报酬的科学技术性质的智力活动。兼职活动包括科学研究、技术开发、技术承包、技术转让、技术入股、技术服务、科技咨

询、讲学著作、编辑翻译等科学技术活动。总结实践中的做法，兼职活动有以下几种类型：一是灵活时间的兼职，指实行灵活工作时间的科技人员在完成定额工作量或承包课题的任务后，根据需要灵活安排的兼职工作的高等学校教师，不实行坐班制的科研人员大多采用这种兼职形式；二是剩余时间的兼职，指实行固定工作时间的科技人员利用下班闲暇时间、公休假日、节日从事的兼职活动；三是部分工作时间的兼职，科技人员部分工作时间在甲单位上班、部分工作时间在乙单位上班，不分主次，这种类型的兼职目前在我国还不多见。

对科技人员兼职适当地引导是必要的，但要求所有的兼职活动都由单位统一组织和安排，不利于打破人员管理上的僵化模式，也有碍于激活科技人员的积极性和创造性，不利于科技人员拾遗补缺因地制宜。所以应按管而不死、活而不乱的原则办事，科技人员从事兼职活动可以由所在单位安排或由社会兼职服务机构介绍，也可由科技人员自行联系。科技人员在完成本职任务之后，从事讲学（不含教师）、科学研究、著述、编辑、翻译以及参加学术团体工作，完全自主进行，单位不应限制和干预。

个人兼职从事技术开发、技术承包、技术入股、技术咨询服务，担任技术职务以及转让个人技术成果的活动，应接受社会兼职服务机构的管理和指导。

对于科技人员从事兼职活动的劳动报酬，应根据按劳分配的原则，兼职内容及社会经济效益，由科技人员和聘请科技人员兼职单位自行协商议定。①科技人员所在单位安排科技人员兼职，由单位从净收入中提取20%～40%付给兼职科技人员作为报酬。此项劳动报酬不计入单位奖金总额。②科技人员业余兼职从事技术开发、技术承包、技术入股、技术咨询服务、担任技术职务以及转让个人技术成果的所得报酬归个人所有。经社会兼职服务机构介绍兼职，由社会兼职服务机构从所得报酬中适当提取（不超过10%）手续费。③科技人员完成本职工作后，兼职从事讲学、著作、翻译等活动和参加学术团体的工作，收入完全归个人。④单位组织科技人员到中小企业或乡镇企业从事兼职活动的报酬，应由双方单位协商确定，科技人员的个人所得每月可高于本人工资一倍左右，到边远和贫困地区兼职的科技人员的收入还应更高一些。⑤科技人员的兼职活动，占用本职工作时间，其收入应向本单位交纳一部分；利用单位的物质条件和未公开的技术资料，应交纳一定的使用费；其具体数额由单位和本人商定。由于个人的知识、技术、经验中也包含着单位的智力投资和集体的智慧，所在单位应当从收益中留取一部分作为科技发展基金。这样，既能兼顾国家、集体和个人三者利益的关系，又有利于保护科技人员兼职的积极性。

### （二）明确职务发明的标准，维护兼职单位的技术权益

如何划清职务发明与非职务发明的界限？一方面，涉及能否调动广大科学技术研究人员及广大群众进行技术革新与技术创造的积极性；另一方面，涉及企业的经营效益以及企业和国家的重大利益，间接制约着国民经济的发展与科学、社会的进步。专利法实施细则第十条进一步规定，职务发明创造是指：①在本职工作中作出的发明创造；②履行本单位交付的本职工作之外的任务所作出的发明创造；③退职、退休或者调动工作后一年内作出的，与其在原单位承担的本职工作或者分配的任务有关的发明创造。同时还规定：《专利法》第六条所称的本单位的物质条件是指本单位的资金、设备、零部件、原材料或者不向外公开的技术资料等。这些规定对职务发明的适用范围比较窄，除了执行本单位交付的任

务和主要利用本单位的物质条件所完成的发明创造外，均属于非职务发明。

科技人员向兼职单位转让技术成果，应先与所在单位共同按规定确认技术成果所有权：一是兼职科技人员在完成本职工作或执行所在单位安排的任务中取得的技术成果，主要用所在单位工具、设备、资金、材料和内部技术资料等取得的技术成果，所有权属所在单位。科技人员未经单位同意不得自行转让。二是科技人员在本职工作之外完成的属于本职工作业务范围的技术成果，所在单位有使用权、转让权。单位决定不使用、不转让或在一年时间内无正当理由没有使用或转让的，允许科技人员自行转让。三是科技人员在完成本职工作之外取得的与所在单位知识产权无关的技术成果，所有权属科技人员，由科技人员自行转让。四是科技人员在兼职活动中完成的技术成果，除合同另有规定的以外，科技人员和兼职单位都有使用或者转让的权利，但其中属于科技人员本职工作业务范围内的，科技人员所在单位有使用或转让的权利，科技人员个人在所在单位放弃使用、转让或在一年时间内无正当理由没有使用或转让的情况下，始得自行转让。

凡兼职后个人收入达到规定的纳税标准，应由所在单位代缴个人收入调节税，或由科技人员本人向所在地税务机关申报纳税，审计、税务部门应对科技人员兼职报酬的支付加强监督。

### （三）弄清问题的性质，划清相近似的罪与非罪的界限

在执法实践中，往往把正当的科技咨询活动误定为贪污罪、受贿罪、投机倒把罪、诈骗罪。要正确地处理科技活动中的纠纷案件，必须弄清问题的性质，仔细地划清罪与非罪的界限。

首先，要从行为人的主观目的来划分；其次，从客观的行为情节来划分；再次，以损害结果的有无和大小来划分。这些本来是法律基本常识。那么，为什么有的人把对社会有益的行为混为经济犯罪？问题的症结就在于，现有刑法对科技活动中罪与非罪的界限没有规定，而司法机关却把经济活动中罪与非罪的规定用来处理科技活动中的纠纷问题，这是造成错捕、错判现象的主要原因。

当然，在实际生活中，有些科技活动行为的确较难划清罪与非罪的界限。一项技术实施后达不到约定的技术要求时，接受技术的一方常常指控提供技术的一方搞技术诈骗，究竟是否犯罪？这就需要严格划清违约与诈骗的界限。违约和诈骗这两种行为有共同之处，即行为人没有履行或没有适当履行合同规定的义务，并且给对方造成了损失。但两者又有重要区别。诈骗在主观上具有明显的故意和犯罪的恶性。例如，完全没有履行合同能力而通过订立技术合同骗取科技贷款或报酬；明知科技有重大缺陷，实施后会造成严重后果而希望或者放任这种后果发生；故意编造、拼凑虚假的技术合同等。而违约多数由于科技水平、工作能力、管理经验不足或者过于自信、疏忽大意等原因，虽然经过一定努力却未能全面履行合同。某些情况下，还可能是由于在现有技术水平下难以解决的技术因素所致。

## 三、保护科技合法行为，处理科技违法犯罪的对策措施

第一，加强科技立法和科学技术领域的法制建设。科技立法是科技法制的重要内容和环节，是在科学技术领域加强和健全社会主义法制的前提。在科技领域中，只有积极地、

适时地创造各种调整科技关系的法律、法规，加强科技立法，才能使国家对科技事业的领导与管理做到有法可依，有章可循，把科技事业纳入法律调整的轨道，从而推动科技事业的健康发展。

《中华人民共和国刑法》（以下简称《刑法》）的某些条款有必要进行修改。运用《刑法》保护技术财产所有权，打击技术犯罪，维护国家、单位和个人的合法技术经济权益，也是我国刑法的一项重要任务。而现行刑法对科技中罪与非罪的界限没有规定，特别是在刑法分则中，关于侵犯财产罪的条文规定中没有涉及无形财产，在破坏社会主义经济秩序罪中没有涉及科技活动中利用技术合同进行破坏社会主义经济秩序的定罪量刑问题。

还需要指出的是，在《中华人民共和国民法通则》（以下简称《民法通则》）中，关于科技活动的规定，只限于知识产权方面，而现实生活中科技人员的活动已超出了这个范围。对于科技人员自行从事的专有技术的开发、转让、服务等活动的法律地位、权利和义务，对技术成果所有权的确认、分享、保护等特殊性以及纠纷处理等方面均无明确规定，因此，在实践中对科技人员从事科技活动的合法与非法界限，都是由处理单位和经办人员根据经验人为地判断划定的，并没有法律规定的界限依据。所以，对《民法通则》第三节知识产权部分有必要进行增补或修改。

第二，科技管理、执法和司法部门都应端正指导思想，严格依法办事。当前一些单位的领导和执法、司法人员思想观念陈旧，对技术是知识形态的商品这一观念不理解，对科技人员从事兼职活动横加指责，看到科技人员兼职取得报酬就要处罚，这种思想是极端错误的。而有些执法和司法人员对科学技术缺乏常识，对知识产权一知半解，甚至完全无知，却凭经验把从事实物商品的皮包公司与从事技术中介的皮包公司混淆，把处理经济犯罪的规定用来解决科技人员兼职活动和技术市场、技术商品贸易活动中发生的纠纷，在经办案件时往往偏听偏信，主观臆断，或者攻其一点，不及其余，无视智力劳动的价值和效益，致使错案不断发生，有关部门应加强学习，提高自身素质。

第三，科技人员要学会运用法律手段维护自己的合法权益。据在广州一些单位典型调查，科技法盲不少，很多科技人员不懂得怎样申请专利，不会签订技术咨询和服务合同，不了解对技术转让有什么要求，更不会用法律手段维护自己的合法权益。

相反有些科技人员遭受打击后，带着问题学习法规，依靠法律赢得正确处理。杭州市精细化工研究所长戴晓钟，被检察机关误定为把21项成熟技术以次充好，高价转让，定为投机倒把罪被捕。在狱中他联系实际学习有关法规，并请律师帮助辩护，据理依法争辩，迫使检察机关不得不正确处理。实际事例告诉我们，科技人员必须认真学习有关法规，这样，才能懂得依法从事正当的业余兼职和技术贸易活动，当被侵权或被打击时善于运用法律维护自己的合法权益。

第四，加强技术市场的宏观管理，促进放开搞活。主要是加强宏观控制，实行“四统一”的管理。①加强宏观管理，最重要的是实行政策管理。沈阳、上海、四川等地都制定了技术市场管理暂行办法和配套的实施细则，对技术贸易的范围和形式、机构的设置和管理、技术合同的管理、技术贸易费用的支付和收入的使用范围等，都作出统一规定，特别是通过法定形式，对技术贸易中的酬金比例作了规定，要求各系统按照统一规定执行，从而杜绝了各系统靠攀比抬高酬金比例招揽生意的现象。②实行技术合同统一登记制度。就是所有技术合同都以统一合同登记表格到科委技术市场处登记，登记后方可提取酬金，享受减免税的优惠待遇。③统一审批技术开发经营机构，由技术市场管理部门按条件统一审批技术开发经营机构和中介机构，经工商行政管理部门核准后，发给许可证。对其中具备法人条件的企业性的独立机构，核发营业执照；对事业单位设立非独立性机构，核发营业证；对工矿企业，则在原企业工商营业执照上增加技术开发经营项目；对从事技术贸易的经营人员，统一进行专业培训，经考试合格，发给技术交易工作证。这样，就使基层单位从事技术商品经营的合法权利得到确认和维护，有助于提高技术商品开发和经营者的素质，纯洁和提高技术贸易队伍。④统一统计技术贸易的各种数据。即由技术市场管理部门按月进行技术贸易数量、项数、类别、趋势和流向等的统计分析，为搞好技术市场的宏观控制提供较为准确的决策依据。

此外，还应对技术商品的类别、各阶段技术商品的技术经济鉴定办法和价格差等作出统一规定，以实现技术商品的标准化，对技术合同条款及签订办法等也应统一起来，以实现技术交易过程的程序化和技术合同的规范化。

原载《科技进步与对策》1988 年第 6 期

# 中国技术市场的现状和发展对策*

我国的技术市场作为科技体制改革的突破口，经历了萌芽、形成、发展阶段，近年来发展很快，形成了全国范围的多层次、多形式和多种所有制的经营体系与网络。技术市场的开放，有力地推动了技术商品化，加速了科学技术向生产力转化，促进了科学技术的进步和经济建设的发展。实践证明，开拓我国技术市场是发展社会主义商品经济的客观要求，是科学技术社会化的必然产物。因此，针对我国技术市场的现状，总结经验，探讨发展对策，这对建设中国特色的技术市场具有重要意义。

## 一、我国技术市场发展的特点

实行技术成果商品化，开放技术市场，是促进科技与经济相结合的一项重要措施。我国技术市场在“放开、搞活、扶植、引导”方针的指引下，特别是技术合同法及其实施条例颁布以来，技术合同作为技术市场交易活动的法律形式，促使技术市场蓬勃发展。1989年，全国签订技术合同26.2万份，总成交额达81.46亿元，创历史最高水平，尽管各省、市发展不平衡，但总的情况是发展快，势头好，持续稳步前进。目前我国技术市场的发展具有以下几个明显特点：

### （一）技术市场经营体系和技术交易网络已初步形成

由于国家的提倡和扶植，给予技术贸易的特殊优惠政策，目前全国城乡出现了国家、集体、个人一齐上的可喜局面，各类民办的集体和个人科技机构发展迅速，成为买方或卖方阵营的重要补充，出现了多形式、多层次、多渠道、多种所有制竞相发展的势头，一个纵横交错、联系密切的技术流通网络正在形成。目前全国各类技术贸易机构已达2万个，从业人员36万人，各行各业各系统以及群众团体都开设了各自的技术交易机构，出现了专业性技术市场（如电子技术市场）、常设技术市场、高新技术市场（如深圳高新技术集团城）、新技术及新产品展销中心、技术信息市场等多种内容和形式的技术市场活动。同时，传播技术信息的各类报纸、刊物、手册为促进技术商品的扩散、推动技术市场的发展起到了有力的作用。

### （二）技术市场管理开始走上规范化、制度化的轨道

目前全国技术市场管理体系已基本形成，截至1991年，在44个省、自治区、直辖市

* 广东省科学技术委员会自然科学基金项目

和计划单列市中，已有30个建立了技术市场管理机构，有些地、市、县也建立了管理机构，形成了自下而上的管理体系，按照管理与经营分开的原则，实行统一制定政策、技术合同统一登记、酬金统一审批、技术贸易活动统一统计、统一技贸机构资格审查的“五统一”管理制度，重点狠抓技术合同从认定登记管理，形成了以国家科委和各级地方科委、管理、经济、工商、税收、财政等部门协同管理的格局。

特别是技术合同法及其实施条例的颁布实施，广东、浙江、内蒙古、沈阳、武汉、重庆等省、市、自治区都根据本地具体情况制定了技术市场管理办法，规定了技术交易的基本准则，加强了技术市场的法制管理，使各地技术市场有法可依、有章可循，全国技术市场管理开始走上规范化、制度化的轨道。

### （三）技术贸易的区域和范围越来越大

技术贸易活动已从经济、文化较发达的地区向全国各地展开，技术贸易活动正从中心城市向县和乡镇延伸。在科技兴农方针指引下，1989年农村技术市场蓬勃发展，江西、四川、辽宁、上海郊区等都根据各地、县优势创办各具特色的技术市场，运用于农业发展的技术交易额较1988年增长65.8%，显示出农村技术市场促进农村经济发展的巨大潜力。与此同时，全国性、区域性的技术开发组织不断涌现，全国科技与人才开发交流协作网和东北、华东、西南、西北、中南、华北地区协作网等群众性的协作组织带动了技术市场的全面展开，全国性或区域性的交易会相继举办，全国技术贸易活动空前活跃。

技术贸易活动已从工业项目逐步扩展到农业、医药、基建等各行业各系统，参加技术贸易的不仅有科研单位、大专院校，还有工矿企业、军工企业、医疗部门、设计单位等。与科学技术密切相关的经济、金融、财政、劳务开始进入技术市场，有的为技术市场开辟消费领域，有的又与其紧密结合，组成新的技术——金融市场、技术——人才市场、技术——生产资料市场，还出现了技术与金融与人才相互结合的趋势，促进科技与经济的结合。

### （四）技术贸易的内容越来越丰富

由于各地技术市场引入竞争机制，扩大了技术贸易领域。在技术市场上流通的技术商品，由少到多、由单项经营到多项经营，由科技成果的有偿转让和一般的技术服务、技术咨询，发展到技术承包、技术入股、技术培训、合资经营等，内容越来越丰富。许多省、市、县的基建、改造、攻关的计划项目也大量进入技术市场，通过招标，寻求最佳技术，进而得到有效的实施。还增添了大量工程总承包项目，改变了过去那种只能提供单项技术——搞工艺的只研究工艺，搞设备的只研究设备的相互脱节现象，促进了科研、设计、制造、施工的配套，受到买方的欢迎。

适用于中小企业、乡镇企业的技术商品越来越多，许多科研单位、大专院校和大型工矿企业，深入中小企业和乡镇企业，专门开发适用于这些工厂的不显眼的技术，收到实效。一些与提高人民生活水平、提高经济效益、发展生产、开辟财源息息相关的轻工、食品、建材、石油化工等行业的技术商品，已成为技术市场的热门货。

**（五）技术贸易的形式灵活多样**

随着技术市场的深入发展，各类技术市场经营机构的功能正由单一的中介服务，逐步转向各种形式的深度服务，技术交易的形式也越来越灵活多样。一是在北京、西安、天津、武汉等地都开办了常设性的技术市场，这种市场不受时间的限制，是使技术商品交易经常化，使供求双方及时洽谈、及时成交的场所。二是流动式的技术市场，这种市场没有固定场所，采取流动服务的多种方式，把适用的技术成果送到农村乡镇企业和工厂，鼓励科技人员专职和业余兼职的技术开发和服务活动。三是举办各种科技交流、交易会、展销会，专项技术演学会，技术信息发布会，将科研院所、大专院校、军工单位的科技成果、先进技术汇集起来，组织定点、定时的集中交易，使这些单位同生产单位直接接触见面，实行对口技术贸易，促进科技和生产的紧密结合。四是组织技术培训，大专院校、科研单位帮助工矿企业采取长期或短期方式，举办各种技术培训班，培养高技术人才。五是实行技术入股，组织生产联合体和科技开发集团。现全国有各种科技生产联合体3万多家，科技开发集团百余家，这种技工贸一体化的技术贸易形式，既可以缓解买方的资金压力，使企业有长期稳定的技术依靠，又可使科研单位有稳定的经费来源，双方共担风险，共享效益。六是组织技术出口创汇。上海、天津、大连、广州等地与国际的技术贸易，从原来的单纯由国外购买技术，发展到中外合作开发、承包海外技术工程项目、技术出口等多种贸易活动，使外向型科技出口有所突破。

**（六）技术合同成交额逐年递增，各类技术交易稳步增长**

在技术市场刚刚开放的1984年，全国技术合同成交额7亿元。1985年上升到23亿元，1986年据部分地区不完全统计为20.6亿元，颁布技术合同法的1987年成交项目13.1万项，成交额上升到33.5亿元。技术合同法规的实施，促进了技术贸易的发展。1988年全国能统计到的技术合同26.5万份，成交金额达72.4亿元，分别比1987年增长110%和118%。1989年技术合同成交额突破80亿元大关，高达81.46亿元，比1988年增长了12.36%。

据统计，1988—1989年全国技术市场累计成交金额达153亿元，全国技术开发、技术转让、技术咨询和技术服务四类合同的年成交额逐年稳步增长，技术开发、技术转让和涉外技术合同成交额大幅度增长。在四类技术合同中，技术咨询和技术服务所占比重最大，1987年为58.06%，1988年为49%，1989年为17.47%，1989年仅占总成交额的9.73%。

据技术商品的买方流向统计，1987年至1989年各类工业企业均为技术商品的最大买主，其购买技术商品的成交额分别占总成交中的84%、69.57%和59.23%。各类工业企中，大、中型企业购买技术商品占工业企购买技术商品总成交额的64%。

科研开发机构以各种各样的形式进入国民经济建设的主战场，研究开发机构技术交易的成交额占总成交额的比例，由1987年的40.46%、1988年的38.23%，上升到1989年的50.91%，成为科技长入经济的生力军。

## 二、当前我国技术市场存在的主要问题

技术市场是我国社会主义市场的重要组成部分，是在科技体制改革中诞生的新生事物，历史不长，却来势较猛，发展很快。无论在人们的观念和习惯上，还是在相关政策、法规、管理制度的配套和完善上，都跟不上形势发展的要求。由于我们处在新旧体制交替时期，存在不少制度上的漏洞、管理上的真空，以及政策不配套甚至相互矛盾的情况，加上技术市场尚未形成健全的管理机构体系，致使我国技术市场在发展中不同程度上存在一些问题，主要表现在以下几个方面：

### （一）对开发技术市场缺乏正确的认识

一方面，有些部门和企业的人员，特别是领导人员，对技术商品、技术市场的特点、功能、作用和规律认识不够全面，所以在实践中步调不统一。如有些人往往把科研机构着力搞技术开发与技术经营视为“不务正业”，对广泛开展技术转让视为“向钱看”，还往往不加分析地把技术贸易中介机构视为没有资本的“皮包公司”，对科技人员搞技术经营视为“没本事、捞钞票”。另一方面，有些单位和科技开发机构缺乏服务思想，片面追求盈利，也有少数单位和个人将一些不成熟、不可靠的技术进行转让，为个人捞好处。

### （二）技术市场管理体制不完善、缺乏权威性

目前我国技术市场还未真正形成有权威的行使科学管理职能的管理体系，一些地区的技术市场基本处于分散经营或自成体系的状态，缺乏宏观指导，带有一定的盲目性。有的地方技术贸易活动比较乱，对技术贸易机构的建立多头审批，造成科技开发企业的审批标准、审批条件不统一。有的地方对社会上涌现的大量技术开发和服务机构指导不力，管理较差，对科技开发企业建立以后的机构、人员变动情况、业务活动开展情况及其社会经济效益无法检查和监督，管理上也易造成漏洞，使得这些机构的很多问题得不到有效的解决。还有一部分省、市、自治区和计划单列市尚未建立技术市场管理机构。有的管理机构参与经营活动，有的管理职能由科技开发经营机构担负，这种政企不分，官商不分，集行政、经营、中介于一身的体制，使管理难以公正，而且缺乏权威性。管理制度上也还存在漏洞，如技术合同登记制度在许多地区没有被认真执行，据一些城市统计，不登记的合同占订立合同的1/3，致使管理职能未得到充分实施，正常的技术市场秩序没有充分建立起来。

### （三）买方市场还没有形成

主要表现在：①大中型国营工业企业技术市场参与度低，作为技术成果开发大户的国有大中型企业，参与技术市场出卖和购买的程度较低；大多数产品销售顺畅，国家保护程度高，这使具有大开发能力和大购买能力的大中型企业进入技术市场程度小，大大影响技术市场的规模。②技术市场显在需求小，潜在需求大。以四川省为例，技术市场显在需求主要表现是技术贸易成交额占产业部门产品销售收入的份额小（仅占0.59%），与四川广大工业企业、乡镇企业大多设备处于陈旧，急需更新改造，产品工艺落后，质量差，缺乏

竞争能力，需要加大加快技术投入的实际情况很不相称。潜在需求大表现在四川生产建设规模大，生产设备技术工艺落后，技术市场还处在初创阶段，商品经济不发达，农村还处在粗放经营阶段，多数企业缺乏参与技术市场竞争的条件，因而使得大量的技术购买力没有显现出来。③对技术成果的消化吸收能力低，企业缺乏购买技术的压力、动力和实力。普遍缺乏技术开发或购买技术成果的实力，造成的原因有两方面；一方面是留利水平较低，技术开发资金不足；另一方面是没有建立对企业技术进步进行考核的指标，有些厂长实行任期制后，对长远的技术开发不太重视。

### （四）有些技术贸易机构经营作风不正，使技术贸易活动存在混乱现象

有少数人打着技术贸易的旗号，进行非技术贸易活动；有的用经济合同假冒技术合同，骗取种种优惠待遇，截留利润，偷税漏税，滥发奖金；有的搞倒买倒卖技术，甚至卖假技术，牟取暴利；有的单位故意将职务技术成果转为非职务技术成果，私分提成，化公为私，侵犯了集体的经济权益；还有的利用人们渴求技术发财致富的心理，打着传播技术信息的招牌招摇撞骗等，这些行为破坏了技术市场的秩序和声誉。

### （五）政策不配套，法规不健全，执法不严

当前有关技术市场政策不配套，有些规定不明确、不具体，理解和执行起来都有困难。全国技术市场统一的法规还不健全，有些配套法规也不完备。目前普遍存在的是不能做到有法必依，执法必严。一些单位和个人法制观念淡薄，不信守合同，唯利是图，任意违约、毁约、逃约的现象时有发生；有的执法机关，把科技人员从事技术服务获得的正当收入视为不正之风，甚至当作违法犯罪立案审查处理，侵犯了科技人员的合法权益，加之技术合同仲裁机构尚未建立，大量的技术合同纠纷难以得到公正合理的解决。

第一，明确中国特色的技术市场的发展战略，全面实现八个具体转化。我国技术市场的近期发展战略，主要是围绕疏通科研和生产之间的一切渠道，有组织、有计划地开拓技术市场，在全国范围内形成一个纵横交错、四通八达的技术交流交易体系，最大限度地把科学技术转化为生产力。为此，技术市场的主攻目标：一是现有科技成果的推广应用；二是传统技术、传统产业的改造；三是新技术、新产业的开发。要通过技术市场的各种类型的技术贸易活动，成交额逐年上升，大幅度地提高经济效益，大规模地促进科技进步，使技术市场在我国经济建设中发挥越来越重要的作用。

为了实现上述战略目标，必须努力使我国技术市场在近期内全面实现以下八个大方面的具体转化：①从以一般的技术转让、技术服务为主体内容向以专利技术为主体内容的技术市场转化；②从一般的技术市场向扎扎实实的常规性、信息性的市场转化；③由主要经营低档技术商品向高、中、低多档次，有机结合多元经营的技术市场转化；④技术市场将由卖方市场向买方市场转化；⑤由主要靠经办各种交易会向信息传递的高度现代化的技术市场转化；⑥由非计划市场向计划市场与自由市场结合体的转化；⑦经营技术商品的机构要尽快实现由现在的事业单位向独立自主、自负盈亏的经济实体即独立的产业部门转化；⑧由基本封闭的国内技术市场向全方位开放的双向度流动的国内国外有机结合的技术市场转化。

第二，健全技术市场管理体系，强化技术市场的综合管理。加强管理是保证技术市场

健康发展的先决条件，也是推动技术市场深入发展的强大动力。强化管理，首要的是健全和完善技术市场管理体系，坚持集中指导，统一分层次管理，以中心城市为依托，逐步形成一个多快结合、内外结合，具有吸引和辐射功能的综合管理体系。所谓综合管理，也就是综合服务，应从服务与竞争的原则出发，组合新的综合管理体系，这个体系应由科委、工商、财政、银行、税务、审计、司法、教育、统计、劳动人事等部门共同配合、协同作战组成，共同按照技术市场的发展规律进行科学的、系统的综合管理。

国家和各地科委在这个新的综合管理体系中，处于牵头的主导地位，在技术市场管理中应起指导、协调、服务、监督的作用。为此，必须分三个层次进行机构建设：市、县（区）科委大多数没有建立技术市场的管理机构，应结合本地的实际情况，凡是有条件的，都应尽快建立相应的机构，配备专业管理人员，明确管理职责，和各综合管理部门密切配合，积极开展技术市场的管理工作，抓好技术开发服务机构的审批，业务监督管理，技术合同的认定、登记、统计工作。

省级（含自治区、中央直辖市）科委技术市场管理机构主要是宏观管理、全面规划、监督检查，结合本省的实际，制定贯彻执行国家技术市场的方针、政策，协调省级各综合部门的关系，进行有效的综合管理。省辖市、计划单列市的管理机构，在搞好宏观调控的同时，侧重抓建立与健全技术市场的综合管理体系，协调各综合管理部门的关系。此外，还应着重抓好有关业务的综合管理，搞好技术市场开发经营机构的审批，业务监督，技术合同的认定、登记，技术贸易的统计，技术市场经营人员的培训等，发挥中心城市综合管理的辐射作用。

在技术市场综合管理体系中应加强工商行政管理，主要是要搞好技术经营机构的登记、对技术合同的鉴证、对技术合同纠纷的调解和仲裁、对技术市场经营活动的监督和管理。各级银行应积极组织资金投入技术市场，把该收存的资金及时足额地收进来，该支贷的资金按计划需要给予分配供应，通过监督管理使技术贸易费用的收支，分配使用过程科学化、严密化。税收部门应对技术贸易采取有效的优惠政策，通过税收的核算，征收管理，确保税款及时足额入库，对偷税、漏税的，要坚决予以查处。财政、审计、统计等部门都应在管理体系中发挥各自的监督管理职能。

技术市场的管理，是指技术市场管理者对技术经营活动进行计划、组织、指挥、协调和监督。它是一个组织实施活动的全过程，包括宏观管理，对技术市场上从事技术商品交易活动的单位和个人管理，对进入市场的技术管理，对技术合同的管理，对市场的价格管理，对基层单位的技术贸易财务管理，对专利、广告、商标的管理等。

技术市场的管理方法，应采取行政手段、经济手段、法律手段、技术手段、思想教育方法进行综合管理。这些方法各具特点，互为补充，相辅相成，但强调使用科学的行政手段，依靠科委技术市场管理机构和各级综合行政管理部门，采取行政命令、指示、规定等方式，按照行政区划来管理技术市场。同时，在技术市场管理中注重运用经济杠杆，如通过价格、税收、利润、利息、工资、罚款等调节某些产品的供求关系，督促科研单位加强经济核算，改善经营管理，缩短技术商品开发周期，加速资金的周转与合理使用，提高经济效益。

技术市场管理的措施是“五统一”“一分离”“一结合”。“五统一”即是实行技术开发服务机构资格审批手续统一，制定、执行政策统一，技术合同认定、登记、仲裁统一，酬金审批统一，技术市场统计工作统一；“一分离”即是实行技术开发服务机构与管理机构分离；“一结合”即是做到宏观调控与微观搞活相结合。各地技术市场都要尽快健全和完善各种规章制度，使全国的技术市场管理逐步做到管而不死，活而不乱，把技术市场管好搞活。

第三，治理整顿各地市场，使全国技术市场稳步持续健康发展。在当前国民经济处于治理整顿的环境下，技术市场虽不是治理整顿的重点，但也需治理整顿，1990 年初国家科委提出了要规范技术市场行为，用 3 ~5 年时间，使我国技术市场走上健康有序的轨道的目标。当前各地市场治理整顿的主要任务，就是进一步加强对技术合同的管理，健全规章制度，保障法律、法规的贯彻实施。对现有经营机构要进行整顿，明确对技术开发管理机构的审批，整顿验收标准，严格审批程序。坚决取缔那些既无资金，又无技术，也没有固定的从业人员和工作地点，只会倒买倒卖的皮包公司。技术开发经营机构有明确的服务方向和经营范围，具有合理的人员构成，经营能力与经营相应的资金和工作地点，逐步使其成为经营技术商品的实体，在促进买卖双方技术成交，保证科学技术顺利转化为生产力中获取报酬，力争在近几年内使科技开发经营机构实现独立核算、自负盈亏，通过治理整顿、调整、巩固和完善，促使全国技术市场保质、保量、稳步、健康、持续发展。

第四，加强技术市场的宏观调控，正确处理好宏观调控与微观搞活的关系。要切实加强有效的宏观调控，这就要求我们在认识宏观调控与微观搞活的辩证统一关系的基础上，进一步大力开拓和搞活技术市场，充分调动技术商品的买方、卖方、中介方的积极性，继续扩大技术贸易。技术市场的宏观调控，就是要调控技术商品的流通规模，使之符合市场需求；调控技术商品的流通方向，使之符合调整地区经济结构的要求；调控技术商品的流通结构，使之符合整个宏观经济对技术结构、产业结构、产品结构的要求。在宏观调控中，应当采取有效的信息导向调控、利益导向调控、政策规范导向调控、指令导向调控等，以保证技术市场的有序运行而符合宏观经济目标，以免出现微观搞活中的无序状态。

技术市场的微观搞活，就是要注意从国情出发，始终把握住要有利于推进我国中小企业的技术开发，制定出促进中小型企业提高技术水平的技术市场政策，为中小企业的技术开发提供技术市场的咨询服务，组织其行业间的技术交流，组织其技术人才的开发和培养。

同时要组织协调好全国性技术交易活动，探讨技术交易的最佳模式和活动规律，召开全国技术展交会，使之逐步走向专业地区化，开展定时定点的技术交流活动，组织有关部门建立技术市场信息库和联网，加强信息的收集、筛选、加工、储存和传递，提高信息质量，促进技术商品的流通和交易。

第五，正确处理好国内技术市场与国际技术市场的关系。随着国内技术市场的发展，我国的某些先进技术将打入国际技术市场，参与国际市场的竞争；同时，国外先进技术的引进、消化、吸收，将与国内技术市场密切结合。要把国内外两种技术市场有机结合，一定要根据我国的国情和实力，充分利用国际市场的优势，在主动参与国际技术市场的竞争中促进和推动我国国内技术市场的进一步完善和迅速发展。

第六，制定有关配套的优惠政策，加强技术市场的法制建设。技术市场政策是党和国家在一定时期内，为调整技术贸易关系而制定的行动准则，它是国家管理技术市场的重要工具，在制定有关配套的优惠政策时，要切实从扶植技术市场的发展出发，兼顾和保护技术贸易中买、卖、中介三方的合法权益。一是要千方百计鼓励企业购买技术商品、应用技术成果的积极性，企业购买技术商品的经费渠道，除可在管理费中列支，在实施该项技术后的新增利润中税前列支，分期摊入成本外，还可以大量开设科技专项贷款。二是鼓励技术出让一方尽力满足顾客的购买意向，对应用生产后产生较大经济效益的技术成果给予奖励，对风险性大、研究周期较长的科研项目，应给予必要的资金支持，增强科研单位生产技术商品的后劲。三是在价格、税收、分配政策方面的优惠，技术转让的价格国家不加限制，由交易双方商定。转让技术收入予以免税，出售新产品在一定时期内享受减免税优惠。允许技术出让一方在技术贸易的净收入中提取一定比例，作为直接开发项技术和有关人员的酬金，不计入奖金总额之内。允许中介方提取一定数额的中介费。通过这些优惠政策保护买、卖、中介三方的合法权益，调动他们的积极性，促进技术市场的发展。

要管好技术市场，不仅要靠配套的政策和行政手段，还要过渡到主要依靠法律办法管理技术市场，这就需要加强技术市场的法制建设，前提是要加强技术市场的立法。《技术市场管理暂行办法》是协调指导小组发布的，不符合立法手续，内容规定已不适合形势发展需要，急需在总结各地经验的基础上，制定全国统一的《全国技术市场管理条例》，把开放技术市场的原则、方针、政策，技术贸易的性质、范围、形式，管理和经营机构设置条件和职责，经营范围、开发和经营机构的管理、税收、收费和权益分配，买方、卖方、中介方的权利义务，以及违反规定的法律责任等用条文形式固定下来，规范技术市场行为，成为全国技术交易的基本准则，同时还应制定有关配套的《科技人员业余兼职条例》《科技咨询管理条例》《技术市场统计工作条例》《技术交易税收规定》《技术合同仲裁条例》等单行法规，使技术市场有法可依、有章可循。

随着技术市场的发展，各种技术合同争议也会不断增多，不少纠纷具有政策性强、专业性强、技术成果权属关系复杂等特点，处理起来难度较大。各地应根据实际需要建立和完善技术合同的仲裁机构，积极开展技术合同纠纷的仲裁工作，及时依法调处争议，保障当事人合法权益，维护技术市场秩序，通过执法、守法和督法，推动技术市场沿着法制轨道稳步健康发展。

原载《暨南大学研究生学报》1991 年第 7 卷第 2 期

# 中国对计算机软件的法制保护

## 一、计算机软件是著作权法的保护范围

计算机软件是指计算机程序及其有关文档。计算机程序是指为了得到某种结果，而可以由计算机等具有信息处理能力的装置，执行的代码化指令序列，或者可被自动转换成代码化指令序列的符号化指令序列，或者符号化语句序列。计算机程序包括源程序和目标程序。软件是计算机的灵魂，是计算机应用的关键，离开软件，计算机将成为一堆无法发挥功能的摆设。

版权法的保护对象主要是文字作品，而在表现形式方面，计算机软件与文字作品有着极大的相似之处。首先，软件的文档作为用人类语言表达的文字资料或图表，无疑是文字作品的一种，而软件程序作为指令序列或语句序列，也可以用数字、文字及符号表现出来，并且可以用有形媒体，如纸、磁带、磁盘等把这种表现固定下来。因此，计算机软件在理论上是符合版权法的保护主题的。

在实践中，侵害软件权利的主要方式，基本上是复制和抄袭软件的表现形式，这与传统文字作品中存在的侵权现象基本上是相同的。因此，为了保护软件开发者的投资，保障软件权利人的利益，就应该禁止他人在未经权利人许可的情况下，任意抄袭、复制其软件或擅自发行其软件的复制品。因这类措施正是版权法保护智力成果的特有方式，所以计算机软件当作文字作品的一类而对其实行版权保护，不仅在理论上说得通，而且在实践中也行得通。

计算机软件的版权保护方法，主要是通过赋予计算机软件版权来保障其不被非法复制或使用，利用版权法来保护计算机软件有明显的优点：①版权法要求其保护对象达到的标准并不高，它保护的对象只要在形式上具有独创性即可，所以，几乎所有的软件都能符合版权法的保护标准；②这种保护方法手续简便，最多只要注册登记即可，而无需专利法所要求的申请、审批这类“繁文缛节”，既省钱，又省时；③这种保护方法只保护作品的创作形式，也就是只保护软件开发者表达其创作思想之方式，而并不保护创作思想本身，所以其他开发者可以利用已被版权法保护的软件的创作思想去创作新的软件，这对软件的优化与发展无疑是大有促进作用的。

版权法保护方法具有的上述优越性，使其特别适合于保护成千上万、品种繁多的软件的需要。所以，目前世界上绝大多数国家都已倾向于利用版权法来保护计算机软件，并已有美、英、法、日、德等40多个国家通过修改版权法等方式，来确认计算机软件是版权

法的保护对象。我国根据《著作权法》第三条，将计算机软件列为著作权法保护的作品。

## 二、依法保护计算机软件的著作权

### （一）软件著作权人及其权利

根据《计算机软件保护条例》的规定，中国公民和单位对其所开发的软件，不论是否发表，不论在何地发表，均依法享有著作权。外国人的软件首先在中国境内发表的，依法享有著作权，外国人在中国境外发表的软件，依照其所属国同中国签订的协议或者共同参加的国际条例享有的著作权，也依法受到保护。

软件著作权属于软件开发者，软件著作权人依法享有以下各项权利：①发表权，即决定软件是否公之于众的权利；②开发者身份权，即表明开发者身份的权利以及在其软件上署名的权利；③使用权，即在不损害社会公共利益的前提下，以复制、展示、发行、修改、翻译、注释等方式使用其软件的权利；④使用许可权和获得报酬权，即许可他人以复制、展示、发行、修改、翻译、注释等方式全部或部分使用其软件的权利和由此而获得报酬的权利；⑤转让权，即向他人转让使用其软件的权利或部分与全部转让使用许可权及获得报酬的权利。

由两个以上的单位、公民合作开发的软件，除另有协议外，其软件著作权由各合作开发者共同享有。合作开发者对软件著作权的行使按照事前的书面协议进行，如无书面协议，而合作开发的软件可以分割使用的，开发者对各自开发的部分可以单独享有著作权，但行使著作权时不得扩展到合作开发的软件整体的著作权。合作开发的软件不能分割使用的，由合作开发者协商一致行使，如不能协商一致，又无正当理由，任何一方不得阻止他方行使除转让权以外的其他权利，但所得收益应合理分配给所有合作开发者。

受他人委托开发的软件，其著作权的归属由委托者与受委托者签订书面协议约定，如无书面协议或者在协议中未作明确约定，其著作权属于受委托者。

由上级单位或者政府部门下达任务开发的软件，著作权的归属由项目任务书或者合同规定。如项目任务书或者合同中未作明确规定，软件著作权属于接受任务的单位。

国务院有关主管部门和省、自治区、直辖市人民政府，对本系统内或者所管辖的全民所有制单位开发的，对于国家利益和公共利益具有重大意义的软件，有权决定允许指定的单位使用，由使用单位按照国家有关规定支付使用费。

公民在单位任职期间所开发的软件，如是执行本职工作的结果，即针对本职工作中明确指定的开发目标所开发的，或者是从事本职工作活动所预见的结果或自然的结果，则该软件的著作权属于该单位。公民所开发的软件，如不是执行本职工作的结果，并与开发者在单位中从事的工作内容无直接联系，同时又未使用单位的物质技术条件，则该软件的著作权属于开发者自己。

### （二）软件著作权的保护期

我国法律规定，软件著作权的保护期为 25 年，截至软件首次发表后第 25 年的 12 月 31 日。保护期满前，软件著作权人可以向软件登记管理机关申请续延 25 年，但保护期最长不超过50年。软件开发者的开发者身份权的保护期不受限制。

在软件著作权的保护期内，软件著作权的继承者可根据我国《继承法》的有关规定，继承软件著作权的使用权、使用许可权和获得报酬权，继承活动的发生并不改变该软件权利的保护期。

在软件著作权的保护期内，有软件著作权的单位发生变更后，由合法的继承单位享有该软件的各项权利，享有软件著作权的单位发生变更，不改变该软件权利的保护期。

在软件著作权的保护期内，软件的著作权人或者其受让者有权许可他人行使以复制、展示、发行、修改、翻译、注释等方式使用其软件权利。著作权人或者其受让者许可他人行使使用权时，可以签订许可合同收取费用，但并不改变该软件著作权的归属。

在软件著作权的保护期内，软件著作的使用权和使用许可权的享有者可以把使用权和使用许可权协议转让给他人，但并不改变软件著作权的保护期。

软件著作权保护期满后，除开发者身份权以外，该软件的其他各项权利即行终止。

凡符合下列各项条件之一者：①拥有该软件著作权的单位终止而无合法继承者；②拥有该软件著作权的公民死亡而无合法继承者，除开发者身份权以外，软件的各项权利在保护期满之前进入公有领域。

### （三）计算机软件的复制和修改

因课堂教学、科学研究、国家机关执行公务等商业性目的需要，对软件进行少量的复制，可以不经软件著作权人或者其合法受让者的同意，不向其支付报酬。但使用时应该说明该软件的名称、开发者，并且不得侵犯著作权人或者其合法受让者依法所享有的其他各项权利。凡合法持有软件的单位、公民，在不经该软件著作权人同意的情况下，享有下列权利：①根据使用的需要，把该软件装入计算机内；②为了存档而制作备份复制品，但这些备份复制品不得通过任何方式提供给他人使用，一旦持有者丧失对该软件的合法持有权时，这些备份复制品必须全部销毁，该复制品使用完毕后，应当妥善保管、收回或者销毁，不得用于其他目的或者向他人提供。

为了把该软件用于实际的计算机应用环境或者改进其功能性能，而进行必要的修改。但除另有协议外，未经该软件著作权人或者其合法受让者的同意，不得向任何第三方提供修改的文本。

## 三、强化对计算机软件的法制管理

第一，加强对计算机软件的登记管理。国务院授权的软件登记管理机构主管全国软件的登记管理工作，凡在1991年10月1日《计算机软件保护条例》颁布实施以后发表的软件，可向软件登记管理机构办理登记申请，软件著作权人申请登记时应当提交：①按规定填写的软件著作权登记表；②符合规定的软件鉴别材料。软件著作权人还应当按规定交纳登记费。软件著作权的登记具有下列情况之一的，可以被撤销：一是根据最终的司法判决，二是已经确认申请登记中提供的主要信息是不真实的。向软件登记管理机构办理软件著作权的登记，是根据《计算机软件保护条例》提出软件权利纠纷行政处理或者诉讼的前提，登记获准之后由软件登记管理机构发放登记证明文件，这是软件著作权有效或者登记申请文件中所述事实确实的初步证明，然后向社会公告。

凡已办理登记的软件，在软件权利发生转让活动时，受让方应当在转让合同正式签订后三个月之内向软件登记管理机构备案，否则不能对抗第三者的侵权活动。

第二，搞好计算机软件许可合同管理。计算机软件在许可证贸易中，是不可能通过一般合同谈判去实现的，因为计算机软件的用户可能成千上万，软件的载体又是作为商品在市场上销售的。20 世纪 70 年代以来，从软件产业最发达的美国开始，出现了一种叫“启封许可证”或“盒顶许可证”的许可合同，经销人（或软件公司）把这种许可证封装在通用软件包的外包装与内包装之间，当用户购置了软件包（通用软件），启开外包装时，就能看到一张醒目的卡片，上面写道：“当你打开内包装之前，请将卡片背面的许可证条款看清；如果打开内包装，即推定你已经完全同意受许可证条款的约束；如果你不同意该条款，请立即把软件包归还你所购的商店，该店将返还你的货款。”这种包装中的许可证的主要内容是要求用户尊重软件的著作权，只能自己使用，不可转借他人，不可复制，不可修改，用完之后应予销毁，等等。这些条款，都清楚地表明购置了软件载体的人，并不等于买到了软件的著作权。目前，美国已有一些州通过立法，承认这种启封许可证的效力。

由于我国软件产业处于初创阶段，计算机软件许可证贸易正在兴起，针对我国的实际情况，《计算机软件保护条例》规定，软件权利的使用许可，应当根据我国《经济合同法》和《技术合同法》有关法规，签订计算机软件许可合同，被许可人应当在书面合同规定的方式、条件、范围和时间内行使使用权。

软件许可合同的有效期限，一次不得超过 10 年，合同期满可以续订，合同中未明确规定为独占许可的，被许可的软件权利应当视为非独占的。

在软件著作权的保护期内，软件的著作权人或者其受让者有权许可他人行使复制、展示、发行、修改、翻译、注释等方式使用其软件的权利，也应该按照我国《经济合同法》《技术合同法》签订书面的软件转让合同，明确转让者和受让者的权利和义务。

当事人不履行合同义务或者履行合同义务不符合约定条件的，应当依照民法通则有关规定承担民事责任。凡有下列侵权行为的：①未经软件著作权人同意发表其软件作品；②将他人开发的软件当作自己的作品发表；③未经合作者同意，将与他人合作开发的软件当作自己单独完成的作品发表；④在他人开发的软件上署名或者涂改他人开发的软件上的署名；⑤未经软件著作权人或者其合法受让者的同意修改、翻译、注释其软件作品；⑥未经软件著作权人或者其合法受让者的同意向公众发行、展示其软件的复制品；⑦未经软件著作权人或者其合法受让者的同意向任何第三方办理其软件的许可使用或转让事宜。应当根据情况，承担停止侵害、消除影响、公开赔礼道歉、赔偿损失等民事责任，并可以由国家软件著作权行政管理部门给予没收非法所得、罚款等行政处罚。

凡因下列情况之一：①由于必须执行国家有关政策、法律、法规和规章；②由于必须执行国家技术标准；③由于可供选用的表现形式种类有限，而引起的所开发的软件与已经存在的软件相似，不构成对已经存在的软件的著作权的侵犯。

软件持有者不知道或者没有合理的依据知道该软件是侵害物品，其侵权责任由该侵权软件的提供者承担。但若所持有的侵权软件不销毁，不足以保护软件著作权人的权益时，持有者有义务销毁所持有的侵权软件，为此，遭受的损失可以向侵权软件的提供者追偿。

软件登记管理机构工作人员违反规定，向他人透露申请者登记时提交的存档材料及有关情况，由软件登记管理机构或者上级主管部门给予行政处分；情节严重，构成犯罪的，由司法机关依法追究刑事责任。

第三，通过调解、仲裁、诉讼，妥善处理软件著作权的合同纠纷。对软件著作权的合同纠纷，可以先行调解，也可以依据合同中的仲裁协议，向国家软件著作权仲裁机构申请仲裁。对于仲裁裁决，当事人应当履行，当事人一方不履行仲裁裁决的，另一方可以申请人民法院执行。

受申请的人民法院发现仲裁裁决违法的，有权不予执行，人民法院不予执行的，当事人可以就合同纠纷向人民法院起诉。当事人没有在合同中订立仲裁条款，事后又没有书面仲裁协议的，可以直接向人民法院起诉。

当事人如对国家软件著作权行政管理部门的行政处罚不服的，可以在自收到通知之日起三个月内向人民法院起诉。期满不履行也不起诉的，国家软件著作权行政管理部门可以申请人民法院强制执行。

原载《中国计算机报》1992 年 10 月 27 日

# 第七章

# 按国际惯例管理涉外企业

# 中国正在积极改善外商投资环境

## 一、投资环境的内涵和选择因素

所谓投资环境，是指在国际间的投资过程中，足以影响和涉及国际资本行使其基本职能的一切外部条件，它是一个动态的、多因素的、多层次的综合体系。由于资本的本质决定了它尽可能多地使资本增值，因此，当代国际资本无一不是朝着最有利于自己滋生、增值的外部条件——良好的投资环境流动。资本的增值一般来源于整个投资的再生产过程，在此过程中，会发生物质本身运动和人与人之间的关系，而这两方面又会反作用于整个再生产过程本身，从这个意义上说，投资环境应包括物质环境和人际环境两方面。目前，习惯地称前者为硬环境，称后者为软环境。

物质环境是指与国际资本流动直接相关的外部物质条件，其基本内容：一是城市和工业基础设施结构，主要包括能源、交通、仓储、厂房、供水、原辅材料供应、金融信息、生活条件、文教卫生以及其他服务设施等因素；二是自然地理条件，主要包括自然资源、地理位置、环境气候以及自然风光等非人的因素。

人际环境是指对国际资本流动施加重大影响的社会、人文、政治方面的外部条件。其基本内容：一是政治条件，主要包括政治稳定、社会安宁、对外经济政策稳定、涉外经济法规健全等因素；二是经济条件，主要包括经济的稳定性，财政政策、货币政策、外汇管理、资金市场结构、市场规模及其开发程度，税收和关税、物价状况以及其他生产要素组成等因素；三是社会条件，主要包括社会对企业的重视程度，社会对企业成就、科学技术、经营风险的态度，以及企业与政府机构、教育机构、科研机构有关部门的关系等因素；四是管理条件，主要包括接受投资国政府的行政管理水平、办公效率以及为投资者简化办事手续等因素；五是劳动者的素质和费用。

## 二、中国投资环境的现状

作为一个投资者来说，对投资环境的主要选择首先是理想的人际环境。作为投资者，谁都首先希望自己的投资有安全保障和有利可图。这就在客观上要求接受投资的国家政治稳定，社会安宁，政策优惠，法制健全，要求有较好的经济运行状况和较高的办事效率。此外，还要求有较高水平的人口素质。其次是开放的市场。一个开放的潜在的巨大市场对国际资本最具吸引力。最后是良好的基础设施，其中能源、交通、通讯、供水等基础设施乃是物质环境的核心。中国是一个幅员辽阔、资源丰富、市场潜力巨大的国家，从当代国际经济合作过程中各种生产要素的配套和合作来看，中国的企业有其自己占有优势的生产要素，如土地、资源、劳动力等，而在其他诸如资本、技术以及管理技能等方面，相对来讲就有所不足。所以为了加快“四个现代化”的建设，中国需要与不同社会经济制度的国家和地区开展国际经济技术合作，而当前极为重要的是进行生产合作。

自实行改革开放政策以来，中国的引进外资工作，是在投资环境还不够完善、经验不足、时间不长的情况下吸引了大量的外资，取得了不少成绩。

### （一）开辟了有利的投资场所

继深圳等 4 个经济特区的建立和对广东、福建两省实行特殊政策之后，于 1984 年开放了上海等 14 个沿海城市和海南岛，1985 年又开辟了长江、珠江、闽南等 3 个经济开发区以及扩大沿海地区的开放地带。国家对这些地区分别在税收、信贷等方面给予一些优惠待遇，为外商来华投资提供了有利的场所。

### （二）加强了能源、交通、通信等基础设施的建设

1981 年至 1985 年间，中国沿海各港口新建了 1 万吨级船舶停靠的码头泊位 54 个，到 1986 年底沿海主要港口深水泊位已达 214 个，中级泊位 162 个，吞吐能力达 3. 4 亿吨，14 个沿海城市除南通、温州民用航空外都已通航，并开办了国际电讯电话业务。在能源供应、市政设施和接待外宾的饭店等建设方面，也有了较大的改善。

### （三）制定和实施了一系列优惠政策

1986 年 10 月 11 日公布实施的《国务院关于鼓励外商投资的规定》，对外商来华投资办企业给予了更好的优惠。后来，国务院各有关部门又先后公布了 10 个具体实施办法，其中包括：①简化手续，提高办事效率；②保障企业自主权，改善生产经营条件；③落实企业外汇收支平衡的措施；④建立组织机构，加强高层次领导协调；⑤成立各种服务中心，为外商提供服务。

### （四）保证外商投资的政治风险

1984 年邓小平在和日本公民党委员长的谈话中曾就中国对外开放政策作了以下的阐述：“中国的这个政策，本世纪不会变，下一个世纪前 50 年不会变，后 50 年也难以改变，中国同各国的经济贸易关系发展了，更密切了，要变也变不了。”中共中央于 1986 年 9 月 28 日通过的《关于社会主义精神文明建设指导方针的决议》再度强调“对外开放作为一项不可动摇的基本因素，不仅适用于物质文明建设，而且适用于精神文明建设”。另外中国有关法规及与许多国家签订的投资保护协定，都已明确规定国家对外商投资的企业不实行国有化。

## 三、中国和亚洲国家（地区）鼓励外商投资优惠政策的比较

### （一）税收政策的比较

（1）所得税率：中国的经济特区、经济技术开发区、开放地区的所得税率都比亚洲国家（地区）低。如下表。

| 国家与地区 | 所得税率 |
|---|---|
| 中国深圳、珠海、汕头、厦门、海南经济特区 | 15% |
| 中国沿海开放城市及经济技术开发区 | 1. 外商投资企业，属于生产性项目和科研项目，可按现行税法规定打八折征收；2. 外商投资举办的能源、交通、港口项目和技术、知识密集型项目，按15%课征。 |
| 中国一般经济开放区 | 中外合资企业30%；中外合作、独资企业按应纳税所得额累进计算税率20%～40%。 |
| 中国台湾 | 一般行业小于35%，资金密集型小于22%。 |
| 马来西亚 | 1. 缴纳40%的净利润所得税；2. 缴纳15%的开发税。 |

（2）所得税免征，减征年限：中国较亚洲国家（地区）短。如下表。

| 国家与地区 | 免减征年限 |
|---|---|
| 中国经济特区、沿海开放城市、经济技术开发区及经济开放区 | 第一年和第二年免征，第三年至第五年减半征收，第六年至第十年减半免征。 |
| 中国台湾 | 五年内免征。 |
| 泰国 | 3～8年 |

（3）减免税范围：共同点是，中国与大多数国家（地区）对外商投资企业所需的（合同规定的）机器设备、原辅材料、配件一律免征进口关税。不同点详见下表。

| 地区 | 收费规定 |
|---|---|
| 中国经济特区 | 特区场地使用费为5元/$m^2$。郊县外商投资兴建的基础设施及沿海滩涂改造等开发性项目，免收。 |
| 中国沿海开放城市及经济技术开发区 | 产品出口企业，5元/$m^2$年，免交10年；先进技术企业5元/$m^2$年，免交5～10年；其他工业企业、仓储业、运输业10元/$m^2$年；商品住宅、写字楼12元/$m^2$年；商业、服务业、旅游业15元/$m^2$年。 |

（续上表）

| 地区 | 收费规定 |
| --- | --- |
| 中国一般经济开放区 | 按 1～15 元/$m^2$ 年征收。投资兴办教育、文化、科技、医疗卫生等社会公益事业，可享受优惠待遇等。<br>五年免收。用于能源、港口、海洋基础设施、沿海滩涂改造等社会效益显著的开发性项目，可全部免征。<br>按 5～15 元/$m^2$ 年收缴。对产品出口企业和先进技术企业，可免交五年或更长一些时间。 |
| 中国台湾 | 加工区 0.73 美元/$m^2$，工业园 1.2 美元/$m^2$。政府及委托开发的工业区出售时，由承购人按承购地价缴 3%～5% 开发管理基金。 |
| 中国香港 | 较亚洲其他国家和地区高，土地开发费 133.5 美元/$m^2$。 |

### （二）土地使用费的比较

中国各地有不同的规定，但总的情况是优惠的，而且收费的标准基本不动并根据情况作相应的减免。而其他国家（地区）的收费不仅高，而且不断地调价，如新加坡每五年提价一次，只不过是规定了提价不超过 50%。具体详见下表。

| 国家与地区 | 土地使用表 |
| --- | --- |
| 中国深圳、珠海、汕头、厦门、海南经济特区 | 1. 特区企业生产的出口产品，除国家限制出口或另有规定的少数产品外都免征工商统一税。2. 特区企业生产的产品在特区内销售的，各种矿物油、烟、酒按税法减半征收工商统一税；其他产品不再征收工商统一税，若运往内地时，应补征。3. 客商个人从特区进入内地携带所用行李物品，在合理数量内免征工商统一税。4. 地方税免征。 |
| 中国沿海开放城市、经济技术开发区和经济开发区 | 1. 按合同规定所需要的机器设备、零部件和其他物料免征工商统一税。2. 按规定减免所得税期满后出口产品产值达到当年企业产品产值 70% 以上的，可按现行税率减半课征。经批准按 15% 税率缴纳的减按 10% 的税率课征。3. 地方税免征。 |
| 马来西亚 | 1. 免征出口推销费；2. 机器设备可加速折旧；3. 对外国公司净利润的免税界限为 20 万林吉特。 |
| 泰国 | 公司进口的机器可免税或减税 50%，条件是当地买不到类似机器。减征进口原料进口税和营业税，为期一年。 |

### （三）投资比例的比较

中国规定合资经营外商投资比例不低于25%，希望外商投资比例高些。而中国台湾、韩国等却控制外商投资比例的上限。在管理权限上，中国鼓励外商承包经营合资企业，而国外对外商控制企业作了比较严格的规定。泰国对一些符合贸易注册总署规定的条件的产业，才允许对方控制企业。如下表。

| 国家 | 投资比例 |
|---|---|
| 中国 | 合资企业外商投资比例一般不低于25%。 |
| 新加坡 | 商业部门的外商投资比例在49%以下；制造业，特别是高技术产品出口企业的外资比例可达100%。 |
| 韩国 | 1. 自由进口区的项目，住在国外的韩国人的投资项目和跨国公司兴办的高技术项目允许外国有100%股份；2. 简单劳动密集型项目，简单免税加工项目和以国内市场为主项目中，外资不超过50%。 |

### （四）外汇管理比较

新加坡和中国台湾、香港等国家和地区不实行外汇管制。韩国、泰国等国家实行外汇管制。但是，韩国的外资企业利润汇出不受限制，并免征汇出税，同时，投资资本额以企业经营第三年起可按每年不超过投资总额的15%限度汇出。泰国则保证外资在本年度的净收入汇出国外和资本汇出，并允许资金自由调回。中国在外汇管制上是比较严的，在外汇管理中规定：外国合营者可从接受该项投资企业新增加的外汇收入中获得外汇，并汇出其合法利润，但不得使用人民币利润套汇活动，对所汇出合法利润可以免征所得税。合资企业其产品以内销为主而外汇不能平衡的，所需外汇可以在省、市留成外汇中调剂解决。对合资企业的外国合营者，只能将其从合营企业分得的人民币利润进行本企业或本地区的增资与再投资，并享受外汇投资的同等待遇。依法停止解散的合营企业，财务关系清理结束后，外国投资者所得的或分得的资金，如要求汇出境外，经批准方可汇出。

### （五）行政管理比较

其他国家和地区的审批手续是简单的，办事效率是高的。近年来，中国上海、广州、福州、厦门等地陆续采取了一幢楼办公等形式，提高了办事效率，但在这方面还有许多欠缺。如下表。

| 国家与地区 | 行政管理 |
|---|---|
| 中国台湾 | 外商投资申请由“经济部”投资审议委员会审议处理，应于申请手续完备后2个月内核定。 |

（续上表）

| 国家与地区 | 行政管理 |
| --- | --- |
| 日本 | 设立“外资审议会”，任命一些学识渊博、经验丰富的人担任委员，负责引进和利用外资调查、审议工作，引进外资的具体业务由大藏大臣委托或授权日本银行和外汇银行处理。 |

## 四、中国投资环境当前存在的问题

第一，办事效率低，关卡多，机构重叠，相互扯皮的情况经常出现。有不少外商一针见血地指出：“这优惠、那优惠，还不如来回花路费。”筹办一个合营企业，从县城到地区、省城等，不知要来回跑多少趟。

第二，各方面的牵制太多，令人望而生畏。有些客商到内地办厂时，会碰到征用土地、拆迁民宅、迁移祖坟、使用民工、供电供水、运输过路等麻烦事。据说，新加坡一位华裔客商花一笔投资，到家乡办一个工艺品厂，从开始协商地皮到拆房移坟，再到破土动工，前后共花了一年半时间。而在海外投资，一年半时间几乎可以收回全部投资额了。

第三，人的素质低，事业心不强。

第四，用人受阻，附加条件过多。投资者在中国招收人员往往会遇到很多麻烦，最大问题是缺乏自主权。“裙带风”“关系网”等问题也突出，而且对工资、福利要求又偏于苛刻，往往使投资者难以接受。

第五，立法进展快，执法跟不上。近十年来，中国相继颁布了《合资经营企业法》《合作经营企业法》《外资企业法》等200多个涉外经济法规。此外，从1982年起，中国陆续与一些国家签订了相互保护和促进协定。所有这些，使中国外商投资企业的涉外经济贸易活动基本上做到了有法可依。立法进展快是对的，但是许多外商对中国颁布的每一个涉外经济法规都持谨慎的欢迎和期待观望的态度。主要原因来自两方面：一方面，由于我国政策多、法规少，政策又比法规易变、保密并更富有权威性，以致外商总感到中国法律的可塑性较大；另一方面，在不少经济领域尚存在有法不依、以权压法的不正常现象，有的主管部门认为合资、外商独资企业是中国法人，便把它当作中国企业或部门附属企业来管理，随意发号施令。

当然，影响投资环境，制约投资者的因素还不止这些。但由此亦足以说明不改善投资环境，就无法吸引投资者。改善投资环境亦是一个渐进的过程，绝非一朝一夕就能解决问题的。

## 五、改善中国投资环境的对策

根据国内外正反两方面的经验，目前中国改善投资环境应着重采取以下几项对策：

### （一）进一步健全和强化外资管理体制

切实加强宏观控制，让各有关职能部门参与管理，分工负责，在它们之上建立一个能统一和协调各部门关系的权威性管理机构，以改变过去那一种政出多门、分兵把守、办事拖拉的管理上的或多中心或无中心的被动局面，这种体制可通过以下途径和手段进行。一是组织搜集国内外有关信息和情报，制定外资立法和相应的方针政策；二是研究制订全国的利用外资计划，同时制订具体的实施计划，力求规划一个、实施成功获益一个；三是打破条块约束，统一调动和布置各有关部门的力量，针对改善投资环境的重点环节开展工作，从宏观上做到统一计划、步骤和行动，协调和处理好局部利益和整体利益的关系。各地可根据本身的实际需要，建立相应的管理体制，协助中央开展工作，推进本地投资环境的改善。

**（二）切实提高合作效率**

这包括两方面的因素：一是提高政府行政管理机构与外商的合作效率，二是提高中外合营企业的中方代表与外商的合作效益。目前这两方面都还存在一些问题。个别行政管理机构办事马虎、层次多、手续繁、效率低，少数企业在管理上也稀稀松松，这种状况无疑会挫伤外商的投资热情。改善投资环境单靠放宽政策还不够，还要有执行政策的高效率，对于外商投资企业，要充分保障其有足够的生产经营自主权，使外商能在中国法律和有关合同条款所允许的范围内，有的放矢地从事生产经营活动，并在经营决策、劳动工资、资金筹措以及商品流通等方面给予必要的特殊的自主权，最大限度地提高外商投资企业的活力和经济效益。

**（三）寻求中外合作双方动机、目的和利益的结合点**

国际投资是一项国际经济技术合作活动，其基本前提是平等互惠，共同受益。我国改善环境是为了吸引外资，引进当代国际先进技术和管理经验，而外商投资中国则是为了从中获取利润，各自都有自己的动机、目的和利益。反映在坐标图像上，双方动机、目的和利益曲线的结合点是共同寻求的平等交换条件，双方如能准确地寻求到这个结合点，合作成功的希望就大。

**（四）制定汇率政策，开放外汇市场**

在目前实行的固定汇率制下，可采取贬中有稳的方针，近期尚以实行牌价稳定手段为妥，以利用国际收支平衡和稳定国内物价。从远期看，应逐步改善现行的外汇管理制度，开放外汇市场，提高国家银行参与外汇市场的融资活力，允许社会用额度、现汇在规定的范围内进行融资交易，使有效汇率适当浮动，从而为外商投资企业的外汇平衡创造有利条件。

**（五）充分发挥生产成本低廉的优势**

相对而言，中国的各项费用较低，这本是吸引外资的优势，可是少数部门过去曾出现过向外商揩油的坏现象，这是在破坏自己的优势，是一种急功近利行为，必须坚决予以纠正，同时，应积极采取措施，促进技术有机构成的提高，加强职工培训，提高企业素质，最终形成较高的劳动生产率作为降低生产成本的新优势，以适应利用外资引进高、尖、精技术项目的客观需要。

**（六）按国际惯例管理外商投资企业**

所谓国际惯例，就是许多国家在国际交往中，经过相当时期的共同实践，逐渐形成并为国际上普遍接受或承认的国际交往的原则和准则。例如，国际商会制定的《国际贸易术语解释通则》《托收统一规则》等，还包括国际上通行的各种习惯做法和通例。让外商按国际惯例管理外商投资企业，这是改善中国投资环境的需要。衡量投资环境的标准之一，就是要让外商能够按照国际惯例在中国投资和对企业进行经营管理，尊重外商的经营管理权，造成一个适合外商投资经营的“小气候”。在目前情况下，就是要使外商投资企业由有管理经验的外商直接负责管理，或由外商在国外聘请人才来管理，这对外商和中方都有利。现在，厦门、福州、深圳、广州等地，均已采用这种办法，也收到了良好的效果。

原载《亚太经济》1991 年第 3 期

# 中国涉外企业
# 按国际惯例管理的现状和改进对策

中国涉外企业（是指合资企业、合作企业、外资企业、外经贸企业、外向型企业和集团企业以及跨国集团企业）的生产经营管理，如何按国际惯例办事，已成为发展外向型经济所面临的一个重要问题。让外国企业家能够按照国际惯例来中国管理企业，在“三资企业”中要让外商直接管理，创造一个使外国企业家能够像在世界大多数国家一样管理企业的环境，是中外人士的共同愿望，是我国对外开放政策进一步放宽的具体体现，也是改善我国投资环境的关键措施。

## 一、中国涉外企业按国际惯例管理的客观必要性

按国际惯例管理我国涉外企业，既适应当代国际潮流，又符合我国的实际，是客观形势发展的需要。

### （一）这是发展外向型经济的需要

外向型经济是指一个国家或一个地区为推动区域经济发展，而面向国际市场建立的经济结构和经济运行体系。通俗地说，就是利用外国的资源、技术和人才，发挥本国劳动力众多和低廉的优势，生产出商品，再打到外国市场上去，赚回外国的钱，这样一进一出，大进大出，循环往返，由此把本国的经济迅速搞上去。外向型经济一般有四个特征：一是建立适应国际市场供需结构的区域的产业结构；二是区域的商品生产和商品交换以国际市场为依托，并以国际价值作为生产交换的价值标准；三是区域经济具有强烈参与国际竞争的意识，从而导致国际市场对区域经济某种程度的依托；四是能及时适应国际经济环境的变化，能自觉地利用外部环境变换及时进行结构和政策调整，从而实现经济增长。

从本质上讲，外向型经济运行机制就是一种面向国际市场，符合国际规范的、高效率的现代商品经济运行机制。国家根据市场的变化，通过调整汇率、关税、涉外法规和其他对外政策，影响国际市场与国内市场的关系，保护国家利益，增强我国涉外企业的国际竞争能力。而我国涉外企业具有独立的经济利益，能自主地进入国际市场，根据国际市场的变化，独立制定和调整出口经营决策和生产决策，自觉地按照国际惯例从事生产活动和经营活动。

**（二）这是我国涉外企业自身发展的需要**

据有关方面统计，至1988年底共批准“三资企业”17 900家，协议金额282亿美元，实际投入金额90多亿美元，其中合资经营企业8 530多家，合作经营企业8 770家，外贸经营企业600多家，我国已具有一些在形式上为外向型的企业和企业集团，越来越多的外经贸企业和企业集团把眼光从国内市场转向国际市场，争取创出名牌产品，成为世界名家企业，开始显示出潜在的优势。

在国际上，股份与股权相适应始终是资本直接投资的一项主要原则，谁拥有多数股份，谁就拥有多数股权，就能控制公司，这是吸引投贸者进行直接投资的主要条件。而我国《中外合资经营企业法》和《中外合作经营企业法》却把股份与股权人为地隔开，一方面在法律上规定外国投资者可以拥有50%以上的股份；另一方面，企业董事长必须由中方担任，外方拥有的董事席位不能超过中方等。在股权与股份不相连的情况下，势必影响国外投资者的投资心情和引进先进技术、先进的管理方法。因此，我国涉外企业的发展迫切需要遵循国际惯例。

建立具有综合开发能力的我国涉外企业系统，需要有一个发展和深化的进程，一个涉外企业要进入国际市场，必须具备以下几个条件：一是要有一个能被国际市场接受的名牌产品，其先决条件又以它在本国知名度为基础；二是能否形成系列产品，能否形成规模经济，这是竞争能力强弱的基本因素；三是新产品的开发能力、产品翻新能力是否能跟上国际市场的变化；四是销售服务的能力，能否在国际上建立自己的销售服务网络，要努力使我国涉外企业具备这些条件，必须按照国际惯例管理我国的涉外企业。

**（三）这是参与国际分工与合作，发展对外经济贸易的需要**

为了尽快振兴我国经济，应当积极参与国际分工与国际交换，吸收外资，并且在吸收外资中，重点发展外商投资企业和外向型企业及跨国集团，这是我国参与国际分工与国际交换的重要方式。因此，就有一个按照国际惯例办事的问题。国际惯例，特别是国际投资的许多习惯做法，例如，国际投资的范围与形式、投资的方式与出资的比例、投资的各项优惠措施、董事会制度、国际税收中按属人属地行使税收管辖权和实行税收抵免的做法、投资争议采用仲裁方式解决等，都是随着国际分工发展，资本与生产的国际化而形成和发展起来的，已为世界各国所接受和沿用。一国要吸收外资参与国际分工与国际交换，离开国际惯例是行不通的。不仅外商投资企业、外经贸企业、外向型业及跨国集团应当按照国际惯例进行经营管理，就是完全由我们自己投资开办的企业，也有必要按照国际惯例办事。按照国际惯例经营管理外商投资企业、外经贸企业、外向型企业及跨国集团，一是可以促使外商放心地在我国进行投资，解除各种疑虑，增强我国对外资的吸引力；二是可以切实保障外商投资企业、外经贸企业、外向型企业及跨国集团的自主权，以便更好地适应国际市场需要，组织生产经营；三是可以利用外商的国际销售网络和国际行情市场信息，开创多出口、多创汇的新局面。

**（四）这是改善中国投资环境的需要**

投资环境是指在国际间的投资过程中，足以影响和涉及国际资本行使其基本职能的一切外部条件，它是一个动态的、多因素的、多层次的综合体系，包括物资环境和人际环境两个方面。当前国际经济形势对我国吸引外资提供了一个良好机遇，环太平洋地区正在成为世界经济最活跃的地区，发达国家的竞争正在向亚太地区集中。日元、德国马克等货币不断升值，给国际市场带来了一系列的变化。西方股市的剧烈动荡使国际投资者不得不更谨慎地寻找新的投资方向。国际投资的转移已是大势所趋，不可逆转。我们能否成功地抓住当前的发展良机把游弋于国门之外的大量外资吸引进来，在很大程度上取决于我国的投资环境。衡量投资环境的标准之一，就是要让外商能够按照国际惯例在我国投资和对涉外企业进行经营管理，造成一个适合外商投资经营的“小气候”。我国政局安定，经济发展稳定，资源丰富，在劳动力费用和人员素质方面也有优势，应该说对外商投资是有吸引力的，但由于工作上的问题，主要是管理层次多，审批手续烦琐，办事效率低；企业自主权经常受到不应有的干预，企业生产经营中所需的资金、原材料、能源供应等渠道不通畅；存在某些乱收费的现象，使各项优惠政策难于落实；立法进展快，执法跟不上。这些问题的存在把我们的一些优势抵消了，对外资的吸引力也就不那么大了。因而近年来，外商前来我国参加洽谈的多，签约的少；计划投资额大，实际投入少；中小企业家前来投资的多，大财团少。近年来，中央和地方采取了一些措施来改善投资环境，实际情况也确有改善，但我国投资环境至今还没有达到对外商很有吸引力的程度。要改善投资环境，最关键的是把现在已经办起来的近 2 万家外商投资企业办好，这比任何宣传都重要。投资环境好不好，最重要的是看投资者能不能赚钱。因此，要尊重外商的管理权，按照国际惯例进行管理。

### （五）这是提高我国涉外企业管理水平的需要

我国进行社会主义现代化建设，不仅是资金缺乏、技术和设备比较落后，更重要的是管理落后。我们利用外资，举办外商投资企业和发展外经贸企业、外向型企业和跨国集团的目的之一，就是要借鉴、学习西方企业特别是跨国集团企业管理的经验。但是，这几年来，对资金和技术、设备的引进受到了重视，管理的引进却被忽视了。现在，有的中外人士认为，我们的一些企业的设备比南亚一些国家和地区的要先进，但效益比人家差得远。这是为什么？关键在于管理。从实践看，在外商投资企业中，以外商为主管理的企业，经济效益一般来说要好一些，基本的一条经验，就是能按照国际惯例进行自主经营。

由于我国外向型集团企业和跨国集团还处在初创阶段，对涉外企业的管理，主要是沿用传统的管理方法，这同涉外企业的发展是极不适应的。实际上涉外企业的管理，是一种带有国际性的管理，必须具备国际管理意识，推行国际管理的方法。日本、西方、东欧国家的涉外企业和跨国集团的发展已有数十年的历史，积累了丰富的管理经验，要发展我国涉外企业，就必须适应与遵循国际惯例，借鉴国外企业的管理经验，纠正以往单体或单方面有利的经营管理偏向，寻找公平合理的贸易、投资“契机”和管理方式，这能从根本上改变我国企业管理的落后状况，促进和提高我国涉外企业的管理水平。

## 二、按国际惯例进行管理的内涵、特征和适用

国际惯例，英文是 International Customs and Practice，原意是指国际上一般公认的习惯和做法。有时人们把它称之为统一惯例，英文是 Uniform Customs and Practice，其含义也是

上述意思，国际惯例是个较广义的经济法律概念，不是单纯的经济概念。所谓国际惯例，是指在国际交往中逐渐形成的不成文的原则、准则和规则，最初为某些国家所反复采用，其后又为各国所接受、沿用，成为公认的行为规则，并且有法律约束力。包括国际上通常的做法和习惯、著名的判例或裁决、有影响的原则和规则，以及国际条约中某些公认的原则等，是国际交往中的行为准则。其实质就是有效组织商品生产和发展市场的一系列普遍通行的机制、规则、法律契约和习惯的集合体，特别是各国在商业与贸易往来中普遍认可和接受的做法。显然国际惯例并不是指某个国家或几个国家的既定规则和惯例。因为各国的社会、政治、经济和风俗不同，在发展商品经济的有关规则方面难免有各自的特色。但是随着各国商品经济和世界市场的发展，日渐形成一些必要的实务做法，它们伴随国际经济交往而得到各国的普遍认可或接受，最终演变成各国通行的惯例。所以，国际惯例是商品经济发展的必然产物，只要存在现代化商品生产和国际市场，就有必要接受普遍通行的国际惯例的约束。

国际交往和国际贸易中的实践要成为国际惯例，必须具备下列条件：①客观性。国际社会确有这种习惯，在国际上经常反复运用，具有普遍意义，是不依人们意志为转移的客观存在。②确定性。内容明确，权利义务清楚，可以作为确定当事人各方法律关系的依据。③合理有效性。合理的标准是权利与义务应对等，有效的标准是为公众所承认，普遍发生作用。④适用任意性。只有当事人选择应用后才发生效力，不强制适用。

国际惯例是在国际交往中逐渐形成的不成文的法律规范，不同于国内法律、法规，也不同于国际公约，国际惯例具有显著的特征。

第一，国际惯例是经过长期反复的国际交往，在实践中逐步形成的不成文的规范。这些习惯和惯例，开始只流行于一定的地区和行业，久而久之，随着国际经济贸易的逐渐发展，它的影响不断扩大，有的甚至在世界范围内通行。例如，国际贸易中各种价格术语F、O、B、C、I、F等，就是适用《国际贸易术语解释通则》和《华沙—牛津规则》。这种情况在国际上普遍流行。

第二，只有具备确定的内容，而被许多国家和地区认可的国际惯例，才具有普遍适用性，对采用者才具有法律约束力。例如，任何一种国际贸易惯例，都不是先由国际外交会议通过的国际贸易法律规则，而是由某地区、某行业以及国际社会组织或商业团体把国际贸易长期实践中逐步形成的习惯做法或通用法则归纳成条文，给予其明确的定义与解释，从而被越来越多的国家所认可，被越来越多的国际贸易从业人员所采用。像《跟单信用证统一惯例》那样，于1933年首次发表后，经过多次修改，目前已被世界上100多个国家与地区银行和贸易界人士采用，几乎已成为银行办理跟单信用证业务的统一规则。这样，惯例对适用的有关当事人就具有法律约束力。

第三，国际惯例是国际法的渊源，但它本身不是法律，没有法律效力或法律约束力。因此，对于一个国家来说，在国内或在对外交往中是否适用或采用国际惯例，是自愿的，可以采用或遵守，也可以不采用或不遵守。但某些国际惯例在特定条件下具有法律效力或法律约束力。当一些国际惯例成为国际条约的时候，对缔约国或参加国具有法律约束力。当一个国家对某些国际惯例或国际条约明确承认的，这些国际惯例或国家条约对这个国家就有法律约束力。某些国际惯例的原则如被一个国家采纳而纳入法律，则这个国际惯例就成为该国的法律，在该国具有法律约束力。当两国间的当事人双方签订合同时，规定按照某一国际惯例，该惯例就为双方国家所认可，该国际惯例对订立合同的双方有法律约束力。

第四，国际惯例一般是任意性的规则，而不是强制性的规则。在不同的历史时期、不同的地区、不同类型或性质的国家之间，会形成一些不同的习惯做法和先例，而且当事人在采用时经协商，可对其中某些惯例进行修改或补充。一般来说，各国都是根据自身的利益、条件和目标，来决定、选择和尽量采用其他国家的一些合理的习惯做法。国际惯例本身虽无法律效力，但具有一定的权威性，往往为各国所重视和遵守，而且越来越多的国际惯例被国际立法和国内立法所吸收或确认，并已成为国际趋势。

对于国际惯例，人们的一般视野多局限于国际间的成文法和不成文法，即单纯从法律的角度出发，这是基本的，然而也是不够的。从客观上讲，国际经济关系是不断发展变换的，成文法与不成文法都只是对已有的关系的规范，在时间上存在滞后，不可能全部满足调节仲裁国际关系的需要；从主观上讲，在初始研究国际惯例时，把研究的范围和视野拓宽一些，也是必要而有益的。比如，把成功的国际经验也作为国际惯例来加以研究，对我国涉外企业的发展无疑是有益的。

可见，国际惯例可以从两个层次来理解：一是从抽象意义上的理解，国际惯例的理论含义、作用，以及按国际惯例办事的必要性等；二是从具体内容看，国际惯例是实务性惯例，它涉及围绕企业商品生产和流通，以及在国际经济交往各个方面的全部通行规则和做法。例如，在国际贸易中，预付部分采购定金、验单付款、请第三国仲裁解决贸易争端等；在国际金融方面，买方信贷一般都采用经济合作和合作组织（OFCD）规定利率，或者允许外汇套期保值等；在国际会计领域，对非可控坏账风险计提必要准备，对企业收入的确认持适当稳健态度等。这些方面的惯例做法范围很广，数量很多，也较为具体，它们构成国际惯例的实务性内容，从而是更为重要的。如果没有这些实务性内容，国际惯例将是徒有虚名的。当前我们要花大气力研究好的是这些各个具体领域方面的国际惯例，首先要全面了解在这些方面存在哪些实务性国际惯例，然后进一步分析这些国际惯例与我国现行的有关规则有哪些异同点，结合我国国情与实际情况，及时或适当地调整适应普遍通行国际惯例的国内现行规定或规则，该肯定则肯定，该修订就修订，该增补就增补。

国际惯例的适用范围有大有小，可适用于广大地区，或仅适用于某地的特定行为。国际惯例也会随时间而变化，特定行业的厂商还经常为自己设定一些临时惯例，与惯例相关的习惯用语有时也称“行话”，用的时间长了，便有一种普遍意义，能使人们对某特定对象有共同的理解。

在国际经济贸易活动中，国际惯例可以是交易实务，也可以是交易方式，被某一地区或行业普遍采纳，凡从事这类交易的当事人都应熟悉，当事人进行某一交易，知道或理应知道其中的惯例会补充或限定合同的条款，赋予它特殊的意义。解决合同纠纷常需要对合同语言进行解释，而用惯例来补充和限定合同条款和解释合同语言不完全是一回事。例如，甲方是纽约市的一家银行，给乙方开出了信用证，答应在收到包括全套提单在内的文件后，立即付款。根据纽约市银行业的惯例，如果纽约市另一家资信好的银行为乙方作担保，甲方可以接受份数不完全的提单并付款。除非另有协议，这种银行惯例可视为合同的组成部分。在这里，用惯例来补充和限定合同条款，同时也对全套提单作了解释。

经过几次交易往来，当事人之间会确立一些习惯做法。双方当事人为某一类交易进行过数次洽谈，成交过几次，确定了解释合同和经营活动的共同语言，这就是习惯做法。在先前的交易中，当事人有了一系列的交往所形成的习惯做法，这也可以补充和限定今后订立的合同中的系数，赋予特殊意义。和国际惯例一样，习惯做法可以决定合同语言的意思，也可以帮助附加某些当事人同意的，但没有载入合同的条款。例如，港商甲方和内地乙方已做了多年的交易。甲方给乙方寄去了报价单，随附固定的销售条件。乙方订货，甲方随即发货，乙方可以享受报价的九折优待，虽然在订货单上没有提出这个要求，这种九折优待是甲、乙双方间的习惯做法，在销售条件中载明。如果有其他客户向甲方订货，这种优惠条件不一定适用。除非另有协议，这种九折优待的习惯做法便是甲、乙双方间制订合同中的一个附加条件。

国际惯例不一定要在各地区普遍使用，也不一定要在很久以前就已形成。惯例是否成立是一个事实问题，其适用范围也应作为事实加以证明。有争议时，提出惯例的一方应出示专家证词，该专家熟悉某一惯例的适用情况及适用地域。例如，甲方向乙方订购菲律宾红柳桉木材。甲、乙双方都知道，东南亚木材行业的惯例将具有一定硬度的柳桉木称为菲律宾红柳桉木，虽然这种木材不一定产自菲律宾。关于这个事实，行家的证词足以为证。这个惯例可以消除对红柳桉木的原产地之争。

国际惯例应该是合理的，惯例被普遍接受这一事实本身就说明该惯例对双方当事人都是公平的。甲方答应为乙方推销一种新药，每推销一批，乙方应付一笔佣金。根据当地的惯例，推销一批意为订货人（丙方）偿付一笔货款，所以买方开列一份订单或卖方发运一批货物均不算推销一批。丙方支付药款后，乙方才能向甲方付给佣金。这种惯例是合理的，丙方延迟付款而乙方却要先付佣金就不太合理了。

当事人从事某种特定行业，即可推断他掌握必不可少的经营常识。即使他事实上对该行业的惯例不清楚，他理应受这种惯例的约束，理应知道的意义即在于此，其所以如此，是为了促使新从事这一行业的人尽快熟悉有关惯例。这种习惯做法当事人是不可能知道的，法庭或仲裁庭不会要求从事某一行业的当事人应熟悉另一行业的惯例。但是既然从事了某一行业，就不能以不熟悉惯例作为遁词。例如，甲方与乙方订立了租船合同，甲方答应在 14 天内卸货完毕，根据海运业的惯例，卸货期限是指 14 个工作日（营业日），周末休假日和法定节假日不是工作日。各地的周工作日不同，在中国内地是 6 天；在香港是单周 5 天，双周 6 天；在大多数经济发达国家是 5 天。乙方轮船公司还应知道甲方卸货所在地的法定节假日，而不至于坚持说 14 天就是连续两个星期。

如果在不同地方的同类交易有不同的惯例，要决定适用哪一种惯例也不容易。本地人定约时通常都要援引当地的惯例，但外地人不知道或没理由知道这种惯例，就不该受其约束。如果外地人知道或理应知道这种惯例，当地惯例的适用范围也有限，只止于在当地履行的那一部分合同内容，这是属地法原则在这个问题上的体现。例如，甲方将位于乙地的房地产向其保险公司全值投保。在合同成立地、履行地及保险公司所在地，保险行业只承包保险价值的 3/4。甲方的房地产虽作了全值投保，但实际的保险总额只是全值的 3/4。除非另有协议，当地的保险惯例应该适用。

协议有时因不合法而无效，有的国际惯例和这法规抵触，便不能适用。国际贸易活动中的发价和接受发价常通过电话等方式进行，这也是惯例。甲地的合同法规定，这种初步协议必须由接受发价方在规定时日内加以书面确认后才能生效，而乙地的合同法承认这类口头合同有效。合同签订地在中国，这个惯例就不能适用，涉外经济合同必须以书面签订，口头协议会被视为无效。

一种惯例被广泛接受，当事人知道或理应知道该惯例的可能性就很大。同样，若某一惯例很合理，就可推定双方当事人订约时曾考虑到该惯例，或者其中一方知道该惯例。如果双方事实上同意接受某惯例，就不一定要求该惯例在其他人看来也合理。怎样才算合理应视具体情况而定。如果某人不从事某一行业，但委托了该行业的代理人办事，委托人也应受该行业惯例的约束。例如，香港的甲方通知在纽约的股票经纪人乙方到纽约证券交易所做一笔买卖。除非甲方给乙方很明确的指示，或者乙方理应知道甲方另有意图，这笔买卖应按照纽约证券交易所的合理惯例去做，通过代理人的行为，委托人要受交易所的所在地惯例的约束，惯例就起到补充的作用。

## 三、中国涉外企业按国际惯例管理的现状解析

根据国务院特区办整理的《举办外商投资企业应遵循的部分惯例》，对照中国对外开放以来实行的有关外商投资企业法规和具体做法，我国在有些方面已按国际惯例办了，有些方面还没有按国际惯例办，这同我们现行的经济体制尚未完成转轨以及法规不完善有很大的关系。

### （一）中国涉外企业已经基本上按国际惯例办事的方面

我国制定颁布的《中外合资经营企业法》及其《实施条例》中的若干条文与国际惯例基本一致的有：

（1）合营企业的一切活动应遵循中华人民共和国的法律、法令和有关规定：①合营企业各方可用现金、实物、工业产权、专有技术等进行投资；②经批准在中国境内设立的中外合资经营企业是中国的法人，受中国法律的管辖和保护；③合营企业有权自行制定企业的章程；④我国法律和政策保证合营企业的经营管理自主权，并鼓励按国际惯例管理企业；⑤合营双方发生争议，各方根据有关仲裁的书面协议，提请仲裁，可以在中国国际贸易促进委员会的仲裁机构仲裁，如当事各方同意，也可以在被诉一方所在国或第三国的仲裁机构仲裁，也可向中国人民法院起诉；⑥合营企业有权自行设置本企业所需机构；⑦合营企业有权决定本企业的人员配备。

（2）除了已有法规条例以外，我国在实际做法中也有不少符合国际惯例的方面：①中国以举办外商投资洽谈会为主，向外商提供“投资指南”等有关资料，并设有为外商投资服务的咨询机构，接受经济法规咨询和投资环境咨询，并解释我国的投资政策。②结合全国对经济特区、经济技术开发区、开放地区以及一般地区的外商投资的统一规定，分别制定了不同的优惠政策和年限。对投资行业也作了鼓励、限制、禁止等规定，以引导外商投资与我国经济发展相一致。③中国对合营企业为履行其产品出口合同，对进口（包括国家限制进口）的机器设备，生产用的车辆、原材料、燃料、散件、零部件、元器件、配套件均免征关税和工商统一税。④在中国投资举办生产性企业的外国投资者，从企业分得的利润汇出境外时一律免征汇出所得税，并鼓励外商所得利润在中国再投资。但在我国经济特区和经济技术开发区不作生产性和非生产性的限制，一律免征汇出所得税。⑤我国企业与

外商合资或合营前，双方均有进行有关生产经营效益、技术发展水平、资信状况以及发展趋势等方面的相互了解和考察，一般有为期6个月相互了解的可行性研究阶段。

我国和发展中国家的东道国一样，通常对合营企业采取按部门、按地域、有时限的鼓励与限制相结合的政策。

### （二）中国涉外企业尚未完全按国际惯例办事的方面

| 国际惯例 | 中国的实际做法与情况 |
|---|---|
| 1. 合营企业有权自行设置本企业所需的机构。 | 境内合营企业内部机构可自行设置；境外机构包括销售机构，须报有关部门批准。 |
| 2. 外商与当地企业举办中小型合营企业，谈判时间通常不超过3个月。 | 有的项目可以做到，有的还做不到。 |
| 3. 东道国为外国投资者，通常在基础设施方面给予基本的保证。 | 中国的特区和开发区基本具备“三通一平”的硬环境，但出口运输和电力还难以满足外商的要求。 |
| 4. 外商与当地企业就合资项目谈判时，双方主谈者应为具有全权资格的法人代表。在双方谈判过程中一般不更换谈判人。 | 我方谈判人员一般以企业主管部门为主，有的也派企业代表，但大多数谈判人员不能全权决定问题，难以当场拍板，有的谈判过程比较长的，还会出现更换谈判者情况。 |
| 5. 合营企业有权雇佣和辞退当地职工。雇佣职工的人数由本企业自行决定，并根据外方投资额的多少，允许企业在国际上招聘相应数量的高级职员。 | 合营企业的人事权基本自主，但在外地和国际上招聘工程技术人员和经营管理人员要经所在地劳动人事部门的同意，招工和辞退职工应向当地劳动部门备案。 |
| 6. 合营企业有权按通行的工资率付予本企业职工工资，并自定奖惩制度。 | 合营企业职工工资标准和工资形式在签订合同时确定。奖惩制度由企业自定。 |
| 7. 合营企业可在当地和国际金融市场筹措资金。 | 我国规定产品出口和先进技术企业可向当地取得短期周转金和外汇贷款，并可向银行申请抵押人民币贷款。企业还可发行债券，向社会集资。一般情况是对合营企业的贷款给予相对优惠。 |
| 8. 合营企业可在当地和国际市场销售本企业产品。 | 合营企业产品的内外销比例在合营合同中都作了规定。我国特区的先进技术和设备的产品可以替代进口的产品，国产化比例比较高的产品，可申请适当比例的内销，其中进口部件属国家限制进口的产品，内销部分应报国务院有关行业主管部门办理调运手续。其他地区的企业经批准也可内销部分产品。 |
| 9. 合营企业可自行确定其产品的价格。 | 合营企业出口产品的价格由企业自定，但内销部分的价格，若涉及国际和地方控制价格，要报有关部门批准。 |

（续上表）

| 国际惯例 | 中国的实际做法与情况 |
|---|---|
| 10．合营企业的产品一般由销售商销售，并可享有若干回扣或销售报酬。 | 合营企业的产品可自销，也可委托中外商代销或经销。没有明文规定回扣。 |
| 11．允许合营企业破产。 | 我国破产法仅限于全民所有制企业。企业若发生严重亏损，无力继续经营的，或未达到合营目的，又无发展前途的，可以解散合营企业，进行财产清算。 |
| 12．东道国对合营企业的审批权，通常归口于一个统一的审批机构，审批期限一般不超过3个月。 | 审批机构是对外经贸部门，但涉及计划项目还要报计划部门审批，审批期限两个月。 |
| 13．合营企业可以在当地和国际市场购买原材料。 | 合营企业需要在国际市场上购买机器设备等原材料，需要由合资经营企业各方共同在国际市场购买，也可以委托外贸公司代理购买。要做到“货比三家”，选择技术上合适、价格便宜的机器设备，并要配足够的附件和备件。 |
| 14．合营企业的总经理有权采用自认为最有效益的经营管理方式。 | 合营企业的总经理负责企业的经营管理，有权采用最有效益的经营管理方式，但需董事会批准后组织实施。 |
| 15．合营双方如发生纠纷，经双方协商，可诉诸任何仲裁机构解决。如发生违反双方所订合同之行为，3个月内原仲裁机构无法解决，则可由东道国加入的国际仲裁机构进行强制性的国际仲裁。 | 合营各方发生争议时，应尽量通过友好协商或调解解决。调解无效时，可以在中国国际贸易促进委员会对外经济贸易仲裁委员会进行仲裁，按该会的仲裁程序规则进行。如当事各方同意，可以在被诉一方所在国或第三国的仲裁机构进行仲裁。如果合营各方之间没有有关仲裁的书面协议，发生争议的任何一方，都可以依法向中国人民法院起诉。 |

### （三）中国涉外企业未按国际惯例办事的方面

中国涉外企业未按国际惯例办事主要有三种情况，一是根据我国吸引外贸的需要，采取一些比国际惯例更加优惠的做法。如：合营企业的投资比例，国际惯例是当地企业通常应占有51%以上的股权，外商一般不高于49%。我们只规定外商投资的比例下限为25%，个别的还更低，没有规定上限，并且鼓励外商比例的扩大，直至独资。

合营企业的董事长，国际惯例通常由拥有企业多数股权的一方担任。但我们规定董事长由中方担任，现对此规定有了根本性的改动，在政策上鼓励由外商承包经营，独立管理。发展中国家通常对合营企业出口所需的原材料、零部件规定一定的国产化比例。我们只对内销产品有国产化要求。

二是经济体制尚未从产品经济转向有计划的商品经济。国际惯例要求东道国须具备较发达的生产要素市场，包括劳动力市场、资金市场、原材料市场和销售市场。我国商品经济所需要的市场条件尚未形成，而且发育和完善也需要一个过程。在市场机制不健全的情况下出现了一些合营企业要求所需物资列入国家计划或优先保证供应。

三是具体办事手续尚未跟上以及客观条件的限制。参与举办合营企业的有关人员所需出国签证有效期限一般为1～3年。我们规定出口创汇百万美元以上的合营企业中方人员可申请实行为期1年的简化出国审批手续。合营企业进出口商品报关手续较简便，一般只需几天。但我国关封地点少，办事不太简便。合营企业的雇员，可以优先购买本企业的股票。

## 四、中国涉外企业按照国际惯例管理的改进对策

从上述国际惯例优惠政策的比较中，不难看出我国在对外开放的优惠政策上一般不低于其他国家和地区。问题在于我们的经济体制正处在从产品经济向商品经济的转变过程，经济体制同国外商品经济运行机制不适应，一些优惠政策无法实现或不能完全实现。总结10年来的对外开放经验，实施沿海经济发展战略，扩大对外开放，仅靠优惠政策是不够的，必须深化和加快经济体制改革，创造一个适宜国际商品经济运行的机制。结合我国当前对外开放的实际情况，提出一些改革思路。

第一，认真执行涉外经济法规，是按国际惯例管理的法律保障。要按国际惯例管理我国涉外企业，我们一定要认真执法，不折不扣地贯彻执行国家制定的涉外投资法律和法规。应当每个企业落实兑现国务院《关于鼓励外商投资的规定》及其一系列的施行细则。这是因为认真执行经济法律与按国际惯例管理涉外企业并非对立的，而是一致的，认真执行经济法律是按国际惯例管理涉外企业的法律保障。参照国际惯例是我国涉外投资立法的一项基本原则。《中外合资经营企业法》《中外合作经营企业法》《外资企业法》《关于鼓励外商投资的规定》等法律、法规，对外商投资及其经营管理的一系列规定，都是参照国际上的习惯做法，结合我国的实际情况而制定的，许多规定是国际惯例的具体化、法制化。因此，按国际惯例管理涉外企业，就应当全面贯彻执行涉外投资的法律、法规。

现在许多外商来中国投资，对中国的政策、法令、习惯、国情不了解，有蒙在鼓里之感，许多扯皮的事，都由“不知道”而来，政府部门的信息发布及对外宣传与国际上其他国家相比，还有很大的差距，我们还没有从公共关系的角度来科学地把握设计、筹划政府的宣传活动，只注意内部信息反馈，对国外信息交流缺乏系统性，手段落后，且享受信息的人等级森严。今后要重视政府公共关系学的研究，提高政府工作人员的公共关系意识，开拓更多的与国外交流信息的渠道。如建立权威性的咨询机构为外商提供详尽的咨询，免费发送投资指南手册以及政策、法规汇编，举办各种讲座、座谈会、新闻发布会，主动到海外游说，宣传我国的对外开放政策，以提高政策的透明度。

第二，对外商逐步开放证券市场，允许外商投资证券或直接投资购买股票，增强其资本的流动性。国际上，证券投资是一种重要的投资方式，外商投资企业在投资地发行股票和债券，这是国际上的通行做法。在发达的资本主义国家，外商与内商一样，可以进行证券投资或利用证券市场集资。当然，我国证券市场还处于萌芽状态，在短期不可能一下子实现外商投资票据化，需要一个逐步开放的过程。现在可以制定有关政策，在特区或经济技术开发区选择几家经济效益明显看好的中外合资企业或外向型企业集团作试点，同时，

要加快证券市场的建设，证券交易所应聘请国外专家当顾问，直接引进国外较成熟的证券交易操作规程和管理经验。

第三，对出口企业和外向型企业集团采取保税措施，建立保税仓，进口物料免交关税、免领进口许可证，由海关监管。在交通条件较好，“三资企业”、外向型集团企业和出口加工企业较集中的地区，可以划出一块地方，建立保税区，把我国现行的保税仓、保税工厂的有关政策“捆”起来使用。保税区为境内关外，实行全封闭管理，货物出关不出境，入境不入关。区内开展转口贸易、出口加工、仓储等业务，所有输出和输入的产品免征关税和免领许可证（除了被动配额的商品）。我国目前已在深圳沙头角等地建立保税区，今后可在沿海地区，尤其是开放城市的经济技术开发区、特区设立保税区。

第四，从发展战略、经济体制改革的方向考虑制定各项吸引外资的优惠政策。对外开放以来，我国制定了不少优惠政策，这对吸引外资起到了很好的作用。随着经济发展和经济体制改革的深入，原有的一些优惠政策有的需要调整或补充。对外资投资范围，根据沿海地区发展外向型经济的需要，参照全国的规定，有的可以放宽，有的则要控制，使外资投向与沿海地区经济发展要求基本上一致。对外商提供的优惠条件，要考虑到改革深化后情况变化趋势，保证政策的可兑现性与连续性。如外资生产企业所需要的原辅材料供应，原规定可列入国家计划，同国有企业享受同等待遇。现在情况是整个原辅材料指令性计划供应部分在逐步缩小，原先有国家计划供应基数的企业，有的减少了基数，有的取消了基数，今后原辅材料供应是以市场调节和生产企业之间的合同供应为主，所以在政策上就不能提供承诺，而应指出这个方向，制定优惠措施，还要考虑到综合配套。

第五，按国际习惯做法管理我国涉外企业，目前我国涉外企业内部管理存在的问题，有的是属于管理技术上的缺陷，如合作不友好，生产、质量、财务、人事、营销、管理不完善等；有的属于经营机制上的缺陷，如经营自主权不落实，董事会没能发挥作用，经理班子组建不合理，运作不灵等；后者是根本性的缺陷，它在很大程度上影响着前者，过去我们讲学习国外的先进管理经验，多把着眼点放在管理技术上，而忽视了对先进经营机制的引进，这是片面的。按国际惯例管理我国涉外企业，不仅要引入国际上通行的管理技术，更重要的是按国际惯例改革企业的经营机制。目前国际习惯做法是由最大股东担任董事长，但我国合资法规定不论投资多少均由中方担任董事长。往往由行政首长担任，实际很少过问企业的事，且由于中方人事变更而单方变换，使董事会不起作用。因此，必须改善中方现任委派管理人员（董事长、董事、经理）的做法，选派真正懂得企业管理和实际能够负责企业管理人员参加企业管理，加强对中方管理人员的培训，提高素质；正、副总经理应由董事会共同聘用，而不是分别代表各方利益，应对董事会负责，可以聘请外国或港澳人士当经理，特别是经营管理不好的企业要考虑让有能力的外国人或港澳人士当经理，制定经理共事守则，搞好中外双方管理人员的合作关系。

第六，简化手续，推广中心式服务和自动核可制，提高办事效率。外国人在中国投资，怨言最多的莫过于政府部门官僚主义严重，行政办事效率低。按照国际惯例，解决这一难题的办法，一般有两条：一是搞中心式服务（也叫一站式服务），即由政府建立投资服务中心，为企业提供从立项到开业前的一揽子优质服务；二是对某些投资额不大又是政府鼓励的项目实行自动核可制，即企业可以把“审批—筹建”的程序倒过来，先筹建生产，后报政府备案，领取合资证。由于政府已经在法律上明确规定了外商投资的条件，外商有遵守法律的义务，免掉部分审批手续，是符合法制原则的。政府应当把主要精力放在法律、政策的制定与监督上，而不是放在事前烦琐的审批上。近年来，我国台湾、韩国也开始推广自动核可制，如台湾规定，凡投资金额在100万美元以下的侨、外投资项目，可在10天之内自动核可，自动核可制大大方便了外资的投入。

简化手续就要简政放权，从纵向上划清省、市（地）、县三级政府的职责，把审批权限的范围与承担的责任联系起来。由哪级政府负责的事，就由哪级政府审批；由企业自行负责的事，就由企业自行决定。如兴办独资企业，投资主体是外商，其审批权限就可放到所在地政府，所在地政府主要审查其投资项目是否合乎规划，其他就不要管了；需要合资的，看谁出资，由个人出资合股的，也可以放得更宽。由哪级政府投资的，就必须由哪级政府审批。另外，把基层可以办的事情放下去，采取总量控制和比例控制的办法，在总盘子内把具体的事情交由基层去办就可大大减少公文周转、层层请示的环节。

另外，要提倡办事公开化。把有关对外政策公布，一般不搞什么内部掌握，把什么事可以办，该怎么办，什么事不能办以及办事时限等都告诉给群众，让大家都掌握政策，都熟悉办事程序，在一个时期内把已经承办的、未承办的事公布，由各方来评价哪些办得合理、哪些办得不合理，哪些该办的没有办，以考核工作人员实绩。这样既有利于群众监督，又有利于提高办事效率。

我们要实行观念上的更新和转变，把过去要外商按我们的惯例办事的老观念转变为让外商能够按国际惯例来中国办企业、管企业。但是，要防止把按国际惯例办事错误地理解为对外商的无原则迁就。在敢于让外商按国际惯例管理企业的同时，要注意防止少数外商以不法手段或不正当手段侵害我们国家和企业的利益。

原载《中国政法大学学报》1990年第3期

第八章

# 中国法律若干问题的理性思考

# 论建立中国特色的劳动争议仲裁制度

我国劳动争议仲裁制度，自1987年恢复以来，各地发展不平衡。劳动争议不仅关系到国家、集体利益，而且也关系到劳动者的自身利益。在治理整顿和深化改革的形势下，认真总结开展劳动争议仲裁工作的经验教训，探索建立中国特色的劳动争议仲裁制度，对于处理好劳动争议，增强企业行政与职工之间的团结，巩固和发展安定团结的政治局面，维护企业的生产秩序和社会秩序，促使国民经济持续、协调发展，都具有十分重要的意义。

## 一、劳动争议的特征和劳动争议仲裁的地位和作用

处理劳动争议是劳动法的程序法，它在整个劳动立法中占有重要地位，同其他程序法一样，是正确实施劳动法（实体法）的重要法律保障。在我国，劳动争议是指劳动关系当事人之间，在现行劳动法范围内，因劳动的权利和义务发生的争议和纠纷。也就是劳动者在实现劳动的过程中，与企业（包括事业、机关、团体等）行政之间，因劳动权利义务关系发生的争议。劳动争议同民事争议、经济争议的性质不同，具有其独自的特征。

（1）劳动争议必须发生在劳动关系当事人之间，也就是说，必须发生在职工和企业行政之间。而职工与职工之间，企业与企业之间，职工或企业与行政机关之间发生的纠纷，即使也涉及劳动问题，仍不构成劳动争议。如职工之间因劳动报酬的多少所发生的争议，企业与企业之间因借调职工所发生的意见不一，职工因工作调配与政府劳动行政部门发生的矛盾，以及企业不服因违反劳动保护法规而受到劳动行政部门的处罚等，虽都涉及劳动问题，并受到劳动法的调整，但这些争议又都是发生在劳动关系当事人之外，不属劳动争议的范围。只有在劳动关系当事人之间发生，并受劳动法调整的争议，才是劳动争议。

（2）劳动争议应属于劳动法调整范围以内的争议，也就是劳动关系当事人之间发生了纠纷，如果不在劳动法调整以内的，也不构成劳动争议。例如，某企业行政部门因疏忽大意，丢失了一笔现款，被某职工拾得，后被发现，但该职工拒绝交还，双方发生纠纷。当然，该职工拾得的款项，应属不当得利，企业行政完全有权要求其交还，这种纠纷虽发生在劳动关系当事人之间，但不属劳动法调整范围，不属劳动争议。如果企业行政认为该职工所为是违犯劳动纪律的行为，并按照《企业职工奖惩条例》予以处罚，而职工对处罚不服，此时，因涉及了适用劳动法规，原来的民事纠纷就转化为劳动争议。

劳动争议的两个基本特征是构成劳动争议的要件，掌握构成两要件，可以从表面形式纷繁、相互关系错综复杂的各种纠纷中，区别出哪些是劳动争议，哪些不属于劳动争议，

因此，明确劳动争议的范围，对劳动争议的处理有重要的现实意义。我国劳动争议的范围是：①有关变更、解除劳动合同引起的争议；②因录用、调动、辞退、辞职引起的争议；③关于劳动报酬问题引起的争议；④关于工作时间和节假日问题引起的争议；⑤关于劳动安全，卫生方面的争议；⑥关于女职工、未成年工的劳动引起的争议；⑦关于职工技术培训问题引起的争议；⑧有关生活福利问题引起的争议；⑨有关劳动保险问题引起的争议；⑩关于劳动环境，劳动保护问题引起的争议；⑪关于奖励、惩处引起的争议；⑫其他有关劳动方面的争议。

在现实生活中，产生劳动争议的原因是复杂的，概括起来有四方面原因：①某些单位的行政领导存在着官僚主义作风，漠视劳动者的合法权益；②企业行政的某些工作人员过于热心本单位利益，未能正确处理好国家、集体、个人三者的关系，特别是对劳动者的个人利益或当前利益考虑得较少；③劳动关系当事人一方或双方，对劳动法律的规定、理解有错误，执行有偏差；④个别劳动者个人主义严重，无视国家利益和企业的合法权益，不履行应尽的劳动义务，坚持不合理的要求。

在社会主义条件下，劳动者成为企业和社会的主人，由于劳动是在生产资料公有制基础上进行的，劳动关系当事人之间没有根本的利害冲突，双方的根本利益和目的是一致的，在这种情况下发生的劳动争议，是当事人双方根本利益一致基础上所发生的矛盾。其性质属于非对抗性的人民内部矛盾，完全可以通过处理人民内部矛盾的方式，及时妥善地加以处理，以保护当事人双方的合法权益。

我们党和国家一贯重视处理劳动争议，在各个不同时期都制定处理劳动争议的有关法规，对有效地处理当时发生的劳动争议案件起了积极的作用。为了更好地解决劳动争议，国务院发布了《国营企业劳动争议处理暂行规定》（1987 年 7 月 31 日），广东省政府颁布了《广东省国营企业劳动争议处理实施细则》，为劳动争议处理工作提供了法律依据，使劳动争议处理制度法律化。实施暂行规定，积极开展劳动争议仲裁，具有重大的现实意义。

（1）运用仲裁解决劳动争议既符合我国国情，当事人又容易接受。我国长期是封建社会，没有经过资本主义发展阶段，无论老百姓，还是经济组织，对于到法院打官司，都十分重视，谁成了被告都很不高兴。所谓“一年官司十年仇”的影响在我国还存在。如果用仲裁的方法处理劳动争议，这对双方的感情可能伤害浅一些。事实上，我国企业习惯于申请调解仲裁，非万不得已，是不愿意到法院起诉的，所以，用仲裁解决劳动争议，当事人容易接受。

（2）劳动争议仲裁是深化劳动制度改革的一项重要配套措施。实行劳动合同制，企业与职工双方在平等协商的前提下，按照各自的需要与意愿，进行互相选择，并通过签订劳动合同来明确双方的责、权、利。这样，劳动制度就开始走上法制建设的道路。但是，新的劳动制度虽已建立，目前尚未完善，还需要若干配套措施，才能保证新制度的不断完善和巩固发展。建立和健全劳动争议仲裁制度，对于进一步深化改革劳动制度，巩固和完善新的劳动合同制度将起到重要的作用。

（3）建立劳动仲裁制度，是完善社会主义民主政治的一项重要制度。由于企业行政工作人员官僚主义作风的存在，有的企业领导人实行“封建家长式的领导”，不能平等对待职工，只凭个人好恶和职工对自己的态度如何来处理问题，他们对职工群众的上访上告持压制态度，甚至进行打击报复，这样，大大影响了职工当家作主的精神，影响建立正常的干群关系。因此，建立和健全劳动争议制度，妥善解决各种劳动争议，依法维护劳动关系双方的合法权益，对于完善社会主义民主与法制具有重要的现实意义。

## 二、劳动争议的处理机构、处理形式和程序

根据我国处理劳动争议的立法经验、国务院公布的关于改革劳动制度四项规定和《国营企业劳动争议处理暂行规定》，规定了处理劳动争议的机构、程序和形式，可以分为四个方面：

### （一）劳动争议的协商

是指双方当事人在劳动争议发生后，在无第三人参与的情况下，通过自行协商，分清责任，互相取得谅解，自愿达成和解协议，从而解决劳动争议的一种方式。我国劳动法提倡和鼓励当事人双方自行协商解决劳动争议。实践表明，有相当数量的劳动合同争议，都是通过双方当事人自行协商达成和解协议的，使劳动争议解决在萌芽状态期间。但并不是所有的争议都能通过这一形式得到解决，在某些情况下，如双方当事人不愿协商，或认识上分歧较大，又不肯让步，用这一方式就无法解决争议。

### （二）劳动争议的调解

是指在第三者的主持下，在查明事实、分清是非、明确责任的基础上，依照国家劳动法的规定，以及劳动合同约定的权利和义务，推动劳动争议当事人双方互相谅解，就争议事项达成新的协议，从而使劳动争议得到解决。调解也是一种协商，但这是在第三者的主持下，推动当事人双方进行协商的一种方式。

我国劳动争议在司法诉讼程序外的调解，主要有两种。一种是由设立在企业内的劳动争议调解委员会主持下进行的调解，委员会一般可由五至七名委员组成。委员中应包括职工的代表，企业行政的代表和工会基层组织的代表，委员会主席可由工会委派，也可民主选举，基层劳动争议调解委员会主要受理因实施劳动合同而发生的争议。调解的程序是：认真听取争议的双方当事人的意见，向双方宣传有关规定和政策，在查明事实、分清是非的基础上进行调解。当事人达成协议的，应制作调解书，双方各执一份，并上报主管部门、上级工会备案。调解书一经签定，即具有法律效力，双方当事人必须执行。

另一种是由劳动争议仲裁委员会在作出仲裁决定前对当事人双方先进行调解。由于我国劳动争议的性质属于人民内部矛盾，因此，我国有关劳动法规把调解作为仲裁程序中的必经程序。劳动争议仲裁委员会在处理劳动争议过程中，必须坚持“先调后裁”，尽量以调解的方式，推动当事人自愿达成协议，主动承担责任，履行义务，妥善解决纠纷。

从当前的实践看，调解的方式在解决劳动争议中起着主导作用，事实上，绝大部分争议都是通过调解的方式得到解决的。

### （三）劳动争议的仲裁

是指劳动争议仲裁委员会对所规定受理范围内的调解不成的劳动争议案件，依照仲裁

程序，在事实上作出判断，对争议双方的劳动权利和义务作出仲裁决定。它有以下特点：①仲裁决定必须是在调解方式之后，对调解无效的争议案件所作；②仲裁决定不考虑争议当事人的主观意愿是否同意；③仲裁决定属于一种行政决定，带有强制性。

劳动争议仲裁机构应以地区管辖为原则，县、市、市辖区应设立仲裁委员会，负责处理本地区发生的劳动争议，省、自治区、直辖市需要设立仲裁委员会的，由省、自治区、直辖市人民政府确定，并规定其仲裁管辖范围。劳动争议仲裁委员会的委员应由当地劳动行政机关的代表、当地总工会的代表、单位主管机关和相应的工会代表以及其他单位的代表组成。这些代表都由组织选派，劳动行政机关是在人民政府领导下，负责统一管理和监督企业劳动工作的行政机关，劳动行政机关的负责人应担任劳动争议仲裁委员会的主席，劳动争议仲裁委员会的办事机构，设在劳动行政机构内。

劳动争议仲裁委员会处理劳动争议案件的程序是：①向双方当事人调查了解情况，必要时，应向基层劳动争议调解委员会调阅有关案卷材料；②首先进行调解，调解不成，再进行仲裁；③仲裁委员会收到书面申请后，应当在七日内作出受理或不受理的决定，仲裁委员会决定受理的，应在作出决定之日起五日内将书面申请的副本送达双方当事人，对不予受理的，应当作出说明；④仲裁委员会进行仲裁，应通知双方当事人到会，听取双方当事人的意见，并允许申诉和辩解，一方故意不到会时，可以缺席仲裁；⑤仲裁委员会对已经作出仲裁的案件，应向争议双方发出仲裁决定书，并给当地人民法院、当地总工会、单位主管机关和相应的工会一份备案；⑥争议当事人在接到仲裁书后，未向人民法院提出起诉书，在时效期限（如 15 日内）之后，仲裁委员会的仲裁决定，即发生法律效力，劳动争议的双方当事人均应执行。

### （四）劳动争议的诉讼

是指人民法院受理法律规定范围内的劳动争议后，依司法诉讼程序进行审理和判决。按照有关劳动法规的规定，劳动争议双方当事人不服仲裁决定，可以向当地人民法院提起诉讼，请求依法处理，人民法院的审理是最终处理。在国外的劳动立法中，大都规定设立劳动法院或劳动法庭来审理劳动争议案件。随着我国劳动制度的深化改革，广大职工群众迫切要求人民法院保障劳动者的合法效益，因此，在我国建立劳动法院或劳动法庭，专门审理劳动争议案件，是形势发展的必然要求。

根据我国目前劳动法规的有关规定，向人民法院提起诉讼的劳动争议案件必须具备两个条件：一是劳动法规规定由人民法院审理的争议案件，二是争议案件必须经过劳动争议仲裁委员会作出仲裁决定。一起劳动争议案件同时具备了上述两个条件，人民法院才予以受理。人民法院审理劳动争议案件，必须按照法定程序进行，只要一经作出判决，通知行政方面，应立即执行，当事人一方期满不起诉又不执行的，另一方可以申请人民法院强制执行。

## 三、建立中国特色的劳动争议仲裁制度的对策

### （一）切实加强对劳动争议仲裁工作的领导

健全仲裁机构，提高仲裁人员的素质，是搞好劳动争议仲裁工作的首要前提。由于多

种经济成分和各种经营方式并存，劳动关系趋于多样化和复杂化，劳动争议案件不断增多，如处理不当，稍有摩擦，就会引起劳动关系紧张，造成矛盾激化。而当前全国和广东劳动争议仲裁机构和人员的现状不能适应形势发展的需要，有的至今未按规定成立专门机构，有的虽有机构，但严重缺编。广东全省现共配备仲裁干部228人，平均每个机构1.6人，相当于全国平均数（1.5人），但处理的劳动争议案件数量却很大。据统计，1988年全省共处理劳动争议案件1 469宗，约占全国总数的16%；1989年全省共处理2 469宗，约占全国总数的23%。为适应劳动仲裁工作的需要，各地必须尽快将劳动争议仲裁处、科、股建立起来，并按办案要求，每个机构至少配备2名以上的仲裁干部，争取县级机构配备2~4人，市级机构配备4~6人，如暂时确实难以解决行政编制，也要解决事业编制。目前由于仲裁队伍比较新，要使仲裁人员严格按照办案原则和法定程序处理，实现规范化、正规化办案，就必须在逐步配备必要的办公、办案设备的同时，一定要采取多渠道、多形式，下大力气搞好仲裁人员的培训。提高仲裁人员的素质，这是提高办案水平、树立劳动争议仲裁威信的关键。

**（二）要提高办案质量**

在提高仲裁人员素质的同时，一定要严格按照办案原则办事。处理劳动争议应遵循的原则有：

（1）以事实为依据，以法律为准绳原则。以事实为依据，就是要从客观真实出发，实事求是地调查研究，全面了解争议情况。对争议案件事实的判断，只能依照客观存在的事实，而不能主观臆断。以法律为准绳，指在查明争议案件真实情况的基础上，按照劳动法律规定，分清当事人之间的是非，确定他们之间的权利义务关系，而不能任意决定或裁定。

（2）坚持调解为主的原则。劳动争议仲裁委员会对受理的劳动争议案件，必须先行调解，只有在调解无效的情况下，才通过强制性裁决的方式解决争议。调解必须在当事人双方自愿的基础上进行，不能强迫进行调解。

（3）当事人双方在适用法律上一律平等原则。处理劳动争议时必须秉公办事，持之以平，不论争议双方当事人属于什么民族、种族、企业规模大小、所有制性质，在适用劳动法规时都应一律平等，不能因人、因企业的不同而有差异。同时，争议当事人双方在调解、仲裁过程中的地位都是平等的，都有权提出或变更自己的诉讼要求，提供证据，进行陈述，反驳对方的理由。在处理争议过程中，任何人或企业都不能享有超越法律规定之外的特权。

（4）坚持合议原则。劳动争议仲裁委员会在评议案件时，委员会内如有不同意见，应实行民主集中制，按少数服从多数的原则进行。以多数意见作为裁决依据，少数人的意见应如实记入评议笔录。实行这项原则，便于集思广益，发挥集体的智慧，正确处理争议案件。

**（三）仲裁人员办案必须严格遵守的制度**

一是实行一次裁决制度，不论哪一级的劳动争议仲裁委员会的裁决，都是终局裁决。当事人不服裁决，只能在规定的期限内向有管辖权的人民法院提起诉讼，而不能向上一级仲裁委员会申诉。如不向法院起诉或超过规定期限，裁决书即发生法律效力。

二是实行回避制度，仲裁委员会成员和仲裁人员有法律规定的三种情况之一的要实行回避：①是本劳动争议当事人或当事人的近亲属；②与本劳动争议有利害关系；③与本劳动争议当事人有其他关系，可能影响公正仲裁的。有以上三种情况之一的，必须自行回避，争议当事人也有权申请他们回避，其目的是保证劳动争议仲裁委员会能公正地处理争议案件。

### （四）切实搞好劳动合同的鉴证

根据有关规定，劳动合同须经双方签名或盖章，当地劳动行政主管部门鉴证方为有效。审查劳动合同的合法性、真实性、可行性，可以预防因劳动合同不完善发生的劳动争议，为此，对国营和集体企业现有的劳动合同要全部进行鉴证，对私营企业、个体工商户的劳动合同力争全部鉴证；要和工商行政管理部门协商，把鉴证劳动合同作为核准登记、核发和年审营业执照的必要条件，要防止无效合同，杜绝违法合同的出现，对经过鉴证的劳动合同，要建档案卡，建立台账制度，实行科学管理。

### （五）搞好劳动争议仲裁必须做到及时、细致、公正、准确

由于劳动争议仲裁本身既是一项执法工作，也是一项法制教育工作，因此，必须严格做到：①及时，就是不要拖延，必须深入现场，及时进行仲裁，防止矛盾扩大；②细致，就是仲裁人员要认真地做好调查研究工作，弄清纠纷的来龙去脉和责任，不能马虎了事，一方面要弄清事实，另一方面，对双方当事人必须做细致的工作，统一认识，使矛盾能及时、顺利解决；③公正，就是要求仲裁人员必须刚直不阿，光明正大，抵制不正之风，秉公执法；④准确，就是调解、仲裁的结论要符合事实真相，符合法律要求，使当事人双方心服口服，经得起历史的检验。

### （六）要尽快制定仲裁法，改革仲裁制度

当前我国有权设置仲裁机构的有六七家之多，如经济合同、对外经济贸易、海事、食品卫生、质量检验、房屋、劳动争议等仲裁委员会，今后还可能有些单位被法定设立仲裁机构，这样就出现了仲裁机构林立，多头仲裁。由于程序不统一，适用法律也不一致，造成各自为政，各行其是。加之各系统的仲裁机构不健全，配备的仲裁人员素质差，导致办案不及时，办案质量也差。实行一裁两审制虽比过去有改进，但从实践的效果来看，由于仲裁人员素质差，办案业务不熟悉，因此办案质量不高，特别是裁决没有相应的法律权威，当事人对发生法律效力的裁决不服或不放心，还要经过法院的两级审理，还是处理层次多，拖的时间长，效率低，不利于生产和流通，有时还会扩大经济损失。因此迫切需要制定仲裁法，改革现行的仲裁制度。

为此，很有必要把各自为政的仲裁机构合并，成立仲裁局，赋予它应有的法律地位，明确其是经济行政执法机关，列入公检法司系统，具有准司法机关的性质，代表国家行使仲裁权，统一管理全国仲裁工作。在中央和地方仲裁局内部可以根据需要设立若干专业性的仲裁委员会，既属仲裁局领导，又属各有关主管部门指导，独立进行仲裁。这样就可以改变法出多门、各自为政的现象，提高执法的权威，从而建立和健全符合我国国情的仲裁制度。

# 关于中国律师事务所发展战略的探讨

中国加入世界贸易组织（WTO）与律师服务国际化，是中国律师产业跨入21世纪的紧迫课题。所谓律师服务国际化，包括两层含义：一是加强自身建设，加快实现规范化、专业化、规模化、集团化。二是允许外国律师所在我国设立分所或办事处；鼓励我国律师所到国外去办分所或设办事机构，开展相互学习交流、合作、联合。律师服务国际化，这是中国律师产业发展趋势的潮流，何去何从，这是每家律师所面临的抉择。

## 一、我国律师所实现“五化”战略的指导思想和战略目标

律师业是一个知识聚集、专业化程度较高，又经常处于独立工作状态的特殊行业，是属于中介机构性质的服务行业。作为第三产业的一个门类，我们应把律师业提高到律师产业的战略高度，用立法来明确它应有的法律地位，才能提高律师产业的社会地位，从而才能改变人们对律师业和从事律师工作的不恰当评价。

只有在指导思想上，把律师行业当成产业，把律师所当成事业来办，只有具有远大抱负，有雄心壮志的人，才敢于承担风险，勇于改革探索，加快体制、机构、人才、经营四位一体的改革，规范化管理，把规模搞大，立足做优做强，靠自己的凝聚力聚集人才和实力，采取有效措施，加快外引内联的力度。搞出品牌特色，在两三年内培育500～1 000人，经济指标每年达3 000万～8 000万，上规模、上档次的“王牌”大所和律师大集团10～20家，成为中国律师的“国家队”；每省、市（含省辖市、地级市）培育200～500人，经济指标每年达2 000万～5 000万，上规模的中型所和律师集团20～50家，成为中国律师的“省队”，这样就组成了中国现代化的律师事务所的“航空母舰”，就能走出国门，走向世界，同英、美、德类似高伟绅那样拥有2 700多名律师，具有丰富管理经验的国际化大型律师所相抗衡，参与律师服务国际化的国际市场竞争，开创中国律师产业实现跨国经营战略的新局面。

## 二、我国律师所实现“五化”战略的必要性、紧迫性及可行性分析

### （一）专业化、公司化、集团化是律师所的发展方向

商品经济国际化和世界经济一体化要求律师服务国际化，而联合经营、跨国经营和律

师集团垄断，又要求跨地区、跨国律师服务高层次、专业化，从而导致各地区、各国律师竞争地域区域化、国际化，竞争业务的复杂化和竞争手段的现代化。对于这种新的变化，从前单独开业或几个合伙开业的小型律师所是无能为力的，难以应付 WTO 对律师的挑战，于是，专业化、公司化、集团化便成为律师所的发展趋势，这是竞争机制和国际市场的内在要求，是律师事务所迎接国际化竞争的必然选择。

**（二）是律师所深化改革的迫切需要**

我国律师所原是由国资、合伙、独资、合作四种体制并存，经过改制，大量的国办所已不复存在，独资是试点，合作不太多，合伙是大量的。从各地合伙所的现状来看，由于利益机制、权力机制的制约，不少合伙所存在着不同程度的矛盾。我们认为股份合作制是优化组合，是我国律师所的最佳选择，律师所走向公司化经营将成为 21 世纪的走向定势。

**（三）是规模经济、商业化经营的迫切需要**

随着现代市场经济的发展，律师服务已经商业化，成为“商品”，律师职业在某种意义上也是在做“生意”。《律师法》禁止律师业做广告，这是不符合商品经济要求的。律师所应该设立公关部为自己塑造形象，招揽业务。

当前我国律师所由于改革尚未到位，规模小、小而全、积累少、竞争力差的状况短期内难以改变。而律师服务区域化、国际化竞争，必然要求规模化和“兵团化”经营，从而就必然要求律师所优化组织形式和高效的自律机制，实现全方位经营和跨国经营，实现经营管理者和律师执业专业化分工，及其各自职能相分离。只有这样，才能形成高效的竞争战斗力，才能在竞争中克“敌”制胜，获取最佳效益。

**（四）是调整结构，优化组合，优势互补，形成合力，创建中国真正律师集团的紧迫需要**

美国、英国、澳大利亚、加拿大等国家的律师发展经验告诉我们：律师所规模化、集团化、国际化才能有国际市场和开拓国际性领域的业务。20 世纪 90 年代初，法国律师面对美国和欧共体国家的大型公司化律师事务所的强烈冲击，选择了国内重组和跨国联合的方案，一改过去律师所规模小、人员少、专业分工差的弱点，实现了律师所集团化的改造，从而在激烈的国际竞争中占有一席之地。

借鉴国外经验，我们应当采取外引内联的方针，选择国内重组和跨国联合的战略，司法行政机关和各级律师协会善于积极引导、支持、帮助、服务、精心组织培育，动真格，搞大动作，组建真正的律师集团，这样才能调整结构，优化组合，把分散的局部优势转变为群体优势，造成优势互补，形成合力，形成真正的“国家队”和“省队”。用形象的话说，规模小、小而全的律师所就好比小帆船，经不起大风大浪的风险。组建真正的律师集团，组成了中国现代化律师事务所的“航空母舰”，就能漂洋过海参与律师服务国际市场的竞争。

我国律师所实现“五化”战略的可行性分析：①各地律师事务所成立最早的已有十多年、近二十年，有执业律师四五十人，有一定的规模基础；②有的大所领导对加快改革，实现“五化”，搞全方位经营，实现跨国经营决心大，信心足；③各地的部级文明律师所，在社会上有一定影响；④有2 000～3 000平方米办公场所、现代化办公设备，有的还有自己的4 000平方米办公楼；⑤财力有十几年办所积累的一定的资产，对实现“五化”有一定经济基础；⑥省、市司法行政主管部门、各级律师协会，特别是司法部领导对实现“五化”很重视，一定会大力支持。

## 三、我国律师所实现“五化”战略的具体内涵及其之间的辩证关系

### （一）规范化

规范化是指优化的管理体制、机制和科学的管理制度及法制调控，包括四个层次的内容：一是加强法制调控，强化律师协会的行业管理。当务之急是尽快修改完善现行的《律师法》，还要抓紧制定配套规章，如《律师执业责任规则》《律师执业奖惩淘汰规则》《律师执业道德规范》《律师执业公正制度》等法规，建立科学规范的律师管理法规体系。律师协会是联系广大律师和司法行政机关的桥梁和纽带，是实现律师管理的中坚力量，与司法行政部门对律师的管理相辅相成，当前应强化律师协会的行业管理，逐步树立起律师协会管理律师的权威。

二是强化、优化律师事务所的内部管理，是规范化管理的重中之重，是律师行业管理的基础。改进的主要内容是：①实现所有权和经营管理权相分离，合伙人变为董事，合伙人会议变为股东大会，由全体董事（合伙人）选出执行董事，其余董事全部退出管理，再由执行董事会议聘用精通经营管理的人员主持经营管理事务和日常管理工作。如市场分析、典型案例论证、考察分析、意向谈判、广告策划、拓展业务技巧、联盟、联营、兼并、收购注资以及开展国内外合作等事宜；一般董事（合伙人）行使股东权利（如选举权、审核权、监督权）；执行董事（核心合伙人）行使重大问题的决策权、人事任免权、聘用权、监督权（监督经营管理者）。采用这种管理模式，可以使管理专业化、职业化，提高了管理的层次与水平，使原有的合伙律师有充沛的精力从事更专业化的拓展律师业务，从而使律师所在公司化、集团化的进展中高效率地运行和扩张。②适时调整增减事业部制。事业部的大小，应依据职能、功能来定，当前应建立拓展策划研究部、公关部。③建立和健全科学的管理制度，包括决策机制、分配机制、目标管理机制、业务标准化管理机制、日常管理机制等。规章制度要覆盖全部工作环节。制度不能写在纸上，贴在墙上，挂在嘴上，要形成严格的监督执行机制，造成自律管理风气。

三是律师自身自律管理，律师工作是个独立性和自治性很强的工作，决定了律师个人必须有良好的职业道德。因此，必须加强自己的人格、品格的修养锻炼，在自己的执业活动中要自强、自律、自觉遵守各种道德规范和法律规范，抵制各种歪风邪气的腐蚀拉拢，建立严格的责任制，严格按执业规范办事，以自己良好的执业道德和敬业奉献精神塑造中国律师的光辉形象。

四是加强律师执业环境的管理。据调查，北京、上海、天津，特别是广州、深圳的城乡结合部的“黑律师”暗箱操作相当活跃，不择手段杀价抢案源，对当事人许诺包打官司，胡乱收费，服务质量很差，严重损害了律师的形象，给律师在社会上造成了各种不良影响。这种状况亟须整治与改变，净化律师的执业环境。

### （二）专业化

所谓专业化，主要有两个方面：一是指律师事务所的专业化，如房地产律师事务所、海事商事律师事务所、证券律师事务所、知识产权律师事务所等，为专门行业提供专门法律服务的律师事务所，这是社会化分工所要求的；二是指律师个人的专业化，现代的社会分工需要律师专门跟踪某项法律，如 WTO 法、《证券法》《投资法》《知识产权法》等，成为某一个领域内的专家，以提供优质的国内外法律服务。万金油式的律师即将成为历史，律师分工专业化的效果是专业化程度提高，更能为当事人提供优质法律服务。

同时要严格把好律师进所关，不断清理、淘汰不合格人员，保证律师队伍的质量。多招聘调进专业律师、优质律师，特别要注重培养具有硕士、博士学位的年轻律师，造就有专长的大律师、专家律师，只有建立一支高精尖高素质的律师队伍，才能尽快树立和塑造名牌律师事务所的国际形象。

### （三）规模化

规模化是指律师所的员工人数、办公设施、资产总值、营业额和盈利，它反映一个律师所的经济实力和经营能力的大小，只有上规模的大所，才能有足够的律师承接大型任务，完成较大的项目，并具有较强的抗风险能力。从当前律师所的实际状况出发，改进的主要内容是：①采取优惠政策，扩大兼职律师队伍，各高等院校的教师有案源，有办案经验，这些兼职律师分散在各所，哪里提成高，就往哪里跑，如能适当增加提成，加之所里人际关系好，在一年内可增加兼职律师 100 多人。②扩大专职律师队伍，在两年内达到 100 ~ 200 人，现有的专职律师通过竞争机制适当调整；招聘优质律师、专家律师，培养年轻优秀律师，形成梯队结构。③适当增加称职的董事、执行董事，扩大所的核心力量。④如设立分所的条件已基本具备，可考虑设立两三家分所。⑤通过联盟、联营、注资、兼并等方式收购 2 ~ 3 家小所，成为集团的核心层，适当时机也可采取强强联合，兼并有一定规模的所成为律师集团。

### （四）集团化

所谓律师集团，国家目前尚未界定，参照企业集团的规定，律师集团是以大中型律师事务所为核心，以特色品牌的法律事务为龙头，同非诉讼业务前后期相关单位，在平等自愿、互利互惠的基础上，按控股、参股和契约关系组成人、财、物三统一，组成具有多层次、多元化、股份化、垄断性的联合实体。

组建律师集团，一定要坚持集团的体制、模式、结构、机制运作，既反对用行政手段凑合，更不能搞“一阵风”，形式主义乱挂牌，当然组建律师集团也不是高不可攀。只有坚持组建律师集团的条件，积极深化改革，组建真正的律师集团，才能形成“联合舰队”发挥规模效益，参与律师服务国际市场的竞争。

### （五）国际化

国际化是指律师事务所参与律师服务国际市场竞争的程度、规模、深度、广度、效益。从我国律师事务所的实际状况出发，改进的主要内容是：①“请进来”，允许外国、港澳台的律师事务所在中国有关城市设立办事机构。国内律师所可以同他们开展多层次的合作。②“派出去”，根据《律师事务所在外国设立分支机构暂行管理办法》，规定律师所设立时间满两年，有执业律师10人以上，其中能熟练运用外语工作的不少于3人，在提出申请之日两年内未受过惩戒处分，具有相应的经济实力、办公通讯设备和其他开展涉外业务工作条件的，特别是律师集团，可以在国外设立分所或办事机构。③同外国、港澳台律师机构开展多种形式的合作交流。④采用“借船出海”“借鸡生蛋”“借蛋孵鸡”的战术实现跨国经营战略。

## 四、我国律师事务所实现“五化”战略的对策措施

第一，领导重视，全所统一思想认识，进行可行性分析论证，制订切实可行的“五化”发展战略方案。组建律师集团和办成办好律师集团，关键在于律师事务所的领导（正、副主任和全体合伙人）是否高度重视，是否自觉自愿，前提在于端正指导思想，明确目的。那种把律师所当成赚钱工具或单纯为挣钱的律师，是不可能自愿实现“五化”的。只有把律师业当成律师产业来看待，把律师所当成事业来办，对我国律师产业具有高瞻远瞩，具有雄心壮志的人，才敢于承担风险，勇于改革探索。特别是组建律师集团，不仅是人的合作，还要搞资产一体化，这就要涉及权力机制和利益机制，这就更需要坚持自愿原则，联合主体地位平等原则、互利互惠原则、鼓励竞争和稳定联合相结合的原则。

组建律师集团，认真作好可行性分析论证是非常必要的。所谓组建律师集团的可行性研究，是指系统地、仔细地分析、研究、验证拟组建律师集团的有关的全部条件和因素，以便决定它付诸实施的可能性；同时，力图把调查组建律师集团所得的各种信息加以综合分析，特别是联合谁，怎样联合，要进行反复论证，以便制订出切实可行的实施方案，从而能在组建律师集团中防止盲目性，减少风险性，加强可靠性，提高效益性，明确方向性，对律师集团日后的健康发展，具有十分重要的作用。

第二，实现“五化”，一定要加快股份合作制的改造。理由是：①只有律师所内部的人员组合多元化才能满足规模化的发展要求。律师因素质、专业履历、学位、才华、爱好、社会关系、语言等差异必然造成内部定位和社会定位的差异，尤其是经济效益的差距。股份制可能是比较科学的折中上述的差异，并且可以把上述元素进行量化，以量化折成股份，从而确定每位律师的内部地位，稳定律师之间的合作关系，最大限度地减少律师之间的利益冲突，营造稳定的执业环境。②股份合作制是律师所体制改革的最佳选择。国资所因产权和人事关系问题，将会长期成为束缚律师发展的障碍。合伙所在人际关系协调上的成本颇大，合伙人之间、合伙人与聘用律师之间、聘用律师与聘用律师之间的人际关系均受合伙主要成员的关系而变化，利益机制矛盾较多，在一定程度上很难吸引到更优秀的人才加盟。合伙所内部运作不会比合作所运作自由、灵活，而且缺乏生机。个人独资律师事务所就更加艰难。股份合作制的机制比较恰当地适合“人合”的资源配置，律师行业就更加艰难。股份合作制的机制比较恰当地适合“人合”的资源配置，律师行业始终属于“人合”，而不是“资合”机制。③合伙所律师责任无限化是不对的，只有有限责任化才能确保律师执业的心理压力，而“股份制+购买执业保险”是落实责任有限化的最佳手段。

鉴于我国当前市场体系和金融市场不健全，规范的股份制很难实现。律师所同企业毕竟有不同，适宜搞股份合作制。实行股份合作制关键是搞好资产评估，核清全部资产，严格界定产权，合理划分股权结构（集体股、法人股、律师投资股、职工分配股、集体积累股）制定章程，搞好论证，建立集权与分权相结合的集团管理体制，健全法人治理结构。

有人认为，《律师法》没有规定的不能搞，不能越雷池一步。其实我国的经济体制改革都是超前的，都是在实践中探索，通过改革试点取得经验，然后通过立法加以规范的，所以，那种认为没有规定，律师产业就不能改革的观点是片面的，事实上司法行政主管部门对律师行业在实践中符合客观规律的超前改革是会积极支持的。

第三，实施新的人才战略，建立一支高素质、高境界、高度团结的专兼职律师队伍：①招聘硕士、博士、留学归来人员、资深律师、专家律师；②采取优惠政策，增加兼职律师；③对现有律师通过内部培训，继续专业教育，两年内达到专家律师水平；④强化国际法学习和外语能力的提高，加强相关知识的培训；⑤派优秀律师到港澳、国外律师所参观学习或短期工作；⑥聘请港澳、国外律师来所定期进行专题讲座，开展学术交流；⑦注重选拔、培养跨国经营的专门经营管理人才。

第四，建立健全、公平、合理的分配制度。在一个所内采用什么样的分配制度，是要依据本所的实际情况和全体律师员工的选择。开始可以多种制度并举，如承包制、提成制、工资制、工资加奖金、报酬与分红相结合。逐步实施权益量化，按份共有、按劳分配和按资分配相结合。

组建律师集团，在集团内部建立公平、合理的分配制度，是律师集团增加凝聚力、向心力的关键。可采取几种方法：①第一次分配法，即是“还本”；②第二次分配法，又称“分红”；③利润分配法，其分配形式应由集团统一规定，紧密层的集团核心的利润总额，等于集团利润总额扣除国家税利和成员律师所应得部分后的余额，这部分利润按国家规定应分为三部分：一是发展基金，二是福利基金，三是奖励基金；④级差效益分配法；⑤按股分红承担亏损分配法。

律师集团合理分配利益必须注意：一是要兼顾国家、律师集团、成员律师所三者的利益关系；二是要正确处理律师集团、成员律师所与政府部门之间的经济利益关系；三是正确处理律师集团与成员律师所之间的经济利益关系；四是要正确处理律师集团内律师员工同律师事务所的律师员工之间的经济利益关系。

中国律师事务所实现规范化、专业化、规模化、集团化、国际化的过程，是我国律师和律师事务所调整结构、优化组合、优势互补，形成群体规模优势的深化改革过程，精心组织，加快实现这一进程，对我国律师产业的振兴与发展必将开创新格局，具有重要的现实意义和深远的历史意义。

原载《中国律师》2002 年第 6 期

# 第九章

# 发展中国特色的现代职业教育

# 关于民办高等职业教育发展的思考

职业教育紧贴市场，为经济社会发展作出了重要贡献，已经成为我国教育体系的重要构成。其中，民办高等职业教育发展尤为迅速。截至2010年，全国民办高职院校279所，占全国高职院校总数的26.1%。《国家中长期改革和发展规划纲要》和《民办教育促进法》更从政策和法规的角度对民办高职教育给予了重要的支持，保证了其发展方向的科学性。作为中国高等教育的新生事物，民办高职只有立足职业教育特性，充分发挥其“民、优、独”的特点，才能兼收经济效益与社会效益，获得长远发展的推动力。

## 一、健全管理体制和运行机制

### （一）创造条件实现产权多元化，推进股份合作制

高等职业院校从产权单位构成来看，可以分为公办和民办两类。公办院校大多数是行业部门申办，有的是中专申办，大都是设在地级市。民办院校产权分为三种，第一种是个人投资，产权单一；第二种是家族投资，产权属于家族中的部分成员；第三种是产权合作，多个产权合作组建院校。不管哪种产权都要合乎教育部的办学条件规定。投资方与管理方要反复协商责权利，签订合作协议，形成办学形式多样、充满生机和活力的办学体制。部分民办职业院校正在实行的股份合作制，是一种很好的尝试。股份合作制依法实行劳动合作和资本合作，职工、股东共同劳动，按资按劳分配，权益共享，风险共担，自负盈亏，民主管理，学院是独立核算的法人联营实体。这种组织形式很适合民办高职院校，符合产权清晰、权责明确、政企分开和管理科学的改革方向，是一项重大的产权制度改革，一定要大胆探索，积极推广，以满足人民群众多层次、多样化的教育需求。

### （二）健全董事会制度，提高董事会运作水平与运作效率

健全董事会制度，有两个关键点：一是要完善董事会成员结构，增加举办者、投资者、教师代表、社会贤达、教育专家、学生家长代表等；二是要规范董事会的运行程序，完善董事会议事章程，加强会议召开程序、议事程序和决定程序的规范性、严肃性、公开性和透明度。要探索建立董事会形成利益相关方合作办学、共同育人的长效机制，切实增强院校的办学活力。同时要完善治理结构，加强章程建设，使章程成为依法管理民办高职院校的准则。

**（三）完善党委会、董事会领导下的校长负责制，明晰党委会、董事会与校长的关系**

党委会、董事会与校长之间是一种党务决策与执行的关系，是一种分工关系。党委会负责党务和党员；董事会有权决策，但无权直接干预学校的具体事务；校长可以对教学、行政管理事务进行管理，但不得越权对学校的发展作出决策。党委会、董事会与校长的职责明晰，才能避免校长有职无权或者有权无责的现象，从而为法人治理组织架构提供很好的制度框架。要建立重大决策的咨询制度，设立有中国特色的董事会制度，这将引导和鼓励教育体制改革试点院校在运行体制和决策机制上的探索和创新。

**（四）设置学术权力运行系统，尊重学术权力，落实教授治学**

要成立教授委员会和学术委员会，探索教授治学的有效途径，充分发挥教授在教学、学术研究和学校管理中的作用。校长们是行政班子，学术委员会负责发展规划、学科建设、专业技术职务聘任、学术管理和学位管理。要充分发挥学术组织的作用，克服行政化倾向。

**（五）完善学校监督机制，促使监督实效**

健全监督机制是完善学校法人治理结构、减少办学风险的迫切方面。要成立由小股东、教工代表组成的监事会，要对监事身份资格作出限制性规定（董事、高级管理人员不能担任）。监督的范围包括资产、财产、业务执行情况，监事会有权对法人违纪追究法律责任。行政监督职权独立，任期三年，经费由学校承担，要监事、监人。

**（六）构建高效公平的激励机制，激发人力资本效能**

激励机制是实现民办高职院校治理目标的重要机制。当前管理者“偷懒”行事、教职工懈怠工作的现象较多，要构建董事会对高层、中层管理者特别是教职工的激励机制，提高薪资福利设计的针对性和有效性。要依法办学，自主管理，扩大学校办学自主权，全面实行聘任制度和岗位管理制度，确立科学的考核评价和激励机制。

## 二、采取切实有效措施，加强师资队伍建设

教育大计，教师为本，有好的教师，才有好的教育。比起公办高职院校，民办高职院校的师资问题比较突出。

**（一）“老的老，小的小”，教师梯队建设滞后**

“老”是指来自公办高校的退休教师，“小”是指近年来招聘的青年教师。不少民办高职院校都逐渐建立了自有的专任教师队伍，但“非老即小”的教师现状，成了一时难以克服的瓶颈。一方面很难招聘到优秀的中年教师；另一方面很多普通高校的教师并不愿意到高职院校兼课，因为他们认为花时间做点科研，比在民办院校兼课收入要高得多。解决这一问题可以采取以下措施：聘请退休教师传帮带，尽快把青年教师带出来；鼓励青年教师攻读在职博士；扩大“双师型教师”的比例；招聘学科带头人和高层学术专家，每系聘

请1~3位教授名师，逐步建立起老、中、青相结合的师资梯队；坚持教学改革，改进教学方法，推进导师制；建立督导制度和监督问责机制。

**（二）青年教师缺少发展的空间和平台**

青年教师从学校到学校，实践经历不足，迫切需要丰富教学经验。要加大对他们进行教学技能和专业素养培训的力度。要将职称评审与企业实践经验挂钩。要建立青年教师实践锻炼制度，鼓励他们积极参加企业的生产运营和技术革新。

**（三）职称评审限制教师的工作积极性**

目前民办高等职业院校只有少数人取得讲师职称评审权，但大都不具备副教授的评审权。教师要想评副教授，科研水平和科研成果必须达到一定的高度，但他们的主要任务和时间都放在教学上，很难在学术上形成有分量的成果。为此，可以采取两方面的措施：一方面，要制定校内的讲师、副教授评定细则，按年评定，作为向教育厅申报的依据；另一方面，要成立院刊、学报，这既是教师发表著作的园地，也是提高院校学术层次的需要。

**（四）薪酬待遇没有竞争力**

随着物价上涨，教职工的工资待遇也需要逐步提高。民办高职院校可以设计灵活有效的薪资福利体系，有形薪酬与无形薪酬相结合，薪资与福利相结合，兼顾效率与公平，提高工资待遇，切实解决教职工的后顾之忧。民办高职院校的领导班子必须意识到，教育行业不是暴利行业，教育经费不能作为私企资金随意挪用。民办高职院校的教职工本就缺乏安全感，认为自己工作的待遇和稳定性不如公办院校的教职工，这种情况下再降低他们的薪酬待遇，只会影响院校的长远发展。

## 三、坚持校企合作，走集团化路子，实现产学研用一体化办学

要培养真正的应用型高技能人才，加强校企合作是一条必由之路。校企合作是职业教育发展的战略引擎，是职业教育的本质要求，是工学结合的体制基础，是产教结合的基本途径。校企合作在美国表现为“合作教育”模式，在英国表现为“三明治”模式，在澳大利亚表现为“TAFE”模式，在德国表现为“双元制”模式。成功的职业教育，几乎都毫无例外地出现在“工学结合，校企合作”做得比较好的国家和地区。经验证明，谁坚定不移地走“工学结合，校企合作”这条路，在这方面积极探索，谁就能够走在职业教育的前列；反之，如果关门办学，则只是普通高教的翻版，很难有所作为。只有走“工学结合，校企合作”之路，才能形成自己的特色，才能在教育体制改革中实现创新，形成自己的活力和竞争力。

对民办高职教育来说，校企合作更是生命线。民办高职院校办学必须始终贴近工作实际，贴近职业岗位，贴近社会实践的变动；必须增加学生实践锻炼的机会，使学生真切感受到真正的工作场景，学到真正的技能；必须面向整个社会统筹教育资源，切实加强“双师型”队伍建设；必须深化学生对职业角色、职业选择和职业实施的认识，帮助学生开展学业生涯规划和职业生涯设计，切实解决他们的就业难题。

如何实施“工学结合，校企合作”？原教育部部长周济在全国职教成教会议上的讲话中指出，“职业教育集团办学是适应社会主义市场经济体制，做大做强职业院校，实现职业教育又好又快发展的必然选择”，要“以专业为纽带，组建职业教育集团，实现资源共享，优势互补，互惠互利，共同发展”。“教育部2010年工作要点”中也强调要“推进集团化办学和职业教育园区建设”。民办高职院校一定要创立与科研院所、行业、企业联合培养人才的新机制，树立系统培养观念，加强学校之间、校企之间、学校与科研机构之间的合作以及中外合作等。

借鉴企业集团内部结构的经验，适度划分职教集团内部结构的层次，是确立职教集团内部结构的关键。在优化结构模式的各层次中，首先确立核心的主体地位；其次，要依据联合程度，以集团掌握的资产经营和知识产权作为标准，划分职教集团内部机构的层次，形成以核心单位向成员单位多点互射的金字塔形的多层次联合结构。

核心层：以民办高职院校中心，实现资产一体化。核心层是职教集团的灵魂。

骨干层：由投资或参加股份的单位所组成。控股单位在法律上具有一定的资金所有权，但在经济上与集团不实行统一核算，而是独立核算，自负盈亏，以自己的资产承担责任。类似总校与分校关系，可以建立实习和实训基地。

配套层：由两部分组成，一部分是与集团有资金联合关系的非控股单位，资产所有权和经营管理都平等地承担经济责任；另一部分是高职高专、中职及企事业单位，资产不归集团所有，仍具有法人资格。职教集团通过教学、科研、招生、就业、人才培养、技术开发、技术服务联系大量的单位进行交流，签订联合协议，因而参加配套层的成员是职教集团内部机构的基础。

协作层：由与职教集团保持一般教学、科研、实习、实训、就业协作关系的企业事业单位构成，不存在资金的联合，只是通过签订协议，搭建产学研用结合和校企高度融合的平台，整合职业教育和技术服务资源，实现优势互补。这种合作在职教集团组建初期是大量的，是职教集团发展的主要层次。

## 四、实施内涵发展战略，发扬民办高职教育“民、优、特”的优势，提高教育质量

在高等教育大众化的过程中，部分民办高职院校不顾办学条件，一味追求规模。一些学校办学时间不长，而在校生已经超过数万人。教育部提出要加强对民办高职院校的扶持和管理力度，引导民办高职教育健康发展。而走内涵发展之路，正是解决问题之关键。实施内涵发展战略，是我国高等教育发展转型的必然要求，也是民办高职院校增强实力、实现可持续发展的必由之路。从民办高职教育的现状和长远发展来看，实现从规模扩张向质量内涵建设发展的转变不仅非常迫切，而且意义重大，是提升办学水平和树立办学信誉的关键因素。

总体来看，民办高职院校仍然处于初级阶段，办学质量不高，办学认可度也比较低，还难真正参与到以质量为核心的高教市场竞争浪潮中。从考生的意愿来看，选择民办高校还不是最佳选择。国外许多私立高校（如哈佛大学、剑桥大学）之所以能够在国家高等教

育系统中占据重要地位，首先就因为它们有着过硬的质量，培养的人才与许多公立高校相比有着自身鲜明的特色，因而受到社会的广泛欢迎。而我国民办高校质量还没有达到应有的水平，其中高职院校的质量更为低下。高学费、低质量的学校难以在高教市场的竞争中取胜，所以民办高职院校应抓住当前的有利时机，实现转型，规范办学，提高管理效益，壮大自身实力，实施内涵发展战略。高等职业院校在经过量的迅速扩张之后，提高教学质量已成为其必然选择和首要责任。

**（一）民办高职教育的改革与发展，要主动适应区域经济社会发展需要**

坚持以服务为宗旨，以就业为导向，走产学研用结合发展道路。今后十年，不管是公办还是民办的高职教育，改革发展的核心任务都是提高质量。面对严峻的竞争形势，民办高职教育要通过改革，使人才培养质量有新的提升，办学体制机制有新的突破，结构布局更加合理，社会服务能力日益增强。

**（二）民办高职教育要建立科学的目标体系**

要把立德树人作为根本任务，着力职业道德和职业精神培养，强化职业技能训练，促进学生全面发展，培养生产、建设、管理、服务第一线的高素质技能型人才，增强社会服务能力，开展多样化继续教育，努力形成一批特色鲜明、水平较高、具有国际影响的民办高等职业院校。

**（三）面对日益激烈的高等教育竞争态势，提高教育质量是民办高职教育的必然选择**

国家和政府办学，社会力量办学，以及中外合作办学等构架起了我国高等教育举办体制的基本框架，高等教育举办体制多元化的格局已经形成。民办高职院校既要和其他办学体制的高校竞争，也要和其他民办高职院校竞争。因此，一所高职院校只有保证自己的教学质量，才能形成自己的办学品牌，才能赢得市场，才能在激烈的竞争中站稳脚步甚至立于不败之地。

原载《青岛职业技术学院学报》24 卷第 2 期

# 坚持集团化办学，发展中国特色的现代职业教育*

集团化办学是我国职业教育为适应社会主义市场经济体制改革和解决职业教育的自身发展障碍，在实践中不断摸索出来的一种符合职业教育发展规律。创建中国特色的现代职业教育，对于整合政府、行业、企业、科研院所、院校和社会组织六个主体的资源，促进人才培养规模化、品牌化、集团化，实现人才与市场接轨，更好地服务区域经济发展战略目标，实现中国“职教梦”具有非常重要的意义。

## 一、集团化办学是职教改革“过河”摸到的“石头”

### （一）职业集团化办学的必要性

世界各国及地区职业教育集团化办学，从表现形式和结合的紧密程度来看，尽管有所不同，但均呈现以下特点：构成主体多元化，涉及政府、学校、行业企业、社区等；办学的综合效果表现为人才培养的高质量、低成本以及集团各方利益；办学的优势表现为通过规模效应、资源优化、品牌效应和对接效应带来高质量、集约化发展，形成竞争优势。

在不同主导模式下，管理和运行机制有所不同，政府发挥的作用也有所不同。第一，政府主导型——政府采取有力措施进行管理，监督和推动，主要包括几个方面：①专款拨款模式，由政府设立专项经费，如日本的“官产学结合模式”；②法律规定模式，政府通过立法规定企业与学校的职业教育，如德国的双元制；③购买成果模式，以培训经费作为调控整个管理和运行机制的杠杆，如澳大利亚的“新学徒培训制”；④行政指令模式，合作对象是由政府行政指令规定的，如台湾的区域产学合作中心。第二，院校主导型：由院校承担管理和运行责任，政府主要采用投资、拨款和政策优惠方式协助院校管理和运行，如英国的城市技术学院（CTC）。第三，企业主导型：企业自主管理和运行，政府采取政策支持和奖励的措施鼓励企业办学。如印度国家信息学院（NIIT）。

当代各国及地区实践证明，其高度重视职业教育集团化办学，并采取各种措施取得可喜成绩的经验值得借鉴。中国是世界上最早实行职业教育的国家之一，在校企合作的深度探索中，出现了大量的产学研联合体和职教集团。据不完全统计，全国已建职教集团约700个，覆盖100多个行业部门，近2万企业，700多个科研机构和50%以上的职校，90%以上的高职院校参加。国务院《关于大力发展职业教育的决定》中曾提出：“推出公

* 国家社会科学基金重大项目

办与民办职业院校资源整合和重组，走规范化、集团化、连锁化的办学的路子。”时任教育部部长周济在2008年全国职教、成教、中职会议上指出：“职业教育集团化办学是适应社会主义市场经济体制，做大做强职业院校，实现职业教育又快又好发展的必然选择。”时任教育部部长袁贵仁在“教育部2010年工作要点”中强调，要“推进集团化办学和职业教育园区建设”。

### （二）发展职业教育集团的优越性

第一，职业教育集团化有利于整合资源，发挥模范效益。同一个产业，每所学校都开设，其结果：一是资金投入分散，办学条件都不强，难以满足教学需要；二是各校互抢生源，造成恶性竞争，内耗严重。以专业为纽带，通过强强联合、强弱联合、高职中职联合以及校企联合等多种方式，组建职教集团，可以有效地整合资源，实现师资、信息、学分、实习实训等资源共享，最终实现职业教育从知识向技能转变，从农村向城市转变，从学习向就业转变，最大限度地提高职教的办学效益。

第二，有利于促使校企合作、产学研结合，实现校企双赢。长期以来职业教育培养的人才难以满足企业需要，人才的培养难以满足对接，影响了高职高专的发展。组建职教集团，可以使企业成为职业教育的一员，调动企业参加职业教育的积极性，企业为学校提供奖学金，提供实习实训条件，学校为企业提供“零距离”上岗实用人才，互利互惠，有力地促进了职业教育跨越式发展。

第三，有利于增强人才培养的针对性，提高教学质量。教学质量是职业教育永恒的主题，也是职业教育的生命线。职业教育质量体现在培养人才能够适应现代企业生产和发展的需要。组建职教集团，可以改变职业院校实际办学的状况，与企业共同制订人才培养方案，共同确定培养目标和培养内容，增强职业教育人才培养的适用性，做到学以致用。与此同时，教师可以到企业学习，提高动手能力，企业可以选派优秀技术人员和管理人员到学校担任“双师型”教师，为职业教学质量提供有力保障。

第四，有利于产学研联盟，建立长效机制。要获得校企合作和产学研相结合的最佳效果，需要采用教育科学发展理念。将企业资源与学校资源整合，实现生产经营活动与人才培养活动的协同化，形成校企利益共同体。形成了人才培养链、产业链和利益链的融合，探索现代职教体系，校企一体的职教集团就是实现这种合作机制的具体形式。职教集团可以实现企业经营目标与人才培养目标的一体化，使高职院校成为企业的“职工教育中心”，企业车间成为高职院校的“学生实习基地”，在协调一致的合作活动中，实现成本最低、效率最高、效果最优。特别是当今信息化时代，通过网络可以将企业生产现场情景传输到课堂，而企业职工也可以远程获取高职院校的学习资源，校企可以共建顶岗实习网络管理平台，实现开放环境下的最优化管理。

## 二、构建符合我国国情的职业教育集团的模式结构

从各国职业教育集团发展的历史来看，我国职教集团与西方发达国家职教集团产生的经济和历史条件是不同的。因而在我国发展职教集团，既不应该照搬西方的模式，也不能受传统的观念和旧体制的束缚，必须借鉴外国职教集团的有益经验，联系我国职教集团发

展的现状，走出一条具有中国特色的道路，适应中国特色社会主义市场经济规律。评价这条道路是否正确，关键是看两条：一是看发展道路是否适合自己，是否体现事物发展规律和趋势；还在于我们是否既坚持了科学社会主义的基本原则，又根据我国实践和时代特征赋予其鲜明的中国特色。二是要看这条发展道路是否体现了人民的利益和意志。因此，研究中国特色的职教集团具有重要的理论和实践意义。

所谓职业教育集团，就是以实力雄厚的一个或几个职业院校为核心，以“名、优、特”为龙头，在教学、科研、经营、技术上有关联的中职、中技、企业单位、科研院所、社会组织，在平等自愿、互惠互利的基础上形成契约，以资金科技合作为纽带，以共同发展为目的，实行利益均沾，风险共担，责权利相结合，以集团章程为共同行为规范，具有多层次、多元化、股份化的多法人联合体。

在实际生活中出现了产学研联合体，它与职教集团有什么关系与区别？所谓产学研联合体，可以把几所学校同一专业和相关企业的师资、技术人员、设备、实训、就业、研究和生产都集结在一起，这是做实地区性职业教育集团的重要一步。在机制上构建了几所同一专业、不同层次学校合作的通道，可以让应用型本科院校、技能型高职和操作型中职优势互补，实现生产、学习和研究效益最大化。

职教集团与产学研联合体之间相互联系，产学研联合体是职教集团产生的基础，在各种产学研联盟的基础上产生了职教集团，当然，职教集团也是一种产学研联合体，职教集团是产学研联合体的高级形式。

职教集团的条件和作用有着因果相关的关系，要想使职教集团发挥它特有的作用，就必须具有以下特点条件，也就是判断一个组织是否是职教集团需要具备的要素。①职教集团必须由若干独立的职业院校、企业、科研院所和社会组织组成，各个成员单位都各自具有共同利益的平等主体的法人地位，实行责权利相结合。②职教集团必须由若干独立的职业院校、企业所组成，各个层次的组织结构，一是集团核心，二是紧密层，三是半紧密层，四是松散层。有两个层次就可以成为职教集团，有四个层次可以使职业集团发挥更大的作用。③核心层必须具有法人地位，必须有一定的经济实力或优势产品，必须拥有一定数量的紧密层院校，必须具有投资中心的功能，以保证统一的发展战略和发展规划的实现。④职教集团成员之间要由一定的联结纽带组成为一个有机整体，核心层与紧密层、半紧密层的联结纽带，要逐步发展为资产纽带。⑤职教集团成员之间必须以集团章程作为成员共同的行为规范。集团章程建设是探索建立现代职教集团制度的一项战略措施。⑥逐步实现多元化的主体向所有制相互渗透的复合体，是多种经济成分的结合体。

借鉴企业集团内部结构的经验，适度地合理划分职教集团的内部结构的层次，是确立职教集团内部结构的关键。在优化结构模式的各层次中，首先，确立核心企业、高职院校的主体地位；其次，要依据联合程度，以职教集团掌握的资产经营和知识产权作为标准，划分职教集团机构的层次，形成以核心企业、高职院校、中职、科研院所、社会组织向成员企业多点互助的金字塔形的多层次联合结构。

（1）核心层：以高职院校为主体，同中职企业、科研院所、社会组织（实现资金一体化或股份合作制企业）组成，可以是几十家学校，数千家企业科研院所，社会组织合成的统一体，形成一个中心，若无中心，集团内部会成为一盘散沙，形不成合力。因此，核心层是职教集团的灵魂，也是职教集团的凝聚力所在。

（2）骨干层：由投资或参加股份合作制单位所组成，职教集团与控股企业是一种资金、知识产权或智力管理联合关系。在法律上，职教集团具有控股单位一定的资金所有权，在经济上，控股单位与职教集团不实行统一核算，而是独立核算，自负盈亏，以自己的资产承担责任，类似总校与分校的关系。可以建立实习、实训基地。

（3）配套层：可以有两部分组成，一部分是职教集团有资金联合关系的非控股企业，资产所有权和经营管理权都平等，平等地承担经济责任；另一部分是高职高专、中职、科研院所及企事业单位，资产不归集团所有，进行交流、签订协议联合。因而参加配套层的成员是职教集团内部机构的基础。可以建立实习、实训基地，企业从技术人员、管理人员中选聘“双师型”教师，教师可以到企业定岗实习。

（4）协作层：它是与职教集团只保持一般教学、科研、实习、实训进行协作的企事业单位、科研院所、社会组织所构成，不存在资金的联合，只是通过签订协议，搭建产学研结合和校企高度融合的平台，整合职业教育和技术服务资源，实现优势互补。这种合作在职教集团组建初期是大量的，并使之成为职教集团发展的主要层次。

## 三、以产权改革优化职教集团体制机制

目前，我国职教集团的发展已步入了由注重规模扩展向注重质量提升的新阶段。从已组建的职教集团的实际状况来看，绝大多数职教集团目前仍属于联盟型职教集团，集团成员的法人身份相对独立，职教集团本身不具备独立的法人资格，而是以合同或契约的形式实现资源配置。由于联盟型职教集团多以契约为联系纽带，因而在人、财、物等方面融合度不高，职教集团实际上是一个松散的联合体。这导致集团随意性大，运作效率偏低。改进的办法是：可以把产权改革作为提高职教集团核心竞争力的战略突破口，转变联盟型职教集团的粗放运行模式，赋予职教集团以独立的法人资格，使其成为具有自我负责能力的法人。

产权包括财产的所有权、占有权、使用权、收益权和处置权五种要素。产权具有可分解的特征，五种要素可以为不同主体所拥有，使集团资源满足不同主体所拥有，使集团资源满足不同主体的需要，从而强化成员间的产权联结，发挥激励、约束、资源配置与协调功能。

### （一）推动联盟型职教集团以契约形式优化产权配置

联盟型职教集团进行产权改革，可在职业院校所有权不变的前提下，以契约形式实现其他权利结构的重组，优化资源配置。即职教集团其他成员支付职业院校一定的对价，以换取除所有权以外的其他权利，促进职业教育良性运行与发展。联盟型职教集团产权的重点，一是强化政府统筹，合理安排集团办学资源；二是强化契约管理，科学制定章程，在集团章程中明确产权和利益关系；三是有效运作产权，通过资产租赁、特许权融资、服务外包、委托管理、转让许可等实现利益最大化；四是完善考核激励，通过产权贡献分配集团化办学利益。

### （二）鼓励组建资产联盟紧密、产权流动顺畅的企业法人型职教集团

政府、行业、企业、学校、研究机构以及其他社会组织作为职业教育集团的六类主体，可以通过资金、技术、品牌等资源入股的形式，组建企业法人型职教集团。有三种组建模式：一是由六类主体共同出资组建成立公司企业；二是政府协调，主要由企业与学校共同出资组建成立公司企业，其他主体以联盟合同的方式参与职教集团；三是由政府协调，主要由企业、学校及其他自愿加入的各方出资组建成立公司企业，来加入的各方可以联盟合同的方式参与该职教集团。在第一种组建模式中，参与主体完全以投资额或持有股份为限对职教集团承担有限责任。在第二、三种组建模式中，政府不作为出资方参与职教集团，而是以协调者和监督者的身份参与集团运行，主要起政策支持、组织协调以及对国有资产的保值增值进行监督等作用。

### （三）推广产权联结灵活、公益互益鲜明的社会团体法人型职教集团

基于共同的目标，除政府以外的其他主体——职业院校、行业、企业、科研机构和社会组织，按照自愿原则，共同投入一定的注册资本而形成的从事非经营性经营活动的社会组织，各主体所占股份可根据投入注册资本的数额，通过章程和契约的形式予以约定。

社团法人的特征，促使会员在社会团体内出于互益的目的，提供资源和分享他人资源，从而使社会成为分享他人资源的拥有者，并具有为会员或社会提供特殊公共利益的功能，这与集团化办学投资来源的多样化、治理主体的多元化、管理的民主化以及利益目标的多元化特征相适应。而且，社会法人型职教集团具有非营利分配性特征，集团经营业务收入只能在章程所确定的业务范围内用于规模化和内涵化再生产，这对于增加集团化办学资源积累、壮大集团实力、促进集团可持续发展具有十分重要的推动作用。

### （四）规范改进民办非企业单位法人型职教集团产权

民办非企业单位法人型职教集团，由集团成员直接投资注册成立，由于其在股份制产权改革方面探索较早，已总结出相对成熟的经验，但对于在产权改革中存在的投资者不能取得合理回报、所有权和使用权不清晰等问题，应通过规范和改进管理等方式妥善解决。一是借鉴企业集团治理的成熟经验，合理设计集团内部结构。二是健全管理体制，推进股份合作制，依法实行劳动合同和资本合作，职工股东共同劳动，权益共享，风险共担，自负盈亏，民主管理。同时，政府部门应进一步增强服务意识，逐步完善配套措施，为民办非企业单位法人型职教集团发展营造良好的外部环境。

## 四、实现集团化办学的中国职业教育梦的综合对策

### （一）坚持走“工学结合，校企合作”的路子是全世界高职院校发展的共同取向

在德国表现为“双元制”模式，在美国表现为“合作教育”模式，在英国表现为“三明治”模式，在澳大利亚表现为“TAFE”模式，在韩国表现为“顾客导向”模式，这些模式尽管特点各异，但核心内容都是“工学结合，校企合作”。国内外的经验表明，

成功的高职院校以及成功的职业教育，几乎都毫无例外地出现在“工学结合，校企合作”做得比较好的国家和地区。经验证明，谁坚定不移地走“工学结合，校企合作”这条路，对这方面探索积极，谁就能够走在前列。反之，如果关门办学，必定是普通高教的翻版，很难有所作为。只有走“工学结合，校企合作”之路，才能形成自己的特色，才能在教育体制改革中实现创新，形成自己的活力和竞争力。

### （二）集团化办学是我国当前职业教育改革发展的理想模式

当前，我国正处在转变发展方式和调整经济结构的关键时期，职业教育承担着服务国家的战略，促进人的全面发展的重大使命，要紧紧围绕国家经济社会发展的总体部署，全面落实教育规划纲要，以提升质量为核心，以改革创新为动力，加快建设适应需求的有机衔接、具有多元立交的中国特色、具有世界水准的现代职业教育体系，同时落实政府责任，建立健全政府主导、行业指导、企业参与的产教结合办学机制。

促进职业教育与经济社会发展有机结合，着力推进政府主导，行业指导，企业、科研院所参与的办学机制建设，落实各方主体责任，大力推行校企合作、工学结合、顶岗实习的人才培养模式，创新职业教育人才培养体制，完善产学研的协作对话机制，推进行业企业全过程参与职业教育，积极探索多元主体合作共赢的集团办学机制，充分发挥劳动力市场对人才培养的引导作用，根据产业需求优化专业结构，促进职业教育与劳动力市场的开放、衔接。

职业教育集团化办学是个方向，由行业指导职业教育，鼓励集团化办学。推进职业教育集团化发展，在行业指导下，通过建立大型企业主导的紧密型职业教育集团来推进企业办职业院校建设，由行业牵头组建多家企业和职业院校组成的职教集团，企业在职教集团持有股份，获得相关投资效益，政府也可投资参股职教集团，所持股权收益当成政府对职教集团的政府补贴，也可由国有资产管理部的整合所属企业举办的职业院校，投资组成跨行业的示范性职教集团，它是由职业院校、行业协会、科研院所、中职、中技以及企事业单位成员共同组成的融教育性、职业性、行业性于一体的产学研联合体。在政府、行业协会的大力支持下，集团各成员单位立足于区域经济发展的战略目标，构成区域性职教集团，不断探索和完善集团运行机制，切实履行成员职责和义务，致力于合作办学、合作育人、合作就业、合作发展，使社会服务能力不断增强，技能型人才培养质量不断提高。

不少地方依托较为优质的职业教育资源与行业企业共同组建的职教集团，这也对集团化办学过程中内部体制机制的顺畅提出了挑战。职业教育集团不能只是形式上的集团化，而是在管理格局、运行体制中体现集团化的特征，要调整人事管理制度，改革教育内容，加强校内外实习基地建设，真正在内部体制机制上实现突破。

我们主张把国家示范性职业院校和大、中型企业组建成跨地区、跨行业、跨部门、跨所有制的大型职业教育集团，组建和发展大型职教集团，涉及改革与发展的关系，是现代化大生产的需要，是建立社会主义市场经济的需要，也是工业化发展的必由之路。总之，大型职业教育集团已成为一个国家经济竞争力的支柱，也是职业教育强国的体现。组建和发展大型职业教育集团的有效途径：第一是通过增加职业教育集团成员企业的数量来扩大规模，第二采用兼并、合并的方式扩大成员企业规模。职业教育集团规模大型化的实质，就是通过生产教育集中形成大规模的联合实体，这是产业组织结构的重新构造，所以，在我国加快组建和发展一批大型职教集团，具有重大的现实意义。

### （三）利益驱动才能建立校企合作的长效机制

合作共赢是集团化办学持久生命力的所在。目前，多数职教集团内部还没有形成共赢机制，这已成为集团化办学的严重障碍，“集团而不团”现象较为普遍，职教集团所取得的成功经验未得到有组织的示范推广，社会各界对集团化办学存在的疑虑未得到有效消除，成员间合作关系不紧密，管理体制和运行机制不健全，支持与保障政策不完善。集团化办学的教育、产业和社会效益还没有得到充分发挥。一些深层次因素制约了集团化办学整体推进，所以集团化办学要以教学链、产业链、利益链“三链”深度融合为主线，创新办学模式，治理结构和运行机制。由于职教集团不利用国家财政经费，而由各种社会力量运用股份合作制的办法融合民间资本组建而成，各投资者按照投资额享受股东权利和承担有限风险，以股东会、董事会、执行层为基本架构，实行董事会领导下的股东决策制，多元主体，特别是行业企业的参与，使教学链、产业链和利益链形成有效连接，提升了职业教育服务产业的能力，从而整合政府、行业、企业、科研院所、院校和社会组织这六个主体的力量，形成职业教育与经济社会相互促进的良性循环。

### （四）政府强化政策法制环境，建立法律保障规范机制

目前国家还没有出台集团化办学的规范化文件，缺乏集团化办学的发展目标和要求，在法律上没有明确职教集团的地位、运作权限和业务范围，对各行为主体的责任、权利和义务缺乏明确的定义，所以政府要强化政策法制环境：①是建立推进集团化办学的制度，明确集团化办学在职业教育发展中的战略地位和功能定位，在国家税收制度中，明确企业法人的职教集团和参加集团化办学的企业可以享受的税收优惠，明确集团化办学的法律属性，赋予其合法的身份和地位，建立产权联结、配置优化、权责明确、校资分开、管理科学、制度完善的职教集团的产权制度。②建立规范化办学的合作制度，规范集团化办学中六个主体的权利和义务，明确集团化办学的认定、评价标准，对集团化办学组织体系提出要求，对行业企业限定准入标准，对职教集团的办学进行考核，对集团化办学的权限、管理运行机制予以规定。③对行业和企业制定优惠政策，完善财政支持政策，制定、实施专项经费，补贴购买服务等财政政策，调动行业、企业积极参与职业教育，参与集团化办学。④对集团化办学制度优惠政策，在国家公共财政支出政策中，对参与集团化办学的职业院校在公用型教学基础设施建设等方面给予资金扶持；将职前教育和各类公益性培训纳入基本公共服务内容，以政府购买服务的方式，优先安排职教集团承担；在人事制度改革中，为职教集团、企业和院校间人才流动设置特殊政策，同时，鼓励地方政府出台实施可操作性规范化文件，促进集团化办学发展。

### （五）加快发展现代职业教育，助力实现伟大“中国梦”

习近平总书记指出：实现中华民族伟大复兴，就是中华民族近代以来最伟大的梦想，“实现全面建成小康社会，建成富强民主文明和谐的社会主义现代化国家的奋斗目标，实现中华民族伟大复兴的‘中国梦’，就是要实现国家富强，民族振兴，人民幸福”。实现两个百年目标和“中国梦”，教育是先导和基石。职业教育作为与经济社会联系最密切的

教育类型，在推进实现“中国梦”的进程中发挥着不可替代的重要作用。职业教育梦是“中国梦”的重要组成部分，职业教育梦是“技术技能强国”的梦——要实现以合理的人力资源结构支撑国家产业发展；是全面发展的梦——要培养具有良好的思想道德、知识技能和人文素养的技术技能人才——要形成以实践和贡献评价人才、全社会尊重技术技能人才的文化价值观。

加快转变经济发展方式，服务全面建成小康社会的关键是人才，既要有一大批拔尖创新人才，更要有数以亿计的技术技能人才。广大职业院校在校生是我国技术技能人才的重要后备力量，是我国经济建设主力军和生力军的重要来源，他们的技术技能水平和综合职业素养直接关系着我国现代化建设的水平，影响着我国小康社会建设的进程。要把中国特色社会主义事业不断推向前进，就必须重视技术技能积累，就要加快发展现代职业教育，为实现“中国梦”提供强有力的人才支撑。没有现代职业教育的教育体系是不完整的体系，滞后发展的职业教育不是人民满意的教育。要实现职业教育的科学发展，就要加快发展现代职业教育，为丰富和发展“中国梦”作出新的贡献！

原载《群言》2013 年第 8 期

# 第十章

# 利益均衡机制是解决复杂社会关系的密码

# 中国社会阶层分化的利益均衡机制

中国社会阶层关系的变化、发展态势是个热点问题，是共产党长期保持执政地位至关重要的问题。阶层分化使党的执政基础复杂化，巩固党的执政基础需要清晰思路。本课题在对阶层分化态势、特点的研究中，抓住了利益均衡机制，这就抓住了核心要害。探讨社会分化的现状，构建和谐社会的利益均衡机制，对于建设社会主义和谐社会，不仅具有重大的理论意义，而且对实践具有重要的指导意义。

## 一、阶层分化使党的执政基础复杂化，巩固党的执政基础需要清晰思路

社会阶层分化事关党的执政基础。任何政党都是以特定的阶级或阶层作为自己的基础。政党的阶级基础和群众基础是政党赖以生存和发展的两大依托。一个政党能否成为执政党，能否长期执政，有赖于"两个基础"的增强与扩大。随着中国社会阶层的分化、变迁，我国社会目前已经大致分化成 11 个阶层，这要求我们党在巩固执政基础工作中要转变理念，用来"指导革命"的阶级分析，不能照搬用来"指导建设"。革命时代强调阶级关系之间的对抗性和阶级斗争，而建设时代强调协调各阶层之间的利益关系，以便更充分地调动各种社会力量的积极性，促进社会经济发展。因此，要从"在阶级对抗中找同盟"的思维转变到"在阶层和谐中求共赢"的思维，"从阶级斗争到阶层和谐"是我们党阶级阶层分析理论与时俱进的关键。

阶层分化使党的执政基础复杂化：①随着经济结构的调整，原来的工人阶级、农民阶级明显分化；②阶层的政治地位与经济地位出现错位；③阶层分化带来利益冲突，如何处理各阶层、各群体之间的利益冲突，搞清楚这些矛盾冲突产生的根源，寻找出化解矛盾、清除冲突的办法，为社会营造一个平稳发展的环境和机制，是执政党面临的一项紧迫任务。这就要求我们党始终要把社会公平作为处理社会经济问题的着眼点。

社会阶层分化事关党的执政基础，巩固党的执政基础需要清晰思路：①掌握阶层分化的态势，研究各个阶层在分化中的价值观；②控制阶层分化过程中的利益冲突，高度重视阶层利益冲突，促使阶层利益分化，通过阶层流动来缓解阶层冲突；③加强对主流意识形态的引导，防止产生社会阶层心理对抗，从而协调各阶层利益关系。

现阶段利益关系问题的复杂性和敏感性，建设社会主义和谐社会的艰巨性和紧迫性，更要求我们深入实际，把协调对策建立在对利益关系科学分析的基础之上。要充分掌握利

益主体的形成条件、形成原因、利益要求和利益关系状况，了解利益客体现状和发展趋向；要从利益主体众多、利益现象异常繁复的现实情况出发，找出利益关系的特定格局表现出的特有的一些运行规律，针对现实利益关系格局中存在的问题，要敢于提出可行的解决方案，对利益关系协调的措施、程序、步骤、方法和重点提出合理建议。特别是由于利益关系的不稳定性、利益矛盾的反复性、利益冲突的潜伏性，要从实践经验中作出对利益关系有效的长期监测和预防预警机制，从而不断寻求利益关系统筹协调的新格局。

## 二、当前我国社会各阶层利益主体基本格局

（1）工人阶层利益群体。工人不仅有全民工、集体工、合同工、雇佣工、临时工之分，有第一产业工人、第二产业工人、第三产业工人之分，而且有了蓝领和白领之分，在岗工人、待业工人、失业工人、离退休工人亦成为其内部构成的不同层次，在收入待遇、心态等方面差别明显。截至2007年底，全国在岗职工人数为11 948万人。由于改革引发的岗位精简，工人群体中出现了不少下岗者，而且由于长期受旱涝保收思想的影响，他们难以接受下岗的现实，出现很多牢骚和不满，甚至造成群体性事件。这个利益群体是国家的主人翁，在经济利益和劳动关系错综复杂的新的历史条件下，工人阶级必须主动去适应，才能保持和巩固好自身的主人翁地位。

（2）农民阶层利益群体。是指在农村以从事种植业和养殖业为生的农业生产劳动者。这是占我国人口大多数、生活方式受传统影响较深的一个利益群体，可以分为经营大户、兼业户、合作户、小农户，也可以分为富裕户、小康户、温饱户、贫困户、赤贫户等。截至2007年底，农业就业人数为42 918万人。由于农民收入低、负担重、素质相对不高，加之基层政权的不当管理，村干部以权谋私、欺压百姓，给农民打白条，挤农、挖农、坑农、害农等恶性事件大量发生。

（3）知识分子阶层利益群体。是指从事脑力劳动的专业技术人员，其主体在教科文卫领域，全国共有约3 800万人。近些年来，知识分子的经济待遇有明显改善，知识分子因其思想理论观点、立场不同，往往成为不同利益群体的代言人。

（4）公共事业管理者（干部阶层）利益群体。包括党、政、群等部门公务员和从事管理工作的干部队伍，全国有4 800余万人。这个利益群体大多数能公道正派，一心为民，但也有搞权钱交易、生活堕落的腐败分子和违法犯罪分子，少数腐败分子给社会造成了恶劣影响。

（5）经营管理人员阶层利益群体。经营管理人员是指大中型企业中非业主身份的高中层管理人员，包括国有企业的管理人员、城镇集体企业的管理人员、非公有制企业的管理人员。他们大多具有知识化、专业化、年轻化的特点，拥有较好的收入，是先进生产力和先进文化的代表，在经济建设中发挥着主力军的作用，已发展成为中间阶层的主体。

（6）私营企业主阶层利益群体。是指私营资产的所有者和经营者，包括私营企业和“三资”企业，截至2007年有468.7万户，就业人数1.6亿人。这个利益群体内部也因资产规模大小而有较大的差异，出现了富人阶层。调查结果表明，富人阶层家庭户均资产在大城市达122.4万元，中等城市达96.7万元，小城市达60.9万元，北京至少有200万个拥有百万元以上资产的富翁。对富人阶层要从两方面看：就积极方面看，他们对社会各阶

层积极性的发挥起着引导和示范作用，优化社会资源配置，促进社会就业。但消极作用不可忽视，有些富人的原始积累具有非正当性，利用某些机遇“钻空子”发财，引起了人们的反感；一些富人有偷税、漏税、犯罪丑闻；少数富人生活消费方式畸形，引发公众不满。因此要坚持“三不主义”（不定性质，不戴帽子，不打棍子），加强对富人阶层的管理和引导。

（7）外贸企业主阶层利益群体。是指中外合资企业、中外合作企业、外贸企业等企业主。截至2007年9月这类企业有59.45万家，投资金额7 039亿美元，这是社会主义经济的重要组成部分。作为资本主义经济，外资企业主固有的矛盾并未消除，其唯利是图、剥削劳动者等导致的负面经济效应显而易见。外贸经济达到一定规模后对我国经济安全和基本经济制度也构成某种威胁，因而又与“三个有利于”的根本标准存在着矛盾。

（8）个体劳动者阶层利益群体。是以个体或家庭资产劳动为生的个体户，对于小型工业、手工业、运输业、建筑修缮业、商业、饮食业、服务业、修理业的繁荣功不可没。截至2007年，全国个体户数达3 551.58万户，个体就业人数达4 587.1万人。这个利益群体中的大部分能够依法经营、依法纳税，但也有一些人通过偷税、制售假冒伪劣商品等谋取不正当利益。

（9）农民工阶层利益群体。是指长年或大部分时间从事第二、第三产业劳动，但户籍关系仍在农村的劳动者群体，是从村民到市民、从农民到工人的过渡性群体。从20世纪90年代至今，从农村转向城市的农民工多达3亿，他们在城市从事各种行业工作，是城市建设的重要力量。但他们本身素质较低，收入不高，具有小农意识，经常处于流动状态，很难管理，遇事容易采取极端方式。因此，要落实农民工平等制度，改变他们的生活状况。

（10）离退休阶层利益群体。按照已达到一定年龄（60岁）退出工作和劳动岗位这一共同特征，离退休阶层是指当前处于非劳动状态的老龄人群。我国60岁以上老年人有1亿多，占总人口的13%，我国已基本进入老龄化国家的行列。当前离退休阶层涵盖城市各类职业，与原工作单位的联系越来越松散，文化层次不断提高，人数增长速度加快，规模越来越大。维持社会公正和秩序，需要保持离退休人员心态稳定。

（11）城镇失业者阶层利益群体。是指法定劳动年龄内有劳动能力、目前无工作、但以某种方式正在寻找工作的人员，包括就业转失业的人员和新增劳动力中未实现就业的人员，占全国总人口的3.56%。失业群体的出现是由某些暂时原因形成的，一旦这些暂时性的原因得到解决，某些人就会获得重新就业的机会，从而进入另一个新的社会群体。由于失业群体生活不稳定，易产生盗窃、卖淫、赌博等治安问题。对此，应该坚持效率与公平的统一，保障失业群体的经济权益。

## 三、当前我国社会阶层各利益主体的新变化、新特点

### （一）社会阶层各利益主体的新变化、新特点

（1）阶层结构多元化、异质性明显增强。体制改革打破了传统社会单一、封闭、同质性高的工人、农民、干部三分结构，形成了在岗工人、农民、机关干部、知识分子（专业

技术人员）、私营企业主、外资企业主、个体户、外来工（农民工）、离退休人员、社会中介机构从业人员、经营管理人员、失业人员等构成的开放、多元、异质性强的复杂分层结构。

（2）阶层分化明显，矛盾日益加深。阶层矛盾在很大程度上是由于利益差别引起的，收入差距就是利益差别的核心要素之一，改革导致利益格局和相互关系变动，阶层之间的矛盾日益复杂并呈现出新的特点，矛盾范围扩大。当前出现的阶层矛盾有：弱势群体（农民工、下岗失业者、农民）与城市居民或其他阶层的矛盾，党政干部阶层与其他阶层之间的矛盾，工人和农民的矛盾，知识分子与其他阶层的矛盾，个体户、私营企业主、外资企业主等阶层与其他阶层之间的矛盾，有的矛盾对抗性显著增强。

（3）思想观念现代化，价值取向多样化。现代社会是一个多元的社会，人的思想观念已经并将继续从传统向现代转变，价值取向也已经并将继续从原来的高度同一性向日益多样化转变，这是“社会存在决定意识”原理在价值观领域的表现。

（4）政治态度差异明显，参与方式偏好不同。改革的过程就是利益的重新调整和分配的过程，各个阶层在改革中获益是不均等的。由于各个阶层的社会经济地位不同，再加上人们思想观念和价值取向的日益多样化，各个阶层的政治态度（指公民介入政治活动以达到对政治安排和公共政策产生影响的各种行为）的差异也日益明显。

（5）社会阶层变化的历史趋势。市场化进程将进一步促进阶层分化，蓝领工人阶层与白领工人阶层将同步增长，个体户、私营企业主、外资企业主阶层将继续扩大，中间阶层（指从事脑力劳动为主，靠工资及薪金谋生）将进一步发展壮大，社区阶层化的速度将明显加快。阶层之间的矛盾将会扩大和加深，贫富差距的加大自然会引起低收入阶层的不满，而不公平感才是社会动乱的根源。私营企业主对工人的非法剥削、个体户的短斤缺两行为、富裕阶层的炫耀性消费、干部阶层中的腐败行为等都会触发或加剧阶层矛盾。

### （二）我国社会阶层各利益主体的困境与走向

社会阶层各利益主体的困境：一是原有社会阶层内部分化，工人内部产生贫富差距，农民又分化成阶层，知识分子在各个阶层中的利益要求出现差距；二是一些利益群体如私营企业主、外资企业主和个体劳动者被重新激活；三是新的利益群体萌生，包括乡镇企业职工、“三资”企业职工、第三产业职工、民营科技企业人员、中介组织人员、自由职业人员等；四是利益主体交叉流动现象增多，表现在职业流动上的民工潮，以及两栖热、跳槽热、下海热、投资热等。

社会阶层各利益主体的走向表现为：贫富差距扩大趋势短时间内难改，利益主体分化和差距拉大使得社会结构不平衡的状况加剧；不正常的利益博弈使得一些现实的危害性突出；社会心态不成熟导致社会整合的难度加大；利益变动引发的社会矛盾和局部对抗冲突增多。

利益矛盾在经济、政治、思想、文化各个领域同时表现并相互渗透，尤其在转型期，利益矛盾的发生具有不稳定性，显得特别活跃，加之在深化改革中，行政领导权威一再被削弱，政府调控能力有所下降，政策的纵向传递变形严重，增加了利益矛盾的失控。

### （三）社会阶层各利益主体关系微观层面——当前主要利益关系的解析

根据我国当前实际情况，在各种利益关系中，矛盾较为突出而需要通过改革加以重点调整的社会利益关系主要有劳资利益关系、城乡利益关系、区域利益关系、行业利益关系及阶层利益关系五个方面。

（1）劳资利益关系。劳资利益关系是现代市场经济中最为重要的利益关系之一，劳资利益关系是否和谐稳定，一定程度上是现代社会是否和谐稳定的晴雨表和风向标。

（2）城乡利益关系。改革开放以来，我国城乡经济获得了巨大的发展，城乡居民的生活水平也有了巨大的改善。但与此同时，城乡居民收入和生活水平的差距却不仅没有缩小，反而呈现不断扩大的态势。比如，1978 年城乡居民收入比大约是 2.6∶1，2004 年扩大至 3.2∶1。如果将城市居民享受的带有很大福利成分的住房、医疗、教育、交通以及公共服务等计算在内，城乡居民生活水平差距更高达 5∶1 或 6∶1。虽然由于生产力水平上存在差异，城乡居民收入水平存在一定的差距是必然的，但我国城乡居民收入差距的幅度显然超出了正常与合理的水平。可以说，没有城乡利益关系的基本协调，就不可能有真正意义上的社会和谐。

（3）区域利益关系。虽然对于我国不同地区居民之间在收入和生活水平上的差距有不同的算法，具体结果也有差异，但区域之间居民收入水平和福利水平差距过大且呈现扩大的趋势，却是一个不争的事实。由于政策差异所造成的区域发展差距和居民生活水平差距过大且长期存在，显然不利于增强各地区干部和群众的凝聚力，也不利于充分调动各地的积极性。因此，构建和谐社会，必须通过一定的改革和政策措施，调整区域之间的利益关系。调整的原则，首先要尽量拉平政策差异，为各地创造公平的竞争环境。区域倾斜政策和优惠政策，要主要针对不同的问题区域来确定。其次是要对由于过去政策差异造成的发展和生活水平差距予以适当补偿。最后要通过贯彻公共服务均等化的原则，让不同地区的居民能够享受到大体相当的社会福利水平。

（4）行业利益关系。研究表明，改革以来特别是近年来我国不同行业间的收入水平呈现扩大的趋势。比如 2004 年收入水平最高的是金融业当中的证券业，平均收入水平是 50 529元，最低的是农林牧渔业当中的林业，平均收入水平是 6 718 元，二者相差 7.52 倍。本来在市场经济条件下不同行业之间存在收入水平的差距是一种正常现象，问题在于我国不同行业的收入水平差距，既受行业特点的影响，也受行业体制和政策的影响。特别是一些行业由于改革滞后，过去的国有垄断局面没有被真正打破，其高利润和高收入水平并非经营管理水平提高的结果，而是利用垄断地位抬高价格，获取暴利，或者利用行政权力低价甚至无偿占有公共资源，获得超额收入。比如近年来群众意见很大的电信、石油、电力、铁路运输等行业，就属于这种情况。这种情况如果不能及时通过改革加以调整，不仅会导致收入水平的严重失衡，也会成为滋生腐败的重要根源，影响社会的和谐稳定。

（5）阶层利益关系。除上述四种利益关系外，不同的劳动者之间、城市居民之间、农村居民之间、一个区域内部的居民之间收入差距的不断拉大，也是影响社会和谐的突出问题之一。不同收入群体之间的差距，在很大程度上是上述四种利益关系不协调的综合反映，因而需要通过改革加以重点调整。

## 四、构建和谐社会的利益均衡机制

### （一）社会各利益群体统筹协调机制

我们正处于社会结构、社会组织形式和社会利益关系深刻变化的新的历史时期，统筹协调各方面利益关系任务更重，解决人民群众最关心、最直接、最现实的利益问题任务更重，要把落实富民政策、解决民生问题摆上优先位置，作任何决策、办任何事情都要把群众是否得益、是否满意作为最高评价标准，让改革发展的过程真正成为为群众排忧解难的过程，只要有效地解决这些问题，就能有利于加快和谐社会建设。

### （二）社会各利益群体激励机制

在当前经济体制深刻变动、社会结构深刻变动、利益格局深刻变动、思想观念深刻变动的历史条件下，要把不断改善人民生活作为正确处理改革发展稳定的结合点，正确把握最广大人民群众的根本利益、现阶段群众的共同利益和不同群体的特殊利益的关系，兼顾个人利益和集体利益、局部利益和整体利益、当前利益和长远利益。把最广大人民群众的“根本利益”、现阶段群众的“共同利益”和不同群体的“特殊利益”作为一个相对独立的概念提出来，表明了我们党对当前我国社会阶层结构变化的准确把握，表明了我们党对现阶段人民群众利益问题的认识达到了一个新的高度，这对于统一全党同志的思想认识，凝聚全党同志的共识，对于协调不同地区、不同阶层、不同行业、不同群体的利益关系，促进各方面群众互利共赢、共同发展具有重要意义。

### （三）社会各利益群体利益分配机制

生产决定分配，分配取决于社会可供分配的产品：一是按劳分配，二是机遇和环境是公平的，三是社会调剂。实现相对的公平，这是我们党坚持立党为公、执政为民的必然要求，是社会主义本质的要求，也是把权为民所用、情为民所系、利为民所谋落到实处的具体体现。因此，我们在促进发展的同时，要把维护公平放在更加突出的位置，要经过艰苦努力逐步建立以权利公平、机会公平、规则公平、分配公平为新内容的社会公平保障体系，使全体人民共享发展的成果，朝着共同富裕的方向稳步前进。

### （四）社会各利益群体在发生利益冲突时所达成的妥协机制

要建立一个和谐社会就必须重视社会利益格局的平衡。而我们面对的现实是在社会、经济诸多领域都存在着利益格局的不平衡，而且不同利益主体的诉求互相冲突，无法找到一个各方接受的妥协方案。构建和谐社会，实质上就是各个不同的利益主体所表现出的利益诉求在发生利益冲突时所达成的妥协。从某种意义上讲，妥协就是和谐。要学会妥协，当然，妥协并不是不讲原则，这一原则就是地方利益必须服从国家利益，短期利益必须服从长远利益，局部利益必须服从整体利益，否则，利益关系颠倒就会使利益格局发生性质的变化。

## （五）社会各利益群体法律规范机制

围绕着经济建设与社会发展的内容，抓紧各项立法工作，在加强全国人大、国务院立法的同时，要加强地方人大和政府的地方立法，建立健全社会主义法规体系，用法规来规范各利益主体的行为与不作为，制止违法犯罪活动。合理调配司法资源，完善司法为民、法律至上的工作机制，公安、检察、法院三家各司其职，各负其责，同时又互相配合，有针对性地开展各项为民护法的保障工作，保证国家各项工作都依法进行，逐步实现社会主义民主的制度化、法律化，使这种制度和法律不因领导人的改变而改变，不因领导人的看法和注意力的改变而改变，这就是依法治国的基本方略，这是构建和谐社会的政治基础。

## （六）社会各利益群体诉求表达机制

当前各种利益矛盾和利益冲突增多，影响社会稳定的群体事件频发，一些群众信访难、维权难，从一个侧面反映了人民群众特别是困难群众利益表达渠道不畅或表达渠道缺失。因此，必须从制度建设入手，实行党政领导干部接待群众制度，进一步拓展人大代表、政协委员联系群众的渠道和形式，规范和完善人大代表、政协委员反映民意和化解矛盾的机制和程序；扩大各界群众对立法工作的有序参与，发挥地方立法在表达群众诉求、平衡社会利益中的作用；拓宽社情民意的表达渠道，搭建多种形式的沟通对话平台，逐步把群众的利益诉求纳入制度化、法制化的轨道。

## （七）社会各利益群体矛盾调处机制

近年来的实践证明，影响社会和谐稳定的问题大都发生在基层，维护社会和谐稳定的难点在基层、重心在基层。要维护和确保社会和谐稳定，必须在强化基层、创新机制上下功夫。因此，必须着眼于创新基层维护社会和谐稳定的机制，健全舆情汇集和分析机制，完善矛盾纠纷排查调处工作制度，建立党和政府主导的群众维权机制，逐步把矛盾纠纷调处工作的重心转移到事前预防和事中控制上来。同时，还要从当前矛盾纠纷多发、判决难以定纷止争的实际情况出发，把人民调解、行政调解和司法调解有机地结合起来，完善信访、调解、综治三位一体的矛盾纠纷排查调处机制。综合运用政策、法律、经济、协商、疏导等办法，统筹化解矛盾纠纷，做到该调则调、当判则判、调判结合、案结事了。这是我们的政治优势，必须毫不动摇地坚持、发展。

## （八）社会各利益群体权益保障机制

作为一个马克思主义执政党，必须从人民群众最关心、最直接、最现实的利益问题入手，着力解决土地征用、城市拆迁、环境污染等群众反映强烈的突出问题，准确把握维护群众利益和维护社会稳定的结合点、平衡点，积极预防和妥善处置由各种人民内部矛盾引发的群体性事件。这既是维护国家安全和社会稳定的客观要求，也是巩固共产党执政地位、维护国家长治久安、保障人民安居乐业的必然选择，事关整个社会主义和谐社会构建的全局。

**（九）利益关系和谐是社会和谐与发展的基础**

（1）利益关系是一种社会关系，利益关系和谐有助于维护社会的和谐与稳定。利益关系是最基本的社会关系，制约着社会关系的其他方面。社会主义的和谐某种程度上取决于利益关系的和谐，种种不和谐现象的产生从深层次上看都是有利益根源的。改革开放以来，重新肯定物质利益原则，给人民以实惠，保持了经济和社会的繁荣稳定，成功地顶住了多次风险。

（2）利益关系是一种分配关系，利益关系和谐对于完善分配格局具有突出意义。分配关系的核心就在于利益关系。利益关系与分配关系相互影响，社会最深层次的矛盾即利益矛盾的协调，最直接、最有效的手段就是收入分配调控。而要坚持和完善以按劳分配为主体、多种分配方式并存的分配制度，形成既富活力又不失公平的分配格局，必须注意研究利益关系合理化的切入点及途径。

（3）利益关系是一种市场关系，利益关系和谐是发展市场经济的必要前提。市场关系的具体表现是多种多样的，如产权关系、投入产出关系、价格关系、竞争关系、供求关系、契约关系等，只有理顺了这些关系，才能建立起一个比较完善的市场机制和市场结构，使市场经济推动生产力发展的功能得到发挥。如果这些关系不清楚、无规范或遭破坏，就会放任市场主体的破坏行为，导致利益差别超过应有的界限，利益矛盾和冲突加剧，市场秩序混乱，这样的市场经济只能是不成熟的市场经济。因此，市场化的过程又可以说是一个利益关系规范化的过程。

总之，改革就是利益关系的调整，利益关系和谐是深化改革必须坚持的基本原则和要求。当前我国社会存在的一些人民内部矛盾出现多种多样的状况，从根本上解决好这些矛盾要靠改革的最终完成。但是，不同利益群体之间的矛盾解决了，新的矛盾又会产生。因此，在整个改革过程中总是存在着如何协调不同利益群体矛盾的问题，需要在实践中摸索出一套长期的行之有效的方式和手段来协调这类矛盾，以保证改革的顺利进行。

原载《宁夏社会科学》2009 年第 4 期

# 论中国特色的现代企业制度

党的十四届三中全会提出了我国经济体制改革的总体思路，即建立适应市场经济要求的现代企业制度，这是建立社会主义市场经济体制的基础和中心环节，是我国国有企业改革的方向，是发展社会化大生产和市场经济的必然要求。它是在全面总结我国经济体制改革的经验教训，深刻分析和研究世界各国市场经济条件下企业制度发展的历史和规律，发展了现代社会主义国有企业制度的理论。为此，探讨中国特色的现代企业制度，具有重大的理论和实践意义。

## 一、建立现代企业制度的重要意义

所谓现代企业制度，就是19世纪末以来发达的市场经济中发展和形成起来的现代公司制度（corporation）。现代公司突破了血缘关系的纽带，由众多的出资者结合而成。公司制的鲜明特点是：①企业成了独立的商品生产者和经营者，能独立地承担民事责任。②企业成了财产主体和盈亏主体，法人企业把企业的资产和投资者的其他资产在法律上严格区分开来，投资者仅以投入到企业的那部分资金对企业负有限责任；企业对投资者投入企业的资产及其增值具有法人所有权，可以用它们对债权者负有限责任。企业实行真正的自负盈亏。③完成了现代意义上所有权和经营权的分离。在自然人企业和合伙企业中，投资者既是企业资本所有者，又是企业财产的支配者。在法人企业中，资本的所有权和经营权出现了一定程度的分离现象，企业的经营者并不是资本的所有者，或者不是主要的所有者，而是具有专业知识的经理阶层，经理管理的不是或主要不是自己的资产。④为扩大生产规模、实行资本社会化创造了一种好形式。⑤产生了合理的资源配置机制。某些法人企业是通过向社会公开发行股票而建立起来的，企业的效益和实力通过股票发行的数量和价格的涨落反映出来，形成了完备的市场评价机制，有利于社会资源的配置按照社会效益不断调整，在竞争中实现优胜劣汰和生产结构的调整。这样，它就能较好地适应从事大规模生产和流通等经济活动的现代企业的需要，成了现代大中型企业基本组织形式。

我国对现代企业制度的理论和实践经历了五个发展阶段：

第一阶段是供给制企业。这就是马克思、列宁所说的整个社会是一个大工厂。苏联军事共产主义时期实行过，我国解放区也部分实行过，这种企业适合战争时期，对于其传统计划经济也不适应。

第二阶段是经济核算制企业。这是斯大林提出的并在苏联长期实行过，我国改革前也是实行这种国有企业制度。它适合于传统计划经济，是传统计划经济的微观基础。

第三阶段是有简单再生产自主权的企业。这是20世纪60年代孙冶方提出的国有企业改革模式，当时孙冶方受到批判，改革开放以后才实行，它适应以计划经济为主、市场调节为辅的经济体制。

第四阶段是有扩大再生产自主权的企业，党的十二届三中全会提出两权分离理论，认为国有企业要有经营权，包括一部分扩大再生产的权利。企业承包制便属于这种企业制度。它的主要问题是不承认企业有法人财产权，因而很难做到企业真正自主经营、自负盈亏、自我制约、自我发展，政企分开也难。这种企业制度是前几年提出的，至今还未实现，如果实现了，也不适合社会主义市场经济。

第五阶段是有法人所有权的企业。就是《关于建立社会市场经济体制若干问题的决定》提出的要建立的现代企业制度，其核心是建立企业法人财产制度，使企业拥有法人财产权，国家则保留最终所有权。因而既坚持了国有制，又使国有企业真正成为自主经营、自负盈亏、自我约束、自我发展的竞争主体，最终是为了搞活国有企业，解放生产力。

现代市场经济要求现代企业制度，而我国是搞中国特色的社会主义国家，国有企业一定要在国民经济中起主导作用，必须建立现代国有企业制度，使之成为社会主义市场经济的微观基础。为此，必须继续深入改革，建立中国特色的现代企业制度，这对进一步解决和发展我国生产力，充分发挥社会主义的优越性，具有深远的历史意义。

（1）有利于巩固公有制主体地位。有步骤地对国有企业进行公司化改造，使绝大多数国有企业都逐步实现投资主体的多元化，从而改造成为有限责任公司或股份有限公司。国有企业改造成为公司后可以凭借自己的实力和信誉，广泛地吸收社会资金、国外资金，通过控股、参股等方式，用较少的资金支配较多的资产，增强企业的辐射能力；也可以根据市场变化，按照国家产业改革，及时调整企业的发展战略，优化企业的组织和产品结构，提高自身生产能力和开拓市场的能力，更有效地贯彻国家宏观调控措施，以促进国家优化产业结构，实现集团化经营，提高规模经济效益。

（2）有利于规范经营者的行为，公司制企业的最高权力机构是股东会。股东会有权选举和罢免董事会和监事会成员、制定和修改公司章程、审议和批准公司的财务预算、投资及收益分配等重大事项。董事会是公司的经营决策机构，其职责是执行股东会的决议，决定公司的生产经营决策和任免公司总经理等。董事长由董事会选举产生，一般是公司的法定代表人。总经理受聘于董事会，对董事会负责，负责公司日常经营管理活动，享有充分的生产经营指挥权。由此，可以解决长期以来国有企业厂长不知对谁负责、责权脱节、短期行为等问题，同时，企业通过明晰的产权责任和股东会、董事会、监事会三者的相互制约及科学的组织管理结构，可以形成强有力的自我约束机制，以规范经营者的经营行为。

（3）有利于实现政企分开。国家作为出资者，保留最终所有权，享有选择管理者、参与重大决策和资产受益等权利。尽管政府有加强管理的必要，但要依法管理，政府不能对企业直接干预，也就是不再直接干预企业的具体经营活动；企业也不隶属于政府机构，而是以法人身份进入市场，参与竞争，实现自主经营、自负盈亏、自我发展。

（4）有利于建立市场经济的微观基础。现代市场经济有三个主要环节：一是企业，二是市场，三是宏观调控，三者是相互联系相互制约的。没有竞争性的市场体系，没有适合市场经济的宏观调控，就不可能有真正的企业。同样，没有真正的企业，市场体系也难以建立，因为没有市场主体，怎么会有真正的市场体系？没有真正的企业，间接宏观调控也难以实现，因为这样的企业不会对间接宏观调控作出预期的反映。所以，独立的企业是市场经济的微观基础。

（5）有利于同国际惯例接轨。公司制是国际通行的企业组织制度形式，我国国有企业按照公司规范运行，更便于我们进入国际市场，顺利开展国际贸易、投资、融资等活动，进一步扩大对外开放，增强我国的综合国力，提高我国在国际上的威望。

## 二、中国特色的现代企业制度的目标模式

在我国建立现代企业制度，要以建设中国特色的社会主义理论为指导，实事求是，一切从实际出发，要充分考虑中国的国情，要体现中国的特色，因此，中国特色的现代企业制度应体现以下特点：

一是要与现有的占统治地位的公有制独资企业制度相衔接。股份公司是现代企业制度的典型形式，但不是唯一形式，独资公司也是其中的一种形式。我国现在独立核算的公有制工业企业有50万家，其中绝大多数采取独资形式，各行业的股份制企业（不包括农村股份合作制）只有1.3万家（其中社会集资公司只有160家），与50万家相比只占26%，若与各个行业的公有制企业相比所占比例更小。从现实情况看，成立股份制企业需要许多严格的条件，不可能把所有的独资企业都变成股份制企业，而且现代企业制度的标准，不在于是采取股份制还是独资形式，独资形式的企业同样可以建立起现代企业制度。我们必须面对现实，把注意力集中在占绝大多数的公有制独资企业如何与现代企业制度衔接上。

二是要充分体现中国经济发展不平衡的特点。中国不仅各地经济发展不平衡，而且企业的情况也千差万别，最现实的问题是，目前中国企业有2/3亏损（包括潜亏），亏损企业不宜实行股份制，即使将来都盈利了，也要根据行业和技术经济特点来确定企业制度，不可能都搞股份制，如果完全照搬西方国家的股份制模式来指导中国现代企业制度的建立，难免出现偏差。因此，必须采取多样化的形式，来达到现代企业制度的要求。

三是要充分体现和保证企业职工当家作主。国有企业是全体人民共同占有生产资料的公有制形式，不能把企业和职工排除在所有者之外，企业和职工首先是所有者，其次才是经营者和劳动者。职工的职责不仅是劳动，还应有作为国家和企业主人的责权利，如何调动职工的积极性已成为国内外企业界普遍关心的问题，而只有在社会主义条件下才有可能解决这一问题。所以，充分体现和保证企业职工当家作主，调动职工积极性，应当成为中国特色的现代企业制度的一个显著特征。

作为社会主义市场经济条件下的中国特色的现代企业制度，其目标模式应具有以下主要内容：

### （一）现代企业法人制度

企业要进入市场成为市场竞争的主体，就必须能够独立享有民事权，并承担民事责任。为此由出资者（包括国家在内的出资者）构造了一种经营组织，并使其人格化，具有独立的法律地位，还有自己的名称、地址等，这就是企业法人。在传统的计划经济体制下，国有企业作为国家行政机构的附属物，没有独立的法人地位。在实行有计划的商品经济过程中，国家虽然通过立法形式建立了企业法人制度，但那是一种不完整的法人制度。

国有企业名义上虽具有法人地位，却没有法人所必须具备的独立的法人财产权。

建立完整的企业法人制度，其关键是确立企业法人财产权，使企业不仅做到有人负责，而且有能力负责。国有企业是国家出资构造的企业法人，企业中的国有资产所有权属于国家，企业拥有法人财产权，国家仅以出资者的身份拥有企业财产，享有所有者的权益，即资产收益、重大决策和选择管理者等权利，但不直接干预企业的生产经营活动；企业则以其全部法人财产，依法享有财产的占有、使用、收益和处分权，依法自主经营，自负盈亏，照章纳税，对国家承担资产保值增值的责任。

### （二）现代企业有限责任制度

这里有两层意思：一是企业以全部法人财产为限，为其债务承担有限责任：二是企业破产清算时，出资者只以其投入企业的出资额为限，对企业债务承担有限责任。因此，国家对企业不再负一包到底的无限责任，经营管理不善导致破产的企业，国家不再提供无限担保，破产企业的善后工作由社会保障体制负责。市场经济的本质特征之一是竞争，竞争就有优胜劣汰，有限责任制度是在激烈的市场竞争环境中，出资者实行自我保护、减少风险的一种有效方法。

### （三）现代企业组织制度

按照市场经济的要求，现代企业的组织形式不应以所有制性质划分，而是按照财产的组织形式和所承担的法律责任划分。国际上通常的分类为：独资企业、合伙企业、公司企业。前两者属自然人企业，出资者承担无限责任；后者属于法人企业，主要包括有限责任公司和股份有限公司，出资者以出资额为限承担有限责任。在我国，除上述企业组织形式外，还有国家独资公司、国有国营的企业以及股份合作制企业等。其中，公司企业是现代企业组织中的一种重要形式，它有效地实现了出资者所有权和法人财产权的分离，具有资金筹集广泛、投资风险有限、组织制度科学等特点，在现代企业组织形式中具有典型性和代表性。公司企业组织制度的最明显的特征是：所有者、经营者和生产者之间通过公司的权力机构、决策和管理机构、监督机构形成各自独立、权责分明、相互制约的关系，并通过法律和公司章程得以确立和实现。公司组织机构一般为：股东会是公司的最高权力机构，有权选举和罢免董事会和监事会成员，制定和修改公司章程，审议和批准公司的财务预决算、投资以及收益分配等重大事项。董事会是公司的经营决策机构，其职责是执行股东会的决议，决定公司的生产经营决策和任免公司总经理等。董事长由董事会选举产生，一般为公司法定代表人。公司的总经理负责公司的日常经营管理活动，对公司的生产经营进行全面领导，依照公司章程和董事会的授权行使职权，对董事会负责。监事会是公司的监督机构，由股东和职工代表按一定比例组成，对股东大会负责，监事会依法和依照公司章程对董事会和经理行使职权的活动进行监督，防止滥用职权。

### （四）现代企业管理制度

科学的企业管理制度，是现代企业制度的重要内容。建立现代企业的管理制度，重点是对企业的机构设置、用工制度、工资制度和财务会计制度进行改革，建立严格的责任制体系。企业机构的设置，应根据生产经营特点和市场竞争的需要，按照职责明确、结构合理、人员精干、权力与责任对等原则，由企业自主决定。在企业用工方面，应改革国家直接用工的方式，用工主体由国家转向企业。企业依法享有用工自主权，劳动者依法享有择业自主权。消除企业内干部与工人之间、不同用工形式之间、不同所有制企业之间的职工身份界限。尽快建立和完善社会保障体系和劳动力市场，形成用工单位和劳动者双向选择、合理流动的就业机制。企业工资制度应在企业产权明晰、自我约束机制健全、工资总额增长率低于企业经济效益增长率、职工平均工资增长率低于本企业劳动生产率增长的前提下，让企业享有充分的工资分配自主权，国家不直接干预企业的工资分配，而是进行立法、指导和宏观调节。建立现代企业财务会计制度，认真实施《企业会计准则》，建立与国际惯例相一致的企业财务会计制度体系。改变按不同所有制、组织形式、经营形式分别确定企业财务会计制度的做法，强化企业内部财务管理、完善企业审计制度。

## 三、建立现代企业制度的难题与对策

### （一）建立现代企业制度存在的问题

我国国有企业制度与现代企业制度存在着主要差别。当前建立现代企业制度存在着以下难题：

一是国有企业的产权关系模糊。产权模糊是现行国家所有制的主要弊端，我国经济运行中的主要矛盾，是没有明确产权边界的国家所有制与要求明确产权规则的市场经济的不适应。这种产权关系不明晰的企业制度，导致国有资产的大量流失，也使国有企业自身在国民经济中的地位日益下降。

二是国有企业组织管理制度不协调。国有独资企业内部实行的是厂长负责制，现代企业制度下的有限责任公司和股份有限公司实行的是董事会领导下的总经理负责制。这就要求对企业内部的领导体制和组织架构进行改革。在厂长负责制下，党委会、工会、职代会所谓“老三会”的矛盾就经常发生；在新体制下又增加了股东代表大会、董事会、监事会“新三会”，加剧了矛盾的复杂性；而且党委和政府管理干部的制度仍沿袭旧章，更加剧了矛盾。

三是国有企业的投资主体单一。国有企业的资金来源只有国家的单一渠道。在本质上，它是一种独资企业，而不是法人企业。投资来源的单一性导致企业资产的呆滞性。投资资金一旦进入国有企业，活钱就变成死钱，资金不但不能抽回，而且也无法流动。按照经济法制的一般原则，法人必须具有独立的财产，而我国现行的法人制度，恰恰在于把具有独立的财产改为占有独立的财产，从而使法人企业失去了应有的并且是必备的财产权。

四是国有企业的经营目标多元化。以本求利是一切企业生产和经济活动的首要目标，但在国有企业中，这个目标却时常受到多重因素的干扰，使得企业无法按照市场的内在要求进行生产和经营，企业被社会的沉重包袱压得难以正常进入市场竞争。在国有企业的内部机制与外部机制都处在畸形状态下，资源的合理流动和优化组合是不可能实现的。

### （二）建立现代企业制度的对策

在我国当前建立现代企业制度虽然存在一定难度，但从发达的市场经济国家以及有些发展中的市场经济国家的实际情况看，他们不仅是私有企业建立了现代企业制度，国有企业也建立了现代企业制度。在我国建立现代企业制度，从理论和实践来看是完全可能的，但要建立真正的现代企业制度，一定要在深化企业改革方面狠下功夫，必须在以下四个主要方面进行彻底改革：

第一，企业产权改革是建立现代企业制度的核心。所谓产权改革，是指明确企业法人所有权，建立起相应公司法人财产制度。为了使国有企业拥有独立的法人财产权，就必须进行公司化改造，因为只有在公司制度条件下，才能实现国有财产的终极所有权与法人财产权的分离，确保企业法人财产权。对国有企业进行公司化改造，一定要依照《中华人民共和国公司法》有条件地进行改组，必须进行可行性研究，设置合理的股权结构，进行严格的资产评估和审计，规定公司章程等，要防止把不需要或不具备条件的企业硬性改为公司，或搞翻牌公司，但可以根据不同情况，采取不同的公司形式，如单一投资主体的可依法改组为国有独资公司，多个投资主体的可依法改组为有限责任公司或股份有限公司，特定行业除外。国有企业应改组为由多个股东持股的有限责任公司，因有限责任公司具有筹资少、操作简明、易于过渡、改组成本低等特点，以利其运行的规范化。实现的途径包括：使股权分散在不同的出资单位，提倡法人间相互参股；经债权人和债务人同意，将债权转化为股权；引进外资入股，改善股权结构；吸引各类社会资金，包括企业内部职工以基金的方式参股，从而改造为有限责任公司。

对国有企业进行公司化改造，实行企业财产的终极所有权与法人财产权相分离，必须正确确定国有资产的代表，以行使国有资产终极所有权的职能，确保国有资产的保值和增值。国有资产的产权不应再由政府机构来代表，而应由经济组织来行使，政府机构只行使国有资产的行政管理权，代表国有资产产权的经济组织，可以是专门从事国有资产经营的国有投资公司，也可以是受委托的大型企业集团等。但是，不管是国有投资公司，还是大型企业集团，它们所代表的都只能是国有资产的终极所有权，即以国有股东的身份依法享有资产受益，选择管理者参与重大决策以及转让股权等权力。企业的法人财产权，包括对企业的法人财产依法占有，使用收益和处分等权力则完全由企业行使。

第二，政府转变职能是建立现代企业制度的关键。建立现代企业制度有利于实现政企分开，但是这个制度的建立和正常运行又以政企分开为条件。可以说政企分开是最要害的问题也可能是最难的问题，所以说政府转变职能是建立现代企业制度的关键。事实上企业改革与政府改革是矛盾的统一体，政府是矛盾的主要方面，政府改革应起主导和驱动作用。政府是改革的领导者，又是改革的对象；政府是改革的动力，但搞不好又可能成为改革的阻力。要转变政府职能，首要的就是转变观念，摆正政府部门的位置，分清政府管与不管的界限。要明确规定政府对企业只能做什么，做了没有规定的，要作违法论处，还要严格执法，严肃政纪、党纪，加强群众监督，加快政治体制改革，建立宏观调控体系，以确保政企和政资分开。

政府改革的有效模式，一是对企业分类标准不再按所有制形态分开，而是按经营形态分类，即有限责任公司、股份有限公司、股份合作公司、无限责任公司；二是对企业的评价由官本位改为按经济效益和市场中的地位，把企业分为三类九级，以规模大小分类别，以经济效益高低分级别，这对促进企业发展具有重要意义；三是在国有资产管理和经营上，创建一个三层次的管理体系，即专营国有资产管理的部门——国有资产管理委员会、中介性质的国有资产经营机构——国有资产投资公司、有国家投资的企业。这三个层次之间完全靠资产纽带联结。这对于建立明晰产权关系、转换企业经营机制、确保国有资产保值增值，具有现实意义。

第三，科学的企业组织管理制度是建立现代企业制度的基础。现行国有企业领导制度的主要形式，是厂长（经理）负责制。这种领导制度是按照单一的全民所有制的企业组织制度确立的，其主要缺陷是决策与执行决策机构、人员及职能划分不清，缺乏相互制约和监督机制，不能适应多种企业组织形式的需要。随着公司制度的建立，必须用董事会领导下的总经理负责制取代现行的厂长（经理）负责制。按照董事会领导下的总经理负责制的要求，应设立股东会、董事会、监事会和经理班子等分层次的组织结构和权力机构，并明确规定它们各自的权责和相互之间的关系，不同的权力机构各司其职，各负其责，相互制约，形成层次分明、逐级负责、纵向授权的企业领导制度。

在现代企业的领导制度中，由于企业成了独立的商品生产者和经营者，这就为扩大民主管理的权限和范围创造了条件，如在股份制企业中，职工可以购买本企业的股票，履行股东的权责；职工可以根据国家立法或企业章程选举自己的代表参加董事会和监事会，行使经营决策权和监督权。这样，在公司的财产管理机构、经营决策机构和监督机构中都可以有一定数量的本公司职工参加，这既可以克服横向分权带来的各种弊病，提高管理效率，又可以实现全面的民主管理。

实行按劳分配和按资分配相结合的企业分配制度，企业是完全自负盈亏的，其从事各种生产经营活动，都要依法向国家交纳各种税款，税后利润由企业董事会或其他决策机构确定分配办法，除用于企业生产发展的部分外，其余部分按股分红或上交国有资产产权代表机构；职工的劳动报酬全部进人产品成本，工资形式、奖金分配办法由企业自主确定，职工之间通过落实企业内部经营责任制等办法实行按劳分配；职工个人向企业投资，应像其他股权一样，取得相应的资产效益。

第四，加快配套改革，为建立现代企业制度创造良好的环境。建立现代企业制度是一项艰巨复杂的系统工程，必须有良好的企业外部环境作为其条件。当前应认真抓好以下的几项主要工作：①搞好宏观改革措施的同步配套。财税、金融、外贸、国有资产监管等一系列改革是建立社会主义市场经济体制的重要组成部分，是建立现代企业制度十分重要的外部条件，必须加紧实施，并要同步配套。这些改革对国有大中型企业既是机会，又是挑战。企业要掌握好有关宏观改革精神，在建立现代企业制度的实施中，用好用足政策。②解除企业不合理的债务和历史包袱。由于体制和其他种种原因，造成国有大中型企业负担过重，背负种种沉重的历史包袱。为此，要尽快解决国有企业不合理的债务负担，对于过去由拨款改贷款建设的部分大中型企业及技改项目贷款，经国家有关部门的专项审核批准，对其贷款余额可一次性地转为国家资本，实行债务资本化，以缓解企业困难；对于贷款余额较大，经济效益差，而无力还贷的企业，凡符合产业政策的，可以考虑延期归还，也可给予停息、减息或计息缓收；对于确定无效益的企业的呆账，经审计并报请有关部门批准后，应给予核销，以解决企业长期遗留的老问题。此外，还要逐步解决企业办社会服务问题，使国有大中型企业所承担的社会服务职能从企业中逐步分离出来。如成立各种服务实体，兴办第三产业，面向社会，独立核算，自负盈亏，自主经营，逐步与原企业脱钩。③尽快建立社会保障体系。现在不少老企业对职工劳保负担沉重，是进行公司化改造的难题。我国社会保障制度改革的目标是建立国家、企业、职工三位一体共同负担的社会保障体系。按照这一目标，要逐步建立和完善企业养老、失业和医疗保险制度，建立统一的社会保障管理机构和社会保障基金的经营组织，形成社会保险基金筹集、运营、使用的良性循环机制，为建立现代企业制度，转换企业经营机制提供良好的环境保证。

原载《暨南学报》1995 年第 4 期

# 附录一　对改进涉外企业管理的几点建议

中国法学会会员、暨南大学教授王河在撰写的《中国涉外经济贸易法制管理》一书中，对如何改进涉外企业的管理，提出了以下几点建议：

## 一、按照国际习惯做法管理我国涉外企业

目前我国涉外企业内部管理存在的问题，有的是属于管理技术上的缺陷，如合作不友好，生产、质量、财务、人事、营销管理不完善等；有的属于经营机制上的缺陷，如经营自主权不落实，董事会没能发挥作用，经理班子组建不合理，运作不灵等。后者是根本性的缺陷，它在很大程度上影响着前者。过去我们讲学习国外的先进管理经验，多把着眼点放在管理技术上，而忽视了对先进经营机制的引进，这是片面的。今后我们不仅要引入国际上通行的管理技术，更重要的是按国际惯例改革企业的经营机制。比如由最大股东任董事长的做法；改善中方现任委派管理人员的做法；加强对中方管理人员培训以提高素质的做法；正副总经理应由董事会共同聘用、对董事会负责，而不是分别代表各方利益的做法；可以聘请外国或港澳人士当经理，制定经理共事守则等。

## 二、推广中心式服务和自动核可制

外商在华投资，怨言最多的莫过于政府部门行政办事效率低。按国际惯例解决这一难题的办法：一是搞中心式服务（也叫一站式服务），即由政府建立投资服务中心，为企业提供从立项到开业前的一揽子优质服务；二是对某些投资额不大又是政府鼓励的项目，实行自动核可制，即企业可以把从审批到筹建的程序倒过来，先筹建生产，后报政府备案、领取合资证。由于政府已经在法律上明确规定了外商投资的条件，外商有遵守法律的义务，免掉部分审批手续，是符合法制原则的。近几年来，我国台湾、韩国都开始推广自动核可制。台湾规定凡投资金额在100万美元以下的侨资、外资项目，可在10天之内自动核可。今后政府应当把主要精力放在法律、政策的制定与监督上，实行简政放权和办事公开化，以利于群众监督和提高办事效率。

## 三、对外商逐步开放证券市场

在发达的资本主义国家，外商与内商一样，可以在投资地进行证券投资或利用证券市

场集资，增强其资本的流动性。这已是国际上的通行做法。我国证券市场还处于萌芽状态，实现外商投资票据化需要一个逐步开放的过程。现在要抓紧制定有关政策，有选择地进行试点，同时要加快证券市场的建设。证券交易所可聘请国外专家当顾问，直接引进国外较成熟的证券交易操作规程和管理经验。

## 四、对出口企业和外向型企业集团采取保税措施

在交通条件较好，“三资”企业、外向型集团企业和出口加工（三来一补）企业较集中的地区，可以划出一块地方建立保税区，把我国现行的保税仓、保税工厂的有关政策“捆”起来使用。保税区为境内关外，实行全封闭管理。区内开展转口贸易、出口加工、仓储等业务，所有输出和输入的产品免征关税和免领许可证（除了被动配额的商品）。现在有些地方已经建立保税区，要通过总结经验，有计划地逐步推广。

原载《中国法学会要报》1992年7月27日（中国法学会办公室整理）

# 附录二　探索中国特色的企业集团的发展道路

## ——读《中国特色的企业集团》

孙效良

新型企业集团正在中国崛起。从企业集团发展史来看，我国企业集团与资本主义国家企业集团产生的经济和历史条件是不同的。因而在我国发展企业集团，既不应照搬西方的模式，也不应受传统观念和旧体制的束缚，而须借鉴外国企业集团发展的有益经验，联系我国企业集团的实际，走具有中国特色的道路。暨南大学王河教授所著的《中国特色的企业集团》一书（中国财政经济出版社出版），对发展中国特色的企业集团的理论与实践进行了一种有益的探索。读后，觉得下列几点是有探索性意义的：

## 一、明确发展企业集团的目标

发展企业集团的目标是否明确直接影响它的效果。作者从我国的实际情况出发，提出发展企业集团应紧紧围绕实现以下目标：①促进企业组织结构调整；②推动生产要素合理流动；③为科研与生产相结合提供条件，奠定基础；④提高在国际市场上的竞争能力；⑤提高国家宏观间接调控的有效性和灵活性。发展企业集团的实际效果好不好，要以是否达到以上各项目标为标准作检验。

以上各项目标的依据是，企业集团具有单个企业和一般的企业联合体所没有的特殊作用。这种特殊作用，表现为两个层次上的四个效应：在生产协作层次上，一是具有以企业之间的优势互补为基础的社会效应，二是具有以专业化协作为基础的规模效应；在资金运用层次上，一是具有以参股、控股为基础的放大效应，二是具有以资金流动为基础的整体效应。自觉认识并重视这些效应，是实现发展企业集团各项目标的基础，而只有发展企业集团的目标正确，才可能取得显著效果。

## 二、提出组建企业集团的条件和标准

当前企业集团的发展过程中，之所以会产生这样或那样的问题，关键在于这些企业集团缺乏或者部分缺乏组建的条件。实践的经验告诉我们，组建企业集团的条件包括三个方面：

**（一）参加企业集团的成员企业应具备联营合同主体资格的合格条件**

这主要包括以下几个方面：①必须是从事生产、经营、运输、培训、科研活动的全民或集体的企业单位；②应具备法人资格；③按照营业执照、资信保证和其他依法赋予的权力进行经营活动。

**（二）组建企业集团本身应具备的内在条件**

这主要包括以下几个方面：①企业集团必须由若干独立的企业组成，都各自具有法人地位，企业集团则是这些法人的联合体。②企业集团更要有多层次的紧密的组织结构，否则，它至多是一个松散的企业联合体，而不是一个企业集团。③企业集团成员之间要用一定的联系纽带联结成为一个有机整体，集团的核心企业与紧密、半紧密层企业的关系，主要是资产的联结关系；与松散层企业的关系，主要是契约的联结纽带。④要有一个能够起主导作用的核心企业，它必须具有企业法人资格，必须有强大的经济实力，必须具有投资中心的功能；此外开办企业集团还必须具备组织和物质条件。以上这些条件，也可以说是企业集团的基本特征，是企业集团区别于一般企业联合体的“质的规定性”。

**（三）办好企业集团必须坚持以下标准**

这主要包括以下几个方面：①集团公司已形成具有多层次的组织结构，实现经营、资产一体化；②集团与成员企业之间是平等的协作关系；③集团公司实行产、供、销、人、财、物六统一，责、权、利相结合；④有开拓型的具有权威的现代企业家作集团公司的当家人，形成集团公司的高效的决策群；⑤企业集团能获得整体的社会效益和经济效益。

该书还对企业联合体提出自己的见解，企业联合体本来就有各种形式，企业集团只是其中组织程度较高的一种形态。各种形式的企业联合体都有各自的作用，都可以与企业集团共同存在和发展，但它们不一定都需要成为企业集团。

## 三、超前研究股份制集团企业的发展问题

理论研究的任务，不限于总结过去，更重要的是指导未来。作者提出用股份制构造企业集团的构想，并认为这是深化发展企业集团的必然趋势。

企业集团的深化发展需要借助于股份制，当前集团企业发展股份制主要有三个问题：①集团核心企业不能发挥主导作用；②紧密层成员企业太少；③联结纽带虚弱无力。针对这种情况，作者提出三项任务：①壮大集团核心，包括增强其经济实力和增强其投资中心的功能；②发展紧密层企业，特别是跨地区发展紧密层企业；③强化联结纽带，主要是逐步加强资产的联结纽带。要实现这三项任务，需要借助于股份制。从已有的实践经验看，具体有以下几种形式：①中央和地方企业，或是不同所有制的企业，以其全部资产作为投资，共同组成一个股份制的集团公司。②若干个不同地区或不同所有制的相关企业之间的“列强联合”。它们借助于股份制的形式，合并成一个实力更加强大的新企业，作为企业集团的核心。③核心企业的有形资产或无形资产向成员企业入股，并把成员企业改组为股份制的有限责任公司。④集团的核心企业与成员企业等额互换股份，相当于等额互助参股。

## 四、探索建设中国特色集团的现实问题

作者在深入调研的基础上，指出我国企业集团在组建和发展中带有不少局限性：①组建企业集团存在着盲目性；②用行政手段捏合企业集团；③集团审批多头，登记注册不严；④国家对企业集团的管理体制和集团企业内部管理都还没有完全理顺；⑤现行的条块分割体制严重阻碍企业集团的发展；⑥发展企业集团缺乏法律保障。

针对发展现状中存在的问题，作者对加快建设中国特色的企业集团，提出了切实可行的对策：①采取多种形式突破“三不变”的旧体制，创出资本联合的新格局；②采取切实有效措施，增强集团核心层与成员企业之间的相互吸引力，从而发挥集团的综合优势；③建立一套科学实验的管理体系和制度，不断提高集团企业的经营管理水平；④多渠道、多形式、多层次地发展外向型企业集团，积极参与国际市场竞争；⑤建立集团所有制，实现经济自主，发挥集团的整体功能；⑥需要健全配套的政策，创造集团企业发展的良好的法律环境，保障企业集团健康发展。

原载《学术研究》1991 年第 4 期

# 附录三　涉外经济法学的开拓之作

## ——评《中国涉外经济贸易法制管理》

肖常纶

社会化的经济必然是开放的经济。近代世界经济发展的历史表明：一个国家的经济发展和繁荣，都离不开国际间正常的经济关系的扩展。马克思、恩格斯早在《共产党宣言》中就指出："开拓了世界市场，使一切国家的生产和消费都成为世界性的了。……过去那种地方的和民族的自给自足和闭关自守状态，被各民族的各方面的互相往来和各方面的互相依赖所代替了。"在科技发达、生产日益社会化的今天，国际间的经济技术交流就成了生产发展本身的客观要求和普遍规律。每个国家都有自己的优势，也有自己的劣势，生产同一种产品的活动和物化劳动的消耗有很大的不同，通过国际交流可以发挥优势，扬长避短，取得各自比较好的经济效益。近代世界经济发展的历史表明，实行对外开放政策，开展对外经济技术交流，积极引进先进技术，是经济上落后的国家后来居上，赶上和超过先进国家的有效的必由之路。

我国的对外开放是我们党在总结对外关系的历史经验的基础上，制定出来的一项重大战略决策，对外开放是改革的有机组成部分，总的目标是建设具有中国特色的社会主义。它将根据国内外形势的发展和变化，不断总结实践经验，加以完善，并用法律确认对外开放政策的稳定性、连续性和长期性。

随着对外开放的深入发展，为适应对外经济贸易往来的需要，我国加快了涉外经济立法。中央和地方，特别是广东、福建和沿海经济特区和开放城市，先后制定和颁布了涉外经济法律及含有涉外经济因素的法规约 300 件，初步形成了涉外经济法律体系，为外商来我国大陆投资创建了良好的法律环境。由于涉外经济法制建设的加强和逐步完善，涉外经济法已发展成为独立的法律部门，我国涉外经济法学也已发展成为独立的新型学科。但它是处于初创阶段的边缘学科，其学科体系尚需努力探索。

为了探索新型的我国涉外经济法学，宣传涉外经济法律，普及涉外经济法律知识，使对外贸易管理机关、对外经贸企业、对外经贸人员学会运用涉外经济法律对经贸事业进行有效的管理，全国 14 所大学合作，由著名经济法学家、暨南大学王河教授主编了《中国涉外经济贸易法制管理》一书（法律出版社 1991 年 11 月第一版）。这本专著受国家社会科学基金会资助，并已被定为高等学校法学教材。

本书有 37 万余字，共 8 编 35 章。编目依次为：涉外经济贸易的法制管理、中国投资的法律环境、外商投资企业的法制管理、对外贸易的法制管理、利用外资的法制管理、涉外工业产权与技术转让的法制管理、涉外经济贸易监督的法制管理、涉外经济贸易纠纷的解决。本书内容的覆盖面很大，几乎将对外经济贸易领域中的所有法学理论和实践问题都作了系统的阐述和概括，具有新体系、新内容、新观点，是一本研究我国涉外经济法学的拓新之作，是一本有特色的教材和专著。

本书的体系严谨而新颖。第一编涉外经济贸易的法制管理是本书的总论，分章阐述了我国对外开放政策与涉外经济立法；中国涉外经济贸易法的概念、渊源和原则，中国涉外经济贸易法律关系；中国涉外经济贸易法的地位和体系。第二编至第八编则是本书的分论，内容详细、具体、充实，没有空泛之论。如第二编中国投资的法律环境，先以一章叙述中国正在积极地改善投资环境，次章叙述中国对外国投资者的优惠和保障，继之一章阐述按国际惯例管理涉外企业，最后一章则在介绍我国经济特区建设的现状后，具体阐述了我国经济特区、开放城市及其经济技术开发区的法制建设。不仅指出了我国投资环境当前存在的问题，而且提出并论证了改善投资环境的对策，颇具建设性。又如第四编对外贸易的法制管理，以我国对外贸易法制现状、我国对外贸易的基本原则、对外贸易管理机关和经营企业、进出口贸易管理等节组成中国对外贸易的法制管理一章；以进出口许可证制度的概念、进口许可证制度、出口许可证制度等节组成进出口许可证制度一章；以进出口商品检验和机构、进出口商品检验的内容和程序、特别商品检验、进出口动植物检疫、对违反商检法行为的处罚等节组成进出口商品检验制度一章；以对外货物买卖的法律适用、对外货物买卖合同、对外货物买卖中的支付等节组成对外货物买卖的法制管理一章；以海上货物运输、铁路货物运输、航空货物运输、货物多式联运等节组成涉外货物运输的法制管理一章；以涉外经济合同与涉外经济合同法，涉外经济合同的成立及无效，履行和担保，转让、变更、解除和终止，违约责任，争议的解决六节组成涉外经济合同的法制管理一章。由上述六章结构而成的本编内容和资料丰富，骨架匀称，肌肉饱满，脉络清晰。同时，具体介绍了有关的国标贸易惯例，如《国际贸易术语解释通则》《华沙—牛津规则》《海牙规则》《威斯比规则》《汉堡规则》《国际铁路货物联运协定》《华沙公约》《海牙议定书》《瓜达拉哈拉公约》等的有关规定，便于参考和检索。

本书具有一些新内容。如第三十一章涉外保险的法制管理，在阐述涉外保险的概念后，具体论证其特征为国际性、复杂性、制约性、灵活性、竞争性。对海上货物运输保险、船舶保险、运费保险、船东责任保险等类海上保险的全损险和一切险的责任范围，以及海上运输货物保险的平安险、水渍险和一切险等险别的责任范围，连同两者的除外责任也都作了具体的介绍。本章还介绍了财产一切险，包括机身险，第三者责任险，旅客法定责任险，战争、劫持险在内的飞机险，包括车损险、第三者责任险在内的汽车险，包括工程一切险，建筑、安装工程的第三者责任保险在内的工程保险，以及它们的除外责任。还介绍了公共责任险、雇主和雇员责任险、投资政治风险保险等在内的，主要为来华的外国人提供的，以被保险人的民事损害赔偿责任为保险对象的涉外责任保险的责任范围和除外责任。除上述两节外，还专节介绍了涉外保险合同。整章不乏鲜见的内容。又如货物多式联营一节，对这种在集装箱运输的基础上发展起来的，我国在对外进出口货物已越来越多地采用的，包括陆海联运、陆空联运、陆空陆联运和海空联运等形式的新型运转方式——货物多式联运，介绍了其含义和构成条件，以及我国参加的1980年5月在瑞士日内瓦会议上通过的《联合国国际货物多式联运公约》（以下简称《公约》）这一国际公约的有关规定，对赔偿责任及索赔、诉讼的介绍颇为着力。

本书具有一些新观点，且有一定理论深度。如关于违反涉外经济合同责任问题，违约者的过错是否系必要条件，在理论界有不同看法。本书认为，从《涉外经济合同法》和《联合国国际货物销售合同公约》的有关规定来看，承担违反涉外经济合同责任实行无过错责任原则，即只要当事人有不履行合同的行为，即使主观上没有过错，也应当承担责任。其理由有四点：

（1）我国《经济合同法》第三十二条规定："由于当事人一方的过错，造成经济合同不能履行或者不能完全履行，由有过错的一方承担责任。"实行的是过错责任原则。而《涉外经济合同法》第18条规定："当事人一方不履行合同或者履行合同不符合约定条件，即违反合同的，另一方有权请求赔偿损失或者采取其他合理的补救措施。"两法规定的差异，并非立法者的疏忽，而是贯彻不同的责任原则。

（2）《涉外经济合同法》的这一规定与国际经济交往的实践一致，避免为追究违约责任而要探究当事人主观心理状态已经造成的困难，使合同纠纷得以顺利解决。

（3）我国《经济合同法》第二十七条第四款把由于不可抗力和由于一方当事人虽无过失但无法防止的外因都作为变更或解除经济合同而依法免责的条件，而《涉外经济合同法》第九条第三款则仅把不可抗力作为可以依法解除合同的免责条件。从免责条件而言，由于一方当事人虽无过失但无法防止的外因，致使经济合同无法履行的，依法可以免除责任的，属过错责任原则；依法应承担责任的，属无过错责任原则。

（4）关于货物风险转移，《公约》采用所有权与货物风险相分离的原则，一般以交付货物作为风险转移的客观标志，但如果卖方已根本违反合同，风险转移的规定并不影响买方可以行使各种权利。即卖方变付的货物不符合同的，尽管风险已经转移，买方仍可要求退货或采取其他合理的补救措施。以上论证是充分而有据的。再如，近些年来经济法学的论著和教材中，几乎都将涉外经济法及涉外经济法学作为其内容之一，但本书以发展的观点，大胆提出涉外经济法又称涉外经济贸易法，是法律体系中一个独立的法律部门，是调整各种涉外经济贸易关系的法律规范的总称；涉外经济法学又称涉外经济贸易法学，是以涉外经济贸易法作为研究对象的一门学科。本书以专节论证了涉外经济法学与国际经济法、国际私法、国内经济法等相邻法律部门的关系，指出其与前两者存在部分交叉，及其与三者的区别之处；同时，论证了中国涉外经济法学的体系，即本书所列的8编，反映了新的观点、新的体系，做到学术理论与实际业务密切结合，既为理论工作者提供了丰富资料，又为实际工作者提供了具体实务做法。

毋庸讳言，本书某些章节显得有些单薄，同时，书中某些观点尚需深化，学术界也未见得都会赞同，这在新学科的开拓中是在所难免的。笔者期望，随着对外开放和涉外经济法制建设的发展，学术界和实际工作者能进一步重视我国涉外经济法学的探索和研究，使我国涉外经济贸易法对我国参加国际经济交流和竞争，保障对外开放的深入贯彻，促进社会主义现代化经济建设的顺利进行发挥更巨大的作用。

原载《天津社会科学》1993年第3期

# 附录四　世界冠军王军霞肖像权名誉权纠纷诉讼始末

袁兴富　长　江*

## 一、世界冠军王军霞在香港《大公报》上了香烟广告

1996 年，王军霞在美国亚特兰大第 26 届奥运会上夺得了 5 000 米长跑金牌，随后王军霞站在颁奖台上，胸前佩戴金牌，右手高举鲜花，面带微笑。新华社记者拍下了这一具有历史意义的镜头。

1996 年 8 月初，香港《大公报》为祝贺我国奥运健儿所取得的成绩，准备刊登一批祝贺性质的广告，这一倡议得到了香港众多商家的积极响应。《大公报》在向这些商家收取了刊登这批广告所需的成本费用后，为了表示对商家的谢意，特在所有奥运冠军的照片旁放上了商家的经销商品图片。1996 年 8 月 6 日的香港《大公报》B6 版也正是这样的一版祝贺广告。该版广告上方除了印有“热烈祝贺中国奥运代表团高奏凯歌”的字样外，便是王军霞胸挂金牌、手捧鲜花在领奖台上的照片与“红山茶”香烟的宣传图像。在王军霞肖像右侧是两盒“红山茶”香烟，其中一盒打开烟盒并抽出两支烟，抽出的香烟过滤嘴对着王军霞肖像右肩面嘴部，香烟上方写有“国际名烟，时尚味道”，下方写有“中国昆明卷烟厂出品”，王军霞肖像左侧则写有“红山茶过滤嘴香烟”字样。

## 二、冠军在沈阳状告昆明卷烟厂侵犯其肖像权、名誉权

1998 年 4 月 30 日，王军霞以昆明卷烟厂侵犯其肖像权、名誉权为由，一纸诉状将昆明卷烟厂告到沈阳市中级人民法院，请求法院判令昆明卷烟厂停止侵害，以书面形式公开为其恢复名誉，消除影响，赔礼道歉，并赔偿由此造成的经济损失和精神损害 1 000 万元，同时承担一切诉讼费用。

王军霞在诉状中称：她站在高高的颁奖台上，手捧鲜花，露出作为一个中国人很荣耀、很自豪的笑容，被记者拍下这张具有历史意义的照片。然而就是这样一幅照片被无情地歪曲了：在此广告上，把一支支“红山茶”香烟冲着王军霞微笑的嘴，她多年来靠艰苦训练、奋斗拼搏取得了荣誉，而现在却仿佛是昆明卷烟厂生产的“红山茶”使她走上了冠

* 长江为王河的笔名

军的领奖台。整版巨幅广告被设计得好像王军霞挂着金牌、手捧鲜花，兴奋地向世人宣告："红山茶"不愧为国际名烟，时尚味道，把"红山茶"推向大众，而完全没有了获得金牌后的一种自豪感，公然地诋毁了王军霞的人格，损毁了她的名誉，由此构成了侵犯王军霞的肖像权和名誉权。

而远在千里之外的昆明卷烟厂在接到起诉书副本后非常吃惊，因为昆明卷烟厂从来没有在香港发布过任何广告。卷烟厂开始还以为是个误会，后经反复查找，终于找到了1996年8月6日的那张香港《大公报》，才得知了事实的原委。

## 三、沈阳中院一审驳回王军霞起诉

1999年3月，沈阳市中级人民法院开庭审理此案。

被告昆明卷烟厂辩称：卷烟厂不是王军霞所诉1996年8月6日香港《大公报》侵权广告的广告发布人，也未委托过任何人在1996年8月6日的香港《大公报》上发布过广告。昆明卷烟厂向法院提交了两份证据：一份是香港《大公报》没有加盖公章说明上述情况的便函；一份是香港《大公报》副总经理洪文炳先生写给香港《大公报》云南联络处李逢秀主任的便信，信中声称昆明卷烟厂不是该广告的发布和制作人，而是香港恒通资源集团公司与香港《大公报》所做的公益广告。为此，昆明卷烟厂认为自身同该广告没有任何关系，请求法院依法驳回王军霞的诉讼请求。

沈阳市中级人民法院经审理后对原告王军霞所提供的1996年8月6日香港《大公报》广告版和当事人陈述等证据予以确认。

法院认为：原告王军霞关于被告昆明卷烟厂侵害其肖像权、名誉权的主张，证据不足。原告王军霞提供的证据不足以证明被告是1996年8月6日香港《大公报》登载的"红山茶"香烟广告的广告主或广告发布者，该广告也不能反映对原告王军霞有侮辱、诽谤的情形，原告王军霞又提供不出其他证据证明，故对原告王军霞要求停止侵害、赔偿经济损失及精神损害的主张不予支持。

2000年12月4日，沈阳市中级人民法院一审判决驳回原告：王军霞的诉讼请求，案件受理费60 100元由王军霞承担。

## 四、著名律师王河义务北上沈阳为王军霞声援

2001年4月，王军霞不服沈阳市中级人民法院一审民事判决，依法向辽宁省高级人民法院提起上诉。

王军霞在上诉状中称：香港《大公报》1996年8月6日B6版的广告未经其本人同意，使用其肖像为昆明卷烟厂发布香烟广告，明显地侵犯了其肖像权，这本是无可争议的事实，但一审却未能予以认定。特别是这幅广告突出了香烟的主题，使公众明确地感受到刊登广告的主要意图是为香烟做广告，祝贺只是方式，目的就是利用商业广告的手段作推销，在进行盈利性活动，这是完全意义上的商业广告而非昆明卷烟厂主张的"公益性广告"。而此广告将王军霞与昆明卷烟厂广告联系在一起，当然地令人想到王军霞为赚钱而不惜为香烟做广告，除非这不是王军霞本人的愿望，否则公众对王军霞的社会评价会降

低，给王军霞的名誉会造成毁损，故侵权的结果已经发生。一审时，昆明卷烟厂主张其不是此香烟广告的发布人，亦没有委托过他人发布此广告，但并没有出具任何有效的证据并得到一审法院的确认。因此，昆明卷烟厂的答辩主张是没有证据支持的。而一审法院面对有效证据不予认定，对没有证据支持的主张却予以了确认。

虽然是上诉了，但能不能打赢这场官司，王军霞心中没底，她陷入了困扰之中。作为世界冠军，名声对她来讲太重要了。就在这为难之际，广东永华律师事务所律师王河通过国家体育运动总局田径管理中心同王军霞取得了联系。王军霞在和爱人战宇一番商量后，决定聘请王河担任其二审代理律师。接受委托后，王河律师立即着手进行深入细致的调查取证工作，他首先向《人民日报》华南分社了解国内和境外公益性广告问题，然后又向香港《大公报》广州办事处调查报纸刊登的真实情况，并向香港《大公报》云南联络处李逢秀主任了解其同香港《大公报》副总经理洪文炳就刊登广告通信的有关情况。

此后，王河律师又亲自赶赴香港《大公报》总部调查。在副总经理洪文炳先生的支持配合下，报社出具了刊登广告事实真相的证明及调查笔录。律师还从报社财务部找到广告发稿通知单和广告收款收据这两份重要证据。

根据广告发稿通知单和广告收款收据证实，广告是由香港恒通资源集团公司发布的。为此，律师又到香港工商署调查工商注册登记情况，并多次到恒通资源公司调查取证，证实了该公司同昆明卷烟厂属代理销售关系。

此后，律师又来到新华社香港分社调查咨询香港公益性广告的界定及其范围，并到香港特区政府了解香港的法律规定及法律是否允许刊登香烟广告。

香港之行的调查取证达到了预期的效果后，律师就本案的公正解决提出了五点法律意见：

（1）本案的诉讼主体应为：昆明卷烟厂第一被告，香港《大公报》第二被告，恒通公司第三人。

昆明卷烟厂应列为第一被告的理由是：①在王军霞巨幅照片的右方摆放两盒昆明卷烟厂出品的香烟，左方注明是“红山茶”过滤嘴香烟，右下方载明是中国昆明卷烟厂出品，这就是证据，它清楚地告知读者，这是昆明卷烟厂做的广告；②做广告的目的很明确，是介绍昆明卷烟厂出品的“红山茶”香烟为“国际名烟，时尚味道”；③昆明卷烟厂是该广告的社会、经济效应的受益者；④香港《大公报》经营副总经理洪文炳的亲笔信证实这幅广告是香港恒通资源集团公司发布的，恒通资源集团公司同昆明卷烟厂是代理关系，是代理在香港销售“红山茶”香烟的，所以，被代理人应承担责任。

香港《大公报》应列为第二被告的理由是：①广告版面是由《大公报》设计的。②王军霞的照片是《大公报》特派记者拍摄，照片是由《大公报》提供的。③《大公报》是刊登这幅广告的宣传载体。④根据香港的法律，在报上刊登广告使用别人照片，应得到本人同意。《大公报》没有征得王军霞的同意就提供照片、设计版面，不管出于什么样的宣传动机，根据《民法通则》第一百条和《广告法》第二十五条规定，都构成侵害肖像权。⑤根据香港法律规定，不准刊登香烟广告，报社明知违法，仍设计刊登，这是打着宣传中国奥运会金牌选手的幌子，实为宣传“红山茶”香烟，收取广告费。

香港恒通资源集团公司应列为第三人：香港《大公报》广告发稿通知单和广告收款收据都载明，刊户是恒通资源集团公司，广告名称是“红山茶”香烟，广告费是54 000港元，实收18 000港元。证据证实，这幅广告是恒通资源集团公司发布，作为代理商，它在为昆明卷烟厂宣传“红山茶”香烟。所以其应列为第三人。

（2）广告发布人、设计制作人双方都收付了广告费，证实其是盈利性的广告。而这未经肖像权人同意，已构成对王军霞肖像权、名誉权的侵害。

本案中的广告发布者、制作者都是以盈利为目的使用了王军霞的肖像，利用祝贺的手段，借用奥运冠军的名人效应，突出宣传香烟的主题，从而提高“红山茶”香烟的知名度，进而创造销售利润。而根据《广告法》第二十五条规定：“广告主或者广告经营者在广告中使用他人名义、形象的，应当事先取得他人的书面同意。”显然广告发布人恒通资源集团公司和广告设计制作人《大公报》都没有事先征得王军霞的书面同意，因此双方都侵害了王军霞的肖像权。并且广告发布后，使公众误认为是王军霞违反规定谋取私利做广告赚钱，造成了王军霞社会评价的降低，根据《民法通则》第一百零一条规定，这构成了对王军霞名誉权的侵害。

昆明卷烟厂在一审中辩称：这是公益性广告。但香港的公益性广告范围是指：①特区政府发布的新闻；②公共事务；③环境卫生；④社会公德事项；⑤表扬好人好事。显然，昆明卷烟厂做的宣传促销“红山茶”香烟的广告，不属于公益性的范围，特别是报社还收取了广告费（不管广告费是多少）。

（3）关于案件的审理和审期问题。王军霞不服一审判决，上诉于辽宁省高院，本应由二审法院审理。但由于要追加被告，就要发回沈阳中院重审。而香港《大公报》和恒通资源集团公司都在境外，这样有可能再拖一年还没有结果。这对怀孕的王军霞来说，精神压力太大，也是极不公平的。为此，建议不增加被告，不发回重审，而是请辽宁高院审理后立即判决。

（4）分段追偿昆明卷烟厂、香港《大公报》、香港恒通资源集团公司的经济法律责任。

由于本案的侵权行为发生在香港，受益人在国内，故建议采取拦腰截断、分段追偿的战术，即判令昆明卷烟厂承担全部经济法律责任。至于香港《大公报》和恒通资源公司刊登香烟广告导致昆明卷烟厂造成的经济损失，可以由卷烟厂另行起诉追偿，这在法律上行得通，在司法实践上也是可以的。

（5）赔偿金额不宜过高，应酌定赔偿。王军霞在起诉中要求赔偿经济损失和精神损害1 000万元，请求数额过高。建议赔偿金额最多不能超过100万元。

开庭之前律师就香港之行的调查取证结果向上办法官作了全面汇报，并就上述五个问题交换了看法。

## 五、终审判决王军霞获赔80万元

辽宁省高院经审理后认为，公民的肖像权、名誉权受到法律保护。登载在《大公报》上具有王军霞肖像的“红山茶”香烟广告，属于具有盈利性的商业性广告，而非公益性广告。该广告未经王军霞同意，擅自使用王军霞肖像照片，其行为侵犯了王军霞的肖像权。虽然从该则广告上不能反映出对王军霞有侮辱、诽谤的情形，但由于该广告所宣传的是社会上不提倡使用的特殊商品——香烟，其在一定程度上给王军霞的名誉造成了不良影响，故昆明卷烟厂应当承担相应的民事责任。因上述侵权行为使王军霞的人身及精神上受到无辜损害，并给王军霞造成了一定的经济损失，故王军霞要求昆明卷烟厂赔礼道歉、并承担经济和精神损害赔偿责任的上诉请求符合法律规定，该院予以支持。关于昆明卷烟厂提出其不是该则广告的发布人，也未委托过任何人在大公报上发布过该则广告，故不应承担赔偿责任问题，经审查，本案侵权广告系以昆明卷烟厂的名义发布，昆明卷烟厂是该则广告的直接受益人，其应当对自己的主张负有举证责任。因昆明卷烟厂既不能提交充分有效的证据证明其没有委托香港恒通资源集团公司及《大公报》刊登红山茶香烟广告，亦不能提交充分有效的证据证明侵权广告的发布与己无关，又不能说明该则广告的登载具有阻却违法事由，故对昆明卷烟厂的此项答辩理由不予采信。至于香港恒通资源集团公司及《大公报》登载该广告并导致本案诉讼给昆明卷烟厂造成经济损失，及双方均要求追加香港恒通资源集团公司及《大公报》为本案当事人参与诉讼一节，双方当事人可依法另行主张权利。关于赔偿金额问题，上诉人王军霞要求赔偿经济损失及精神损害人民币 1 000 万元，其请求数额过高。鉴于本案无法查明昆明卷烟厂因登载该则广告的获利情况及王军霞因此所受到的损失，根据本案具体情况，应以酌定赔偿为宜。

据此，法院当庭判决如下：①撤销沈阳市中级人民法院（1999）沈民初字第 32 号民事判决；②被上诉人昆明卷烟厂于本判决生效后一个月内，在《人民法院报》上向上诉人王军霞公开赔礼道歉，道歉文章内容需经本院审定；③被上诉人昆明卷烟厂子本判决生效之日起 10 日内给付上诉人王军霞赔偿金人民币 800 000 元；④驳回双方其他诉讼请求。

## 六、卷烟厂不服，向最高人民法院提出申诉

二审败诉后，卷烟厂在昆明召开了新闻发布会，称他们掌握的事实说明辽宁省高院的判决是“错误的”，并说这样的判决使本厂“名誉受到了极大的损害”。发布会上，昆明卷烟厂的全权委托代理律师王北川对辽宁省高院的判决提出两处质疑：一是判决书“没有一字提到昆明卷烟厂实施什么侵权行为”。这个判决实际上是要求昆明卷烟厂“对自己没有做过的事情承担责任”，这是“没有法律依据”的；二是辽宁省高院要求昆明卷烟厂提供证据证明自己与广告无关，这种要求“违背”了证据学原理，即“没有发生的事情是不能被证明的”。

为此，卷烟厂向最高人民法院递交了申诉状。在申诉状中，卷烟厂认为，该广告的发布人是香港《大公报》，委托发布人是香港恒通资源公司，根据《广告法》的规定以及市场营销的通行规则，广告主既可能是生产厂家，也可能是销售商家，香港恒通资源公司作为销售商家的广告主身份已经被确认。在广告发布人和委托发布人均已证实的前提下，昆明卷烟厂认为其举证责任已经完成。如果王军霞认为昆明卷烟厂才是真正的广告主，则举证责任应该在王军霞一方才是，怎能要求昆明卷烟厂来证明没有委托别人发布广告？

昆明卷烟厂还认为，在二审中辽宁省高级法院询问是否增加香港《大公报》与香港恒通资源公司作为被告时，得到了王军霞的代理人和昆明卷烟厂的认可。但在重新开庭后，辽宁省高院并没有把香港《大公报》和香港恒通资源公司追加为被告进行调查，就作出了判决，这明显违反了本案作为必要的共同诉讼案件必须遵循的有关法律程序。

但申诉不妨碍判决的执行，辽宁省高级人民法院的终审判决生效后，王军霞递交了申请强制执行报告。沈阳市中级人民法院执行庭于2000年7月中旬派人员远赴昆明执行。昆明卷烟厂尽管对判决不服，但仍按法律规定如数交付了80万元赔偿金。至此，王军霞诉昆明卷烟厂侵害肖像权、名誉权一案终告完毕。

原载（香港）《中国法律》2002年21期